Os Direitos Sociais e a Sindicabilidade Judicial das Políticas Públicas Sociais no Estado Democrático de Direito

Rodrigo Garcia Schwarz

Juiz do trabalho, professor universitário e pesquisador do Programa Postdoctoral de Investigación en Ciencias Sociales, Niñez y Juventud da rede Fundación Centro Internacional de Educación y Desarrollo Humano/Pontifícia Universidade Católica de São Paulo/Universidad Católica Silva Henriquez/Universidad de Manizales/Universidad Distrital Francisco José de Caldas/Consejo Latinoamericano de Ciencias Sociales. Doutor em Direito pela Pontifícia Universidade Católica de São Paulo e pela Universidad de Castilla-La Mancha. Membro da Asociación Iberoamericana de Derecho del Trabajo y de la Seguridad Social, da Asociación Latinoamericana de Jueces del Trabajo, da Associação Brasileira de Estudos do Trabalho, da Associação Brasileira de História, da Associação Juízes pela Democracia, do Instituto Brasileiro de Direito Social Cesarino Júnior (seção brasileira da Societé Internationale de Droit du Travail et de la Sécurité Sociale) e da rede InJu (Posgrados en Infancia y Juventud) do Consejo Latinoamericano de Ciencias Sociales. É autor de livros publicados em países como Brasil, África do Sul, Costa Rica, Espanha, Estados Unidos, Inglaterra e México, destacando-se, entre outros, *Curso de iniciação ao direito do trabalho, Curso de preparação aos concursos da magistratura do trabalho e do Ministério Público do Trabalho, Dicionário de direito do trabalho, de direito processual do trabalho e de direito previdenciário aplicado ao direito do trabalho, Direito administrativo contemporâneo — administração pública, justiça e cidadania: garantias fundamentais e direitos sociais, Direito coletivo do trabalho: curso de revisão e atualização, Direito individual do trabalho: curso de revisão e atualização, Direito processual do trabalho: curso de revisão e atualização* (Brasil), *Estudios hipanoamericanos de derecho del trabajo, Tutela judicial y derechos fundamentales,* (Costa Rica), *Derechos sociales: imprescindibilidad y garantías, Normas internacionales del trabajo* (Espanha), *Social rights as fundamental human rights* (África do Sul, Estados Unidos e Inglaterra) e *Los derechos sociales como derechos humanos fundamentales* (México).

Rodrigo Garcia Schwarz

Os Direitos Sociais e a Sindicabilidade Judicial das Políticas Públicas Sociais no Estado Democrático de Direito

EDITORA LTDA.
© Todos os direitos reservados

Rua Jaguaribe, 571
CEP 01224-001
São Paulo, SP — Brasil
Fone (11) 2167-1101
www.ltr.com.br

Produção Gráfica e Editoração Eletrônica: R. P. TIEZZI
Projeto de Capa: RAUL CABRERA BRAVO
Impressão: COMETA GRÁFICA E EDITORA
LTr 4847.2
Setembro, 2013

Dados Internacionais de Catalogação na Publicação (CIP)
(Câmara Brasileira do Livro, SP, Brasil)

Schwarz, Rodrigo Garcia
  Os direitos sociais e a sindicabilidade judicial das políticas públicas sociais no Estado democrático de direito / Rodrigo Garcia Schwarz. — São Paulo : LTr, 2013.

  Bibliografia
  ISBN 978-85-361-2663-0

  1. Controle judicial 2. Direito administrativo 3. Direito constitucional 4. Direitos fundamentais 5. Direitos sociais 6. Poder judiciário 7. Políticas públicas 8. Políticas sociais I. Título.

13-08322   CDU-342

Índice para catálogo sistemático:
1. Sindicabilidade judicial das políticas públicas sociais no Estado democrático de direito : Direito público   342

SUMÁRIO

PREFÁCIO 7

INTRODUÇÃO 15

1. (RE)PENSANDO OS DIREITOS SOCIAIS E AS SUAS GARANTIAS A PARTIR DE UMA PERSPECTIVA GARANTISTA E DEMOCRÁTICA 25

1.1. CONSIDERAÇÕES INICIAIS 25

1.2. (RE)PENSANDO OS DIREITOS SOCIAIS A PARTIR DA PERCEPÇÃO HISTÓRICA: A CONVERGÊNCIA E A COMPLEMENTARIDADE DOS DIREITOS CIVIS, POLÍTICOS E SOCIAIS FUNDAMENTAIS 38

1.3. (RE)PENSANDO OS DIREITOS SOCIAIS A PARTIR DA PERCEPÇÃO FILOSÓFICO-NORMATIVA: A INTERDEPENDÊNCIA E A INDIVISIBILIDADE DOS DIREITOS CIVIS, POLÍTICOS E SOCIAIS FUNDAMENTAIS 45

1.4. (RE)PENSANDO OS DIREITOS SOCIAIS A PARTIR DA PERCEPÇÃO TEÓRICO-DOGMÁTICA: A DETERMINABILIDADE E A TUTELABILIDADE DOS DIREITOS CIVIS, POLÍTICOS E SOCIAIS FUNDAMENTAIS 55

1.5. AS GARANTIAS INSTITUCIONAIS E EXTRAINSTITUCIONAIS DOS DIREITOS SOCIAIS E O EXERCÍCIO DA CIDADANIA A PARTIR DE UMA PERSPECTIVA GARANTISTA E DEMOCRÁTICA 68

2. OS DIREITOS SOCIAIS FUNDAMENTAIS E AS SUAS GARANTIAS COMO REFERENTES DO ESTADO DEMOCRÁTICO DE DIREITO: A ADMINISTRAÇÃO PÚBLICA E A CONCRETIZAÇÃO DOS DIREITOS FUNDAMENTAIS 99

2.1. CONSIDERAÇÕES INICIAIS 99

2.2. Os fundamentos do Estado democrático de direito 108

2.3. A dignidade humana e a garantia do "mínimo existencial", pedras de toque do Estado democrático de direito 132

3. Os Direitos Sociais Fundamentais e o Poder Judiciário: as Garantias Judiciais dos Direitos Sociais Frente à Administração Pública e a Sindicabilidade Judicial das Políticas Públicas Sociais 148

3.1. Considerações iniciais 148

3.2. A segurança jurídica e o princípio da "separação de poderes" no Estado democrático de direito: separação de funções ou divisão de responsabilidades 156

3.3. Ativismo ou poder-dever judicial: o juiz é um ator político? 185

3.4. Sobre o argumento do déficit democrático dos juízes 192

3.5. Sobre o argumento da falta de competência técnica dos juízes 200

3.6. A questão dos "conceitos jurídicos indeterminados" 205

3.7. A questão da "reserva do possível" 208

3.8. O redimensionamento do dever administrativo de motivar: um desdobramento virtuoso da sindicabilidade judicial das políticas públicas sociais 214

3.9. A judicialização como possibilidade de acesso da cidadania à esfera política 217

3.10. Rumo às conclusões: os limites do Poder Judiciário no controle das políticas públicas sociais 224

Conclusões 233

Referências bibliográficas 253

PREFÁCIO

A prolífica produção intelectual de nosso autor pode ser dividida, para propósitos expositivos, em duas linhas temáticas. Uma primeira, voltada ao estudo do Direito do Trabalho sob o ângulo da dogmática jurídica[1], e uma segunda, compreendendo trabalhos especulativos e analíticos em torno da agenda radicada no binômio direitos sociais — direitos humanos.

Nessa segunda linha de investigações, Rodrigo Garcia Schwarz inicialmente nos brindou com *Trabalho escravo: a abolição necessária* (São Paulo: LTr, 2008), originariamente oferecido como dissertação de mestrado junto à Universidade de Santa Cruz do Sul. Perseverando nessa importantíssima temática, como resultado de seus estudos de doutoramento na Universidade de Castilla-La Mancha (Espanha), publica, logo em 2011, um substancioso ensaio de seiscentas páginas intitulado *Rompiendo las cadenas de una ciudadanía cautiva* (Sevilla: Círculo Rojo), mesmo ano em que a casa editorial Miguel Ángel Porrúa publica, na Cidade do México, seu *Los derechos sociales como derechos humano fundamentales — su imprescindibilidad y sus garantías*.

Nessa mesma perspectiva temática, obras de nosso autor também produzem eco em outros países, resultando em livros editados nos Estados Unidos da América, no Reino Unido, na África do Sul e na Costa Rica.

O presente trabalho, que tenho a honra e a felicidade de prefaciar, inscreve-se também nessa segunda linha de pesquisa, e foi elaborado no curso de seus

---

(1) Em que figuram, além de inúmeros artigos, seus livros *Direito do trabalho* (Rio de Janeiro: Elsevier, 2007) e *Curso de iniciação ao direito do trabalho* (Rio de Janeiro: Elsevier, 2011), sem falar na organização de duas pioneiras obras de referência: 1) uma coletânea de tratados internacionais comentados, intitulada *Normas Internacionales del trabajo — principales normas de la organización internacional del trabajo vigentes en España y otras normas internacionales de interés en España* (Sevilla: Círculo Rojo, 2011) e 2) um dicionário composto de aproximadamente quinhentos verbetes, reunindo cinquenta autores, intitulado *Dicionário de direito do trabalho, de direito processual do trabalho e de direito previdenciário aplicado ao direito do trabalho* (São Paulo: LTr, 2012), entre outras obras coletivas e individuais no âmbito do Direito do Trabalho e do Direito Administrativo.

estudos pós-doutorais, desenvolvidos no âmbito do *Programa Postdoctoral de Investigación en Ciencias Sociales, Niñez y Juventud* da rede Fundación Centro Internacional de Educación y Desarrollo Humano/Pontifícia Universidade Católica de São Paulo/Universidad Católica Silva Henriquez/Universidad de Manizales/ Universidad Distrital Francisco José de Caldas/Consejo Latinoamericano de Ciencias Sociales.

Em outros de seus trabalhos, Rodrigo afirmou expressamente que sua produção situava-se no campo teórico da assim chamada Teoria Crítica, de matriz frankfurteana[2]. Conquanto não tenha agora se ocupado de reproduzir a mesma explicitação, no trabalho aqui trazido à visita pública, Rodrigo conseguiu traduzir os propósitos emancipatórios do olhar da Teoria Crítica, à ampla temática das correlações entre direitos sociais, direitos humanos e ação judicial. E o fez às voltas com um recorte temático vivamente atual, assim como da mais alta relevância no debate político brasileiro: a sindicabilidade judicial das políticas sociais.

Sob o ângulo argumentativo, de modo coerente, o ponto de partida adotado foi o de reconstruir a conhecida postulação garantista de Luigi Ferrajoli, mediante a qual o núcleo em que se origina no direito penal moderno converte-se, no direito constitucional contemporâneo, no eixo de gravidade da tutela estatal de direitos, extensiva invariavelmente a todos os direitos fundamentais. Nessa medida, dito "garantismo" entreabre uma rota de legitimação para o alargamento do terreno da "sindicabilidade judicial das políticas sociais".

Desde esse ponto de inflexão, após passar em revista os diferentes desdobramentos que se operam pelo reconhecimento dos direitos sociais enquanto direitos fundamentais, Rodrigo empenhou-se em enfatizar sua centralidade como alicerce do Estado Democrático de Direito.

Embora Rodrigo não fuja aqui à discussão do fenômeno hoje conhecido por "ativismo judicial" — o que quer que se tencione reunir sob esse manto —, o problema originado, da triangulação entre direitos sociais, direitos humanos e controle judicial das políticas públicas, é bem mais amplo. E nosso autor acertadamente assim o reconhece; razão pela qual, em lugar de apresentar o olhar do magistrado no seu epicentro, vai mais além ao perfilar as principais noções que povoam as recentes transformações das relações entre política social e controle jurisdicional.

Assim vemos tensionadas, numa perspectiva instigante e corajosa, importantes categorias da dogmática constitucional, tais como as noções de "mínimo existencial" x "reserva do possível", "ativismo" x potestade da jurisdição ("poder-dever"), entre outras que se apresentam como desdobramentos atuais das fronteiras entre o postulado moderno da "separação de poderes" e o imperativo contemporâneo do progressivo "controle judicial" da ação política.

---

(2) *Rompiendo las cadenas...*, p. 27.

***

Sejamos francos: discorrer sobre o alcance e os limites do controle judicial das políticas públicas, em especial das políticas sociais, não constitui, nos dias de hoje, tarefa das mais prosaicas. Tampouco está longe de figurar entre aquelas isentas de riscos.

Eis um terreno em que a experiência jurídica brasileira transformou-se radicalmente de cenário, num curto intervalo.

Estão longe — ainda que bem próximos no tempo — os tempos em que esse tema figurava entre os desdobramentos, no âmbito do direito administrativo, do problema "mais amplo" do controle judiciário do "ato discricionário".

Alguns poderão se recordar de que, no princípio, a fórmula convencional da dogmática publicista — essencialmente de direito administrativo — resumia-se na proposição: desde que praticado no interior dos expressos limites da lei, o ato administrativo não comporta modificação por contraste judiciário.

Foram necessários alguns anos, após o advento da Constituição de 1988, para que se firmassem novos "atalhos", capazes de ampliar o feixe de possibilidades de revisão judicial da ação política. Assim, por exemplo, difundiram-se na casuística dos tribunais, sobretudo na de tribunais estaduais, novas hipóteses de "desvio de finalidade", bem como de emprego da teoria dos "motivos determinantes" e da "motivação necessária" — só para mencionar as mais conhecidas.

Somente num segundo estágio vemos o surgimento, ainda que tímido, de decisões judiciais, invalidando decisões políticas revestidas da forma de preceito legal, com fundamento no que, na presente obra de Rodrigo, vem tratado por "conceitos jurídicos indeterminados": os princípios.

Vale realçar, a partir de então, a noção de princípio sofreria uma substancial virada semântica. O vocábulo princípio deixaria de ser empregado para designar mero guia hermenêutico, a que se socorreria o intérprete ou magistrado, em caso de insuficiência da previsão legal. Diversamente, a noção de princípio passaria a sugerir a ideia de comando orientador da conduta humana.

Em outros termos: de ferramenta coadjuvante para a interpretação da norma, o princípio converter-se-ia, ele próprio, numa norma de conduta vinculadora de todo agente capaz.

Esse segundo movimento ancorou-se inicialmente nos chamados "princípios da administração", permitindo que se fulminassem de "inconstitucionais" aqueles atos políticos manifestamente qualificáveis como imoralidades ou temeridades, ainda que revestidas com "forma de lei".

Fala-se já aqui de verdadeiro controle judicial contramajoritário, ou seja: daquele controle, exercido pelo judiciário, em nome de um princípio, incidente em preceito legal aprovado pela maioria dos representantes legislativos. Na experiência jurídica brasileira, tudo indica que o controle contramajoritário apareceu e se firmou como instrumento essencialmente endereçado ao controle da "moralidade" na ação política.

Até então, vale dizer, até finais da década de 1990, o controle contramajoritário constituiu ferramenta predominantemente voltada à promoção e à garantia da ética, na política. O "mérito" da deliberação governativa — o conteúdo material das escolhas, das preferências, dos diferimentos e, sobretudo, das exclusões, enquanto não evidenciasse imoralidade, ou ao menos temeridade, na gestão pública, permaneceria nos domínios do sistema político e, nessa medida, até então infenso à revisão judicial.

Já as proposições contidas nesta obra de Rodrigo inscrevem-se no que poderíamos qualificar como o terceiro movimento de expansão, no alcance da sindicabilidade judicial das políticas públicas, ocorrido no Brasil sobretudo a partir do início do século XXI.

Podem-se apontar duas notas diferenciais aptas a qualificar este terceiro movimento, por suas especificidades: 1) a *ampliação no campo temático do controle judicial, para além do terreno estrito da ética política* (indo longe ao ponto de contemplar a revisão de demarcação de terras indígenas, de promover deliberações respeitantes à instalação de creches, ao fornecimento de medicamentos, chegando mesmo a autorizar interpretação sobre o conceito de vida e a invalidar expresso preceito constitucional, visando ao reconhecimento da constitucionalidade da união estável homoafetiva); e 2) a *ausência de limites políticos aprioristicos, capazes de conter (no objeto, na forma ou na finalidade) o campo franqueado à revisão contramajoritária das políticas públicas, por ato judiciário.*

Como observa Rodrigo, em um dos pontos altos deste livro, o princípio estruturante da separação das funções (ou das "responsabilidades"), entre os ramos do Estado, deve ser interpretado na perspectiva da expansão, não de inibição, dos direitos da cidadania.

Por tais motivos, os problemas tratados neste livro de Rodrigo não comportam respostas articuladas sob a ótica binária do bom e do mal, do certo e do errado, do "legal" ou do "ilegal".

Ao introduzirem em sua agenda o controle não aprioristicamente limitado das políticas públicas, os tribunais são levados não apenas a promover expedientes próprios do Legislativo (como as audiências públicas), mas passam a ser chamados a decidir de modo crescentemente modulado, prospectivo, e legitimado por "concertos" e "ajustes" que estão na essência da tradição deliberativa do Legislativo.

De igual modo, na mesma medida, passam a ser alvo das demandas em direção à "participação popular" na deliberação judiciária, sem falar em outras práticas ainda menos ortodoxas, das quais Rodrigo se ocupa sob a rubrica de garantia "extrainstitucional" de participação política.

***

Os temas tratados nesta obra são apaixonantes; os problemas atuais e a maneira instigante e competente do autor só conferem à leitura um sabor especial de desafio ante as incertezas de um direito que expõe ao limite a necessidade de se reinventar. Reinventar-se, para dar conta de uma sociedade que luta contra o estigma de seus inaceitáveis padrões de exclusão e de desigualdade, sem abrir mão das garantias formais da democracia.

Este livro de Rodrigo, ocupando-se dos temas mais agudos do presente debate político e jurídico brasileiro, interessa a todos que, de um modo ou de outro, preocupam-se com o aperfeiçoamento institucional e político do Brasil.

Nesse sentido, constitui leitura obrigatória para sociólogos, cientistas políticos e juristas de todas as áreas do direito, em especial dos que se ocupam de direito público, de direito constitucional e da promoção dos direitos humanos. Também daqueles, advogados, magistrados, integrantes do Ministério Público, enfim, de todos os que militam diretamente no Judiciário, ou que têm a jurisdição entre suas áreas de reflexão ou de trabalho.

São Paulo, verão de 2012/2013

Antônio Rodrigues de Freitas Jr.
Mestre, doutor e livre-docente; foi secretário nacional de Justiça (2002)
e atualmente é professor associado da Faculdade de Direito da USP;
procurador legislativo do Município de São Paulo; advogado e
diretor-executivo da Escola do Parlamento da Câmara Municipal de São Paulo.

Oui, si nous n'avions pas des juges à Berlin.
ANDRIEUX, F. Le meunier sans-souci

Introdução

A rapidez com que se alteram os cenários político, econômico e social, aliada à crescente complexidade da sociedade contemporânea, tem exigido um profundo redimensionamento do papel da política e das instituições jurídicas — sobretudo daquelas concernentes ao direito administrativo — no corpo social. Aquele modelo jurídico de cunho marcadamente conservador, no mais das vezes indiferente às pressões das massas populares e às lutas pelo *direito a ter direitos*, e infenso a mecanismos de tutela e controle jurisdicional no que diz respeito aos atos da administração pública e de seus agentes, sobretudo no âmbito do delineamento e da efetivação das políticas públicas — daqueles programas reunidos em torno da realização de objetivos socialmente relevantes, politicamente determinados de acordo com o projeto consubstanciado no pacto social instituinte —, vem sendo paulatinamente superado por um (novo) modelo de Estado, mais democrático, socializante e inclusivo, que assume obrigações prestacionais e onerosas — de intervenção — perante os cidadãos/administrados e que, ao buscar efetivá-las, dialoga com os anseios dos mais diferentes conjuntos de atores sociais, concertando-os.

Nesse contexto de redimensionamento do papel do Estado, o Comitê de Direitos Econômicos, Sociais e Culturais da Organização das Nações Unidas tem sustentado que os poderes públicos têm a obrigação de assegurar, em todo o momento, inclusive em épocas de crises ou de dificuldades fáticas, e mesmo diante da reserva do possível, ao menos os conteúdos essenciais de cada um dos direitos fundamentais, impondo aos Estados-membros das Nações Unidas e às diversas esferas da administração pública desses Estados um dever de não regressividade em matéria de direitos fundamentais. Da mesma forma, diferentes ordenamentos consagram a obrigação dos Estados, de respeito ao conteúdo mínimo/essencial dos direitos reconhecidos como fundamentais em constituições ou em convenções e tratados internacionais — sejam eles categorizados como civis, políticos ou sociais —, conteúdo que está condicionado apenas pelo contexto em que se aplica o direito e que admite permanente atualização histórica, que não pode ser delegada, contudo, ao alvedrio dos agentes políticos e administrativos de turno. Esse mínimo/essencial "núcleo duro" dos direitos fundamentais relacionado ao mínimo existencial e à dignidade humana será, sempre, uma barreira intransponível, que obriga a uma permanente delimitação e demanda certa integração entre justiça e política, entre juízes e administradores públicos.

Admite-se, assim, a existência de um *continuum* entre uns e outros direitos axiologicamente categorizados como fundamentais — civis, políticos e sociais —, direitos que têm um papel funcional específico no ordenamento jurídico do Estado democrático de direito, sem que nem as obrigações que eles contêm nem o caráter de sua formulação possam convertê-los em direitos de livre configuração legislativa, tampouco em direitos cuja efetividade fica sujeita ao alvedrio dos agentes políticos e/ou administrativos de turno.

Os direitos sociais fundamentais são, assim, direitos exigíveis, conquanto para a sua vigência (eficácia) plena seja imprescindível — de uma forma ou de outra — a intervenção legislativa e a ação do Poder Executivo, inclusive através de formulação, aplicação, avaliação e controle de políticas públicas sociais. São direitos plenamente jurisdicionáveis, portanto, ou seja, direitos que podem ser exigidos pelos cidadãos/administrados diante de um tribunal e que devem ser por ele tutelados.

Nesse contexto, a presente proposta investigativa pretende verificar de que forma os tribunais podem e devem atuar no controle sobre a razoabilidade das respostas dos poderes públicos às demandas sociais pela via das políticas públicas sociais, delineando os limites possíveis à judicialização concreta dessas políticas. O presente ensaio tratará, portanto, da intervenção do Poder Judiciário em áreas tradicionalmente afetas a outros poderes, sobretudo à administração pública, como as de formulação e execução de políticas públicas sociais. O problema central, aqui, consiste em definir em que medida esse controle judicial é realmente compatível com a democracia e com o ordenamento constitucional, ou seja, com o projeto político-jurídico consubstanciado pela cidadania no Estado democrático de direito, e quais são os seus limites. Trata-se, portanto, de, com o auxílio dos institutos do moderno direito público, notadamente do direito administrativo, compreender esse (novo) fenômeno político-constitucional que emerge dos/para os tribunais, na atualidade: as relações entre a democracia, a Constituição, a administração pública e a atividade jurisdicional no que diz respeito aos direitos sociais fundamentais e às políticas públicas sociais.

Para tanto, inicialmente, trataremos de enfatizar a ampla relevância dos direitos sociais no âmbito dos ordenamentos modernos. Os direitos econômicos, sociais e culturais (ou, como os trataremos aqui, simplesmente "direitos sociais") dizem respeito a questões relacionadas a expectativas básicas para a vida e a dignidade humanas e, em consequência, apresentam-se como autênticos *direitos humanos fundamentais*, atuando como verdadeiras premissas materiais para o exercício de outros direitos também reputados humanos e/ou fundamentais, como os tradicionais direitos civis e políticos, mais imediatamente relacionados à liberdade e à autonomia da pessoa. Os direitos sociais, portanto, são verdadeiramente fundamentais e imprescindíveis, concomitantemente meio e condição para a promoção do desenvolvimento humano, da real liberdade e da autonomia da pessoa, da democracia e de outros objetivos fundamentais do Estado democrático de direito.

No entanto, infelizmente, o progressivo reconhecimento das expectativas relacionadas aos direitos sociais no plano constitucional e em tratados internacionais, com suas variações econômicas, sociais e culturais, por si só, não se demonstra apto a convertê-los em expectativas plenamente exigíveis, tampouco em instrumentos realmente aptos à satisfação das necessidades dos seus destinatários. Eloquentemente proclamados nas constituições e em convenções e tratados internacionais como *fundamentais*, os direitos sociais continuam, contudo, a ostentar reduzidos índices de efetividade. E, em uma sociedade como a brasileira, marcada pela desigualdade, essa falta de efetividade dos direitos sociais, que são justamente aqueles que guardam mais estreita relação com esse quadro de desigualdade, vem sendo justificada a partir de diferentes argumentos conservadores que tendem a endossar uma percepção ideológica — política e jurídica — depreciativa dos direitos sociais e, por extensão, das próprias políticas públicas sociais e do papel redistributivo do Estado democrático de direito, argumentos que precisam ser fundamentadamente refutados.

Assim, a par da extraordinária expansão das atuações institucionais devotadas ao desenvolvimento humano, com o estabelecimento de sistemas de compensação e inclusão ao largo do último terço do século dezenove e, sobretudo, dos dois primeiros terços do século vinte sob a égide do chamado "Estado social" e/ou das políticas (*policies*) do "Estado de bem-estar social" (*welfare state*), permanece bastante consolidado um ponto de vista conservador, segundo o qual as políticas públicas sociais — e, portanto, a utilização do poder do Estado com o propósito de equilibrar situações de desigualdade material ou de excluir determinados bens do livre jogo do mercado — seriam inevitável fonte de indesejável burocratização, e os direitos a elas relacionados, os direitos sociais, além de onerosos e, portanto, *caros*, verdadeiras *armadilhas* que tenderiam a cercear a eficácia econômica, as liberdades pessoais e as liberdades de mercado, quando não direitos realmente incompatíveis com os de liberdade, ou meramente programáticos, impondo, a par da vigência formal e, inclusive, da extensão dos direitos sociais em muitas constituições e tratados internacionais, uma (nova) *lex mercatoria*, cada vez mais global, que debilita a eficácia vinculante dos direitos sociais e, com isso, o alcance real do princípio democrático e da atuação social/socializante do Estado democrático de direito.

Dessa maneira, o Estado democrático de direito tradicional, longe de converter-se em autêntico Estado social de direito, tem operado, normalmente, de forma meramente residual, como simples Estado legislativo/administrativo, com prestações limitadas à complementação e à correção das ações alocativas dos mercados e atuação orientada a disciplinar a pobreza e a assegurar, sobretudo a serviço desses mercados, a ordem e a segurança pública.

Com poucas exceções, o "núcleo duro" das políticas públicas sociais que vêm sendo adotadas após a crise, nos anos setenta, dos tradicionais Estados sociais e das políticas de bem-estar do *welfare state* não está relacionado à garantia de direitos sociais generalizáveis, ou seja, de expectativas estáveis subtraídas à conjuntura política e, portanto, indisponíveis aos poderes de turno: as políticas públicas sociais têm sido pautadas por intervenções seletivas, relacionadas à capacidade de reivindicação de certos segmentos, que, mais do que igualar os desiguais, tendem a operar como efetivas concessões discricionárias e, portanto, revogáveis, quando não como autênticas medidas de controle dos pobres, que tendem a institucionalizar a exclusão social.

O que procuramos demonstrar, portanto, inicialmente, é que, apesar de sua apelação ao discurso técnico, essa percepção desvalorizada dos direitos sociais assenta-se, sobretudo, em mitos forjados por pressupostos ideológicos e/ou em argumentos que são verdadeiros apenas em parte e que não são conclusivos, que não podem, portanto, ser aceitos para a justificação teórico-metodológica de uma tutela debilitada dos direitos sociais. Buscamos, assim, rebater os principais mitos e argumentos veiculados no *mainstream* político e jurídico que moldam atualmente uma percepção conservadora/depreciativa dos direitos sociais e, por extensão, das próprias políticas públicas sociais e do papel do Estado — notadamente da administração pública e do Poder Judiciário — na formulação, aplicação, avaliação e controle das políticas públicas sociais.

Certamente, a persistente vulneração dos direitos sociais está relacionada, de forma intrínseca, às assimétricas relações materiais de poder existentes nas sociedades atuais e às soluções dadas aos persistentes problemas alocativos no âmbito social. No entanto, o papel que, para tal vulneração remanescente, desempenha a percepção simbólica e ideológica dessas relações de desigualdade não é menor. Assim, se nas sociedades atuais as decisões dependem, em grande parte, da percepção que se tem da realidade, um pressuposto indispensável para a remoção dos obstáculos à efetivação dos direitos sociais é a contestação da leitura política e jurídica conservadora que normalmente se faz sobre os mesmos. O que pretendemos, portanto, na primeira parte desta obra, é (re)pensar os direitos sociais fundamentais, sua imprescindibilidade e suas garantias a partir de uma perspectiva garantista e democrática.

Melhores garantias e mais democracia, em síntese, são os elementos centrais à tarefa de (re)construção do estatuto jurídico e político dos direitos sociais. Sua adequada articulação teórica e prática demonstra-se fundamental, portanto, para a remoção dos tradicionais obstáculos materiais e a superação dos pressupostos ideológicos que explicam a (ainda) debilitada posição dos direitos sociais na maioria dos ordenamentos jurídicos atuais, inclusive no brasileiro, e para a revitalização do papel do direito público — em especial do direito administrativo, este direito no âmbito do qual, com maior intensidade, verifica-se o conflito permanente entre autoridade e liberdade, entre Estado e indivíduo — e do próprio Estado — em especial da administração pública e do Poder Judiciário — na realização efetiva dos direitos fundamentais, em particular dos direitos sociais.

Esses, os direitos fundamentais, constituem a razão de ser do Estado democrático de direito, a sua finalidade mais radical, o objetivo e o critério que dão sentido aos mecanismos jurídicos e políticos que compõem o Estado contemporâneo. A democracia não se limita à participação em decisões, alcançando, também, a necessária participação em resultados, ou seja, em direitos, liberdades, atingimento de expectativas e suprimento de necessidades vitais. O Estado de direito, nessa sua empírica e também racional vinculação e inter-relação com a democracia, converte em sistema de legalidade tal critério de legitimidade; em concreto, institucionaliza de uma forma ou de outra essa participação em resultados, ou seja, garante, protege e realiza os direitos fundamentais.

Por isso, na segunda parte desta obra, tratamos de pôr em relevo a ideia de Constituição e, com ela, de *império da lei* (*império do direito*). Mais do que um simples documento cartular no qual estão delineadas as formas de conquista e de exercício do poder e descritos os direitos e as garantias fundamentais do indivíduo em face do poder do Estado, a Constituição, cumprindo as tarefas fundamentais de formação e de conservação da unidade política do Estado, consubstancia em si não apenas a ordem jurídica fundamental do Estado — ou seja, o estatuto fundamental dos órgãos supremos do Estado —, mas também a ordem jurídica da vida não estatal dentro do território estatal — ou seja, a ordem jurídica fundamental de uma comunidade e a compensação possível entre os diferentes interesses e aspirações individuais e/ou coletivos em conflito no âmbito dessa comunidade —, tarefa arquetípica e concomitante condição de existência do Estado contemporâneo.

Assim, qualquer que seja o conceito — e a própria justificação — do Estado contemporâneo, este só se pode conceber como Estado constitucional. Esse "Estado constitucional democrático de direito" é tributário, ademais, da ideia de democracia econômica, social e cultural, consequência política e lógico-material do próprio princípio democrático. Assim, com maior ou menor ênfase, quase todos os Estados democráticos ocidentais integraram ao "núcleo duro" das suas constituições o princípio da solidariedade — ou *socialidade* —, que se concretiza nos direitos sociais, mas não se esgota neles, espraiando-se sobre todo o ordenamento jurídico.

Dessa forma, atualmente, é impossível desvincular a ideia de Estado, como o próprio tema da democracia e do poder político, do exercício da gestão dos interesses públicos e da sua própria demarcação, pois o Estado democrático de direito, ancorado na soberania popular, deve pautar-se pela busca de superação de déficits de inclusão social e de participação política, proporcionando novos espaços de interlocução, deliberação e execução, assegurando aos cidadãos/administrados as prestações necessárias e os serviços públicos adequados ao desenvolvimento de suas vidas, contemplados não apenas a partir das liberdades civis tradicionais, mas também —

e de forma concomitante — a partir dos direitos econômicos, sociais e culturais garantidos pela ordem constitucional.

A Constituição impõe ao Estado um dever de realizar os direitos fundamentais, sobretudo porque a dignidade humana constitui um valor constitucional supremo, o epicentro de todo o ordenamento jurídico, em torno do qual gravitam todas as demais normas. Os direitos sociais, direitos que sustentam o conceito de mínimo existencial, não podem deixar de ser concretizados sem que se viole profundamente esse valor supremo que é a dignidade humana. Para isso, o Estado institui entidades públicas, ligadas à administração, para que diretamente, ou mediante cooperação com entidades do setor privado, formulem e executem as políticas públicas sociais mais adequadas às necessidades da população que atendem: uma *administração pública democrática de direito*, ou seja, uma administração pública que, quando está promovendo os seus atos oficiais, cumprindo as suas atribuições normativas e políticas de acordo com o interesse público, o faz respeitando e perseguindo os ditames concernentes à realização da justiça social e dos direitos fundamentais — civis, políticos, sociais — que articulam a cidadania moderna: uma *boa administração pública*, uma *administração pública eficiente e eficaz*, uma *administração pública dialógica*.

O que buscamos demonstrar, portanto, é que Estado, poder político e sociedade relacionam-se reciprocamente, revelando-se imprescindível, na atualidade, conceber o Estado democrático de direito como resultado e condicionado a uma ordem constitucional vinculada à soberania popular e à democracia como valor (e não apenas como processo) — um Estado constitucional que, na tomada das decisões administrativas, precisa zelar pelo isento dever de oferecer legítimas e boas razões de fato e de direito —, fundada em princípios como (a) o do direito subjetivo à participação na formação democrática da vontade política, com igualdade de condições e chances, através de instrumentos e procedimentos eficazes e transparentes, (b) o da garantia de uma tutela jurisdicional independente, e (c) o do controle — inclusive controle judicial — sobre a administração pública, que objetiva impedir que o poder social se reduza a um poder meramente administrativo, ordem que impõe tarefas ao Estado, de conformação, transformação e modernização das suas estruturas econômicas, sociais e culturais, de forma a promover a igualdade real entre os cidadãos/administrados sob a ótica de uma "justiça constitucional" travestida de "justiça social", inspirada na solidariedade (*socialidade*), no dever de progressividade em matéria de direitos econômicos, sociais e culturais e na proibição de retrocesso social.

Nesse contexto, o controle judicial sobre a administração pública consubstancia, na atualidade, uma das principais características do Estado democrático (constitucional e social) de direito — e, talvez, o seu traço mais fundamental —, pois o controle efetivo sobre os atos da administração pública possibilita a vigência pragmática de outros predicados inerentes ao Estado de direito, como o império da lei — o princípio da legalidade, ou seja, a efetiva submissão da administração pública ao ordenamento jurídico, sobretudo à Constituição (o império, portanto, do direito) —, a separação de funções — ou divisão de responsabilidades — etc., proporcionando um maior respeito às liberdades e aos direitos fundamentais dos cidadãos/administrados.

A existência de uma cláusula geral de revisão judicial da totalidade da função administrativa, de hierarquia constitucional, que institui uma proteção jurisdicional sem fissuras ou lacunas, constitui um notável e substancial avanço em favor da liberdade na luta permanente contra as imunidades — e arbitrariedades — do poder da administração pública. O Estado nasce da Constituição, com as características, atribuições e objetivos que esta fixa; o Estado está dentro da Constituição, de forma que esta não é produto daquele, mas, ao contrário, aquele é produto desta. Daí que a submissão de toda a organização estatal a um regime jurídico preestabelecido é, no sentido jurídico-formal, um dos principais elementos que tipificam o Estado de direito.

Por isso, na terceira parte deste ensaio, tratamos de demonstrar que cumprem um papel de primeira ordem, no Estado democrático de direito, as garantias relativas aos modos ou formas de fiscalização da função administrativa: a problemática primordial do direito administrativo tem sido a de engendrar/instrumentalizar um sistema de garantias para que a administração pública efetivamente se submeta ao ordenamento jurídico, e o fortalecimento de um controle jurisdicional da administração pública não supõe, obviamente, a instauração de um "governo dos juízes"; ao contrário, o exercício da função jurisdicional, além de não interferir na atuação administrativa quando esta se realiza em conformidade à lei, contribui para a sua realização, assegurando, sobretudo, o império da lei — em última análise, o império da Constituição —, como produto do Legislativo e expressão da vontade geral.

A proteção jurisdicional do cidadão/administrado constitui um dos pilares básicos do direito administrativo, pois a jurisdição se instaura para proteger o indivíduo — a pessoa, o cidadão, o administrado — contra a administração pública, e não o contrário, compensando as amplas prerrogativas concedidas à administração. Daí que se deve evitar, até o máximo possível, a instauração — ou reinstauração — de espaços infensos a essa proteção e controle, para que não se desfaça esse delicado equilíbrio dinâmico entre garantias (do cidadão/administrado) e prerrogativas (da administração): nos sistemas constitucionais nos quais compete ao Poder Judiciário o controle da função e da atividade administrativas, o juiz constitui um "contrapeso" fundamental da administração pública.

Sobretudo no Estado democrático de direito, que corresponde à cristalização histórica de uma antiga aspiração humana — a supressão da arbitrariedade e do despotismo —, supõe-se o governo das leis e a consequente autolimitação do Estado através do direito. Uma de suas características — ou, mesmo, um dos seus pressupostos necessários — é o controle judicial (a jurisdição) sobre a função e a atividade administrativas, ou seja, aquele conceito não se esgota na legalidade da administração (a submissão formal da administração pública ao ordenamento jurídico), mas supõe uma série de instrumentos e mecanismos de fiscalização.

É aqui que o Poder Judiciário tem desempenhado uma função fundamental, de dar plena e permanente vigência ao Estado democrático de direito, assegurando a primazia da vontade geral consubstanciada na Constituição. É no controle da atividade administrativa que o Poder Judiciário mostra com maior força sua virtuosidade para manter e ampliar a própria definição do Estado democrático de direito, como conquista e como tendência — o Estado democrático de direito repousa sobre a pedra angular do controle judicial, o que permite, por sua vez, que aquele seja uma realidade e possa configurar-se como um "Estado jurisdicional de direito".

Por fim, o controle judicial da administração pública não só é um elemento ínsito ao Estado democrático de direito, mas é, também, um elemento de primeira ordem no Estado social de direito, esse Estado moderno que assume tarefas econômico-sociais irrenunciáveis, porque é ínsito a esse modelo de Estado que um órgão independente possa tutelar os interesses e os direitos sociais fundamentais dos prejudicados pela atuação irregular ou insuficiente da administração pública, garantindo aos cidadãos/administrados uma série de prestações estatais devidas no marco da justiça social.

Por isso, pode-se afirmar — é o que pretendemos demonstrar através desta obra —, a respeito do controle judicial sobre os atos da administração pública em sede de políticas públicas sociais — atos de formulação, aplicação, avaliação e controle das políticas públicas sociais —, que sindicar os atos da administração pública contribui decisivamente para uma melhor administração pública: julgar a administração pública — os atos da administração — não é, nem deve ser administrar, ou seja, substituir de fato a administração pública no exercício das suas funções constitucionalmente delineadas, mas auxiliar essa administração a atingir os seus fins como organização verdadeiramente posta a serviço da comunidade, protegendo os direitos fundamentais dos cidadãos/administrados.

Isso não elimina, logicamente, as margens de ação estrutural/epistêmica do administrador público, que pode e deve decidir quais são os meios mais convenientes para a satisfação dos direitos sociais, entre todos aqueles meios juridicamente válidos e eficientes, na formulação, na aplicação, na avaliação e no controle das políticas públicas sociais. Mas o reconhecimento dessas margens de ação jamais poderá dar causa à insindicabilidade judicial absoluta dessas decisões, a espaços infensos a essa proteção e controle, pois a configuração jurídica e política dos meios de proteção dos direitos sociais deve sempre atentar para um conteúdo mínimo ou essencial desses direitos fundamentais segundo os ditames da justiça social constitucional.

Em síntese, partimos da ideia de que os tribunais podem e devem controlar a razoabilidade das respostas dos poderes públicos às demandas sociais, respeitando, no entanto, o princípio da "divisão dos poderes" — na verdade, separação de funções ou divisão de responsabilidades — e atentando para as consequências fáticas de suas decisões, inclusive atentando para o princípio da proporcionalidade, mas sempre sem se afastarem do dever de dar efetividade aos direitos fundamentais, civis, políticos e sociais, reconhecidos aos cidadãos/administrados pela Constituição.

(Re)pensando os Direitos Sociais e as Suas Garantias a Partir de uma Perspectiva Garantista e Democrática

1.1. Considerações iniciais

Os direitos econômicos, sociais e culturais, ou simplesmente "direitos sociais"[(3)] — expressão singular que pertence, especialmente, aos âmbitos da filosofia política

---

[(3)] Segundo Carías (1979) e Esping-Andersen (1998), os direitos sociais estão associados aos sistemas de proteção social que se constituem e consolidam, com maior ou menor ênfase, na Europa Ocidental e em muitos países da América entre o terço final do século XIX e o segundo pós-guerra, no contexto do chamado "Estado social de direito", um projeto político concreto, sucessor do Estado liberal de direito, e/ou do chamado "Estado de bem-estar social" (*Welfare State*), um peculiar plexo de políticas públicas sociais que empreende o Estado capitalista em determinadas conjunturas, sobretudo a partir da grande crise econômica de 1929 (a "Grande Depressão"), com o objetivo de alavancar a eficiência dos mercados e organizar mais eficientemente a produção (ANDERSSON, 2005). Um traço comum da regulação jurídica desses âmbitos, produto de incontáveis lutas e reivindicações sociais e da *racionalização* da intervenção estatal na economia, seria a utilização do poder estatal com o propósito precípuo de corrigir situações de desigualdade material (MIRAVET, 2003), "sea a partir del intento de garantizar estándares de vida mínimos, mejores oportunidades a grupos sociales postergados, compensar las diferencias de poder en las relaciones entre particulares o excluir un bien del libre juego del mercado", de forma que os direitos sociais são "fruto del intento de traducir en expectativas (individuales o colectivas) respaldadas legalmente el acceso a ciertos bienes configurados en consonancia con la lógica de este modelo" (ABRAMOVICH; COURTIS, 2006, p. 17).

e do direito constitucional internacional[4] —, dizem respeito a questões relacionadas a expectativas básicas para a vida e a dignidade humanas, como a educação, a saúde, a alimentação, o trabalho, a moradia, o lazer, a segurança, a previdência social, a proteção à maternidade e à infância e a assistência aos desamparados[5], e, em consequência, apresentam-se como autênticos *direitos humanos fundamentais*, atuando como premissas materiais para o exercício de outros direitos também reputados humanos e/ou fundamentais, como os tradicionais direitos civis e políticos, mais imediatamente relacionados à liberdade e à autonomia da pessoa; assim, os direitos sociais são verdadeiramente imprescindíveis, concomitantes meio e condição para a promoção do desenvolvimento humano, da real liberdade e da autonomia da pessoa, da democracia e de outros objetivos fundamentais do Estado democrático de direito[6].

Os direitos sociais integram, segundo a Declaração Universal dos Direitos Humanos[7], o catálogo dos direitos humanos[8], pois "Toda pessoa, como membro da sociedade, tem direito à segurança social e à realização, pelo esforço nacional, pela cooperação internacional e de acordo com a organização e recursos de cada Estado, dos direitos econômicos, sociais e culturais indispensáveis à sua dignidade e ao livre desenvolvimento da sua personalidade" (art. 22 da Declaração Universal dos Direitos Humanos), destacando-se especialmente, no âmbito da Declaração Universal, como *direitos humanos*, o direito ao trabalho e ao lazer (arts. 23 e 24), à saúde, à alimentação, à moradia, à segurança, à previdência social, à proteção à maternidade e à infância e à assistência aos desamparados (art. 25), e à educação (art. 26).

Além disso, os direitos sociais são reconhecidos como *direitos fundamentais*[9] no âmbito do Pacto Internacional de Direitos Econômicos, Sociais e Culturais

---

(4) Nos últimos anos, como destacam Dulitzky (*apud* MARTIN; RODRÍGUEZ; GUEVARA, 2004, p. 34) e Piovesan (2007; 2010), verifica-se uma convergência dinâmica entre o direito constitucional e o direito internacional no âmbito da proteção da dignidade humana, a ponto de desenvolver-se um verdadeiro *direito constitucional internacional*.
(5) Nesse sentido, *v.g.*, o teor do art. 6º da Constituição brasileira de 1988. Esta Constituição reserva, ainda, garantias especiais para os trabalhadores (arts. 7º a 11), diversas garantias para o exercício dos direitos culturais e dos diversos direitos sociais expressamente reconhecidos no seu art. 6º e títulos específicos para normalizar a ordem econômica (arts. 170 *et seq.*) e a ordem social (arts. 193 *et seq.*), submetendo-as, como afirma Mello, C. A. B. (2009-a), aos ditames da justiça social.
(6) No Brasil, constituem objetivos fundamentais da República, segundo o art. 3º da Constituição de 1988, "construir uma sociedade livre, justa e solidária"; "garantir o desenvolvimento nacional"; "erradicar a pobreza e a marginalização e reduzir as desigualdades sociais e regionais"; e "promover o bem de todos, sem preconceitos de origem, raça, sexo, cor, idade e quaisquer outras formas de discriminação".
(7) A Declaração Universal dos Direitos Humanos foi adotada pela Organização das Nações Unidas (ONU) em 10 de dezembro de 1948 e firmada pelo Brasil na mesma data.
(8) Para uma distinção básica entre as ideias de *direitos humanos* e de *direitos fundamentais*, v. Ferrajoli *et al.* (2001, p. 76 *et seq.*), Marshall e Bottomore (1998) e Martínez (1995).
(9) A categorização de determinados direitos como "fundamentais", ou seja, direitos que têm um papel funcional específico no ordenamento jurídico do Estado democrático de direito, sobretudo a

(PIDESC)[10] e do "Protocolo de San Salvador" (Protocolo Adicional à Convenção Americana sobre Direitos Humanos em Matéria de Direitos Econômicos, Sociais e Culturais)[11].

Essas grandes declarações de direitos destacam-se, em relação aos direitos sociais, pela consideração, em comum, nos seus preâmbulos, da estreita relação que existe entre a vigência (eficácia) dos direitos sociais e a vigência (eficácia) dos direitos civis e políticos, reconhecendo que as diferentes categorias de direitos — civis, políticos, sociais — constituem um todo indissolúvel que encontra a sua base na dignidade humana[12], razão pela qual esses direitos exigem — todos — tutela e promoção permanentes, com o objetivo de alcançar-se sua vigência (eficácia) plena, sem que jamais se possa justificar a violação de uns a pretexto da realização de outros[13].

Dessa forma, pode-se afirmar que todos esses *direitos humanos fundamentais* têm como fundamento a dignidade humana e são indivisíveis e interdependentes. A realização dos direitos sociais é imprescindível à existência real — substantiva —

---

categorização dos direitos sociais como direitos fundamentais a partir da associação daqueles ao "mínimo social" (RAWLS, 1980) ou ao "mínimo existencial" (BOROWSKI, 2003), ou seja, ao próprio conteúdo essencial — conteúdo mínimo — dos direitos fundamentais, e, especialmente, como direitos fundamentais à democracia, será desenvolvida no seguimento desta obra.
(10) O § 1º do art. 2º do PIDESC dispõe que "Cada Estado Membro no presente Pacto compromete-se a adotar medidas, tanto por esforço próprio como pela assistência e cooperação internacionais, principalmente nos planos econômico e técnico, até o máximo de seus recursos disponíveis, que visem a assegurar, progressivamente, por todos os meios apropriados, o pleno exercício dos direitos reconhecidos no presente Pacto, incluindo, em particular, a adoção de medidas legislativas". O PIDESC, adotado pela 21ª Assembleia-Geral das Nações Unidas (16 de dezembro de 1966), entrou em vigor em 3 de janeiro de 1976, em conformidade com o disposto no seu art. 27. O texto do Pacto, em plena vigência no Brasil, foi aprovado pelo Poder Legislativo brasileiro em dezembro de 1991 (Decreto Legislativo n. 226, de 12 de dezembro de 1991) e foi promulgado pelo Decreto n. 591, de 6 de julho de 1992, incorporando-se, então, à legislação nacional.
(11) O art. 1º do "Protocolo de San Salvador" dispõe que "Os Estados-Partes (...) comprometem-se a adotar as medidas necessárias, tanto de ordem interna como por meio da cooperação entre os Estados, especialmente econômica e técnica, até o máximo dos recursos disponíveis e levando em conta seu grau de desenvolvimento, a fim de conseguir, progressivamente e de acordo com a legislação interna, a plena efetividade dos direitos reconhecidos neste Protocolo". O Protocolo Adicional à Convenção Americana sobre Direitos Humanos em Matéria de Direitos Econômicos, Sociais e Culturais ("Protocolo de San Salvador"), adotado durante o 18º Período Ordinário de Sessões da Assembleia-Geral da Organização dos Estados Americanos (17 de novembro de 1988), entrou em vigor em 16 de novembro de 1999, em conformidade com o disposto no seu art. 21. O texto do Protocolo, em plena vigência no Brasil, foi aprovado pelo Poder Legislativo brasileiro em abril de 1995 (Decreto Legislativo n. 56, de 19 de abril de 1995) e foi promulgado pelo Decreto n. 3.321, de 30 de dezembro de 1999, incorporando-se, então, à legislação nacional.
(12) Esta ideia será desenvolvida no seguimento desta obra.
(13) Nesse sentido, v. os preâmbulos da Declaração Universal dos Direitos Humanos, do Pacto Internacional de Direitos Econômicos, Sociais e Culturais e do "Protocolo de San Salvador". As concepções de *vigência* e de *eficácia*, como propriedades relacionadas, mas diferenciadas, da norma jurídica serão abordadas oportunamente, no curso desta obra. Por ora, basta ressaltar que as normas internacionais, ao proclamarem a necessidade de *vigência plena* dos direitos humanos fundamentais, estão, também, proclamando a necessidade de sua *eficácia*.

de direitos civis e políticos, cuja concretização e exercício pleno requerem a superação de necessidades humanas básicas. Por outro lado, os direitos civis e políticos são indispensáveis como mecanismos de controle do cumprimento das obrigações que emanam dos direitos sociais. Assim, o desenvolvimento de um direito facilita o desenvolvimento de outros direitos; da mesma forma, a carência de um direito também afeta os outros direitos, debilitando-os[14].

Por isso, embora a discussão a respeito dos direitos sociais, da sua imprescindibilidade e das suas garantias habitualmente esteja associada às necessidades daquelas pessoas em situação de maior vulnerabilidade no âmbito social[15], para as quais o acesso aos recursos necessários para a satisfação de necessidades vitais básicas tende a ser meramente residual e insuficiente — ou mesmo, em situações mais radicais, inexistente —, essa discussão interessa, na realidade, a todas as pessoas, pois, envolvendo os princípios reitores das ordens econômica e social em diversos âmbitos geopolíticos — que, marcados pela intensificação do processo de *globalização*[16], transcendem ao local, ao regional e, mesmo, ao nacional —, as expectativas que concernem aos direitos sociais, implicadas em disputas alocativas[17], põem em relevo a igualdade material[18] e dizem respeito ao chamado "mínimo existencial"[19]

---

(14) Dessa forma, segundo Thome (2012, p. 107-8), "a violação aos direitos sociais gera uma violação reflexa aos direitos civis e políticos, na medida em que a vulnerabilidade econômico-social leva à vulnerabilidade dos direitos civis e políticos, ocorrendo o mesmo com a violação dos direitos civis e políticos". Para uma perspectiva similar, v. Bucci (1997; 2001; 2002).
(15) Segundo Pisarello (2007, p. 11), "Esta caracterización de los derechos sociales como derechos de los más necesitados explica que su reclamo y su consagración jurídica suelan reclutar partidarios entre quienes poseen una sensibilidad igualitaria". De fato, frequentemente se põe em relevo a ideia de que a titularidade dos direitos sociais e, em consequência, as questões concernentes à formulação, à aplicação, à avaliação e ao controle das políticas públicas sociais são problemas que estão mais relacionados aos setores sociais que não podem satisfazer suas necessidades básicas, ou seja, aos mais vulneráveis, mais desamparados e/ou mais "necessitados".
(16) Empregamos o termo "globalização", aqui, na acepção traçada por B. S. Santos (2005-a), para identificar um fenômeno multifacetado, plural e contraditório, com implicações políticas, jurídicas, econômicas, sociais e culturais interligadas de modo complexo, que se desenvolveu nas últimas três décadas a partir de uma intensificação dramática das interações transnacionais e que, paradoxalmente, embora as tenha transformado radicalmente, intensificou hierarquias e desigualdades. Vale, também, a definição delineada por Giddens (1990, p. 64): a intensificação de relações sociais mundiais que unem localidades distantes de tal modo que os acontecimentos locais são condicionados por eventos que acontecem a muitas milhas de distância e vice-versa.
(17) Destacamos, aqui, a ideia de que o problema das garantias dos direitos sociais é, sobretudo (mas não somente, como veremos mais adiante), um problema de preferências/disputas alocativas, especialmente quando a sua realização fática é confrontada com o argumento da "reserva do possível".
(18) Cf. Sanchís *apud* Carbonell; Parcero; Vázquez (2001, p. 39-46).
(19) Segundo Barcellos (2002, p. 198), o "mínimo existencial" corresponde ao conjunto mínimo de bens materiais imprescindíveis para a existência humana em condições decentes: o mínimo existencial corresponde, portanto, ao próprio núcleo material da dignidade humana, ou ao conteúdo essencial dos direitos fundamentais (BOROWSKI, 2003, p. 66): verdadeiro meio e concomitante condição necessária para que a pessoa possa gozar plenamente dos seus direitos civis e políticos e participar da vida política de uma comunidade. O PIDESC, no seu preâmbulo, reconhece, em conformidade com a Declaração Universal dos Direitos Humanos, que o ideal do ser humano livre,

— econômica, social e culturalmente delineado —, conjunto de bens necessários não só para a sobrevivência em condições condizentes com a dignidade inerente à pessoa, mas também para garantir a ela as condições materiais que viabilizam o exercício real de outros direitos, como os direitos civis e políticos, relacionados à sua liberdade e à sua autonomia, imprescindíveis à democracia e à cidadania integral[20].

Além disso, os direitos sociais, nas últimas décadas, passaram a ser permeáveis a uma nova espécie de reivindicações, vinculadas não apenas à alocação de recursos materiais, mas, em especial, às *demandas de reconhecimento*. São reivindicações coletivas através das quais setores habitualmente discriminados no âmbito social reclamam a remoção de barreiras legais, econômicas, sociais e culturais que impedem ou limitam de fato a participação desses setores em processos políticos e/ou que impedem ou limitam o acesso desses setores à educação e/ou ao trabalho, *v.g.* Essas *demandas de reconhecimento* objetivam, sobretudo, dar visibilidade a esses (novos) atores sociais, o reconhecimento de suas diferenças específicas e a remoção daquelas pautas supostamente neutras que, na realidade, estão ideologicamente vinculadas aos interesses dos grupos sociais dominantes/hegemônicos e que, por isso, dificultam o acesso desses setores discriminados a essas mesmas pautas[21].

O progressivo reconhecimento das expectativas relacionadas aos direitos sociais no plano constitucional e em tratados internacionais — e a sua consequente integração à ordem jurídica interna de cada país —, embora não possa ser associado a um processo linear, cronológico e unívoco (porque não existe um padrão único no reconhecimento dos direitos sociais pelos diferentes países, concomitantemente *reivindicados* e *atribuídos*, *conquistados* e *concedidos*)[22], impõe obrigações, positivas e negativas, aos poderes públicos — e também, em maior ou menor grau, aos particulares[23] —, concernentes à satisfação de tais necessidades e, em consequência, à efetiva promoção do desenvolvimento humano.

---

liberado do temor e da miséria, não pode ser realizado a menos que sejam criadas as condições que permitam a cada pessoa gozar de seus direitos econômicos, sociais e culturais, assim como de seus direitos civis e políticos.
(20) Nesse sentido, Marshall (1992) estabelece uma relação de dependência entre a cidadania e a soma dos direitos civis, políticos e sociais do cidadão: os direitos civis diriam respeito aos direitos "necessários à liberdade individual"; os direitos políticos, aos direitos "de participação no exercício do poder político"; e os direitos sociais, a "todo um conjunto de direitos, desde o direito a um mínimo de bem-estar e segurança econômica até ao direito a partilhar em pleno na herança social e a viver a vida de um ser civilizado de acordo com os padrões prevalecentes na sociedade". Segundo Kliksberg (1997), o acesso à efetiva cidadania é um direito fundamental, o primeiro dos direitos, porque sem ele não se tem acesso aos outros direitos, mas aquele — o acesso à cidadania —, naturalmente, compreende o gozo dos direitos sociais, ao menos na sua expressão mínima: o "mínimo existencial". O que está em jogo, portanto, é o direito das pessoas à inclusão em uma sociedade altamente complexa e competitiva, que tende a excluir, em um contexto em que tem sido duramente negligenciado, o desenvolvimento humano.
(21) Nesse sentido, v. Fraser (1997) e Thome (2012).
(22) Nesse sentido, v. Baldasarre (2001) e Polanyi (1998).
(23) Nesse sentido, Luño (1999, p. 93), ao estudar a doutrina e a jurisprudência alemã sobre a *Drittwirkung der Grundrechte* (eficácia dos direitos fundamentais frente a terceiros), sustenta: "Se trata, en suma,

No entanto, se desde o início do processo de constituição do catálogo dos direitos fundamentais e/ou humanos os direitos sociais, com suas variações econômicas, sociais e culturais, com maior ou menor ênfase, formaram parte desse patrimônio jurídico, a sua inclusão nesse catálogo sempre foi alvo de fortes críticas e ainda atualmente a doutrina jurídica conservadora segue discutindo se os direitos sociais se ajustam concretamente ao marco jurídico dos direitos humanos e/ou fundamentais, uma discussão para a qual colabora especialmente a simplicidade com que tradicionalmente, inclusive para fins didáticos[24], distinguem-se direitos civis, políticos e sociais, distinção que supostamente explicar-se-ia pelos fundamentos e valores ou princípios diferenciados dos últimos, menos relevantes ou menos conectados com aqueles, os dos primeiros, que inspiram a proteção dos "autênticos" direitos fundamentais[25].

---

de la aplicación de los derechos fundamentales no solo en las relaciones entre el estado y los ciudadanos, sino también en las relaciones entre personas privadas. Se ha objetado, por algunos sectores doctrinales, que esta tesis es fruto de una ilación lógica incorrecta, que desconoce la auténtica naturaleza de los derechos fundamentales, ya que se entiende que tales derechos son derechos públicos subjetivos destinados a regular relaciones de subordinación entre el estado y sus súbditos, pero que no pueden proyectarse 'lógicamente' a la esfera de las relaciones privadas, presididas por el principio de la coordinación. Desde esta óptica se conciben los derechos fundamentales como preceptos normativos surgidos para tutelar a los ciudadanos de la omnipotencia del estado, pero que no tienen razón de ser en las relaciones entre sujetos del mismo rango, donde se desarrollan las relaciones entre particulares. Es fácil advertir el carácter ideológico de este razonamiento ligado a una concepción puramente formal de la igualdad entre los diversos miembros integrantes de la sociedad. Pero es un hecho notorio que, en la sociedad moderna neocapitalista, esa igualdad formal no supone una igualdad material, y que en ella el pleno disfrute de los derechos fundamentales se ve, en muchas ocasiones, amenazado por la existencia en el plano privado de centros de poder, no menos importantes que los que corresponden a los órganos públicos. De ahí que se haya tenido que recurrir a una serie de medidas destinadas a superar los obstáculos que, de hecho, se oponen al ejercicio de los derechos fundamentales por parte de la totalidad de los ciudadanos en un plano de igualdad. La repercusión del principio de la *Drittwirkung* en el plano del reconocimiento jurídico de los derechos sociales ha sido clara (...). De forma explícita, y con especial referencia a los derechos sociales, ha señalado la Corte Federal del Trabajo que estos derechos fundamentales no garantizan solo la libertad del individuo frente al poder público, sino que contienen principios ordenadores de la vida social, que tienen también relevancia inmediata para las relaciones jurídico-privadas". No Brasil, o Supremo Tribunal Federal, no julgamento dos Recursos Extraordinários ns. 158.215-4/RS, 161.243-6/DF e 20819/RJ, já decidiu que os direitos fundamentais vinculam diretamente não apenas os poderes públicos, estando direcionados também à proteção dos particulares em face dos poderes privados. Sobre a vinculação dos particulares a direitos fundamentais, v., também, Castro (1988), Martínez (1988) e Reis (2005).

(24) E a justificação dessa ideia classificatória demasiadamente singela e simplória — e por isso mesmo incompleta e incorreta — habitualmente reside, perigosamente, no argumento do seu caráter didático.

(25) De acordo com tais argumentos, fala-se tradicionalmente em três "classes" de direitos a partir de uma série de critérios de classificação. Segundo a dimensão desses direitos, distinguem-se direitos de primeira, segunda e terceira geração. Distinguem-se, por outro lado, opondo-os, os direitos do Pacto Internacional de Direitos Civis e Políticos (PIDCP), os direitos do Pacto Internacional de Direitos Econômicos, Sociais e Culturais (PIDESC) e os direitos concernentes a um terceiro grupo, devotados à paz, ao meio ambiente e ao desenvolvimento sustentável. Outro critério diz respeito à fundamentação dos direitos, distinguindo-os em direitos de liberdade, de igualdade e de solidariedade. Distinguem-se, ainda, de acordo com as obrigações do Estado, entre direitos concernentes a

Assim, o reconhecimento positivo dos direitos sociais, por si só, não se demonstra apto a convertê-los em expectativas plenamente exigíveis, tampouco em instrumentos realmente aptos à satisfação das necessidades dos seus destinatários[26]. Além disso, a distância entre os direitos proclamados/reconhecidos e a sua vigência (eficácia) plena — ou seja, a grande desproporção entre o violado de fato e o garantido estatalmente — motiva, frequentemente, que a palavra e o discurso que os proclamam restem vazios, com pouco efeito prático[27].

Nesse contexto, a par da extraordinária expansão das atuações institucionais devotadas ao desenvolvimento humano, com o estabelecimento de sistemas de compensação e inclusão ao largo do último terço do século dezenove e, sobretudo, dos dois primeiros terços do século vinte sob a égide do chamado "Estado de bem-estar social" (*welfare state*) ou do "Estado social"[28], a realidade delineada a partir

---

obrigações de abstenção, de ação e de coordenação. Em virtude do compromisso assumido pelo Estado, fala-se de direitos que concernem a compromissos imediatos, progressivos e mistos. Finalmente, quando se têm em conta as condições de realização dos direitos, distinguem-se direitos que dependem de vontade política, de recursos ou de ambos. Evidentemente, as características enunciadas em primeiro lugar correspondem aos direitos civis e políticos e as enunciadas em segundo lugar aos direitos sociais.

(26) Historicamente, tanto os Estados sociais reformistas, dentro do capitalismo, como os Estados do "socialismo real", supostamente fora dele, trataram de desmercantilizar, no todo ou em parte, a provisão de certos recursos básicos à sobrevivência das pessoas, como aponta Esping-Andersen (1998, p. 35). Mas essas experiências se viram, com certa frequência, condicionadas em seu alcance democrático e em sua capacidade de inclusão social tanto por fatores externos como internos. Ademais, o grau de satisfação dos direitos sociais, sobretudo nas regiões mais privilegiadas economicamente, tem estado intimamente relacionado às assimétricas relações de poder existentes entre países e regiões centrais e países e regiões periféricas: a ampliação do acesso das pessoas, em países e regiões centrais, a níveis crescentes de consumo, inclusive sob a forma de direitos, tem sido levada a cabo, ao menos em parte, à custa do evidente empobrecimento e da negação de direitos básicos às pessoas em países e regiões periféricas.

(27) No caso brasileiro, v., sobre as reiteradas violações dos direitos sociais consagrados no PIDESC, o I (2001) e o II (2006) Relatórios Brasileiros sobre o Cumprimento do Pacto Internacional de Direitos Econômicos, Sociais e Culturais. Em maio de 2009, por ocasião do encerramento do seu 42º período de sessões, o Comitê de Direitos Econômicos, Sociais e Culturais das Nações Unidas expressou diversas preocupações em relação ao estado dos direitos sociais no Brasil, destacando as persistentes diferenças econômicas e sociais entre negros e brancos, a manutenção de elevados níveis de pobreza e de concentração de renda, o analfabetismo, as desigualdades no acesso ao emprego, inclusive entre homens e mulheres, a falta de acesso à moradia, problemas de saúde pública e a manutenção de elevado número de trabalhadores rurais reduzidos a condição análoga à de escravos (Brasil, 2009). Nesse sentido, segundo dados do Censo-2010 (Brasil, 2011), 60,7% dos brasileiros vivem em domicílios onde a renda familiar *per capita* não ultrapassa o valor de um salário mínimo; 16,2 milhões de brasileiros (8,5% da população brasileira) vive com renda familiar *per capita* de até R$ 70,00, em condições de extrema miséria; apenas 55% dos domicílios brasileiros têm acesso à rede de esgoto; e 17% dos domicílios brasileiros não têm acesso a redes de abastecimento de água.

(28) No período delineado pelas duas grandes guerras mundiais (1914-1918/1939-1945) e no pós-guerra, os "Estados sociais" puseram em marcha políticas que buscaram compensar os efeitos excludentes do desenvolvimento assimétrico, rompendo o sistema político de então com o paradigma liberal do absenteísmo estatal. O fim da Primeira Guerra Mundial, sobretudo, marca o início de uma era de expansão dos direitos sociais, delineada pela iniciativa de constitucionalização dos direitos sociais observada nas constituições do México (1917) e de Weimar (1919), e por uma tentativa de internacionalização desses direitos, através da criação da Organização Internacional do Trabalho

dos movimentos de contrarreforma neoliberal empreendidos nos anos setenta a partir do esgotamento do modelo hegemônico que havia garantido o extraordinário crescimento dos países capitalistas centrais no segundo pós-guerra (1945-1973)[29] — cujos efeitos se fazem prolongar até o presente e se desvelam (para logo velarem-se novamente) mais intensos a cada nova crise do capitalismo —, tornou lugar-comum o ponto de vista segundo o qual as políticas públicas sociais — e, portanto, a utilização do poder do Estado com o propósito de equilibrar situações de desigualdade material ou de excluir determinados bens do livre jogo do mercado — seriam inevitável fonte de indesejável burocratização, e os direitos a elas relacionados, além de onerosos e, portanto, *caros*, verdadeiras *armadilhas* que tenderiam a cercear a eficácia econômica, as liberdades pessoais e as liberdades de mercado, quando não direitos realmente incompatíveis com os de liberdade, ou meramente programáticos, impondo, a par da vigência formal e, inclusive, da extensão dos direitos sociais em muitas constituições e tratados internacionais, uma (nova) *lex mercatoria*, cada vez mais global, que debilita a eficácia vinculante dos direitos sociais e, com isso, o alcance real do princípio democrático e da atuação social do tradicional Estado democrático de direito.

O discurso contemporâneo a respeito do caráter normativo — e não apenas político — das constituições modernas não tem sido suficientemente estendido, assim, ao âmbito dos direitos sociais. Quanto a esses, sua exigibilidade tem permanecido relegada a um segundo plano em relação a outros direitos, civis e políticos, sobretudo se confrontada com direitos patrimoniais — *v.g.*, propriedade privada e liberdade de iniciativa econômica[30]. As garantias dos direitos sociais, legislativas e administrativas, têm se demonstrado frágeis frente aos robustos mecanismos de tutela dos direitos patrimoniais, e as instâncias jurisdicionais pouco têm contribuído, de fato, para afastar essa tendência[31].

Assim, a insistente vigência, entre os operadores jurídicos, da tese segundo a qual os direitos sociais trazem em si meros princípios reitores ou cláusulas programáticas, ou a ideia de que os órgãos jurisdicionais pouco ou nada podem, nem devem fazer para garanti-los, bem como a ideia recorrente da "reserva do possível"

(1919). O período que vai do término da Segunda Guerra Mundial a meados da década de setenta, por outro lado, corresponde ao período de maior desenvolvimento dos direitos sociais. Nesse período, as grandes linhas sobre as quais se estruturam esses direitos passam a ser integradas às constituições nacionais e às grandes declarações internacionais de direitos no seio do "Estado social", com o extraordinário desenvolvimento de políticas públicas sociais de bem-estar social (*Welfare State*).

(29) A década de 1970, em especial a sua segunda metade, é marcada pela crise do modelo de Bretton Woods.

(30) Nesse sentido, v. Pisarello (2003; 2007).

(31) Nesse sentido, v. Martín (2006, p. 11).

em matéria de direitos sociais[32], são algumas evidências dessa (nova) *lex mercatoria*[33].

Dessa maneira, o Estado democrático de direito tradicional, longe de converter-se em autêntico Estado social, tem operado, normalmente, de forma meramente residual, como simples Estado legislativo e administrativo, com prestações limitadas à complementação e à correção das ações alocativas dos mercados e atuação orientada a disciplinar a pobreza e a assegurar, sobretudo a serviço desses mercados, a ordem e a segurança pública.

Com poucas exceções, o "núcleo duro" das políticas públicas sociais que vêm sendo adotadas após a crise, nos anos setenta, dos tradicionais Estados sociais e dos programas de *welfare state* não está relacionado à garantia de direitos sociais generalizáveis, ou seja, de expectativas estáveis subtraídas à conjuntura política e, portanto, indisponíveis aos poderes de turno: as políticas públicas sociais têm sido pautadas por intervenções seletivas, relacionadas à capacidade de reivindicação de certos segmentos, que, mais do que igualar os desiguais, tendem a operar como efetivas concessões discricionárias e, portanto, revogáveis, quando não como autênticas medidas conservadoras de controle dos pobres, ou seja, de disciplinarização e/ou contenção da pobreza, que tendem a institucionalizar a exclusão social[34].

O que procuramos demonstrar, ao longo deste capítulo, é que, apesar de sua apelação ao discurso técnico, essa percepção desvalorizada dos direitos sociais assenta-se, sobretudo, em mitos forjados por pressupostos ideológicos e/ou em argumentos que são verdadeiros apenas em parte e que não são conclusivos. Buscamos, assim, rebater os principais mitos e argumentos veiculados no *mainstream* político e jurídico que moldam atualmente a percepção depreciativa dos direitos sociais e, por extensão, das próprias políticas públicas sociais e do papel do Estado na formulação, aplicação, avaliação e controle das políticas públicas sociais, e demonstrar que existem outros argumentos que evidenciam o caráter *fundamental* dos direitos sociais a partir da interdependência dos direitos, com consequências sobre a qualidade democrática de um sistema e sobre o agir dos órgãos da administração pública e do Poder Judiciário enquanto agências funcionais do Estado democrático de direito[35].

---

(32) A ideia da "reserva do possível" vem sendo utilizada como argumento à cidadania, pelos governos, no sentido de justificar a falta de efetivação de direitos sociais. Mais adiante, trataremos da questão.

(33) Referindo-se à eficácia normativa do Estado social e dos direitos sociais, Ibáñez (1996, p. 35) afirma que, já nos anos noventa, "con trazo mucho más grueso, el carácter social se trasmuta en principio social y el principio social, a su vez, en más que escasas normas con operatividad propia".

(34) Vuolo *et al.* (2004, p. 14), analisando as políticas de combate à pobreza na Argentina e em outras regiões da América Latina, afirma que "las actuales políticas 'contra' la pobreza son tan pobres como sus destinatarios. En realidad son políticas 'de' la pobreza, cuyo objetivo es administrar y gestionar a los pobres de forma tal de mantenerlos en una posición socialmente estática para que no alteren el funcionamiento del resto de la sociedad".

(35) Nesse sentido, v. Díaz (2004) e Ferrajoli (1999).

Buscamos, assim, fazer um balanço dos principais argumentos a respeito dos direitos sociais, sua imprescindibilidade e suas garantias, e avançar nessa construção teórica, para (re)pensarmos os direitos sociais, refutando as concepções que, de forma geral, fazem deles direitos depreciados ou de segunda ordem, impregnados de uma série de debilidades e imperfeições teóricas e técnicas que se apresentam como essencialmente vinculadas à sua própria natureza.

O que defendemos, em síntese, é que a ideia corrente, segundo a qual os direitos sociais são direitos de "segunda geração", enquanto os direitos de propriedade seriam de "primeira geração"[36], decorre de uma opção ideológica[37] e que não há como falar em efetividade de outros direitos, inclusive dos próprios direitos civis e políticos, relacionados à liberdade e à autonomia da pessoa, e, assim, imprescindíveis à democracia e à cidadania integral, sem a garantia, a ela (à pessoa), do mínimo existencial[38], um leque de bens econômicos, sociais e culturais que correspondem ao que ordinariamente se chama ou categoriza como "direitos sociais"[39].

O que pretendemos demonstrar, nesse contexto, é que não podemos garantir direitos sociais a partir do pressuposto da prévia e necessária realização dos direitos civis e políticos, exclusivamente, tampouco o contrário[40]: o ideal do ser humano

---

(36) Em 1979, Karel Vasak, empregando pela primeira vez a expressão "geração de direitos", propôs, no Instituto Internacional de Direitos do Homem (Estrasburgo), uma classificação dos direitos do homem segmentando-os segundo três "gerações", baseada basicamente nas fases de reconhecimento dos direitos humanos, conforme a marca (supostamente) predominante dos eventos históricos e das inspirações axiológicas que deram identidade a cada uma dessas fases, buscando, metaforicamente, associá-las à revolução francesa (*liberté, égalité, fraternité*): a primeira, relacionada com as revoluções burguesas dos séculos XVII e XVIII (*liberté*); a segunda, relacionada com os movimentos sociais democratas e com as revoluções comunistas (*égalité*); e a terceira, relacionada às histórias tristes da Segunda Guerra mundial e à onda de descolonização política que a seguiu (*fraternité*). V., nesse sentido, *v.g.*, Piovesan (1998, p. 28).
(37) Assim, entre outros, Peces-Barba (2005), ao tratar da história dos direitos, tem insistido na ideia de "linhas de evolução" e/ou de "processos" de direitos (positivação, generalização, internacionalização e especificação), em detrimento de uma visão linear-geracional dos mesmos.
(38) A própria definição do "mínimo existencial" passa pelo diálogo social, que demanda ampla participação dos destinatários dos direitos sociais na formulação, aplicação, avaliação e controle das políticas públicas sociais.
(39) Assim, segundo Cruz (2008, p. 96), "não há como se pretender apartar os direitos individuais dos direitos sociais, como, por exemplo, na discussão da extensão das cláusulas pétreas da Constituição (art. 60, § 4º, inciso IV). De modo metafórico, é possível estudar de forma apartada os sistemas circulatório e respiratório do homem, mas, na prática, eles não podem subsistir um sem o outro".
(40) Nomeado relator da comissão encarregada de examinar o projeto de lei de Tracy, apresentado à Câmara dos Deputados em 1839, que propunha a emancipação progressiva dos escravos nas colônias francesas, Tocqueville chamou a atenção dos deputados para a impossibilidade de condicionar-se a emancipação à erradicação da pobreza: "Existem os que, embora admitindo que a escravidão não pode durar sempre, desejam postergar o momento da emancipação sob a alegação de que é preciso preparar os negros para a independência antes de romper suas cadeias. (...) Mas se todos estes preparativos são incompatíveis com a escravidão, exigir que sejam realizados antes que a escravidão seja abolida, não significaria, em outros termos, afirmar que ela não poderia acabar nunca?" (TOCQUEVILLE, 1994-a, p. 30-1). Direitos civis, políticos e sociais estão francamente inter-relacionados, de forma que não podemos condicionar uns à prévia realização de outros.

livre, liberado do medo e da miséria, não se pode realizar concretamente a menos que se criem as condições que permitam a cada pessoa gozar de seus direitos econômicos, sociais e culturais tanto quanto de seus direitos civis e políticos[41].

Certamente, a persistente vulneração dos direitos sociais está relacionada, de forma intrínseca, às assimétricas relações materiais de poder existentes nas sociedades atuais e, em consequência, às soluções dadas aos persistentes problemas alocativos no âmbito social. No entanto, o papel que, para tal vulneração remanescente, desempenha a percepção simbólica e ideológica dessas relações de desigualdade não é menor[42]. Assim, se, nas sociedades atuais, as decisões dependem, em grande parte, da percepção que se tem da realidade, um pressuposto indispensável para a remoção dos obstáculos à efetivação dos direitos sociais é a contestação da leitura política e jurídica conservadora que normalmente se faz sobre os mesmos. O que pretendemos, portanto, a seguir, é (re)pensar os direitos sociais, sua imprescindibilidade e suas garantias a partir de uma perspectiva garantista e democrática[43].

Garantista na medida em que parte da percepção de que se, tradicionalmente, o direito revela-se, sobretudo, um mecanismo de manutenção do *statu quo*, resguardando os interesses dos mais fortes, também pode operar, em face do embate social, como instrumento a serviço dos sujeitos mais vulnerabilizados, debilitados ou "necessitados"[44]. Se as instituições jurídicas podem ser instrumentos de opressão social (e na maioria das vezes efetivamente o são), também é certo que, com a democracia e com a fortaleza da cidadania, o direito pode ser uma potencial instituição coletiva de libertação, de contenção do poder e da opressão.

---

(41) Nesse sentido, insistimos, os preâmbulos da Declaração Universal dos Direitos Humanos, do Pacto Internacional de Direitos Econômicos, Sociais e Culturais e do "Protocolo de San Salvador".
(42) Nesse sentido, *v.g.*, a teoria dos aparelhos ideológicos do Estado, de Althusser (1998). Nesse mesmo sentido, ainda, v. Pisarello (2003; 2007).
(43) Nesse sentido, buscamos adotar, a seguir, em linhas gerais, uma visão garantista, tributária de Ferrajoli (1990; 2006-a; 2006-b), a partir de uma revitalizada construção constitucionalista social e garantista traçada por autores como Abramovich e Courtis (2002; 2006) e Pisarello (2003; 2007).
(44) Como demonstraremos ao longo deste ensaio, essa constatação é válida, sobretudo, no campo do direito do trabalho. Diretamente relacionado ao processo de acumulação capitalista e à luta de classes, esse direito tem a sua gênese numa correlação de forças sociais. Revela-se, sobretudo, um mecanismo de manutenção da força de trabalho, inerente ao sistema capitalista. Embora seja normalmente apresentado na forma de concessão ou dádiva do capital, o direito do trabalho está intrinsecamente relacionado com as exigências do próprio capital para a sua valorização e reprodução. O direito do trabalho, portanto, nem sempre tem como finalidade o atendimento dos interesses dos trabalhadores; ao contrário, muitas vezes segue os caminhos traçados pelo capitalismo. No entanto, num contexto em que o direito do trabalho estabelece um vínculo entre o capital e a força de trabalho, calcado em ações de efetiva intervenção na realidade social, esse, muitas vezes, atua, em face do embate social, no sentido de satisfazer determinadas carências e interesses dos trabalhadores, e não apenas os interesses do capital. Assim, o direito do trabalho se apresenta, desde a sua gênese, útil ao capital, conquanto interesse também aos trabalhadores, por razões opostas: por um lado, faz o capital pequenas concessões que reduzem as tensões sociais, retirando força à luta de classes; por outro lado, consegue o trabalhador limitar, concretamente, a exploração que sobre ele é exercida.

Nesse contexto, o Estado — e em especial o *governo*, ou seja, a administração pública — não é proprietário do interesse público, tampouco dos procedimentos de deliberação pública, o que supõe reforçar e revitalizar o serviço real, permanente e concreto da organização pública e de seus agentes. É claro que a existência de uma lógica garantista, por si só, não assegura a automática satisfação dos direitos, sobretudo dos direitos sociais. No entanto, essa lógica viabiliza a articulação de um discurso crítico que foge ao mero empirismo — discurso não apenas político, mas também, e sobretudo, jurídico —, apto a deslegitimar a atuação das forças que, de uma forma ou de outra, bloqueiam a possibilidade de assegurar-se às gerações presentes e futuras a satisfação das suas necessidades básicas: o "mínimo existencial"[45].

Democrática — substancialmente democrática, ou seja, participativa — na medida em que parte da percepção de que a democracia participativa pressupõe um sistema aberto, nunca acabado, de forma que a questão da garantia dos direitos sociais pode inscrever-se em um processo de constante (re)democratização, tanto no marco institucional como em outras esferas sociais, extrainstitucionais. Não se chega a outro mundo possível através de uma grande tormenta, imaginária e mítica, mas através de experiências renovadas de participação democrática e de inclusão social, concretas e não meramente ilusórias, capazes de encontrar soluções concertadas, coerentes e criativas para os problemas sociais. Isso implica democratizar radicalmente o acesso à informação a respeito do próprio agir das instituições, sobretudo da administração pública[46], cuja legitimidade dos respectivos atos cada vez mais está relacionada à sua eficiência e à sua capacidade de justificá-los racionalmente, em todos os momentos, à cidadania, e, em consequência, viabilizar, de fato, a avaliação sobre a capacidade dessas instituições para dar expressão, pelas vias adequadas, aos diferentes reclamos sociais, começando pelos dos segmentos mais vulneráveis[47].

---

(45) O *garantismo* a que nos referimos é, sobretudo, *garantismo social*, um conjunto de garantias, em boa parte ainda ausentes ou insuficientes, dirigidas à satisfação dos direitos sociais, identificadas com os limites e vínculos impostos a todos os poderes — públicos e privados, políticos e econômicos —, através dos quais, submetendo-os à lei, tutelam-se os direitos fundamentais. Segundo Ferrajoli (2006-b, p. 32), o garantismo contemporâneo, em contraposição à "apelación al garantismo como sistema de límites impuestos exclusivamente a la jurisdicción penal", diz respeito à "sujeción al derecho de todos los poderes y garantía de los derechos de todos, mediante vínculos legales y controles jurisdiccionales capaces de impedir la formación de poderes absolutos, públicos o privados", paradigma que "es uno y el mismo que el del actual estado constitucional de derecho".
(46) Sob este ponto de vista, as instituições do direito administrativo devem ser reinterpretadas e, mesmo, reinventadas para evitar-se que este permaneça demasiadamente instalado em um pensamento tradicional e conservador, que justifique, em última análise, a arbitrariedade. A necessidade de realização dos direitos sociais passa por uma transformação do papel e da funcionalidade da administração pública que supõe revitalizar os seus serviços, as suas agências e os seus agentes, adequando-os a um (novo) conceito de interesse público, ancorado na tutela e promoção permanente de todos os direitos fundamentais — civis, políticos, sociais —, com o objetivo de alcançar-se sua vigência (eficácia) plena.
(47) A concepção *deliberativa* e *participativa* da democracia conta com muitos expositores. Apesar de alguns desencontros pontuais e da diversidade de filiações metodológicas, as ideias que sustentamos têm suas origens em reconstruções críticas elaboradas a partir de autores como Habermas (2005) e B. S. Santos (2003; 2005-b).

É necessário expandir a democracia não apenas como sistema político formal, mas como forma de governo que pode permitir, ou deve proporcionar, de fato, a cidadania integral ao impulsionar a participação ativa dos diversos atores sociais e o seu comprometimento com as decisões que dizem respeito à promoção do desenvolvimento humano[48].

Melhores garantias e mais democracia, em síntese, são os elementos centrais à tarefa de (re)construção do estatuto jurídico e político dos direitos sociais. Sua adequada articulação teórica e prática demonstra-se fundamental, portanto, para a remoção dos tradicionais obstáculos materiais e a superação dos pressupostos ideológicos que explicam a (ainda) debilitada posição dos direitos sociais na maioria dos ordenamentos jurídicos atuais, inclusive o brasileiro, e para a revitalização do papel do direito público — em especial, do direito administrativo, esse ramo do direito onde se instaura, com maior força, o conflito permanente entre autoridade e liberdade, entre Estado e indivíduo[49] — e do próprio Estado — em especial, da administração pública e do Poder Judiciário — na realização efetiva dos direitos humanos fundamentais em geral, e em particular dos direitos sociais.

Para isso, é imperativo (re)pensar os direitos sociais, sua imprescindibilidade e suas garantias a partir de uma perspectiva que seja concomitantemente retrospectiva e construtiva de suas possibilidades como categoria jurídica, como realidade social e como ingrediente da pauta de realização dos direitos humanos fundamentais, pois a efetividade dos direitos sociais segue sendo um desafio para a realização desses direitos humanos fundamentais. Trata-se de refutar argumentos, com o recurso ao direito, sobretudo ao direito administrativo, que possam considerar não sindicáveis as ações ou omissões do Estado na realização de direitos sociais, o retrocesso social, o arbítrio dos agentes de turno no espaço das políticas públicas sociais e a desproteção social dos segmentos mais vulneráveis da população.

---

(48) Quando falamos em desenvolvimento, é importante destacar que desenvolvimento é *desenvolvimento humano*, e que este pressupõe *desenvolvimento social*: assim como a pobreza não é um problema exclusivamente econômico, o crescimento econômico, por si só, não é desenvolvimento, pois não basta o crescimento econômico para a promoção, por si só, do verdadeiro desenvolvimento social. Segundo Franco (2002), o desenvolvimento é movimento sinérgico, que se verifica naquela classe de mudanças sociais nas quais há alterações dos fatores humanos e sociais que garantem a estabilidade dos sistemas sociais: em sistemas altamente complexos e desequilibrados, como as sociedades humanas, o desenvolvimento só ocorre quando se instalam padrões de interação internos (entre os elementos do conjunto) e externos (com o meio circundante) que melhor assegurem as condições de existência do conjunto, ou seja, da própria sociedade. Uma sociedade na qual uns poucos indivíduos melhoram suas condições de vida, mas na qual o restante da população — a maioria — não consegue melhorar suas condições gerais de vida, não é uma sociedade que se desenvolve, ainda que possa ser uma sociedade que cresce economicamente.
(49) "Es precisamente en el derecho administrativo donde, con mayor fuerza, se refleja el conflicto permanente entre autoridad y libertad, Estado e individuo. De ahí que la búsqueda del punto de equilibrio en la tensión dinámica entre los dos conceptos es una de las principales tareas dogmáticas de esa disciplina jurídica" (GORDILLO, 1977, p. 111-2).

Tudo isso demonstra a necessidade de (re)pensar os direitos sociais, sua imprescindibilidade e suas garantias a partir de uma noção de cidadania social[50], ou seja, a partir do componente social da cidadania democrática no momento em que assistimos a um redimensionamento do Estado, da administração pública e do Poder Judiciário. Cidadania que se coloca, aqui, como condição que se alcança quando a pessoa pode gozar dos seus direitos mais elementares, fundamentais mesmo à sua autonomia no seio de uma comunidade, direitos para uma vida decente. Esse objetivo será plausível se formos capazes de implantar todas as dimensões dos direitos sociais e de integrar os seus conteúdos na teoria e na prática dos direitos humanos fundamentais.

Serão abordados, a seguir, os principais argumentos que permitem (re)pensar os direitos sociais a partir de uma perspectiva expansiva dos direitos fundamentais, ou seja, da ideia de um *continuum* de interdependência entre os direitos civis, políticos e sociais. O que pretendemos demonstrar, assim, neste capítulo, é: (a) que os direitos sociais são direitos *fundamentais*, ou seja, direitos *imprescindíveis* ao Estado Democrático de Direito; (b) que não existem razões históricas, filosófico-normativas ou teórico-dogmáticas significativas que possam justificar verdadeiramente uma tutela debilitada para os direitos sociais, de forma que os direitos sociais concernem a expectativas amplamente jurisdicionáveis, ou seja, podem ser exigidos diante de um tribunal e devem ser tutelados por ele; e (c) que não só é possível, mas imperativa, no âmbito do Estado democrático de direito, inclusive no sistema engendrado pela Constituição de 1988 no Brasil[51], a adoção de uma perspectiva garantista e democrática dos direitos sociais e das suas garantias.

1.2. (Re)pensando os direitos sociais a partir da percepção histórica: a convergência e a complementaridade dos direitos civis, políticos e sociais fundamentais

Os direitos identificados como "sociais", habitualmente, tanto no âmbito da história do direito como no âmbito da sociologia jurídica, são apresentados como direitos pertencentes a uma geração *posterior* à geração dos direitos civis e políticos.

---

(50) Ao falarmos de cidadania social, não pretendemos, contudo, desmembrar a categoria "cidadania", tampouco trataremos do debate sobre as distintas esferas da cidadania, debate que nos parece bastante estéril; pretendemos, apenas, reforçar a ideia do componente social da cidadania democrática.

(51) Fica claro que as diversas categorias de direitos humanos fundamentais nela previstos integram-se em um todo harmônico, mediante influências recíprocas. Os direitos individuais previstos na Constituição estão, assim, francamente implicados com a sua dimensão social. Com isso, transita-se de uma democracia de conteúdo político-formal para uma democracia de conteúdo social, se não de tendência *socializante*, verificando-se, contudo, um desequilíbrio entre uma ordem social *socializante* e uma ordem econômica *liberalizante*, porém subordinada, na persecução dos seus fins, àquela. Nesse sentido, v. J. A. Silva (2011).

Os direitos sociais, segundo essa percepção, *vêm depois* dos direitos civis e políticos em termos de reclamo histórico e consequente reconhecimento, o que representa afirmar, em termos mais funcionalistas, que o problema pertinente à satisfação dos direitos sociais, historicamente, vem à pauta apenas após a satisfação dos direitos civis e políticos — o que inclui, obviamente, a satisfação de direitos patrimoniais —, ou que os direitos civis e políticos são, na expressão do seu próprio reclamo histórico, ou seja, pela *anterioridade cronológica* da sua reivindicação, *mais fundamentais* do que os direitos sociais.

A par da sua ampla difusão, inclusive para fins didáticos, entre os operadores jurídicos, essa tradicional percepção dos direitos sociais como direitos *tardios* assenta-se em pressupostos que são tendencialmente restritivos e deterministas e que, de forma equivocada, pretendem justificar, em tese, uma tutela depreciada dos direitos sociais.

É verdade que a história *moderna* dos direitos sociais tem início com as grandes revoluções sociais do século dezenove. No entanto, junto a essa "história" propriamente dita, é possível verificarmos a existência de uma rica "pré-história", marcada por lutas sociais e por políticas institucionais dirigidas à resolução de situações de pobreza e exclusão social, que é anterior ao surgimento do Estado moderno e que guarda, de certa forma, *mutatis mutandis*, alguma identidade com as reivindicações contemporâneas em matéria de direitos sociais.

Podemos afirmar, assim, que as expectativas que correspondem ao que ordinariamente se categoriza como "direitos sociais", atualmente, sempre existiram, como sempre existiram mecanismos e programas destinados à intervenção no âmbito social. Assim, na Antiguidade e no Medievo, *v.g.*, verificamos facilmente a existência de diferentes mecanismos institucionais, claramente orientados às necessidades das pessoas em situação de maior vulnerabilidade no âmbito social[52]. Em algumas vezes essas medidas "públicas" tinham, mesmo, um sentido igualitário[53]; em outras, o objetivo desses mecanismos era resolver de maneira francamente autoritária a questão da exclusão, disciplinando os segmentos mais vulneráveis e obrigando as pessoas à (re)incorporação a relações de exploração laboral[54].

---

(52) Cf. Ritter (1999, p. 33).
(53) Nesse sentido, *v.g.*, as ajudas que garantiam, na *polis* ateniense, o acesso a banhos públicos (questão de lazer e de saúde pública) e as leis agrárias da Roma republicana, que asseguravam o acesso à terra ou a uma quantidade mínima de alimentos. Na América pré-colombiana, no Império Inca, encontramos, ainda, uma das primeiras manifestações de um sistema de seguridade social, entendido como um sistema racional de conjugação de esforços coletivos para prover uma espécie de seguro social: o regime de propriedade então existente previa o cultivo, através do trabalho em comum, de determinadas terras, cujo produto tinha a finalidade de atender às necessidades alimentares dos anciãos, dos doentes e/ou inválidos e dos órfãos, desprovidos de plena capacidade para o trabalho (OLIVEIRA, 1989, p. 181).
(54) Esse era o sentido, *v.g.*, das *leis de pobres*, que, no capitalismo incipiente, tendiam a substituir a antiga ideia de *caridade* ou *beneficência* pela de *reeducação para o trabalho*. Como aponta Castel (1995, p. 47), tanto nos países de tradição católica como nos protestantes, introduziu-se a distinção,

Ao largo da existência dos Estados modernos, é recorrente essa dialética entre políticas conservadoras e preventivas e políticas igualitárias. Com frequência, os mecanismos alusivos aos socorros para os pobres e às oficinas de emprego consubstanciavam políticas de ordem pública dirigidas ao controle sobre as condições de reprodução das estruturas produtivas[55].

Em muitos casos, a ajuda às pessoas em situação de maior vulnerabilidade no âmbito social, inicialmente discricionária, deu lugar a benefícios concretos, correspondentes a direitos exigíveis pelos cidadãos/administrados[56]: durante os episódios mais igualitários das revoluções modernas, a reivindicação de direitos de assistência e de acesso a recursos escassos ou centralizados, como terra e alimentos, demonstrou-se uma exigência recorrente dos setores populares, quase sempre acompanhada da demanda pela extensão dos direitos de participação[57].

Assim, *v.g.*, na Inglaterra, o reclamo por direitos de participação, de acesso à terra e de assistência social foi elemento comum nas cartas impulsionadas pelos *levellers* e pelos *diggers* ao longo do século dezessete[58]. Por outro lado, nas colônias norte-americanas, a distribuição da terra, a assistência aos segmentos mais vulneráveis e o estabelecimento de mecanismos de participação estiveram presentes em diferentes cartas, que inclusive trataram de contemplar experiências avançadas de democracia agrária[59]. Assim, a própria Declaração de Independência de 1776, se não resolveu, automaticamente, problemas como a escravidão, tratou de reconhecer como "verdades evidentes" determinados direitos, como os direitos à vida e

---

também jurídica, entre *pobres meritórios*, dispostos ao trabalho em troca das ajudas recebidas, e *pobres não meritórios*, dedicados ao *vício* e ao *ócio*, e, portanto, perigosos para a sociedade.

(55) No Brasil, *v.g.*, as leis abolicionistas do século dezenove preocupavam-se em "formar" a mão de obra que substituiria o escravo, ou como esse novo homem seria "educado" e disciplinarizado. Sobretudo a educação para o trabalho em colônias agrícolas seria o meio de transformar indivíduos expropriados em trabalhadores disciplinados. Assim, durante os debates do Congresso Agrícola do Rio de Janeiro (1878), destacavam-se as manifestações no sentido de que caberia ao governo brasileiro criar colônias agrícolas destinadas à educação de ingênuos — filhos de escravos, nascidos livres — e órfãos para o trabalho.

(56) Dean (1997, p. 3) caracteriza esse processo como "juridificação do bem-estar". Destacamos que a exigência de direitos sociais, imbricada, de alguma forma, com demandas de reconhecimento e de extensão de direitos de participação pode ser ilustrada, já na Antiguidade, *v.g.*, pelas ajudas que garantiam, na *polis* ateniense, o acesso a banhos públicos: tal acesso, relacionado a direitos que viriam, no futuro, a ser categorizados como "sociais" (lazer e saúde), franqueava concomitantemente o acesso à participação nos debates políticos que se realizavam publicamente nesses locais.

(57) Nesse sentido, v. Abramovich e Courtis (2002; 2006) e Pisarello (2003; 2007).

(58) A propósito dessas revoltas populares, Thompson (*apud* FONTANA, 1982, p. 81) ressalta que o que estava em jogo, na realidade, não era o direito civil à propriedade, mas definições alternativas ao direito de propriedade, de forma que a reivindicação das classes populares passava, claramente, por questões sociais.

(59) O art. 79 do *Body of Liberties* de Massachusetts, redigido em 1641 pelo reverendo Nathalien Ward, *v.g.*, estabelecia que, se um homem, ao morrer, não deixa para a sua mulher uma pensão suficiente para o seu sustento, ela será ajudada após apresentar uma reclamação à Corte Geral: "If any man at his death shall not leave his wife a competent portion of his estate, upon just complaint made to the General Court she shall be relieved".

à felicidade[60], claramente relacionados a expectativas que correspondem ao que, hoje, se chama ou categoriza como "direitos sociais", conquanto tratasse de excluir o direito de propriedade, só alçado ao patamar constitucional — e que teria papel central ao longo de todo o século dezenove — através da Constituição da Filadélfia (1787)[61].

Na França, a questão pertinente à extensão dos direitos sociais e de participação ocupou, sempre, um lugar central ao longo do processo revolucionário. Assim, a Constituição de 1791, ainda monárquica, incluiu no seu corpo referências — ainda tímidas — ao direito à assistência para os pobres e à educação pública[62]; por outro lado, em 1793, com o advento da Constituição democrática jacobina, o reconhecimento de direitos sociais pôs em xeque o caráter inviolável da propriedade privada e vinculou-se à ampliação dos direitos de participação[63]. A declaração de direitos contida no preâmbulo da Constituição consagrava, junto à igualdade de direito dos cidadãos, de concorrerem para a formação da lei e para a designação dos mandatários (art. 29)[64], o dever estatal de instaurar os socorros públicos necessários à subsistência dos cidadãos/administrados mais vulneráveis (art. 21)[65] e de assegurar a todos os cidadãos/administrados o acesso à educação pública (art. 22)[66], direitos tutelados por um mecanismo de garantia social, consistente na ação de todos para garantir, a cada um, a fruição dos seus direitos (art. 23)[67] e no direito-dever de insurreição, caso tais direitos fossem violados pelo governo (art. 35)[68].

---

(60) "We hold these truths to be self-evident, that all men are created equal, that they are endowed by their Creator with certain unalienable Rights, that among these are Life, Liberty and the pursuit of Happiness."
(61) Nesse sentido, v. Beard (2004).
(62) "Il sera créé et organisé un établissement général de secours publics, pour élever les enfants abandonnés, soulager les pauvres infirmes, et fournir du travail aux pauvres valides qui n'auraient pu s'en procurer. Il sera créé et organisé une instruction publique commune à tous les citoyens, gratuite à l'égard des parties d'enseignement indispensables pour tous les hommes et dont les établissements seront distribués graduellement, dans un rapport combiné avec la division du royaume."
(63) Segundo Pisarello (2007, p. 22), "La expresión 'derechos sociales' apareció en un proyecto presentado a la Convención de 1973 por el agronomista Gilbert Romme (...). En la sesión del 24 de abril de 1973, por su parte, Robespierre propuso a la Convención, en nombre de la 'fraternidad', la necesidad de moderar las grandes fortunas mediante un impuesto progresivo y de 'hacer honorable la pobreza' garantizando a todos el derecho a la libertad y a la existencia".
(64) "Chaque citoyen a un droit égal de concourir à la formation de la loi et à la nomination de ses mandataires ou de ses agents."
(65) "Les secours publics sont une dette sacrée. La société doit la subsistance aux citoyens malheureux, soit en leur procurant du travail, soit en assurant les moyens d'exister à ceux qui sont hors d'état de travailler".
(66) "L'instruction est le besoin de tous. La société doit favoriser de tout son pouvoir les progrès de la raison publique, et mettre l'instruction à la portée de tous les citoyens."
(67) "La garantie sociale consiste dans l'action de tous, pour assurer à chacun la jouissance et la conservation de ses droits; cette garantie repose sur la souveraineté nationale."
(68) "Quand le gouvernement viole les droits du peuple, l'insurrection est, pour le peuple et pour chaque portion du peuple, le plus sacré des droits et le plus indispensable des devoirs". Uma fórmula semelhante é encontrada na Declaração de Independência de 1776, das colônias norte-

No caso francês, após a restauração liberal conservadora, se o desenvolvimento do capitalismo liberal foi, paulatinamente, piorando as condições gerais de vida dos segmentos mais vulneráveis, sobretudo do operariado, gerou, ao mesmo tempo, paradoxalmente, as condições objetivas para a sua organização em torno de alternativas que lhes permitiriam, através da mobilização, assegurar, ainda que de forma limitada, certos interesses materiais, pautados pelo mínimo existencial: as novas formas associativas permitiram aos trabalhadores o estreitamento de laços de solidariedade e o acesso, ao mesmo tempo, a recursos básicos de subsistência: *v.g.*, sindicatos, sociedades de mútuo socorro e cooperativas de produção e consumo. Paralelamente, a "questão social" vem, com suas implicações, à pauta política e institucional, pressionada por setores de intelectuais e do operariado. Essas estratégias de auto-organização e de pressão nunca chegaram a conjugar-se plenamente, mas ajudam a entender a dinâmica em que ainda hoje se opera a reivindicação de direitos sociais[69].

O ciclo revolucionário aberto em 1848 é, talvez, o grande ponto de inflexão na história da reivindicação dos direitos sociais, pois naquele momento faz-se presente um elemento que mesmo as leituras mais formalistas sobre as "gerações" de direitos não poderão subestimar: a contradição estrutural existente entre a generalização dos direitos civis, políticos e sociais e a manutenção recorrente do caráter tendencialmente absoluto da propriedade privada e das liberdades contratuais[70]. De fato, a Constituição de novembro, após a insurreição de 1848, não logrou ignorar a "questão social", de forma que estabeleceu, no seu preâmbulo, o dever da Segunda República de assegurar a existência aos cidadãos/administrados necessitados, procurando dar-lhes trabalho, nos limites da sua possibilidade, ou concedendo-lhes assistência, quando verdadeiramente inaptos ao trabalho[71]. Apesar de seus limites,

---

-americanas: "That whenever any Form of Government becomes destructive of these ends, it is the Right of the People to alter or to abolish it, and to institute new Government, laying its foundation on such principles and organizing its powers in such form, as to them shall seem most likely to effect their Safety and Happiness."

(69) Nesse sentido, v. Thompson (1980).

(70) Nesse sentido, Tocqueville (1994-b, p. 34-5) constatava, sobre a época, que "La Revolución francesa, que abolió los privilegios y destruyó todos los derechos exclusivos, ha permitido que subsistiera uno, y de modo ubicuo: el de la propiedad (...). Hoy, que el derecho de propiedad no aparece sino como el último resto de un mundo aristocrático destruido (...) la lucha política se entablará entre los que poseen y los que no poseen. El gran campo de batalla será la propiedad, y las principales cuestiones de la política discurrirán sobre las modificaciones más o menos profundas que habrán de introducirse en el derecho de propiedad".

(71) "La République doit protéger le citoyen dans sa personne, sa famille, sa religion, sa propriété, son travail, et mettre à la portée de chacun l'instruction indispensable à tous les hommes; elle doit, par une assistance fraternelle, assurer l'existence des citoyens nécessiteux, soit en leur procurant du travail dans les limites de ses ressources, soit en donnant, à défaut de la famille, des secours à ceux qui sont hors d'état de travailler. — En vue de l'accomplissement de tous ces devoirs, et pour la garantie de tous ces droits, l'Assemblée nationale, fidèle aux traditions des grandes Assemblées qui ont inauguré la Révolution française, décrète, ainsi qu'il suit, la Constitution de la République."

os feitos de 1848 e, mais tarde, a breve experiência da comuna de Paris, em 1871, desempenham um papel fundamental para o desenvolvimento posterior dos direitos sociais[72].

Após um intenso ciclo de conflitos sociais que se estendeu do último terço do século dezenove a meados do século vinte, os Estados e suas produções jurídicas experimentaram, com maior ou menor intensidade, um franco processo de "socialização" que afetou diferentes ramos do direito[73]. O direito do trabalho surge, então, em decorrência dos problemas sociais decorrentes da revolução industrial, provocando a crescente intervenção estatal, tutelar, no mercado de trabalho, tendente a coibir os abusos do capital e a viabilizar a expansão concreta dos direitos sociais, institucionalizando direitos até então improváveis, como a sindicalização, a greve e a negociação coletiva[74].

Mas, se a noção de direito social é profundamente tributária do direito do trabalho, verificou-se que essa noção não deveria ser empregada somente para o direito do trabalho, mas para todas aquelas expressões jurídicas de um modelo organizado sobre bases, como a coletividade, na busca de equiparação e sua vinculação a relações sociais nas quais se identificam grupos marginalizados ou vulnerabilizados, envolvidos em relações de franca desvantagem material. O direito civil passa a admitir critérios de responsabilidade objetiva, abandonando a tradicional ideia de culpa, pelos danos causados por atores privados com uma especial posição de poder no âmbito das relações mercantis ou de consumo. Por fim, o próprio direito penal modera a sua função manifestamente repressiva, incorporando critérios de ressocialização[75].

Essa tendência estabilizou-se com os pactos keynesianos do pós-guerra e com a relativa consolidação dos diferentes mundos do Estado de bem-estar social (*welfare state*), construídos nas décadas anteriores[76]. Os direitos civis e políticos estenderam-se a setores até então excluídos, de fato, da sua incidência, e foram reconhecidos direitos específicos nos campos econômico, social e cultural, que tutelaram expec-

---

(72) Sobre a comuna de Paris, v. Marx (1972).
(73) A ideia de *socialização* do direito e, em consequência, dos próprios direitos civis e políticos tradicionais, foi sustentada entre os séculos dezenove e vinte por autores diversos, como o alemão Ferdinand Lasalle, os franceses Léon Duguit e George Gurvitch, o austríaco Anton Menger e o britânico Harold Laski. Para maiores detalhes, v. Lasalle (1904), Duguit (1922), Gurvitch (1932), Menger (1886; 1890) e Laski (1932).
(74) López (2002) afirma a ideia da formação do direito do trabalho como um direito concomitantemente conquistado e concedido.
(75) Nesse contexto, podemos ressaltar que muitos tratados internacionais sobre direitos sociais, constituídos sob os auspícios da Organização Internacional do Trabalho nos anos 1920/1930, são bem anteriores à proclamação da Declaração Universal dos Direitos Humanos e do Pacto Internacional de Direitos Civis e Políticos.
(76) Mais adiante, trataremos mais especificamente desses "diferentes mundos" do Estado de bem-estar social (*Welfare State*) e da sua relevância para o desenvolvimento da ideia de políticas públicas sociais.

tativas vinculadas, *v.g.*, a questões voltadas ao trabalho, à educação, à saúde e à moradia[77].

Nesses contextos, claro é que, se podemos conceber a ideia de que os direitos sociais correspondem a direitos conquistados, de fato, sobretudo pelas classes trabalhadoras, devemos ressaltar que a expansão dos direitos sociais corresponde, concomitantemente, a necessidades objetivas do sistema capitalista, permitindo a reprodução e a qualificação da força de trabalho e, ao mesmo tempo, ampliando as possibilidades de consumo[78]. Os Estados do pós-guerra não se revelaram realmente garantistas e democráticos, ou o fizeram de forma bastante atenuada; melhoraram, todavia, as condições de regulação do mercado de trabalho, as possibilidades de acesso aos mercados (consumo) e o acesso a serviços básicos de setores expressivos da sociedade, embora tenham admitido a proliferação de focos de arbitrariedade, deixando-se colonizar por poderes burocráticos e mercantis diversos, e valendo-se, sobretudo, de práticas decisionistas excludentes e concentradas, que excluíam ou estigmatizavam os grupos em maior situação de vulnerabilidade[79].

Dessa forma, ainda que a história "moderna" dos direitos sociais tenha início com as grandes revoluções sociais do século dezenove, e que, de um ponto de vista formal, os direitos sociais somente tenham adquirido um *status* constitucional *tout court* no segundo pós-guerra do século vinte[80], destacamos que é possível resgatar uma história mais complexa, que leva a conclusões diversas daquelas habitualmente extraídas da literatura tradicional. Aqui, podemos destacar situações em que a expansão de direitos sociais foi reivindicada simultaneamente à expansão de direitos civis e políticos e à restrição aos direitos patrimoniais e às liberdades contratuais[81].

A ideia, portanto, de reduzir os direitos sociais a direitos de reconhecimento *tardio* — e sempre posterior aos tradicionais direitos civis e políticos — minimiza a

---

(77) Para uma categorização histórica e institucional desses diferentes modelos, v. Esping-Andersen (1998, p. 9 *et seq.*).

(78) Como demonstra a história, a abolição da escravatura e a superação do modelo de trabalho servil, de inspiração feudal, foram cruciais — e corresponderam, portanto, a reais pressupostos — para o desenvolvimento do capitalismo: somente através da força de trabalho livre o capital pode se desenvolver como sistema de extração de mais-valia na forma de compra e venda entre iguais. Num dos relatos clássicos dos episódios de 1917, Serge (1993) situa em 1861 o marco inicial dos processos que arremessariam a Rússia no torvelinho das transformações da sociedade capitalista moderna, ano em que o czar Alexandre II decretou o fim da servidão dos camponeses, abolindo, formalmente, o feudalismo no Império Russo. Não por acaso, na mesma época tem início a Guerra de Secessão nos Estados Unidos, pautada, entre outros tópicos, pelo problema da libertação da força de trabalho dos laços escravistas (DELFINO, 2007, p. 20).

(79) Para uma crítica ao Estado social a partir de uma vertente garantista e democrática, v. Habermas (1986-b).

(80) Sem prejuízo, todavia, das experiências de constitucionalização de direitos sociais nas históricas Constituições do México, de 1917, e de Weimar, de 1919. No Brasil, os direitos sociais são integrados ao texto constitucional em 1934.

(81) Nesse sentido, v. Pisarello (2003; 2007).

larga e complexa história desses direitos. Essa história, no entanto, auxilia na compreensão das profundas diferenças existentes entre as políticas sociais mais ou menos discricionárias, implantadas de acordo com a conjuntura econômica, social, cultural e política, e a reivindicação de direitos sociais mais ou menos estáveis no tempo e, portanto, indisponíveis para os poderes de turno — compreensão que nos auxilia, pois, a avaliar, por um lado, certas políticas como conservadoras e preventivas, relacionadas a um reconhecimento limitado dos direitos sociais, e, por outro lado, outras políticas como substancialmente igualitárias e democráticas, vinculadas à simultânea satisfação de direitos civis, políticos e sociais.

Além disso, a superação da tese que alberga um relato plano, linear e cronológico das "gerações" de direitos sob o aspecto histórico possibilita-nos perceber a multiplicidade de vias, escalas e sujeitos relacionados, de forma substancial, à reivindicação dos direitos sociais, acentuando o caráter realmente simultâneo e complementar da reivindicação de direitos civis, políticos e sociais[82]. Desaparece, assim, toda a distinção entre vias institucionais e extrainstitucionais de reivindicação de direitos e entre escalas locais, regionais, nacionais e, mesmo, transnacionais, bem como a distinção entre pessoas, cidadãos e/ou administrados, enquanto destinatários de direitos sociais.

Nesses contextos, os direitos sociais só podem ser vistos como indispensáveis para que possamos dar conteúdo material aos direitos individuais e políticos, relacionados à liberdade e à autonomia da pessoa, do cidadão e do administrado, que, paradoxalmente, ao mesmo tempo, demonstram-se imprescindíveis para assegurar os direitos sociais[83].

1.3. (Re)pensando os direitos sociais a partir da percepção filosófico--normativa: a interdependência e a indivisibilidade dos direitos civis, políticos e sociais fundamentais

Quando, da perspectiva histórica que nos oferece a tese que alberga um relato plano das "gerações" de direitos, passamos à percepção normativa da fundamen-

---

(82) Trata-se de superar, ainda, um relato insensível às exclusões de direitos, que "parece dar a entender que el reconocimiento de derechos se produce sin exclusiones, incluyendo de una vez a todas las personas", e, ao mesmo tempo, insensível à ação dos atores sociais na luta por sua conquista (ROIG, 2010, p. 55).

(83) Reiteramos aqui a ideia, agora também sob o ponto de vista da reivindicação e concessão/conquista históricas, de que os direitos fundamentais — civis, políticos, sociais — são indivisíveis e interdependentes. As violações dos direitos sociais, nesse contexto, normalmente estão relacionadas com violações de direitos civis e políticos na forma de negações reiteradas. Como demonstraremos a seguir, do mesmo modo que para o pleno gozo do direito à liberdade de expressão é necessário concertar esforços em favor do direito à educação, para a fruição do direito à vida é preciso tomar medidas encaminhadas à redução da mortalidade infantil, da fome, das epidemias, da desnutrição etc. Nesse sentido, v. Bucci (1997; 2001; 2002).

tação dos direitos sociais, costumamos ser apresentados a uma imagem que remete tais direitos a uma posição subalterna, em termos axiológicos, em relação aos tradicionais direitos civis e políticos[84].

Essa perspectiva admite diferentes formulações. Uma primeira, bastante corrente, é a que sustenta que os direitos civis e políticos estão intimamente relacionados a interesses que são, de fato, fundamentais a qualquer pessoa, envolvendo a vida, a liberdade, a intimidade e, por isso — ou, com isso —, a própria dignidade, e os direitos sociais, não. Por outro lado, é, também, bastante difundida a ideia de que os direitos civis e políticos estão adstritos a valores e princípios como a liberdade e a segurança, enquanto os direitos sociais estão adstritos à promoção da igualdade. Disso decorre que, aceitando tais proposições, tenderíamos a ter que optar: ou estamos ocupados com a promoção dos direitos civis e políticos, e relegamos a um segundo plano a ideia de promoção da igualdade, ou estamos ocupados com a promoção dos direitos sociais, e o que relegamos a um segundo plano é a garantia das liberdades pessoais.

Trata-se, no entanto, de uma perspectiva verdadeiramente contraditória e que está assentada sobre pressupostos ideológicos que incluem, de fato, evidentes inconsistências discursivas. De certa forma, a fundamentação axiológica de todos os direitos remete à ideia de igualdade[85]. O que converte um direito em *fundamental* em termos valorativos, e permite tal categorização, é a sua estrutura igualitária, ou seja, o fato de dizer respeito a interesses que se demonstram tendencialmente generalizáveis ou inclusivos e, por isso, verdadeiramente indisponíveis e inalienáveis[86]. No entanto, o princípio da igualdade é um princípio relacional[87], e as questões a respeito dos sujeitos e do objeto da igualdade têm admitido diferentes respostas.

Quanto aos sujeitos implicados, a verdade é que, nos Estados modernos, um extenso rol de direitos, civis, políticos e sociais, têm sido vinculados à categoria da cidadania, que, se surgiu como uma ideia claramente inclusiva, se converteu, sobretudo em uma sociedade como a atual, marcada por migrações massivas, internas e transnacionais, em um autêntico *estatuto de privilégio*, exclusivo e excludente: quando falamos em direitos humanos ou fundamentais, o direito internacional, ao menos tendencialmente, hoje, busca atribuí-los às pessoas — aos administrados —, de forma generalizada, e não apenas aos cidadãos, introduzindo, assim, uma peça-chave para uma compreensão igualitária ampliada do sujeito de direitos. Quanto ao objeto da igualdade, frente à tese que reduz a categorização

---

(84) Cf. Añón e Añón (2003, p. 115 *et seq.*).
(85) Sobre a igualdade como princípio fundamental ao discurso dos direitos, v. Dworkin (2005).
(86) Isso seria, precisamente, o que distinguiria um *direito fundamental* de um privilégio, cuja estrutura é, por definição, tendencialmente seletiva, excludente e alienável, como destaca Ferrajoli (1990; 2006-a; 2006-b).
(87) Segundo Pisarello (2007, p. 38), "el principio de igualdad es un principio relacional, cuyos términos de comparación deben ser definidos: igualdad, sí, pero, ¿entre quiénes? y ¿en qué?".

de direitos a um fundamento axiológico excludente, podemos facilmente verificar que, na realidade, todos os direitos, civis, políticos e sociais, fundam-se na ideia de igual satisfação de certas necessidades, tidas como básicas, a todas as pessoas, e, com ela, em sua igual dignidade, liberdade e segurança[88].

Outra formulação discutível é a que diz respeito aos direitos sociais como direitos — em oposição a outros, como os civis e políticos — intrinsecamente relacionados à igualdade, e não à dignidade. O princípio da dignidade, que consubstancia, em síntese, o direito da pessoa de opor-se à imposição de condições de vida opressivas ou humilhantes[89], constitui elemento central nas modernas justificações dos direitos fundamentais e o seu reconhecimento é pressuposto, de fato, de qualquer discussão democrática que envolva os direitos tidos como fundamentais, inclusive sobre a sua própria categorização como tais. Assim, em termos normativos, a especificação do que podemos considerar "vida digna" ou "vida indigna" está relacionada a elementos negativos e positivos[90]. Desde uma perspectiva utilitarista, *v.g.*, a ideia de dignidade — ou de vida digna — está relacionada a um conjunto de condições que viabilizam a manutenção da integridade física e psíquica da pessoa e, em consequência, buscam minimizar as situações de mal-estar, dano ou opressão; desde outra perspectiva, construtivista, a ideia de dignidade está mais relacionada à autonomia e ao livre desenvolvimento da personalidade[91], algo mais próximo ao que chamamos de "desenvolvimento humano".

Essas perspectivas, na realidade, não são reciprocamente excludentes, tampouco contraditórias entre si. Se a ação de evitar situações de mal-estar, dano ou opressão pode ter, em termos normativos, um valor relevante, isso se justifica,

---

(88) Nesse sentido, v. Carter (2005) e, em especial, Balibar (1992).
(89) Segundo a Constituição jacobina de 1793, a resistência à opressão é consequência dos demais direitos do homem: "La résistance à l'oppression est la conséquence des autres Droits de l'homme" (art. 33).
(90) O princípio da dignidade da pessoa está inscrito em diferentes tradições éticas e políticas, do pensamento liberal clássico ao ideário socialista. Em termos positivos, está reconhecido pelo art. 10.2 da Declaração Universal dos Direitos do Homem (1948) e em diferentes constituições, de que são exemplos, além da brasileira de 1988, a alemã de 1949 (art. 1º: "1. Die Würde des Menschen ist unantastbar. Sie zu achten und zu schützen ist Verpflichtung aller staatlichen Gewalt. 2. Das Deutsche Volk bekennt sich darum zu unverletzlichen und unveräußerlichen Menschenrechten als Grundlage jeder menschlichen Gemeinschaft, des Friedens und der Gerechtigkeit in der Welt". 1. *A dignidade do homem é intocável. Toda autoridade pública terá o dever de respeitá-la e protegê-la.* 2. *Com isso, o povo alemão declara invioláveis e inalienáveis os direitos da pessoa humana, como fundamento de toda comunidade humana, da paz e da justiça no mundo.* Trad. do autor), a espanhola de 1978 (art. 10: "1. 1. La dignidad de la persona, los derechos inviolables que le son inherentes, el libre desarrollo de la personalidad, el respeto a la ley y a los derechos de los demás son fundamento del orden político y de la paz social") e a colombiana de 1991 (art. 1º: "Colombia es un Estado social de derecho [...] fundada en el respeto de la dignidad humana, en el trabajo y la solidaridad de las personas que la integran y en la prevalencia del interés general"). Sobre o alcance do princípio da dignidade no constitucionalismo moderno, v. Gutiérrez (2005) e, em especial, Sarlet (2002, p. 29 *et seq.*).
(91) Nessa perspectiva, portanto, o princípio da dignidade estaria mais relacionado, na realidade, à satisfação dos interesses necessários a que cada pessoa persiga livremente os seus fins e planos de vida, e participe da construção da vida social (FABRE, 2000, p. 12-3).

entre outras razões, porque essas ações são verdadeiras precondições para o livre desenvolvimento da própria personalidade e, em consequência, para a participação nos assuntos públicos. Da maior ou menor garantia de igual dignidade dependem, portanto, não apenas a preservação da integridade física e psíquica da pessoa, mas as próprias possibilidades de exercício de liberdades pessoais e, por isso, a qualidade democrática de uma determinada sociedade.

Assim, somente a partir de uma concepção conservadora, restritiva e equivocada podemos reduzir a noção de dignidade à satisfação, apenas, de alguns direitos civis básicos, como o direito à vida, à intimidade e à liberdade, fato que justificaria, nessa concepção, uma tutela debilitada de outros direitos, como os sociais, (supostamente) indiferentes à dignidade da pessoa. Se é certo que a dignidade se apresenta como fundamento dos direitos da pessoa, demonstra-se clara, para a sua persecução, a verdadeira interdependência e indivisibilidade dos direitos civis, políticos e sociais: o direito à vida não prescinde, para a sua concretização, do direito a um acesso adequado à saúde; o direito à intimidade ou ao livre desenvolvimento da pessoa não prescinde, para a sua concretização, do direito à moradia; o direito à liberdade, inclusive ideológica e de expressão, não prescinde, para a sua concretização, do direito à educação crítica e de qualidade[92].

Assim, os direitos que habitualmente reconhecemos ou categorizamos como "sociais" estão estreitamente relacionados à reivindicação e ao real exercício dos direitos civis e políticos, como estes estão estreitamente relacionados, também, à reivindicação e ao real exercício dos direitos ditos "sociais"[93].

A partir da caracterização dos direitos sociais como direitos efetivamente relacionados à igual dignidade da pessoa, também perdem a consistência as formulações segundo as quais os direitos civis e políticos, enquanto direitos relacionados à liberdade, opõem-se aos direitos sociais. A distinção entre direitos de igualdade e

---

(92) Segundo Pisarello (2007, p. 40-41), "Sin derechos sociales básicos, los civiles personalísimos corren el riesgo de verse vaciados en su contenido. Y de manera similar, frente al argumento de que el derecho a la libertad de expresión o a la asociación nada significan para quien padece hambre, carece de un cobijo o de un empleo que le asegure la subsistencia, podría afirmarse que la conquista del derecho a la alimentación, a la vivienda o al trabajo depende en buena medida de la disposición de libertades civiles y políticas que permitan reivindicarlo". Para Thome (2012, p. 107-8), "a violação aos direitos sociais gera uma violação reflexa aos direitos civis e políticos, na medida em que a vulnerabilidade econômico-social leva à vulnerabilidade dos direitos civis e políticos, ocorrendo o mesmo com a violação dos direitos civis e políticos". Para uma perspectiva similar, v. Bucci (1997; 2001; 2002).

(93) Destacamos, inclusive, que direitos civis e políticos tradicionais, como o direito à informação, à participação e ao devido processo, são fundamentais para assegurar não apenas a eficácia dos direitos sociais, no âmbito de políticas sanitárias, habitacionais, de educação ou trabalhistas, *v.g.*, mas também a sua legitimidade, ou seja, servem de instrumentos que viabilizam a aferição da capacidade, das políticas públicas, de apelarem para a autonomia e a dignidade dos seus destinatários: se a satisfação de direitos sociais mínimos é indispensável para a realização dos direitos civis e políticos, que requerem uma situação de superação das necessidades vitais básicas para serem exercidos plenamente, também os direitos civis e políticos são indispensáveis como mecanismos de controle do cumprimento das obrigações que emanam dos direitos sociais.

direitos de liberdade foi dominante, de fato, durante a chamada "Guerra Fria", quando a comunidade internacional chegou a consagrá-los em pactos apartados, ambos de 1966: o dos direitos econômicos, sociais e culturais (PIDESC) e o dos direitos civis e políticos (PIDCP). A ratificação de um ou de outro chegou a colocar-se aos Estados, à época, como uma questão ideológica: ou se optava por direitos civis e políticos, e com eles pela liberdade, ou se optava pelos direitos econômicos e sociais, e com eles pela igualdade[94].

Após o término da "Guerra Fria", com a queda do bloco comunista europeu tutelado pela União Soviética, geraram-se as condições objetivas para que se adotasse a tese que viria a ser reivindicada pela Declaração de Direitos Humanos de Viena (1993)[95], de indivisibilidade e interdependência de todos os direitos. No entanto, a crise dos tradicionais Estados sociais, somada ao fenômeno da *globalização*[96], favoreceu a tese da contraposição tradicional entre os direitos civis e políticos e os direitos sociais, avultando, ainda, mais do que a primazia dos direitos civis e políticos sobre os sociais, a ideia da primazia quase absoluta dos direitos patrimoniais, de forma que a real contraposição que se colocava, então, dizia respeito não à liberdade frente à igualdade, conceitos relacionais[97], mas aos direitos civis e, sobretudo, patrimoniais frente à igualdade social.

---

(94) Sobre a origem e as discussões que envolveram a ratificação dos pactos, v. Craven (1995).
(95) Na Conferência Internacional de Direitos Humanos de 1993, em Viena, foi definitivamente legitimada a ideia da indivisibilidade dos direitos humanos, sejam eles civis e políticos ou econômicos, sociais e culturais, como *fundamental* para o desenvolvimento humano. A Declaração de Viena destaca-se, ainda, por redefinir as fronteiras entre o espaço público e a esfera privada, superando a dicotomia que até então caracterizava as teorias clássicas do direito. Foi a partir dessa reconfiguração que os abusos que têm lugar na esfera privada — como a violência doméstica — passaram a ser caracterizados como crimes contra os direitos humanos. O art. 5º da Declaração de Viena dispõe que "Todos os direitos humanos são universais, indivisíveis, interdependentes e inter--relacionados. A comunidade internacional deve tratar os direitos humanos de forma global, justa e equitativa, em pé de igualdade e com a mesma ênfase. Embora particularidades nacionais e regionais devam ser levadas em consideração, assim como diversos contextos históricos, culturais e religiosos, é dever dos Estados promover e proteger todos os direitos humanos e liberdades fundamentais, sejam quais forem seus sistemas políticos, econômicos e culturais".
(96) O conceito de "globalização" foi introduzido nos anos oitenta em várias universidades dos Estados Unidos (Harvard, Columbia e Stamford, *v.g.*) para substituir os conceitos da economia neoclássica ou neoliberalismo, expressões que começavam a desgastar-se devido aos efeitos negativos de sua aplicação em vários países periféricos e também em virtude da "demonização" desses conceitos por parte da crítica. Nesse sentido, Morales (2001, p. 20) afirma que "el grave deterioro en las condiciones sociales causado por el neoliberalismo (...) llevó a la demonización del mismo por parte de los neoestructuralistas y marxistas, razón por la cual sus teóricos idearon el término globalización para disfrazar los postulados internacionales de la corriente".
(97) Segundo Balibar (1992, p. 124 *et seq.*), uma das consequências claras da declaração francesa de direitos de 1789, e com ela do discurso moderno sobre direitos, é precisamente a identidade entre igualdade e liberdade. Essa equação (*égaliberté*, segundo Balibar) permitiria às futuras gerações a articulação de um princípio de mútua implicação, historicamente aberto, em virtude do qual não caberia conceber supressões ou restrições das liberdades pessoais que não acarretassem desigualdades sociais, nem supressões ou restrições de desigualdades sociais que não suprimam ou restrinjam liberdades.

A noção de liberdade, como a de dignidade, como vimos, é problemática, pois pode encerrar diferentes valores e significados, podendo-se nela distinguir tanto uma dimensão negativa como uma dimensão positiva: a liberdade negativa corresponderia a uma espécie de imunidade, caracterizada pela ausência de interferências arbitrárias do Estado ou de atores privados; a liberdade positiva corresponderia à possibilidade da pessoa de definir planos de vida e de participar na discussão e deliberação dos assuntos públicos[98].

Nesse contexto, ainda que habitualmente se tenha consentido com um discurso que caracteriza como contraditórias essas duas dimensões, negativa e positiva, da liberdade, parece-nos possível caracterizá-las, mais do que como reciprocamente relacionadas, como reciprocamente complementares e, mesmo, como condicionantes da mais ampla "liberdade real"[99], equação cujo núcleo envolve a proteção dos direitos sociais — o exercício da liberdade real e, com ele, a satisfação dos direitos civis, políticos e sociais, está vinculado a imunidades negativas e a faculdades positivas.

A liberdade negativa, assim, abandonando-se a concepção conservadora segundo a qual quase toda a interferência pública na esfera pessoal é arbitrária, especialmente quando estão em jogo a propriedade privada e as liberdades contratuais, pode ser vista como o direito a não sofrer interferências arbitrárias sobre a fruição dos recursos que correspondem às necessidades básicas não apenas para a sobrevivência, mas também para a viabilização de planos de vida, individuais e coletivos — v.g., questões que envolvem o acesso à moradia, à saúde, à educação e ao trabalho. Por outro lado, a partir de uma perspectiva democrática e igualitária, as interferências que tivessem por objetivo a satisfação dessas necessidades básicas não apenas seriam legítimas, como constituiriam o verdadeiro corolário do princípio da igual liberdade, ou da "liberdade real". A liberdade positiva, nesse contexto, estaria ligada ao direito das pessoas, de receberem — ou seja, terem acesso a — os recursos que permitem a fruição de uma vida emancipada, livre da dominação dos outros e a possibilidade, concomitante, de construir, com os outros, uma pauta pública comum, em condições de aproximada igualdade[100]. Assim, enquanto a clássica perspectiva conservadora é construída a partir de uma noção seletiva e excludente dessas imunidades, uma perspectiva democrática e igualitária somente permite concebê-las como direitos generalizáveis e inclusivos.

Essa distinção entre interesses generalizáveis e inclusivos, por um lado, e seletivos e excludentes, por outro, permite-nos melhor compreender a tensão estrutural entre os direitos civis, na sua expressão patrimonial — propriedade privada e liberdade contratual, sobretudo —, e os direitos sociais. Na medida em que o

---

(98) Sobre a distinção entre liberdade negativa e positiva, tributária da distinção de Benjamin Constant entre *liberdade dos modernos* e *liberdade dos antigos*, v. Berlin (1998).
(99) Essa perspectiva de liberdade real como superação da dicotomia *liberdade negativa* e *liberdade positiva* é defendida por Añón e Añón (2003, p. 71-126).
(100) Para um aprofundamento a respeito dessas perspectivas, v. Bertomeu *et al.* (2005).

exercício, em condições de aproximada igualdade, de direitos civis, políticos e sociais, está vinculado ao controle de certos recursos, esse exercício guarda estreita relação com o direito à propriedade, entendido como um direito generalizável, no sentido de que se a disposição mais ou menos igualitária de bens e recursos necessários ao desenvolvimento humano somente é possível através de medidas que tendam a evitar a sua concentração e a garantir a sua distribuição, esse exercício só pode ser garantido através de tomadas de posição que conflitam com o direito radical de propriedade privada e com as liberdades contratuais — direitos tendencialmente excludentes e que se constituem, habitualmente, fontes de diversos abusos e privilégios[101].

A Constituição mexicana de 1917, pioneira na consagração constitucional dos direitos sociais, tratou de estabelecer, nesse sentido, além de uma série de institutos que enriqueceriam consideravelmente a proteção jurídica das relações de trabalho (tratando de matérias como a limitação da jornada de trabalho a oito horas diárias, a proibição do trabalho a menores de 12 anos e a limitação a seis horas para os menores de 16 anos, a jornada noturna máxima de sete horas, o descanso semanal, a proteção à maternidade, o salário mínimo, a igualdade salarial, o adicional de horas extras, o direito de greve, o direito de sindicalização, a indenização pela dispensa, a higiene e a segurança do trabalho, o seguro social e a proteção contra acidentes do trabalho) — ao ponto de exercer uma forte influência sobre o texto da Declaração de Direitos do Povo Trabalhador e Explorado que seria adotada na Rússia revolucionária pelo III Congresso Pan-Russo dos Sovietes —, em seu art. 27, um enorme avanço no sentido da proteção à pessoa, relativizando o "sagrado" direito à propriedade privada, submetendo-o incondicionalmente ao interesse de todo o povo. Com isso, estabeleceu o fundamento jurídico para uma radical revisão da propriedade, que se produziria mediante uma ampla reforma agrária, a primeira do continente americano. A pressão popular por ela e a revolução zapatista lhe concederam uma importância singular para o constituinte mexicano de 1917[102].

O controle sobre os poderes dos mercados e a remoção dos obstáculos privados que obstam a liberdade real, todavia, não implicam a eliminação, de fato, do direito de propriedade, mas apenas a promoção daquelas formas de propriedade — e, sobretudo, de controle sobre os recursos — que se demonstram generalizáveis e não excludentes: desde a propriedade social e cooperativa, especialmente dos

---

(101) Sobre a distinção entre direito *de* propriedade e direito *à* propriedade, v. Waldron (1990, p. 20-4) e Krause (2003, p. 191 *et seq.*).

(102) A Constituição mexicana de 1917 tratou de estabelecer, no seu art. 27, que "La propiedad de las tierras y las aguas (...) pertenece originariamente a la nación, la cual tuvo y tiene el derecho de transmitir su dominio a los particulares, constituyendo así la propiedad privada. La nación tendrá, en todo momento, el derecho de imponer a la propiedad privada las determinaciones dictadas por el interés público, así como de regular el aprovechamiento de todos los recursos naturales susceptibles de apropiación, con el fin de realizar una distribución equitativa de la riqueza pública y para su conservación. Con ese objetivo, serán dictadas las medidas necesarias para el fraccionamiento de los latifundios".

grandes recursos produtivos, até o usufruto e outras formas de propriedade pessoal[103]. E, para que haja coerência com a intenção de ampliar a autonomia e de evitar arbitrariedades, essas limitações devem ser proporcionais ao tamanho e à capacidade de atuação dos poderes privados — sua finalidade, em consequência, seria a de assegurar uma (re)distribuição igualitária da autonomia, começando justamente pelos grupos menos dotados de autonomia na sociedade, e de prevenir ou mesmo sancionar o exercício abusivo ou o uso antissocial de direitos-poderes como a propriedade privada ou a liberdade de empresa[104]. Claro é que, concomitantemente, deveríamos evitar que essas limitações se convertessem em nova fonte de concentração de poderes, tanto de mercado como de Estado. Assim, a partir dessas limitações e controles não resultaria a deterioração do sistema de liberdades, como afirmam as teses liberais, mas, ao contrário, o fortalecimento dessas liberdades, pessoais e coletivas.

Nessa perspectiva, todos os direitos, civis, políticos e, inclusive, sociais, podem ser considerados direitos de "liberdade real": o objetivo desses direitos é, precisamente, o de satisfazer as necessidades básicas das pessoas, permitindo a elas que desfrutem, de forma estável e sem intervenções arbitrárias, da sua própria autonomia. Não existe, portanto, de fato, uma contraposição entre direitos sociais e civis, enquanto direitos de liberdade. Ao contrário, os direitos sociais aparecem, aqui, como instrumentos imprescindíveis à liberdade, entendida com um conteúdo real e estável no tempo, destinados a assegurar as condições materiais que a viabilizam tanto na esfera privada como nos procedimentos públicos de tomada de decisões[105].

De qualquer forma, se bem podem ser vistos como direitos de liberdade os direitos sociais, também podem os direitos civis e políticos ser vistos como direitos de igualdade. Assim, todos os direitos, civis, políticos e sociais, podem relacionar-se

---

(103) Perspectiva que, no Brasil, se demonstra perfeitamente coerente com as disposições constitucionais a respeito do direito de propriedade e de liberdade de empresa, limitados por questões que passam pela sua função social. Por exemplo: "A República Federativa do Brasil (...) tem como fundamentos: (...) os valores sociais do trabalho e da livre-iniciativa;" (art. 1º, inc. IV); "a propriedade atenderá a sua função social" (art. 5º, inc. XXIII); "São direitos dos trabalhadores urbanos e rurais, além de outros que visem à melhoria de sua condição social: (...) participação nos lucros, ou resultados, desvinculada da remuneração, e, excepcionalmente, participação na gestão da empresa, conforme definido em lei" (art. 7º, inc. XI); "Compete à União instituir impostos sobre: (...) grandes fortunas, nos termos de lei complementar (art. 153, inc. VII); "A ordem econômica, fundada na valorização do trabalho humano e na livre-iniciativa, tem por fim assegurar a todos existência digna, conforme os ditames da justiça social, observados os seguintes princípios: (...) função social da propriedade" (art. 170, inc. III); "A lei disciplinará, com base no interesse nacional, os investimentos de capital estrangeiro, incentivará os reinvestimentos e regulará a remessa de lucros" (art. 172); "A lei reprimirá o abuso do poder econômico que vise à dominação dos mercados, à eliminação da concorrência e ao aumento arbitrário dos lucros" (art. 173, § 4º); "A lei apoiará e estimulará o cooperativismo e outras formas de associativismo" (art. 174, § 2º).
(104) Para uma proposta similar, baseada em uma releitura do *princípio da diferença* de Rawls, v. Nino (1984).
(105) Assim, com diferentes perspectivas, Habermas (2005, p. 147) e Fabre (2000, p. 111 *et seq.*).

tanto ao princípio da igualdade formal, que proíbe a discriminação, como ao princípio da igualdade substancial, que obriga a compensar ou a remover as desigualdades fáticas. Numa perspectiva formal, os direitos civis e políticos, *v.g.*, poderiam incluir direitos como os de associação e de liberdade ideológica; numa perspectiva substancial, esses mesmos direitos relacionar-se-iam com as condições materiais que permitem o exercício do direito de associação e de liberdade ideológica, e com a remoção dos obstáculos, públicos ou privados, que impeçam, de fato, esse exercício[106].

Destacamos, todavia, que a igual tutela de direitos civis, políticos e sociais, e com ela das liberdades pessoais, não pretende — nem poderia — assegurar uma igualdade mecânica nos resultados ou pontos de chegada, ou seja, uma igualdade de resultados, mas uma igualdade de oportunidades, ou seja, garantir a todas as pessoas as condições necessárias à capacidade para a participação na vida social e para definir, revisar e manter projetos de vida próprios, de forma que cada pessoa possa assumir sua responsabilidade[107] e, com ela, as consequências que decorram do livre exercício dos seus direitos — a posição que uma pessoa ocupa na sociedade, delineada econômica, social e culturalmente, não depende, necessariamente, de seus méritos ou deméritos, ou de sua responsabilidade, pois existem situações de privação de vários matizes, em decorrência das quais a pessoa não deveria ser culpabilizada, mas sim, de alguma forma, compensada[108].

---

(106) Esse duplo princípio foi reconhecido, pela primeira vez, no art. 3º da Constituição italiana de 1948 — "(...) È compito della Repubblica rimuovere gli ostacoli di ordine economico e sociale, che, limitando di fatto la libertà e l'uguaglianza dei cittadini, impediscono il pieno sviluppo della persona umana e l'effettiva partecipazione di tutti i lavoratori all'organizzazione politica, economica e sociale del Paese" — e é conhecido como "cláusula Basso", em homenagem ao deputado socialista que o idealizou.

(107) Empregamos aqui o termo *responsabilidade* na acepção dada pela literatura psicanalítica convencional, ou seja, como equivalente à ação com discernimento e consciência acerca dos efeitos produzidos pela pessoa sobre si e sobre os demais. Consciência e discernimento que permitem ao ser humano reconhecer-se, a um só tempo, como ator livre para escolher e decidir sobre suas atitudes, bem como para se reconhecer como aquele a quem se atribuem as consequências dos próprios atos.

(108) Uma das contribuições de Rawls para a construção do pensamento igualitário, que inspirou outros autores, como Dworkin e Cohen, foi a ideia de que as pessoas poderiam ser responsabilizadas por suas ambições, mas não por suas capacidades físicas ou mentais. Segundo Rawls (1980), o talento natural de algumas pessoas devia-se à *sorte bruta*, e não à *sorte por opção*. Por isso, os mais afortunados somente teriam direito a beneficiar-se da *sorte* se, com isso, houvesse alguma melhora na condição dos piores situados na sociedade. Cohen (1989) critica os termos do *princípio de diferença* de Rawls, por considerá-lo uma "chantagem" dos mais afortunados que, por sê-lo, não teriam, na realidade, direito à postulação de benefícios adicionais, mesmo a pretexto de melhorar a vida dos menos afortunados: Cohen propõe uma igualdade *profunda* de oportunidades que nega benefícios àqueles que, de maneira irresponsável, gastam mal um recurso valioso. Além da remoção das desigualdades resultantes da "má sorte", alguns autores, como Callinicos (2003, p. 95 *et seq.*) defendem a ideia de limitação de todas as desigualdades que provêm de apropriações "ilegítimas" das capacidades físicas ou mentais de outros, como as que provêm das atividades especulativas ou das relações de exploração. Na Espanha, em especial o Estatuto de Autonomia da Catalunha, traz a ideia de liberdade e autonomia como bens contrapostos à ideia de exploração: "Todas las personas tienen derecho a vivir con dignidad, seguridad y autonomía, libres de explotación, de maltratos y

Tendo em conta tais premissas, um projeto que visasse assegurar, de fato, igualdade de oportunidades às pessoas deveria propor, antes de tudo, a remoção das causas estruturais que colocam as pessoas em situação de vulnerabilidade e a aproximação dessas mesmas pessoas às condições materiais que lhes permitiriam exercer a liberdade, mas não apenas inicialmente, senão ao longo de todo um processo dinâmico de promoção da igualdade[109].

Por fim, uma última aparente tensão deve ser apontada, entre igualdade e diversidade, quando nos reportamos à percepção filosófica e normativa dos direitos sociais: a tese segundo a qual os direitos sociais tutelam uma espécie de homogeneidade social, em prejuízo do pluralismo e da diversidade cultural. Se aceitarmos que todos os direitos fundamentais estão intrinsecamente relacionados à igual dignidade e liberdade, poderemos facilmente concluir que, enquanto instrumentos que capacitam as pessoas à participação na vida social e à escolha de planos de vida próprios, os direitos sociais, como a própria noção de liberdade, trazem em si o germe do pluralismo e da diversidade cultural[110]. Assim, os direitos civis, políticos e sociais são fundados na necessidade de satisfação do mais amplo direito a igual liberdade e a igual diversidade de todas as pessoas[111]. Daí, *v.g.*, a profunda implicação dos direitos civis, políticos e sociais com as chamadas *demandas de reconhecimento*.

Portanto, a ideia de subordinação axiológica dos direitos sociais aos direitos civis e políticos não se sustenta. Ao contrário, todos esses direitos — civis, políticos,

---

de todas formas de discriminación, y tienen derecho al libre desarrollo de su personalidad y capacidad laboral" (art. 15.2).

(109) Segundo Araguren (1994, p. 436), "La justicia no consiste meramente en dar a cada uno, 'de una vez y para todas', lo suyo, sino de 'restituírselo' de establecer *iterato, de nuevo*, una y otra vez, en su dominio", pois "la justicia ni fue establecida ni puede establecerse de una vez y para siempre (...) el reparto se desequilibra constantemente y siempre volvemos a ser — *iterate* — acreedores y deudores".

(110) Sobre esse vínculo entre a capacidade e a liberdade e entre a capacidade e a diversidade, v., por exemplo, Sen (2006, p. 9 e 86).

(111) Ressaltamos, todavia, que, num contexto de mercantilização de diversas esferas da vida, a satisfação das necessidades básicas das pessoas, e mesmo a definição do que sejam essas necessidades, exige pensar os direitos civis, políticos e sociais como direitos de igual liberdade, mas com limitações. A ampliação da autonomia, que se identifica com a emancipação, não pode ser vinculada à posse indiscriminada sobre as coisas. Assim, a ampliação do círculo de solidariedade que envolve os direitos sociais e o direito ao desenvolvimento humano implica estabelecer limites ao exercício absoluto dos direitos, em especial à tendência dos direitos, de assumirem uma estrutura tendencialmente acumulativa e excludente, própria dos direitos patrimoniais. Uma redistribuição de recursos não prescinde de uma renúncia igualitária a certos bens e serviços, pelas minorias privilegiadas, que não são solidários ou generalizáveis. Ainda que importantes para a extensão da autonomia, nem todos os gostos e preferências podem ser considerados legítimos, especialmente quando frustram o acesso de outros a necessidades básicas. A emancipação inclui, portanto, "la concertación en el ámbito de los grupos sociales, que, a partir del diálogo y del papel participativo de sus miembros, adquieren cierta capacidad para juzgar y justificar sus gustos, preferencias y necesidades reales ante sí mismos y ante los demás individuos del grupo y de otros grupos" (GUSTIN; DIAS, 2006, p. 11).

sociais — podem ser considerados indivisíveis e interdependentes, suscetíveis que são de uma fundamentação comum: a igual dignidade, a igual liberdade e a igual diversidade de todas as pessoas. Claro é que essa formulação não exclui a possibilidade de situações de conflito entre direitos[112], que devem ser submetidas à técnica da ponderação[113].

1.4. (Re)pensando os direitos sociais a partir da percepção teórico--dogmática: a determinabilidade e a tutelabilidade dos direitos civis, políticos e sociais fundamentais

Mesmo entre aqueles que, abandonando o relato plano, linear e cronológico das "gerações" de direitos, estão dispostos a reconhecer que os direitos sociais não são simples direitos *tardios*, que *vêm depois* dos direitos civis e políticos, e que, a despeito da percepção filosófico-normativa habitual da fundamentação dos direitos sociais, conseguem conceber os direitos civis, políticos e sociais como direitos com fundamentos comuns, existe uma convicção de que os direitos sociais são estruturalmente diferenciados dos direitos civis e políticos, diferença estrutural que incide, sobretudo, sobre as concepções a respeito das possibilidades de tutela dos direitos sociais[114].

Nesse contexto, os direitos civis e políticos são tradicionalmente identificados como direitos negativos, não onerosos, diretamente exigíveis e, ademais, de fácil proteção, ao passo que os direitos sociais seriam direitos positivos, onerosos — *caros* —, vagos ou indeterminados e de eficácia mediata, condicionados, na sua concretização, por critérios de razoabilidade ou de disponibilidade, à *reserva do possível* — ou reserva do economicamente possível —, ou seja, a contingências, sobretudo econômicas (financeiras e orçamentárias), em um claro contexto de disputas alocativas por recursos escassos ou limitados[115].

---

(112) Além disso, na maioria dos sistemas políticos e econômicos contemporâneos é possível verificar a existência de conflitos estruturais, que comportam tensões, mais que entre direitos, entre direitos e poderes. É o caso, *v.g.*, do direito de propriedade, que, quando opera de maneira tendencialmente ilimitada, tende a se transmutar em verdadeiro poder e a pôr em risco a vigência/eficácia de outros direitos fundamentais. É o caso, também, dos direitos relacionados à participação política, que podem converter-se em poderes burocráticos que tendem a ameaçar as liberdades pessoais. Nesse sentido, Bourdieu (2001, p. 15 *et seq.*) destaca a ambiguidade inerente às lógicas da delegação de poderes, pelas quais, se o representante, por um lado, contribui para a existência, no plano político, do grupo que representa, por outro, corre o risco de afastar-se de sua vontade coletiva. O próprio ato de delegação, nos sistemas em que a representação institucional é produto da eleição, traz em si a facilitação tendencial a uma concentração pessoal e patrimonialista do poder político e, ainda, à burocratização.
(113) Cf. Zagreblesky (2005).
(114) Essa concepção foi influenciada, sem dúvida, pela *classificação dos direitos por status*, desenvolvida por Jellinek (1912). Para uma leitura sobre a crítica à teoria de Jellinek, v. Alexy (1986, p. 243 *et seq.*) e Sarlet (2005, p. 153 *et seq.*).
(115) Em outras palavras, distinguir-se-iam substancialmente as estruturas dos tradicionais "direitos fundamentais" civis e políticos, direitos de liberdade, e dos direitos econômicos, sociais e culturais,

Em resumo, os direitos sociais trariam em si meros princípios reitores ou cláusulas programáticas e, dada a sua dimensão coletiva, não seriam suscetíveis de certas formas de tutela perante os órgãos jurisdicionais, que, diante da reserva do possível, pouco ou nada deveriam fazer para garanti-los[116].

Muitas dessas percepções trazem, em si, argumentos históricos e axiológicos para a sua justificação, como vimos. Mas, uma vez mais, trataremos de refutar os argumentos trazidos à pauta, demonstrando que esses mesmos argumentos, utilizados para endossar uma visão debilitada dos direitos sociais, podem ser facilmente estendidos a todos os direitos ditos fundamentais, inclusive os civis e políticos.

A alegação de que os direitos civis e políticos geram, tradicionalmente, obrigações negativas, de abstenção, e são direitos, por isso, não onerosos e não prestacionais, "baratos" e de fácil tutela, em contraposição aos direitos sociais, positivos, de intervenção, que seriam, então, direitos onerosos e prestacionais, "caros" e de difícil tutela, não se sustenta, pois nem os direitos civis e políticos podem ser caracterizados somente como direitos negativos, de abstenção, nem os direitos sociais podem ser caracterizados apenas como direitos positivos, de intervenção[117].

Os direitos civis e políticos são, também, direitos positivos, de prestações. Assim, o direito de propriedade, *v.g.*, não demanda, apenas, como habitualmente aponta o pensamento liberal clássico, a ausência de interferências arbitrárias, mas um elevado número de prestações públicas manifestamente onerosas, que vão da criação e manutenção de diversos tipos de registros — de propriedade automotora, imobiliária ou industrial, *v.g.* — à criação e manutenção de forças de segurança e órgãos jurisdicionais que possam garantir o cumprimento dos contratos que envolvem a propriedade[118].

---

direitos de prestação. E dessa distinção emergiriam garantias diferenciadas para a tutela desses direitos: enquanto os direitos de liberdade seriam direitos categorizados basicamente como limites ao poder público, impondo obrigações de abstenção (não intervenção) ao Estado, cuja tutela suporia, sobretudo, o exercício do direito de reação frente à invasão dos vários âmbitos da liberdade, os direitos sociais, direitos prestacionais, demandariam ações positivas concretas dos poderes públicos, de forma que a sua tutela estaria vinculada à capacidade do Estado, de realizar determinadas ações. Dessa forma, a tutelabilidade dos direitos sociais estaria profundamente vinculada a um argumento centralmente econômico, o que, além da suposta "indeterminação" do conteúdo desses direitos, ou dos seus fundamentos axiológicos, justificaria, em tese, menores possibilidades de proteção jurisdicional em matéria de direitos sociais, quer pela submissão da sua eficácia à reserva do economicamente possível, quer pelas limitadas competências técnicas dos juízes para resolverem questões complexas, com consequências de ordem financeiro-orçamentária.

(116) A respeito de diferentes variações dessa formulação, v. Abramovich e Courtis (2002, p. 21 *et seq.*).
(117) A ideia de que os direitos civis e políticos têm apenas uma dimensão *negativa*, não prestacional, e que são, portanto, direitos não onerosos, herdada do paradigma liberal, é falsa. Sarlet (2004, p. 439) afirma que a tomada de consciência dessa questão permite a todos, especialmente aos juristas, perceber que a relação entre as dimensões negativa e prestacional dos direitos fundamentais não deve obedecer a uma dialética de antagonismo, mas a uma dialética de recíproca complementação.
(118) Holmes e Sunstein (1999), citados por Cruz (2008, p. 95), demonstrando que todos os direitos têm um custo, sustentam que a alocação de recursos financeiros para a manutenção de uma burocracia estatal policial e judicial ligada à tutela da integridade física e da propriedade das pessoas

O direito político de voto envolve, igualmente, uma ampla e onerosa infraestrutura, que inclui desde questões mínimas, como urnas, cédulas eleitorais etc., a outras mais complexas, como escrutinadores, mecanismos de contagem, recontagem e registros, logística, órgãos jurisdicionais etc. Os direitos civis e políticos comportam, da mesma forma que os direitos sociais, uma dimensão distributiva, cuja satisfação demanda múltiplos recursos, financeiros e humanos.

Portanto, não apenas os direitos sociais implicam custos para o Estado; os direitos civis e políticos, mesmo quando exigem uma abstenção do Estado e/ou dos particulares, ou seja, a não intervenção na esfera de autonomia e liberdade dos indivíduos, dependem de uma gravosa estrutura estatal para a sua realização[119]. O que está em jogo, portanto, normalmente, não é como garantir direitos "caros", mas, de fato, decidir *como* e *com que prioridade* serão alocados os recursos que todos os direitos — civis, políticos, sociais — exigem para a sua satisfação.

Da mesma forma, os direitos sociais, embora normalmente associados a prestações (direitos positivos), também comportam deveres de abstenção. Assim, o direito à moradia diz respeito não apenas a uma demanda por políticas que viabilizem o acesso à moradia, mas também ao direito de não ser arbitrariamente desalojado e de não ter incluídas, nos contratos de locação ou de aquisição do imóvel residencial, cláusulas abusivas. O direito ao trabalho está fundamentalmente relacionado à proteção em face de despedidas arbitrárias, o que importa um dever de abstenção por parte das empresas[120].

---

não pode ser esquecida quando da repartição de recursos orçamentários. Reportando-se à obra de Holmes e Sunstein — *The cost of rights* —, Amaral (2001, p. 74-6) afirma: "Então esta questão se põe: as liberdades protegidas pelo Bill of Rights são apenas negativas? Por força delas está o Estado obrigado apenas a se abster, sem ter que agir? Alguns direitos constitucionais dependem, para sua existência, de condutas estatais positivas. Portanto, o Estado está sob um dever constitucional de agir, não de abster-se. Se deixar uma pessoa escravizar outra, nada fazendo para desfazer a situação que configura servidão involuntária, o Estado terá violado a Décima-terceira Emenda. Por força da proteção dada pela Primeira Emenda à liberdade de expressão, o Estado está obrigado a manter ruas e parques abertos para manifestações, muito embora isso seja caro e requeira uma conduta positiva. (...) O direito a uma justa compensação pela propriedade confiscada é uma piada se o Tesouro não efetuar o pagamento". Holmes e Sunstein refutam, ainda, os argumentos dos que propagam "uma filosofia libertária de um Estado mínimo", como Robert Nozick, Charles Murray e Richard Epstein, mostrando que os gastos dos EUA com proteção policial e punições penais montaram a 73 bilhões de dólares no ano de 1992, quantia que excede ao PIB de mais da metade dos países do mundo — "A maior parte desse valor foi destinada a proteger a propriedade privada através do combate e punição aos crimes contra o patrimônio".
(119) A ideia de que todos os direitos têm um custo constitui, como demonstramos, o argumento central de Holmes e Sunstein (1999).
(120) Assim, *v.g.*, Sarlet (2001, p. 98) afirma que "o direito à saúde pode ser considerado como constituindo simultaneamente direito de defesa, no sentido de impedir ingerências indevidas por parte do Estado e terceiros na saúde do titular, bem como — e esta a dimensão mais problemática — impondo ao Estado a realização de políticas públicas que busquem a efetivação deste direito para a população, tornando, para, além disso, o particular credor de prestações materiais que dizem com a saúde, tais como atendimento médico e hospitalar, fornecimento de medicamentos, realização de exames da mais variada natureza, enfim, toda e qualquer prestação indispensável para a realização concreta deste direito à saúde".

Essas obrigações negativas, embora relacionadas a direitos sociais, não dependem de grandes desembolsos nem se inserem na chamada "reserva do possível". Além disso, muitas obrigações positivas, relacionadas à satisfação de direitos em geral, sejam eles civis, políticos ou sociais, têm a ver não com prestações fáticas, mas com prestações normativas (leis, *v.g.*), que, sem custos diretos, simplesmente inserem um marco regulatório, que os garante[121]: isso ocorre habitualmente, *v.g.*, no caso das *demandas de reconhecimento*. Por outro lado, mesmo algumas prestações fáticas, ainda que centrais para a satisfação de certos direitos, não têm um custo exorbitante, como as que tendem a estabelecer mecanismos locais de consulta e participação popular[122].

Podemos afirmar que todos os direitos, civis, políticos e sociais, de uma forma ou de outra, consubstanciam obrigações exigíveis, negativas, de abstenção ou respeito, e positivas, de intervenção ou satisfação, dos poderes públicos, e ainda obrigações concernentes à sua proteção em face de vulnerações provenientes de ações ou omissões de particulares[123].

Por outro lado, uma das principais obrigações que os direitos sociais geram para os poderes públicos diz respeito a um dever negativo, consubstanciado no princípio da não regressividade, articulado a partir do art. 2º do Pacto Internacional de Direitos Econômicos, Sociais e Culturais[124], que, segundo o Comitê de Direitos Econômicos, Sociais e Culturais da Organização das Nações Unidas[125], obriga os

---

(121) O Comitê de Direitos Econômicos, Sociais e Culturais da Organização das Nações Unidas, organismo encarregado de supervisionar o cumprimento do PIDESC, através do Comentário Geral n. 3 (1990), reforçou a ideia da necessidade de realização dos direitos sociais através de "todos os meios apropriados, incluindo particularmente a adoção de medidas legislativas", reconhecendo que, em muitos casos, a legislação é altamente desejável e em alguns casos pode ser até mesmo indispensável: "The means which should be used in order to satisfy the obligation to take steps are stated in article 2 to be 'all appropriate means, including particularly the adoption of legislative measures'. The Committee recognizes that in many instances legislation is highly desirable and in some cases may even be indispensable. For example, it may be difficult to combat discrimination effectively in the absence of a sound legislative foundation for the necessary measures. In fields such as health, the protection of children and mothers, and education, as well as in respect of the matters dealt with in articles 6 to 9, legislation may also be an indispensable element for many purposes".
(122) O Comitê de Direitos Econômicos, Sociais e Culturais da Organização das Nações Unidas, nesse sentido, destaca, no Comentário Geral n. 3 (1990), que "Other measures which may also be considered 'appropriate' (...) include, but are not limited to, administrative, financial, educational and social measures".
(123) Shue (1980, p. 52-3) distingue o amplo leque de obrigações decorrentes de todos os direitos, civis, políticos e sociais, para os poderes públicos, concentrando as obrigações, sobretudo, em três: de evitar privações, de proteger e de ajudar: *to avoid, to protect, to aid*.
(124) "Cada um dos Estados-Partes no presente Pacto compromete-se a agir, quer com o seu próprio esforço, quer com a assistência e cooperação internacionais, especialmente nos planos econômico e técnico, no máximo dos seus recursos disponíveis, de modo a assegurar progressivamente o pleno exercício dos direitos reconhecidos no presente Pacto por todos os meios apropriados, incluindo em particular por meio de medidas legislativas."
(125) Segundo o Comitê, "cualquier medida deliberadamente regresiva (...) requerirá la más cuidadosa consideración y deberá ser justificada plenamente por referencia a la totalidad de los

poderes públicos a que não adotem políticas e, em consequência, não sancionem normas que venham a piorar, sem razoável justificativa, a situação dos direitos sociais no país[126].

Esse mesmo princípio, de *irreversibilidade das conquistas sociais*, foi articulado constitucionalmente a partir da aprovação, na Alemanha, da Lei Fundamental de Bonn (1949)[127], como corolário da força normativa da Constituição e do conteúdo mínimo ou essencial dos direitos nela reconhecidos, e se irradiou para diversos ordenamentos, como o português[128], o espanhol[129], o colombiano[130], o brasileiro[131] e o francês[132].

A ideia de não regressividade não retira, ao Estado, a possibilidade de promover certas reformas no âmbito das suas políticas públicas sociais, *prima facie* regressivas, *v.g.*, para (re)alocar os recursos necessários à inclusão social de determinados grupos, em situação de maior vulnerabilidade. Mas os poderes públicos deverão demonstrar, sempre, à cidadania, que as alterações que pretendem promover redundam, ao final, em maior proteção dos direitos sociais, justificando-as amplamente[133].

---

derechos previstos en el Pacto y en el contexto del aprovechamiento pleno del máximo de recursos que se dispone" (COURTIS, 2006, p. 79).

(126) Segundo Courtis (2008, p. 510), "O princípio subjacente é o de que se o Pacto Internacional de Direitos Econômicos, Sociais e Culturais requer a progressiva realização dos direitos ali incluídos — reconhecendo o caráter necessariamente gradual de seu gozo pleno —, também proíbe que os Estados tomem medidas que piorem a sua realização. Como um critério para a comparação normativa, a vedação do retrocesso significa que qualquer medida adotada pelo Estado que suprima, restrinja ou limite o conteúdo dos direitos já garantidos pela legislação, constitui violação *prima facie*".

(127) Sobre o caso alemão, v. Franco *apud* Courtis (2006, p. 361 *et seq.*).

(128) Em Portugal, Canotilho (2002) aponta para a existência de cláusulas constitucionais implícitas que proíbem uma "evolução reacionária" ou o "retrocesso social".

(129) Na Espanha, o tema da irreversibilidade dos direitos sociais foi tratado por Marín (1996, p. 91 *et seq.*).

(130) Cf. Arango *apud* Courtis (2006, p. 153 *et seq.*).

(131) Cf. Sarlet *apud* Courtis (2006, p. 329 *et seq.*). No caso brasileiro, pode-se destacar o texto da Constituição de 1988, especialmente o disposto no seu art. 3º, segundo o qual "Constituem objetivos fundamentais da República Federativa do Brasil: I — construir uma sociedade livre, justa e solidária; II — garantir o desenvolvimento nacional; III — erradicar a pobreza e a marginalização e reduzir as desigualdades sociais e regionais; IV — promover o bem de todos, sem preconceitos de origem, raça, sexo, cor, idade e quaisquer outras formas de discriminação", e no seu art. 7º, *caput*, que contempla direitos fundamentais dos trabalhadores, sem excluir todos aqueles outros direitos que melhorem sua condição social, expressões dos princípios da *progressividade* e da *irreversibilidade* ou da *vedação da regressão social*. Para Barroso (2008; 2009; 2011) e Sarlet (2002; 2005; 2008), trata-se de um princípio implícito, que decorre do próprio Estado democrático de direito, do princípio da dignidade humana, da segurança jurídica e da proteção à confiança (nesse sentido, v., também, Barroso e Barcellos, 2006).

(132) Segundo Roman (2002, p. 280), o Conselho Constitucional francês tem feito uso, ainda que de forma irregular, do chamado *cliquet anti-retour*.

(133) Justificação que, expondo racionalmente os motivos determinantes da sua conduta, permite sindicá-los não só quanto à sua legalidade, ou seja, à sua adequação ao ordenamento (validade),

Embora, portanto, a *vedação do retrocesso* não seja absoluta, este — o retrocesso — deve ser plenamente justificado. Assim, por exemplo, a Corte Constitucional da Colômbia já decidiu, em reiterados casos, que aquelas medidas que implicam retrocesso em matéria de direitos sociais devem ser consideradas medidas logicamente violadoras dos deveres do Estado e, portanto, devem estar sujeitas a um alto grau de sindicabilidade constitucional[134].

A pretexto de vedar o retrocesso, o Tribunal Constitucional português já declarou inconstitucional uma lei que abolia o serviço nacional de saúde preexistente, decidindo que "Se a Constituição impõe ao Estado a realização de uma determinada tarefa — a criação de uma dada instituição, uma determinada alteração na ordem jurídica —, então, quando ela é levada a cabo, o resultado passa a ter a proteção direta da Constituição"[135]. Em outro caso, o Tribunal Constitucional declarou inconstitucional uma nova lei sobre a garantia do benefício de renda mínima, que, alterando a lei anterior, mudou o limite mínimo de idade para a percepção do benefício de 18 para 25 anos, excluindo, assim, virtualmente, do benefício as pessoas menores de 25 anos que já haviam sido previamente beneficiadas por ele[136].

No mesmo sentido, a Corte Belga de Arbitragem vem interpretando o art. 23 da Constituição belga, concernente a direitos econômicos, sociais e culturais[137],

---

mas também quanto à existência real desses motivos e quanto à proporcionalidade da reforma *prima facie* regressiva. Isso implica, além da comparação "entre a legislação, os regulamentos e as práticas previamente existentes e a recentemente aprovada, de forma a avaliar seu caráter regressivo", que o Estado justifique as suas medidas regressivas, que constituem violação *prima facie*, devendo provar "em escrutínio mais severo, que elas são justificadas" (COURTIS, 2008, p. 510).

(134) A Corte colombiana já declarou inconstitucionais, assim, leis que foram consideradas regressivas em áreas como *pensões* (decisão T-789/2002), *acesso aos serviços de saúde* (decisão T-671/2002), *educação* (decisão C-931-2004) e *moradia* (decisão T-1318/2005).

(135) "Se a Constituição impõe ao Estado a realização de uma determinada tarefa — a criação de uma dada instituição, uma determinada alteração na ordem jurídica —, então, quando ela é levada a cabo, o resultado passa a ter a proteção direta da Constituição. O Estado não pode voltar atrás, não pode descumprir o que cumpriu, não pode tornar a colocar-se na situação de devedor (...). Em grande medida, os direitos sociais traduzem-se para o Estado em obrigação de fazer, sobretudo de criar certas instituições (...). Enquanto elas não forem criadas, a Constituição só pode fundamentar exigências para que se criem. Mas, após terem sido criadas, a Constituição passa a proteger a sua existência, como se já existissem ao momento da adoção da Constituição. As tarefas constitucionais impostas ao Estado como garantia dos direitos fundamentais no sentido de criar certas instituições ou serviços não só o obrigam apenas a criá-los, como também geram o dever de não aboli-los uma vez criados" (Acórdão n. 39, de 11 de abril de 1984).

(136) Acórdão n. 509, de 19 de dezembro de 2002.

(137) "Chacun a le droit de mener une vie conforme à la dignité humaine. A cette fin, la loi, le décret ou la règle visée à l'article 134 garantissent, en tenant compte des obligations correspondantes, les droits économiques, sociaux et culturels, et déterminent les conditions de leur exercice. Ces droits comprennent notamment : 1º le droit au travail et au libre choix d'une activité professionnelle dans le cadre d'une politique générale de l'emploi, visant entre autres à assurer un niveau d'emploi aussi stable et élevé que possible, le droit à des conditions de travail et à une rémunération équitables, ainsi que le droit d'information, de consultation et de négociation collective; 2º le droit à la sécurité sociale, à la protection de la santé et à l'aide sociale, médicale et juridique; 3º le droit à un logement décent; 4º le droit à la protection d'un environnement sain; 5º le droit à l'épanouissement culturel et social."

como se este impusesse um efeito "congelante" (*standstill effect*), vedando o retrocesso significativo na proteção desses direitos conferidos pelas leis no momento da adoção da Constituição. Em um caso alusivo à redução de benefícios assistenciais, a Corte belga decidiu que, no que tange ao direito à assistência social, esse efeito "congelante" veda o retrocesso significativo na proteção conferida pela legislação no momento da entrada em vigor do art. 23[138].

O Supremo Tribunal Federal brasileiro, por sua vez, julgou procedente uma Ação Direta de Inconstitucionalidade (ADI n. 1.946/DF) para dar, ao art. 14 da Emenda Constitucional n. 20, interpretação conforme à Constituição, vedando um retrocesso histórico (limitação do valor do benefício previdenciário) concernente ao direito social à licença-maternidade remunerada[139].

Atentando-se para determinados critérios, a razoabilidade ou proporcionalidade de um programa ou de uma ação aparentemente regressiva, em matéria de direitos sociais, pode ser aferida[140], de modo a permitir ao Estado justificar o programa ou

---

(138) Caso n. 5, de 14 de janeiro de 2004.
(139) "1. O legislador brasileiro, a partir de 1932 e mais claramente desde 1974, vem tratando o problema da proteção à gestante, cada vez menos como um encargo trabalhista (do empregador) e cada vez mais como de natureza previdenciária. Essa orientação foi mantida mesmo após a Constituição de 5.10.1988, cujo art. 6º determina: a proteção à maternidade deve ser realizada 'na forma desta Constituição', ou seja, nos termos previstos em seu art. 7º, XVIII: 'licença à gestante, sem prejuízo do emprego e do salário, com a duração de cento e vinte dias'. 2. Diante desse quadro histórico, não é de se presumir que o legislador constituinte derivado, na Emenda n. 20/98, mais precisamente em seu art. 14, haja pretendido a revogação, ainda que implícita, do art. 7º, XVIII, da Constituição Federal originária. Se esse tivesse sido o objetivo da norma constitucional derivada, por certo a EC n. 20/98 conteria referência expressa a respeito. E, à falta de norma constitucional derivada, revogadora do art. 7º, XVIII, a pura e simples aplicação do art. 14 da EC n. 20/98, de modo a torná-la insubsistente, implicará um retrocesso histórico, em matéria social--previdenciária, que não se pode presumir desejado. 3. Na verdade, se se entender que a Previdência Social, doravante, responderá apenas por R$ 1.200,00 (hum mil e duzentos reais) por mês, durante a licença da gestante, e que o empregador responderá, sozinho, pelo restante, ficará sobremaneira, facilitada e estimulada a opção deste pelo trabalhador masculino, ao invés da mulher trabalhadora. Estará, então, propiciada a discriminação que a Constituição buscou combater, quando proibiu diferença de salários, de exercício de funções e de critérios de admissão, por motivo de sexo (art. 7º, inc. XXX, da CF/88), proibição, que, em substância, é um desdobramento do princípio da igualdade de direitos, entre homens e mulheres, previsto no inciso I do art. 5º da Constituição Federal. Estará, ainda, conclamado o empregador a oferecer à mulher trabalhadora, quaisquer que sejam suas aptidões, salário nunca superior a R$ 1.200,00, para não ter de responder pela diferença. Não é crível que o constituinte derivado, de 1998, tenha chegado a esse ponto, na chamada Reforma da Previdência Social, desatento a tais consequências. Ao menos não é de se presumir que o tenha feito, sem o dizer expressamente, assumindo a grave responsabilidade."
(140) Segundo Pulido (2003), há elementos básicos que integram o "teste" de proporcionalidade em alguns ordenamentos contemporâneos, como o alemão, a que podemos recorrer através do direito comparado. Esses critérios incluiriam: (a) a *legitimidade* da medida em pauta, ou seja, a sua vinculação ao ordenamento e, sobretudo, aos fins proscritos; (b) a *idoneidade* da medida em pauta, ou seja, o seu caráter realmente adequado à proteção dos fins proscritos; (c) a *necessidade* da medida em pauta, ou seja, seu caráter imprescindível e, antes de tudo, a inexistência de meios menos gravosos para os direitos afetados; e (d) a *proporcionalidade*, em sentido estrito, da medida em pauta, ou seja, se dela derivam mais benefícios e vantagens de interesse geral do que para outros bens e valores em conflito.

a política, sem prejuízo do reconhecimento de um núcleo mínimo absolutamente protegido[141], contra o qual não cabem quaisquer limitações, ainda que "proporcionais"[142].

A obrigação de não regressividade em matéria de direitos sociais está relacionada, por outro lado, a uma obrigação de progressividade[143]. Esse princípio autoriza os poderes públicos a adotarem programas e políticas de desenvolvimento de direitos sociais de maneira gradual, na medida em que existam recursos disponíveis — a reserva do possível —, mas desautoriza aos Estados a postergação indefinida da satisfação dos direitos em pauta[144]. Pelo contrário, demanda ações concretas, começando pela de demonstrar, de fato, que estão realizando o máximo de esforços, e até o máximo de recursos disponíveis — humanos, financeiros, tecnológicos etc. —, para a satisfação, ao menos, do conteúdo essencial dos direitos

---

[141] Sobre as chamadas "teorias absolutas" do conteúdo essencial dos direitos, v. Alexy (1994, p. 288 et seq.).

[142] Segundo o Comitê de Direitos Econômicos, Sociais e Culturais da Organização das Nações Unidas, essa obrigação de não regressividade impõe-se mesmo em tempos de crises econômicas, de forma que "a pesar de los problemas causados externamente, las obligaciones dimanantes del Pacto continúan aplicándose y son quizás más pertinentes durante tiempos de contracción económica. Por consiguiente, parece al Comité que un deterioro general de las condiciones de vida (...), que sería directamente atribuible a las decisiones de política general y a las medidas legislativas de los Estados Partes, y a la falta de medidas compensatorias concomitantes, contradiría las obligaciones dimanantes del Pacto" (Observación General n. 4, 1991).

[143] Cf. Pertence apud Courtis (2006, p. 117 et seq.).

[144] A escassez orçamentária, por si só, não pode ser vista como argumento suficientemente sólido para o afastamento do imperativo de implantação dos direitos sociais. Ainda que os recursos públicos sejam limitados, o Estado deve alocar verbas orçamentárias específicas para o cumprimento de direitos sociais, na medida do possível, mas sempre se impondo o máximo esforço na persecução das garantias dos direitos sociais. Nesse sentido, segundo o Comitê de Direitos Econômicos, Sociais e Culturais da Organização das Nações Unidas, "The principal obligation of result reflected in article 2 is to take steps 'with a view to achieving progressively the full realization of the rights recognized' in the Covenant. The term 'progressive realization' is often used to describe the intent of this phrase. The concept of progressive realization constitutes a recognition of the fact that full realization of all economic, social and cultural rights will generally not be able to be achieved in a short period of time. In this sense the obligation differs significantly from that contained in article 2 of the International Covenant on Civil and Political Rights which embodies an immediate obligation to respect and ensure all of the relevant rights. Nevertheless, the fact that realization over time, or in other words progressively, is foreseen under the Covenant should not be misinterpreted as depriving the obligation of all meaningful content. It is on the one hand a necessary flexibility device, reflecting the realities of the real world and the difficulties involved for any country in ensuring full realization of economic, social and cultural rights. On the other hand, the phrase must be read in the light of the overall objective, indeed the raison d'être, of the Covenant which is to establish clear obligations for States parties in respect of the full realization of the rights in question. It thus imposes an obligation to move as expeditiously and effectively as possible towards that goal. Moreover, any deliberately retrogressive measures in that regard would require the most careful consideration and would need to be fully justified by reference to the totality of the rights provided for in the Covenant and in the context of the full use of the maximum available resources" (Comentário Geral n. 3, 1990). A questão concernente à reserva do possível será tratada, com maior profundidade, no seguimento deste ensaio.

sociais e para dar soluções, de forma prioritária, aos grupos em situação de maior vulnerabilidade[145].

Dessa forma, se a ideia da reserva do possível pode ser utilizada como argumento à cidadania, pelos governos, em um contexto de disputas alocativas, no sentido de justificar a falta de efetivação de determinados direitos sociais, se todos os direitos, civis, políticos e sociais, são, em maior ou menor grau, onerosos, e se o que está em jogo, na realidade, é decidir *como* e *com que prioridade* serão alocados os recursos que os direitos, civis, políticos ou sociais, exigem para a sua satisfação, o poder político, ao invocar a reserva do possível, deve, sempre, demonstrar que está fazendo o máximo de força — em todos os campos: financeiro, pessoal, tecnológico etc. —, até o máximo possível, e que está priorizando os grupos mais vulneráveis[146].

Além disso, em alguns casos, como o brasileiro, destaca-se uma tradição segundo a qual as decisões produzidas no processo deliberativo orçamentário têm sido superadas sem maior cerimônia por ato do Poder Executivo central, que simplesmente retém verbas, sem nem mesmo expor os motivos para tanto[147]. A inexecução do orçamento, com a promoção de cortes que atingem áreas em que a atuação do Estado é deficiente, relacionadas aos direitos sociais, cria distorções no âmbito da "reserva do possível", com francas violações aos direitos fundamentais[148].

Por outro lado, habitualmente os direitos sociais são caracterizados como direitos "vagos" ou indeterminados. Assim, fórmulas como "direito ao trabalho" diriam muito pouco a respeito do efetivo conteúdo do direito em questão, assim

---

(145) Uma das obrigações decorrentes do PIDESC, segundo o Comitê de Direitos Econômicos, Sociais e Culturais da Organização das Nações Unidas, é a de "tomar medidas", compromisso que, por si só, não é qualificado ou limitado por outras considerações — "(...) 'to take steps', which in itself, is not qualified or limited by other considerations". Para o Comitê, "Thus while the full realization of the relevant rights may be achieved progressively, steps towards that goal must be taken within a reasonably short time after the Covenant's entry into force for the States concerned. Such steps should be deliberate, concrete and targeted as clearly as possible towards meeting the obligations recognized in the Covenant" (Comentário Geral n. 3, 1990).

(146) Aqui, observamos um mandado claro, dirigido ao poder político: se há um grupo mais vulnerável e os recursos são, de fato, limitados, as políticas possíveis devem ser prioritariamente dirigidas às necessidades desses grupos mais vulneráveis. Nesse contexto, a justificação da *reserva do possível* encerra um juízo comparativo entre o que *não se pode fazer* e o que *se está fazendo*, e sempre demanda a demonstração do emprego do máximo recurso: se há *superávit* fiscal, *v.g.*, não se justifica a exposição de pessoas a condições de vida indigna a partir do expediente da reserva do possível. Segundo o Comitê de Direitos Econômicos, Sociais e Culturais da Organização das Nações Unidas, "In order for a State party to be able to attribute its failure to meet at least its minimum core obligations to a lack of available resources it must demonstrate that every effort has been made to use all resources that are at its disposition in an effort to satisfy, as a matter of priority, those minimum obligations" (Comentário Geral n. 3, 1990).

(147) Cf. Mendonça (2008, p. 232-3).

(148) Segundo Sabbag (2006, p. 153), "Com relativa facilidade e sob a invocação de metas fiscais, os executores da lei orçamentária alteram fluxos financeiros da noite para o dia, ocasionando cortes nos investimentos, anulação de programas, paralisação de serviços e obras importantes. Não são incomuns orçamentos realizados pela metade ou execução que sai do papel nos últimos dois meses do exercício financeiro".

como das obrigações que decorrem dele, razão pela qual os direitos sociais, classicamente, comportariam algumas obrigações de resultado, deixando indeterminados, todavia, os instrumentos concretos de ação para alcançá-lo. Os direitos civis e políticos, ao contrário, não só estipulariam o resultado a ser perseguido, mas, ao menos, indicariam os meios necessários à sua não violação.

Novamente, os argumentos que apontam para uma percepção que leva à conclusão de que os direitos sociais são direitos de difícil proteção não se sustenta. Certo grau de indeterminação, inclusive em termos semânticos, é inerente não apenas à linguagem jurídica, mas à própria linguagem natural. No caso de direitos tidos por fundamentais, consagrados em tratados internacionais ou no plano constitucional, essa indeterminação pode decorrer, mesmo, de uma exigência derivada do pluralismo jurídico, pois uma regulação excessiva do conteúdo e das obrigações decorrentes de um direito poderia mesmo cercear o espaço democrático do diálogo social a respeito do seu alcance[149]. Assim, nem a abertura relativa na formulação dos direitos sociais tem o efeito de torná-los ininteligíveis, tampouco certo grau de indeterminação supõe um limite insuperável[150].

Termos caros aos direitos civis clássicos, como honra, propriedade e liberdade de expressão, não são menos obscuros ou mais precisos do que aqueles usualmente encontrados no âmbito dos direitos sociais[151]. Todos os direitos vêm eivados de um "núcleo de certeza"[152], delineado por convenções linguísticas e práticas hermenêuticas que absolutamente não são estáticas, mas dinâmicas, e que, por isso, inclusive, contemplam, a qualquer tempo, a possibilidade de desenvolvimento interpretativo, e de "zonas cinzentas". Nesses contextos, se a maior parte dos esforços elucidativos da atividade legislativa, jurisdicional e doutrinária está voltada para os direitos civis e políticos, isso não corresponde a uma maior obscuridade estrutural dos direitos sociais, mas a uma opção deliberada e claramente ideológica[153].

Nada impede, portanto, o desenvolvimento de critérios ou indicadores que delimitem o significado mais adequado a determinado direito social[154]. Antes, o estabelecimento desses parâmetros ou indicadores é, mais do que desejável, imprescindível para o controle sobre o cumprimento das obrigações do Estado em

---

(149) Nesse sentido, v. o informe preparado por M. Daly para o Comitê Europeu para a coesão social (DALY, 2003).
(150) Cf. Pisarello (2007, p. 67).
(151) Trataremos com maior profundidade do problema dos "conceitos jurídicos indeterminados" (não sem críticas à expressão) no seguimento deste ensaio.
(152) Nesse sentido, v. Hart (1961).
(153) Cf. Alexy (1994, p. 490). No mesmo sentido, Mello, C. A. B. (2009-a, p. 28) afirma que "É puramente ideológica — e não científica — a tese que faz depender de lei a fruição dos poderes ou direitos configurados em termos algo fluidos".
(154) Segundo Mello, C. A. B. (2009-a, p. 28), "a imprecisão ou a fluidez das palavras constitucionais não lhes retiram a imediata aplicabilidade dentro do campo induvidoso de sua significação".

matéria de direitos sociais, inclusive para distinguir, *v.g.*, se o descumprimento de uma obrigação decorre de falta de capacidade ou de verdadeira falta de vontade política[155]. Ou mesmo para verificar se, em um dado ordenamento jurídico concreto, foi produzida, em certo período de tempo, uma situação de regressão, estancamento ou progressão em matéria de direitos sociais.

Muitos desses critérios são o que denominamos *soft law*, ou seja, constituem pautas meramente interpretativas, que, apesar de possuírem estrutura jurídica, não têm caráter obrigatório. No entanto, sua invocação pelos destinatários do direito e a sua tomada em consideração pelos poderes públicos poderia contribuir, de forma eficiente, para a definição de um conteúdo dos direitos sociais e das obrigações que deles decorrem, quer para os poderes públicos, quer para os particulares[156].

Nesse sentido, *v.g.*, diversos tribunais têm desenvolvido a tese da existência de marcos mínimos ou essenciais em matéria de direitos sociais, obrigatórios tanto para os poderes públicos quanto para os atores privados, a partir do direito internacional ou dos marcos consagrados nos próprios ordenamentos constitucionais. O Tribunal Constitucional alemão, assim, entendeu que, apesar de não estarem consagrados direitos sociais, de forma explícita, na Lei Fundamental de Bonn, é possível derivar dela o direito a um mínimo vital existencial, quer vinculado ao princípio da dignidade da pessoa[157], quer vinculado a um princípio de igualdade material[158], quer vinculado ao princípio do Estado social[159].

---

(155) Ademais, dados inexatos, incorretos ou mesmo falseados tendem a ser elementos determinantes em muitas violações de direitos sociais. A existência, ou não, de *recursos suficientes* para o financiamento de uma política pública, e a sustentação de critérios de elaboração, aplicação e avaliação de políticas, pautados por argumentos como *razoabilidade* e *adequação*, são questões sujeitas a comprovação, inclusive através de dados estatísticos, e a cujos argumentos sempre é possível opor outros.

(156) Nesse sentido, embora, até o momento, o Comitê de Direitos Econômicos, Sociais e Culturais seja um dos poucos órgãos do sistema convencional das Nações Unidas que ainda não dispõem de sistemas de procedimentos para recepcionar e tramitar reclamações individuais, coletivas ou de Estados a respeito do descumprimento dos direitos que monitoram (circunstância que se alterará substancialmente a partir da entrada em vigor do Protocolo Facultativo ao Pacto de Direitos Econômicos, Sociais e Culturais), as observações e recomendações realizadas pelo Comitê a partir dos informes recebidos dos Estados-membros do PIDESC constituem valiosas fontes para o desenvolvimento de critérios e indicadores relacionados ao conteúdo dos direitos sociais e ao cumprimento das obrigações dos Estados em matéria de direitos sociais.

(157) "1. Die Würde des Menschen ist unantastbar. Sie zu achten und zu schützen ist Verflichtung aller staatlichen Gewalt" — *A dignidade da pessoa humana é intangível. Todos os poderes públicos estão obrigados a respeitá-la e a protegê-la* (trad. do autor).

(158) 2.2: "Jeder hat das Recht auf Leben und körperliche Unversehrtheit. Die Freiheit der Person ist unverletzlich. In diese Rechte darf nur auf Grund eines Gesetzes eingegriffen werden" — *Cada um tem o direito à vida e à integridade física. A liberdade da pessoa é inviolável. A limitação a tal direito não pode ser feita senão através da lei* (trad. do autor).

(159) 20.1: "Die Bundesrepublik Deutschland ist ein demokratischer und sozialer Bundesstaat" — *A República Federal da Alemanha é um Estado federal democrático e social* (trad. do autor). Nesse sentido, v. Alexy (1994, p. 414-94 *passim*).

Da mesma forma, a Corte Constitucional colombiana deduziu, do texto constitucional, o direito a um "mínimo vital", integrado por aqueles bens e serviços necessários a uma vida digna, sobretudo em situações de urgência[160], estendendo o alcance deste "mínimo" à definição de direitos como à saúde, à moradia e à seguridade social. Assim, nem a determinação do conteúdo dos direitos sociais nem a estipulação das ações que a sua satisfação exige, tampouco a identificação dos sujeitos obrigados, são questões que se colocam fora do alcance dos órgãos jurisdicionais[161].

Ressaltamos que os direitos sociais obrigam as autoridades estatais, sejam elas do Poder Executivo, do Poder Legislativo ou do próprio Poder Judiciário, mas também podem obrigar atores privados, como os empregadores, os prestadores de serviços na área da saúde ou da educação e os administradores de fundos de aposentadorias e pensões. Essa vinculação dos particulares a direitos fundamentais pode ser produto de um reconhecimento expresso do legislador constituinte[162] ou, ainda, pode derivar de diferentes princípios jurídicos: desde a proibição de discriminação e cláusulas de boa-fé até o princípio da tutela da parte contratual mais fraca ou da função social da propriedade[163].

Claro é que as obrigações pertinentes a direitos sociais não se projetam, da mesma forma, sobre todos os atores privados, mesmo porque nem todos os particulares encarregados de subministrarem bens e/ou serviços encontram-se em uma mesma situação de poder e supremacia em face de terceiros. Assim, o grau de vinculação ao respeito e à satisfação de direitos sociais, para os particulares,

---

(160) Segundo Ávila (2002, p. 163), "Esta vinculación entre el concepto de mínimo vital y las situaciones de urgencia constitucional fue analizada por la Corte, por ejemplo, en su Sentencia T-1150, de 2000, sobre desplazamiento forzoso".
(161) Nesse sentido, Mello, C. A. B. (2009-a, p. 57) afirma que "A existência dos chamados conceitos vagos, fluidos ou imprecisos nas regras concernentes à Justiça Social não é impediente a que o Judiciário lhes reconheça, *in concreto*, o âmbito significativo. Esta missão é realizada habitualmente pelo juiz nas distintas áreas do Direito e sobretudo no direito privado. Além disso, por mais fluido que seja um conceito, terá sempre um núcleo significativo indisputável".
(162) O art. 18.1 da Constituição de Portugal, *v.g.*, estabelece que "Os preceitos constitucionais respeitantes aos direitos, liberdades e garantias são diretamente aplicáveis e vinculam as entidades públicas e privadas".
(163) No Brasil, no julgamento do Recurso Extraordinário n. 201.819/RJ, o Supremo Tribunal Federal decidiu que "As violações a direitos fundamentais não ocorrem somente no âmbito das relações entre o cidadão e o Estado, mas igualmente nas relações travadas entre pessoas físicas e jurídicas de direito privado. Assim, os direitos fundamentais assegurados pela Constituição vinculam diretamente não apenas os poderes públicos, estando direcionados também à proteção dos particulares em face dos poderes privados". Mesmo nos Estados Unidos, cujo sistema não admite, tradicionalmente, a vinculação dos particulares aos direitos fundamentais constitucionalmente estabelecidos, de forma que a jurisprudência estadunidense tende a obstaculizar a possibilidade de tutela de direitos fundamentais no âmbito das relações privadas, admite-se uma exceção, que vincula expressamente não apenas os poderes públicos, mas também os atores privados nas suas relações interpessoais, que diz respeito à Décima Terceira Emenda, que proibiu a escravidão nos Estados Unidos.

está direta e proporcionalmente relacionado ao seu tamanho, influências e recursos[164].

Em síntese, todos os direitos fundamentais, sejam eles civis, políticos ou sociais, têm uma compleição complexa, parte positiva, parte negativa, e todos os direitos são, de uma forma ou outra, onerosos, assim como todos esses direitos são judicializáveis. Não negamos que, tratando casuisticamente de um determinado direito, certos elementos podem ter um efeito simbólico mais forte do que outros, e que os direitos prestacionais, que exigem, de fato, maiores desembolsos financeiros, são mais difíceis de garantir que outros direitos, que não demandam maiores custos, seja por questões financeiras e orçamentárias, seja pelo caráter conflitivo de que se revestem os aportes e transferências de recursos em um quadro de disputas alocativas. No entanto, o que ressaltamos é que nenhum desses problemas diz respeito, apenas, aos direitos sociais, mas se encontram tais questões relacionadas a todos os direitos fundamentais na sua dimensão prestacional, sejam eles direitos civis, políticos ou sociais[165].

Se o que está em jogo, todavia, não são simples concessões revogáveis, mas direitos fundamentais, os poderes de turno devem observar uma série de obrigações que não podem ser indefinidamente postergadas: desde a obrigação de não regressividade em matéria de direitos sociais até a de adotarem medidas de proteção dos direitos sociais em face de abusos dos atores privados em relações de poder, sem prejuízo do dever de garantir, de forma permanente, o conteúdo mínimo dos direitos sociais, relacionado com aquilo que é delineado, inclusive culturalmente, como o mínimo existencial[166].

Nessa ótica, a alocação de uma determinada expectativa da pessoa — de viver de maneira digna, de conservar a saúde ou de decidir de maneira autônoma sobre os planos de vida — ao catálogo dos direitos civis ou dos direitos sociais revela-se uma questão meramente ordenatória, ou quase semântica. Uma categorização rigorosa implicaria admitir a existência de um *continuum* entre uns e outros direitos, sem que nem as obrigações que eles contêm nem o caráter mais ou menos

---

(164) Este é, *v.g.*, o critério de vinculação dos particulares estabelecido pela *Promotion of Equality and Prevention of Unfair Discrimination Act* (2000), lei sul-africana para a promoção da igualdade e a prevenção da discriminação injusta, art. 27.2: "The Minister must develop regulations in relation to this Act and other Ministers may develop regulations in relation to other Acts which require companies, closed corporations, partnerships, clubs, sports organizations, corporate entities and associations, where appropriate, in a manner proportional to their size, resources and influence, to prepare equality plans or abide by prescribed codes of practice or report to a body or institution on measures to promote equality".
(165) Se, por um lado, ninguém sustentaria, hoje, que a liberdade de expressão comporta, de fato, num ambiente democrático, o acesso gratuito e incondicional de qualquer pessoa, em qualquer situação, a espaços de mídia, rádio e televisão, não podemos sustentar, *v.g.*, que o direito à moradia ou à saúde comportaria o dever automático e incondicional dos poderes públicos de proporcionar uma casa ou medicamentos gratuitos a todas as pessoas e em qualquer circunstância.
(166) Nesse sentido, v. Häberle (2003).

indeterminado da sua formulação possam converter-se em verdadeiros elementos de diferenciação categórica. O mais relevante, assim, não seria opor os direitos civis e políticos aos direitos sociais, mas destacar a contraposição existente entre direitos generalizáveis e privilégios excludentes.

1.5. As garantias institucionais e extrainstitucionais dos direitos sociais e o exercício da cidadania a partir de uma perspectiva garantista e democrática

Quando tratamos da questão da efetividade/eficácia das políticas concernentes aos direitos sociais (políticas públicas sociais), temos que ter em conta a percepção de que, para falarmos, com certa propriedade, de qualquer direito, sobretudo dos direitos sociais, é necessário que sejam identificados os mecanismos de garantia desses direitos; do contrário, a efetividade desses direitos restará condicionada à boa vontade dos poderes de turno e/ou dos atores privados que têm a seu cargo determinadas obrigações.

Assim, coesos à percepção de que é necessário reconstruir a percepção a respeito dos direitos sociais, sua imprescindibilidade e suas garantias a partir de uma perspectiva garantista e democrática, participativa, embasada no reconhecimento de que melhores garantias e mais democracia são os elementos centrais à tarefa dessa reconstrução, passamos a analisar as diferentes garantias, institucionais e extrainstitucionais, dos direitos sociais.

Utilizamos o termo "garantias", aqui, para referirmo-nos aos mecanismos e às técnicas de tutela dos direitos, destinados a assegurar a sua efetividade[167]. Essas garantias, de acordo com os sujeitos que se sobressaem na condição de agentes empenhados na proteção dos direitos, podem ser classificadas, basicamente, em políticas e jurisdicionais (institucionais) ou sociais (extrainstitucionais).

As garantias institucionais dos direitos sociais dizem respeito à atuação dos poderes públicos: garantias políticas e garantias judiciárias ou jurisdicionais. Compreendem garantias primárias, que têm por objeto a especificação do conteúdo dos direitos sociais, estabelecendo obrigações e responsabilidades pertinentes a esses direitos, e garantias secundárias, que se destinam a operar no caso de vulneração dos direitos sociais pela falta de cumprimento, pelos sujeitos a elas obrigados, dessas obrigações e responsabilidades. De forma geral, as garantias primárias são políticas e as garantias secundárias são judiciárias/jurisdicionais; no entanto, algumas garantias políticas também podem atuar como garantias secundárias[168].

---

(167) Nesse sentido, v. Ferrajoli (1999, p. 37-72) e Pisarello (2003, p. 23-53).
(168) Cf. Abramovich e Courtis (2006, p. 56).

As garantias políticas dos direitos sociais estão relacionadas aos mecanismos tutelares articulados pelos poderes que têm responsabilidade política, ou seja, que, na democracia, têm o dever de prestar constas ao eleitorado — *accountability* —, o Executivo e o Legislativo. Essas garantias são de central importância aos direitos sociais, ao menos sob dois aspectos: por um lado, para que os direitos sociais sejam concretizados, é necessário, em certa medida, que os poderes políticos definam o seu conteúdo e alcance, e determinem os meios necessários à sua efetivação; por outro lado, o acesso de amplos setores sociais que não podem pagar pelos serviços oferecidos pelas empresas privadas a direitos essenciais como à saúde e à educação, ligados ao mínimo existencial, depende, em grande medida, da atividade estatal nos âmbitos dos poderes Executivo e Legislativo.

O reconhecimento constitucional dos direitos sociais constitui, nesse contexto, a garantia política por excelência desses direitos[169]. A própria rigidez constitucional, ou seja, a previsão de mecanismos que imponham efetivo limite à possibilidade de reforma ordinária da Constituição, incluídas suas previsões em matéria de direitos, tornando esses direitos em certo grau indisponíveis aos poderes de turno, pode ser considerada um significativo instrumento de proibição a retrocessos arbitrários[170] e, em última análise, de amplo amparo à manutenção, no tempo, dos próprios procedimentos democráticos[171].

A proibição de regressividade, sobretudo, reconhecida pela Organização das Nações Unidas no âmbito do Pacto Internacional de Direitos Econômicos, Sociais e Culturais (PIDESC), obriga os poderes públicos a que não adotem medidas e políticas e, em consequência, que não sancionem normas que venham a piorar, sem razoável justificativa, a situação dos direitos sociais no país. Esse mesmo princípio, de irreversibilidade das conquistas sociais, foi articulado constitucionalmente a partir da aprovação, na Alemanha, da Lei Fundamental de Bonn (1949)[172], como corolário da força normativa da Constituição e do conteúdo mínimo ou essencial dos direitos nela reconhecidos, e irradiou-se, como afirmamos, para diversos ordenamentos.

Ao lado dessas garantias constitucionais procedimentais existem outras, substanciais, que consistem, sobretudo, na adjudicação de um conteúdo concreto aos direitos consagrados no âmbito constitucional, na estipulação dos poderes constituídos, encarregados de observá-los, e na indicação das obrigações e deveres a que se vinculam. Assim, a Constituição é a instância em que se desenha o tipo de poder estatal ao qual se vincula a proteção dos direitos. A partir do seu caráter mais ou menos democrático, portanto, as constituições organizam os poderes

---

(169) Cf. Pisarello (2007, p. 115 *et seq.*).

(170) Assim, *v.g.*, a disposição contida no art. 60, § 4º, da Constituição brasileira de 1988.

(171) No entanto, como demonstra Martín (2003, p. 9 *et seq.*), se as cláusulas constitucionais com proteção qualificada são as que consagram direitos patrimoniais e princípios de mercado, a rigidez constitucional corre o risco de converter-se em um obstáculo às transformações políticas e econômicas que a generalização dos direitos sociais exige.

(172) Sobre o caso alemão, v. Franco *apud* Courtis (2006, p. 361 *et seq.*).

estatais sob formas mais ou menos fundadas nos princípios da difusão, pluralidade, representatividade e publicidade do poder político[173]: o princípio representativo e a plural composição dos corpos legislativos constituem, também, garantias de natureza política. E, nesse contexto, uma das principais garantias políticas dos direitos sociais consiste na atribuição constitucional da sua tutela a diferentes órgãos, legislativos, executivos e judiciais, que podem limitar e controlar uns aos outros[174].

Em outro nível, as garantias políticas dizem respeito à efetiva configuração concreta dos direitos sociais, ou seja, à definição do seu conteúdo, à indicação dos seus destinatários, às formas do seu exercício, às obrigações que deles emanam, aos sujeitos encarregados de dar cumprimento a essas obrigações e aos recursos destinados a torná-los efetivos[175].

---

(173) Nesse sentido, a própria revogabilidade do poder político é uma garantia prevista em diferentes ordenamentos. Sob um enfoque revolucionário, a declaração de direitos contida no preâmbulo da Constituição democrática jacobina (1793) consagrava o direito-dever de insurreição, caso os direitos das pessoas fossem violados pelo governo: "Quand le gouvernement viole les droits du peuple, l'insurrection est, pour le peuple et pour chaque portion du peuple, le plus sacré des droits et le plus indispensable des devoirs" (art. 35). Uma fórmula semelhante, como já afirmamos, é encontrada na Declaração de Independência de 1776, das colônias norte-americanas: "That whenever any Form of Government becomes destructive of these ends, it is the Right of the People to alter or to abolish it, and to institute new Government, laying its foundation on such principles and organizing its powers in such form, as to them shall seem most likely to effect their Safety and Happiness". Por outro lado, a Constituição venezuelana de 1999 estabelece que "el gobierno de la República Bolivariana de Venezuela y de las entidades políticas que la componen es y será siempre democrático, participativo, electivo, descentralizado, alternativo, responsable, pluralista y de mandatos revocables" (art. 6º), e, ainda, que "todos los cargos y magistraturas de elección popular son revocables" (art. 72). A Constituição brasileira de 1988 prevê a perda do mandato dos membros do Poder Legislativo da União (deputados federais e senadores) no seu art. 55, dispondo, ainda, no seu art. 84, sobre os crimes de responsabilidade do presidente da República, caracterizando como crimes de responsabilidade os atos do presidente da República que atentem contra a Constituição e, especialmente, contra: "I — a existência da União; II — o livre exercício do Poder Legislativo, do Poder Judiciário, do Ministério Público e dos Poderes constitucionais das unidades da Federação; III — o exercício dos direitos políticos, individuais e *sociais*; IV — a segurança interna do País; V — a probidade na administração; VI — a lei orçamentária; VII — o cumprimento das leis e das decisões judiciais" (*grifei*).
(174) A "separação de poderes" (separação de funções ou divisão de responsabilidades) típica à democracia, e a existência de um sistema de mútuo e concorrente controle, ou de "pesos e contrapesos", constitui uma garantia de caráter instrumental, que proporciona a observação mútua do cumprimento de obrigações de cada um dos poderes. Um exemplo desse sistema de garantia, que pode ser relevante em matéria de direitos sociais, consiste, na Constituição brasileira de 1988, nos mecanismos de pedido de informações do Congresso em relação aos ministros e outros agentes do poder Executivo (art. 50), de instauração de inquéritos parlamentares (art. 58, § 3º) e de fiscalização parlamentar sobre as diversas entidades da administração pública, contábil, financeira e orçamentária. Extraordinariamente, tais mecanismos chegam à deliberação sobre a permanência, ou não, do Executivo de turno: no sistema constitucional brasileiro, é dada ao Senado a prerrogativa de processar e julgar o chefe do Poder Executivo nos crimes de responsabilidade, como aqueles atos que atentem contra o exercício dos direitos sociais (arts. 52, inc. I, e 85, inc. III). Mello, C. A. B. (2009-a, p. 57) destaca, quanto à eficácia das normas constitucionais de direitos sociais, que, no Brasil, "Ação ou omissão do chefe do Executivo que embargue o desfrute dos direitos sociais pode ensejar crime de responsabilidade, pois o art. 85 da Constituição configura como tal o atentado contra o exercício dos direitos sociais".
(175) No seguimento deste ensaio, daremos maior ênfase à questão do delineamento das *políticas públicas* e das *políticas sociais* no âmbito do Estado contemporâneo.

As garantias legais dos direitos sociais, resultado do processo legislativo — ou seja, do reconhecimento dos direitos sociais, de forma concreta, em instâncias pluralistas e representativas —, são, também, garantias políticas primárias por excelência, vinculadas não só ao princípio da reserva legal, mas, também, aos princípios da generalidade e da universalidade da lei[176].

De fato, o conteúdo mínimo ou essencial dos direitos reconhecidos pelas constituições comporta, para os órgãos institucionais, uma série de obrigações que eles não podem desconhecer. A garantia legal dos direitos diz respeito à obrigação, mais do que à possibilidade, de que seja o parlamento — o Poder Legislativo —, em condições adequadas de publicidade e de confrontação plural de distintos pontos de vista e forças políticas, que venha a estabelecer o regime geral dentro do qual poderá ser exercido o poder regulamentar, bastante vinculado, dos diversos órgãos e agentes da administração pública — o Poder Executivo — em matéria de direitos sociais e/ou de políticas públicas sociais[177].

Essa garantia formal, procedimental, complementa-se com a percepção de que o desenvolvimento legislativo dos direitos não pode ser dirigido, de forma arbitrária, a sujeitos determinados (generalidade), tampouco da sua titularidade podem ser excluídos, de forma injustificada, determinados grupos (universalidade), percepção imprescindível para que seja evitada a multiplicação de políticas e programas arbitrariamente focalizados, discricionários e expostos a práticas clientelistas, se não à corrupção e à vulneração da própria legalidade, práticas que põem a serviço dos poderes de turno as políticas e que, na configuração dos direitos sociais constitucionalmente reconhecidos, não têm os requisitos mínimos de racionalidade e de legitimidade para a sua regulamentação. Nessa direção, podemos destacar a expansão, pautada na generalidade e na universalidade, do conteúdo de direitos como à educação e à saúde, assim como a inclusão, na agenda política, de novos direitos, como o direito de ingresso incondicional em programas de assistência social e de renda básica a todos que deles necessitem.

Devemos ressaltar, contudo, que garantias legislativas gerais e universais dos direitos sociais não excluem a possibilidade de adoção de garantias legislativas diferenciadas, vinculadas a necessidades específicas de certos grupos e pessoas[178], ou, ainda, que estabeleçam cargas diferentes para os particulares, de forma proporcional ao seu tamanho, aos seus recursos e à sua influência[179]. Em um

---

(176) Cf. Martín (2002, p. 73 *et seq.*).
(177) Nesse sentido, v. Freire (1997, p. 195 *et seq.*).
(178) Segundo Portilla (2005, p. 137), uma das justificações que permitem essas medidas que assinalam direitos diferenciados, pautados por critérios como o sexo, a origem étnica ou a deficiência física ou mental é no sentido de que, com ela, "se intenta razonablemente compensar a estos grupos por daños y perjuicios contra ellos, persiguiendo, de ese modo, la igualdad sustancial o material".
(179) Segundo Godoi (2005, p. 156-7), do Estado Fiscal decorre a imprescindibilidade do tributo, e a partir dessa imprescindibilidade delineia-se o dever fundamental de pagar impostos: "como dever fundamental, o imposto não pode ser encarado nem como um mero poder para o estado,

contexto de reconstrução democrática das garantias legais, poderíamos, assim, exigir a previsão de regras de interpretação ou de proteção em favor daquelas pessoas que ocupam posições de sujeição e/ou de dependência, ou, em última instância, de vulnerabilidade, frente àqueles que detêm qualquer tipo de poder, público ou privado[180].

Essas garantias legislativas diferenciadas, que partem de uma desigualdade fática, por outro lado, podem assumir a forma de medidas de *ações afirmativas*[181], tais como bolsas, subsídios ou quotas que permitam a certos grupos sub-representados ou que tiveram os seus direitos historicamente postergados a acessar certos recursos econômicos, sociais e culturais, inclusive emprego e representação política[182].

---

nem como um mero sacrifício para os cidadãos, constituindo antes o contributo indispensável a uma vida organizada em estado fiscal". Nesse contexto, o dever de concorrer para o financiamento amplo das atividades estatais, através do pagamento de tributos, é uma instituição central do Estado contemporâneo, visto como uma "projeção do princípio da solidariedade social sobre a repartição das cargas públicas", que, por sua vez, está limitado, na sua incidência sobre os cidadãos, pelo princípio da capacidade contributiva (GRECO, 2005, p. 168-89). Além do aspecto tributário, esses deveres, impostos aos particulares, podem dizer respeito, *v.g.*, à proibição de acumulação de certos recursos de uso comum, à introdução de obrigações e restrições laborais, comerciais e ecológicas, e a sanções ao uso antissocial da propriedade.

(180) Assim, segundo Pisarello (2007, p. 118-9), "serían garantías diferenciadas a favor de los *más débiles* (*favor debilis*) las leyes agrarias que aseguran los derechos de los campesinos frente al poder de los propietarios de la tierra; o das leyes laborales que resguardan los derechos de los trabajadores frente al poder de los empleadores; o das leyes civiles que protegen los derechos de los inquilinos frente al poder de los propietarios de vivienda, de los promotores urbanísticos o de las inmobiliarias; o las que tutelan los derechos de los consumidores y usuarios frente a los proveedores privados o públicos de servicios educativos, sanitarios, de transporte, de agua potable; o las que protegen los derechos de la mujeres en aquellos contextos laborales, familiares o políticos que las sitúan en relaciones desiguales de poder con los hombres". No contexto brasileiro, podemos citar, *v.g.*, a edição da "Lei Maria da Penha" (Lei n. 11.340/06), que cria mecanismos para coibir a violência doméstica e familiar contra a mulher, do "Estatuto da Criança e do Adolescente" (Lei n. 8.069/90) e do "Estatuto do Idoso" (Lei n. 10.741/03), e, no plano da seguridade social, a Lei n. 7.998/90, que regula o Programa do Seguro-Desemprego e institui o Fundo de Amparo ao Trabalhador (FAT), e a Lei n. 8.742/93, que regula a concessão do benefício de prestação continuada previsto no inc. V do art. 203 da Constituição de 1988, para a pessoa portadora de deficiência e para o idoso que não possuam meios de prover a própria manutenção e nem de tê-la provida por sua família.

(181) As *ações afirmativas*, também conhecidas como "ações positivas" ou "medidas de discriminação positiva", são "ferramentas de integração de grupos da sociedade que tenham estado em situação diferencial com respeito aos demais" (THOME, 2012, p. 169-70). Para Piovesan (2007, p. 189-91), as ações afirmativas são "políticas compensatórias adotadas para aliviar e remediar as condições resultantes de um passado discriminatório", cumprindo, assim, uma finalidade pública imprescindível ao projeto democrático de assegurar a diversidade e a pluralidade sociais, devendo ser compreendidas, contudo, não só sob o prisma *retrospectivo*, no sentido de que aliviam a carga de um passado discriminatório, mas também sob o prisma *prospectivo*, no sentido de que fomentam a transformação social. Para Gomes (2003, p. 29 e 1138-46 *passim*), são políticas e mecanismos de inclusão, com vistas à concretização de um objetivo determinado constitucionalmente (nesse caso, o princípio da igualdade de oportunidades). Para Baruki e Bertolin (2010, p. 315), são medidas tendentes a "compensar" em favor de grupos mais vulneráveis, através de proteção específica, proteção que, minimizando as condições desvantajosas destes, favoreçam a obtenção do reconhecimento social das potencialidades desses grupos.

(182) Nesse sentido, *v.g.*, as experiências brasileiras da Lei n. 8.112/90, que prevê, no seu art. 6º, § 2º, a reserva de uma quota de vagas, nos concursos públicos para cargos da administração pública

Por fim, no âmbito dessas garantias políticas, há limites à configuração legislativa dos direitos sociais, desenvolvidos a partir de estudos do Comitê de Direitos Econômicos, Sociais e Culturais das Nações Unidas, órgão encarregado de monitorar o cumprimento do Pacto Internacional de Direitos Econômicos, Sociais e Culturais (PIDESC). Assim, a hierarquização dos tratados internacionais no nível constitucional ou, pelo menos, em níveis legais substancialmente privilegiados, impõe aos parlamentos um limite que diz respeito ao que habitualmente é denominado ou categorizado como o "conteúdo essencial" ou o "conteúdo mínimo essencial" dos direitos constitucionais[183]. Isso implica que, por estarem constitucionalizados, os direitos sociais têm um núcleo irredutível que o legislador não deve ignorar, o que dá uma garantia de razoabilidade à sua regulamentação[184].

Ainda no âmbito das garantias políticas, uma técnica de garantia política secundária é o denominado "poder de polícia" conferido à administração pública[185].

---

federal, para pessoas portadoras de deficiência; da Lei n. 8.213/91, que prevê, no seu art. 93, que "a empresa com 100 (cem) ou mais empregados está obrigada a preencher de 2% (dois por cento) a 5% (cinco por cento) dos seus cargos com beneficiários reabilitados ou pessoas portadoras de deficiência"; e da Lei n. 10.836/2004, que criou o programa "Bolsa Família", destinado a transferências condicionadas de renda para unidades familiares que se encontrem em situação de pobreza ou extrema pobreza. No mesmo sentido, por voto unânime dos seus membros, o Plenário do Supremo Tribunal Federal brasileiro, julgando a Arguição de Descumprimento de Preceito Fundamental (ADPF) n. 186, recentemente decidiu pela constitucionalidade da política de reserva de cotas étnico-raciais na seleção de estudantes para ingresso no ensino superior (no caso, na Universidade de Brasília).

(183) Na Argentina, *v.g.*, desde 1994 esses tratados foram levados à hierarquia constitucional. No Brasil, o § 2º do art. 5º da Constituição de 1988 estabelece que "Os direitos e garantias expressos nesta Constituição não excluem outros decorrentes do regime e dos princípios por ela adotados, ou dos tratados internacionais em que a República Federativa do Brasil seja parte", e, a partir da Emenda Constitucional n. 45/2004, que introduziu o § 3º ao art. 5º, possibilitou-se a integração dos tratados e convenções internacionais sobre direitos humanos à ordem nacional com *status* qualificado, similar ao das Emendas Constitucionais: "Os tratados e convenções internacionais sobre direitos humanos que forem aprovados, em cada Casa do Congresso Nacional, em dois turnos, por três quintos dos votos dos respectivos membros, serão equivalentes às emendas constitucionais que forem aprovados, em cada Casa do Congresso Nacional, em dois turnos, por três quintos dos votos dos respectivos membros, serão equivalentes às emendas constitucionais" (o Estado brasileiro já promulgou, dessa forma, com *status* de Emenda Constitucional, o texto da Convenção Internacional sobre os Direitos das Pessoas com Deficiência e seu Protocolo Facultativo — Decreto n. 6.949/2009); na Espanha, essa especial hierarquia decorre da obrigação de interpretar os direitos fundamentais à luz dos tratados sobre direitos humanos devidamente ratificados. Para uma leitura sobre o "conteúdo essencial" ou o "conteúdo mínimo essencial" dos direitos constitucionais, v. Cara (1994) e Martínez-Pujalte (1997).

(184) Assim, *v.g.*, a Constituição argentina afirma, no seu art. 28, que "Los principios, garantías y derechos reconocidos en los anteriores artículos, no podrán ser alterados por las leyes que reglamenten su ejercicio".

(185) Segundo o art. 78 do Código Tributário brasileiro (Lei n. 5.172/66), "Considera-se poder de polícia atividade da administração pública que, limitando ou disciplinando direito, interesse ou liberdade, regula a prática de ato ou abstenção de fato, em razão de interesse público concernente à segurança, à higiene, à ordem, aos costumes, à disciplina da produção e do mercado, ao exercício de atividades econômicas dependentes de concessão ou autorização do Poder Público, à tranquilidade pública ou ao respeito à propriedade e aos direitos individuais ou coletivos". Segundo Mello, C. A. B. (2011,

Através do exercício desse poder, os agentes públicos controlam e sancionam as práticas que podem violar regras e estandartes legais. Essa garantia é especialmente relevante em matéria de direitos sociais, pois em muitos casos a efetividade do direito depende do cumprimento de certas obrigações por atores privados. Assim ocorre, *v.g.*, em questões que envolvem o direito à educação e à saúde, quando as respectivas prestações estão a cargo de prestadores privados, à segurança e à higiene do trabalho, que não prescinde de prestações dos empregadores, e ao meio ambiente, quando sua vulneração, efetiva ou potencial, decorre da atividade de uma indústria privada[186].

Podemos mencionar, ainda, o surgimento, principalmente a partir das constituições do século XX, de novos órgãos de controle externo, como os tribunais de contas, as ouvidorias, os serviços de proteção aos consumidores, as procuradorias da cidadania e os conselhos populares. Esses órgãos têm, habitualmente, sido dotados de típicas funções de controle político, que se expressam através da emissão de informes e recomendações frente a denúncias de violações de direitos fundamentais e de regras da administração financeira, patrimonial e orçamentária do Estado. Por outro lado, alguns desses órgãos podem, além de receber denúncias e, eventualmente, fiscalizar o emprego de recursos públicos, propor ações judiciais frente a essas violações, quando não for possível sua superação por outra via.

As garantias jurisdicionais são tipicamente secundárias, destinadas a permitir que um poder mais ou menos independente dos sujeitos públicos ou privados obrigados pelos direitos sociais receba e considere denúncias sobre a falta de

---

p. 829), esse "poder de polícia" consiste na "atividade estatal de condicionar a liberdade e a propriedade ajustando-as aos interesses coletivos" — "Refere-se, pois, ao complexo de medidas do Estado que delineia a esfera juridicamente tutelada da liberdade e da propriedade dos cidadãos". Em sentido mais restrito, que corresponde à noção de "polícia administrativa", relaciona-se "com as intervenções, quer gerais e abstratas, como os regulamentos, quer concretas e específicas (tais as autorizações, as licenças, as injunções), do Poder Executivo destinadas a alcançar o mesmo fim de prevenir e obstar ao desenvolvimento de atividades particulares contrastantes com os interesses sociais".

(186) Mello, C. A. B. (2011, p. 825-53 *passim*), assim, define a polícia administrativa como "a atividade da Administração Pública, expressa em atos normativos ou concretos, de condicionar, com fundamento em sua supremacia geral e na forma da lei, a liberdade e a propriedade dos indivíduos, mediante ação ora fiscalizadora, ora preventiva, ora repressiva, impondo coercitivamente aos particulares um dever de abstenção (*non facere*) a fim de conformar-lhes os comportamentos aos interesses sociais consagrados no sistema normativo", expressando-se, *v.g.*, tanto nas normas administrativas que disciplinam horário e condições de venda de bebidas alcoólicas em certos locais, como na fiscalização das condições de higiene de estabelecimentos privados. Conquanto se trate, no poder de polícia, de exigir-se um "*non facere*", ou seja, uma abstenção do particular, por vezes essa abstenção tem a *aparência* de uma obrigação de fazer: trata-se, na verdade, de evitar, através de determinados atos, que as atividades ou situações *pretendidas pelos particulares* sejam efetuadas de maneira perigosa ou nociva (Mello, no entanto, excepciona as circunstâncias concernentes ao *uso da propriedade imobiliária pelos particulares*, no que diz respeito ao atendimento de sua função social, enquadrando na caracterização de *leis de polícia* "as que imponham ao proprietário uma *atuação em prol de ajustar o uso de sua propriedade à função social*", ou seja, as que imponham ao particular, nessa especial circunstância, um *dever de fazer*).

cumprimento dessas obrigações e, se for o caso, obrigue ao cumprimento e/ou estabeleça reparações/sanções pelo descumprimento. Essa função é normalmente atribuída ao Poder Judiciário, ainda que possam existir outras garantias similares às jurisdicionais, como os tribunais administrativos e os tribunais arbitrais, ou ainda outros agentes e órgãos que empreguem métodos *alternativos* (não judiciais) de resolução de disputas, desde que caracterizados por sua imparcialidade e independência em relação às partes em conflito e por certo poder assignativo (ou seja, o poder de realmente decidir, com eficácia vinculante, uma disputa)[187].

A partir de uma perspectiva democrática, o papel da instância jurisdicional ordinária costuma dizer respeito a assegurar o atendimento e o cumprimento não apenas dos direitos e deveres contemplados na Constituição e nos tratados internacionais, mas também nas leis elaboradas pelos órgãos políticos. Medidas cautelares, ações declaratórias e constitutivas de direitos e deveres, mandados de cumprimento de obrigações, inclusive de reparação por danos e prejuízos, são algumas das ferramentas através das quais os tribunais ordinários podem tutelar os direitos sociais, tanto frente a particulares como frente à própria administração pública, em dissídios que envolvem, *v.g.*, direitos trabalhistas, previdenciários, habitacionais, educacionais e sanitários. Por outro lado, a instância jurisdicional extraordinária, configurada por tribunais superiores e/ou constitucionais, pauta-se pelo estabelecimento de mecanismos de controle e reparação nos casos em que as garantias jurisdicionais ordinárias restaram violadas ou insuficientes, ou em que a vulneração dos direitos pode ser atribuída ao próprio legislador.

O papel das garantias jurisdicionais especiais ou constitucionais tem sido objeto de várias críticas, tanto pela (proclamada) falta de legitimidade democrática direta dos tribunais constitucionais, desprovidos de *accountability*, frente ao Legislativo, quanto pela (suposta) falta de idoneidade técnica dos juízes para lidar com questões econômicas (financeiras e orçamentárias). A essas críticas acrescentamos o fato de que, historicamente, os tribunais constitucionais têm sido conservadores no momento de tutelar os direitos sociais, conquanto habitualmente assumam de uma forma mais progressista a defesa de direitos individuais, civis e políticos, especialmente dos direitos patrimoniais e das liberdades de mercado[188].

---

(187) No Brasil, *v.g.*, a *arbitragem* é meio válido para dirimir litígios relativos a direitos patrimoniais disponíveis (Lei n. 9.307/96); não se presta, contudo, em regra, a arbitragem para dirimir litígios concernentes à formulação, aplicação, avaliação e ao controle de políticas públicas sociais, porque o que habitualmente está em jogo, nestes, são expectativas e interesses indisponíveis dos cidadãos/administrados afetados/interessados (materializados na forma de direitos sociais) e, em última análise, o *interesse público*. Para uma abordagem mais ampla sobre as possibilidades (limitadas) do recurso à arbitragem em matéria administrativa, v. Grotti (2004, p.145-67).

(188) Cf. Pisarello (2007, p. 121). No Brasil, segundo Castro (1996), o Supremo Tribunal Federal, após o advento da Constituição de 1988, tem se destacado, sobretudo, pelo "uso parcimonioso de garantias constitucionais de amplo alcance, limitando as medidas de impacto político mais visível a decisões liminares", muitas das quais não confirmadas no julgamento definitivo; além disso, "a análise dos acórdãos do tribunal revela que também a produção jurisprudencial rotineira do STF tem uma direção marcante na proteção de interesses privados", de forma que o Supremo Tribunal

Apesar de essas críticas não serem, na realidade, absolutamente infundadas, nenhuma delas é, de fato, como demonstramos, absolutamente insuperável. Além disso, sem prejuízo da sua função preponderantemente conservadora, os tribunais têm demonstrado, sobretudo quando estão em jogo direitos sociais expressamente reconhecidos na Constituição ou em tratados internacionais, ser instâncias idôneas à proteção dos interesses politicamente pouco visíveis e audíveis das "minorias", grupos e pessoas mais vulneráveis e sub-representados nos espaços representativos habituais. Em muitos momentos, assim, os tribunais têm efetivamente limitado as atuações estatais executivas e/ou legislativas pautadas em "lógicas de partido" ou na tecnocracia, obrigando os poderes de turno à justificação, frente à opinião pública, com toda a carga deslegitimatória que isso pode conter, de quais são as suas reais prioridades na alocação dos recursos públicos e por que incorrem em ações ou omissões que, *prima facie*, demonstram-se vulneradoras de direitos fundamentais[189].

Federal, exceto na área da política tributária, "preponderantemente não tem desenvolvido jurisprudência em proteção a direitos (...) e em contraposição às políticas governamentais". O mesmo autor salienta que o Supremo Tribunal Federal brasileiro tem se empenhado no julgamento de processos em que se discutem apenas tributos (58,1% dos julgamentos) e/ou questões puramente processuais (23,2% dos julgamentos), quase não possuindo decisões significativas a respeito de direitos fundamentais não econômicos. Na França, o *Conseil Constitutionnel* foi decisivo para o bloqueio de diversas políticas socializantes de François Mitterrand (STONE, 1994). Nos Estados Unidos, é notório o caráter marcadamente *conservador* das decisões da Suprema Corte (BICKEL, 1986). Quanto à experiência indiana, Langford (2009) afirma que as decisões da Corte Suprema da Índia têm sido "marcadamente conservadoras, em especial quanto aos direitos ao trabalho, moradia, e à terra". Segundo Annan (1988) e King (2008), essa tendência *conservadora* dos tribunais faz com que seja, de fato, difícil encontrar, na maior parte da história do século XX, julgamentos de tribunais constitucionais sobre o tema dos direitos sociais, embora a Constituição, a legislação infraconstitucional e o direito administrativo da maioria dos países já previssem uma série de direitos sociais exigíveis.

(189) Nesse sentido, embora ressalve o caráter marcadamente conservador das decisões da Corte Suprema da Índia, Langford (2009) afirma que, em 1980, no caso *Ratlam vs. Vardhichand and Others*, esta Corte determinou a um município que fornecesse água e saneamento básico a todos os munícipes. Na Inglaterra, as políticas do governo Thatcher, de fechamento de escolas do sistema público de ensino secundário e de proibição administrativa à formação de sindicatos no serviço público, sofreram intervenção judicial (STERETT, 1994). Na Itália, um maior *protagonismo* judicial a partir do final da década de 1960 demonstrou-se decisivo à defesa de interesses difusos e à repressão ao terrorismo e à corrupção (GUARNIERI, 1991). Na África do Sul, algumas decisões da Corte Constitucional têm atraído a atenção pela clareza da racionalidade das respectivas decisões e por se basearem em direitos explicitamente reconhecidos pela Constituição, efetivando-os: a Corte decidiu, *v.g.*, em certa questão, que o Estado não havia tomado as devidas medidas razoáveis necessárias, dentro dos recursos disponíveis, para concretizar progressivamente o direito à moradia, pois os programas habitacionais oferecidos não previam nenhuma espécie de auxílio emergencial àqueles que não possuíam acesso a um abrigo básico (*Government of the Republic of South Africa and Others vs. Grootboom and Others*, 2000); em outros casos, ordenou ao Estado a implantação de um programa oficial para a prevenção da transmissão, de mãe para filho, do vírus HIV (*Minister of Health and Others vs. Treatment Action Campaign and Others*, 2002), declarou a inconstitucionalidade da exclusão dos migrantes de benefícios da seguridade social (*Mahlaule vs. Minister of Social Development, Khosa vs. Minister of Social Development*, 2004) e emitiu ordens para impedir deslocamentos urbanos e assegurar o pleno acesso de pessoas a programas de reassentamento (*Port Elizabeth vs. Various Occupiers*, 2004; *Jaftha vs. Schoeman and Others*, 2005; *President of RSA and Another vs. Modderklip Boerdery (Pty) Ltd and Others*, 2005; *Van Rooyen vs. Stoltz and Others*, 2005; *Occupiers of 51 Olivia*

Uma técnica de que se têm valido os tribunais nacionais em vários países da América do Sul e da Europa, e os tribunais internacionais, como a Corte Interamericana de Direitos Humanos e o Tribunal Europeu de Direitos Humanos, diante de certas dificuldades para a tutela direta dos direitos sociais, consiste em uma "tutela indireta" desses direitos, através da invocação de outros direitos, simultaneamente violados, a respeito dos quais não persistem dúvidas sobre a sua justiciabilidade[190]. A violação dos direitos sociais, *v.g.*, também pode afetar o princípio da igualdade e a proibição de discriminação[191], os direitos relativos ao devido processo legal[192], direitos civis[193] ou mesmo outros direitos sociais[194].

Essas atuações são perfeitamente justificáveis a partir de uma perspectiva democrática, que exige o envolvimento dos tribunais na proteção dos direitos civis, políticos e sociais fundamentais, imprescindíveis para reforçar as bases materiais da autonomia e, assim, para reforçar a capacidade da pessoa, de participar nos assuntos públicos.

A par de tudo isso, e sem prejuízo do papel significativo que um poder estatal difuso, disciplinado em termos garantistas e controlado a partir de um ponto de vista democrático, em que as garantias institucionais se tornam mais efetivas, poderia desempenhar na tutela dos direitos sociais, uma lição apreendida ao longo dos últimos séculos é a de que efetivamente nenhuma estratégia de proteção dos direitos

---

Road, Berea Township And Or. vs. City of Johannesburg and Others, 2008). Por fim, no Brasil, o Supremo Tribunal Federal, no julgamento do RE/AgR 410715/SP (2005), decidiu que "A educação infantil, por qualificar-se como direito fundamental de toda criança, não se expõe, em seu processo de concretização, a avaliações meramente discricionárias da Administração Pública, nem se subordina a razões de puro pragmatismo governamental. Os Municípios — que atuarão, prioritariamente, no ensino fundamental e na educação infantil (CF, art. 211, § 2º) — não poderão demitir-se do mandato constitucional, juridicamente vinculante, que lhes foi outorgado pelo art. 208, IV, da Lei Fundamental da República, e que representa fator de limitação da discricionariedade político-administrativa dos entes municipais, cujas opções, tratando-se do atendimento das crianças em creche (CF, art. 208, IV), não podem ser exercidas de modo a comprometer, com apoio em juízo de simples conveniência ou de mera oportunidade, a eficácia desse direito básico de índole social. (...) revela--se possível (...) ao Judiciário, determinar, ainda que em bases excepcionais, especialmente nas hipóteses de políticas públicas definidas pela própria Constituição, sem estas implementadas pelos órgãos estatais inadimplentes, cuja omissão — por importar em descumprimento dos encargos político-jurídicos que sobre eles incidem em caráter mandatório — mostra-se apta a comprometer a eficácia e a integridade de direitos sociais e culturais impregnados de estatura constitucional".
(190) Nesse sentido, v. Abramovich e Courtis (2002, p. 168-248).
(191) Isso acontece, *v.g.*, quando um setor ou grupo social, como o das mulheres, dos filhos de imigrantes ou de pessoas com deficiência física ou mental é discriminado no acesso a um direito social, como à saúde, à educação ou ao trabalho.
(192) Por exemplo, quando são denegados direitos sociais a uma pessoa através da denegação de garantias como o direito de defesa ou o direito de recorrer aos órgãos jurisdicionais.
(193) Por exemplo, a denegação do direito à saúde pode implicar, também, denegação do próprio direito à vida; a denegação de direitos sindicais pode atentar contra o direito de associação; e a vulneração do direito à educação pode afetar o direito à autonomia e ao livre desenvolvimento da personalidade.
(194) Por exemplo, violações a direitos inseridos ou pautados em questões como educação, moradia e saúde podem constituir, concomitantemente, violações aos direitos do consumidor.

pode, em termos realistas, derivar exclusivamente dos poderes estatais, Executivo, Legislativo e Judiciário, que, de forma "virtuosa", tratariam, por suas próprias forças, de concretizá-los[195].

Não existem direitos sem deveres, nem podem existir sujeitos obrigados sem sujeitos capazes de obrigar[196]. Assim, ainda que o papel das garantias institucionais (políticas e jurisdicionais) demonstre-se essencial para dotar de eficácia os direitos civis, políticos e sociais, todo e qualquer programa constitucional de garantias, por mais exaustivo que seja, demonstra-se incompleto e, assim, incapaz de dotar de efetividade e eficácia, por si só, os meios destinados à realização da cidadania integral, sem a existência concorrente de múltiplos espaços de pressão popular capazes de assegurá-los não apenas através dos poderes estatais, mas além do Estado, ou mesmo, em último caso, diante de graves vulnerações de direitos civis, políticos e/ou sociais, contra ele[197].

As garantias extrainstitucionais, ou sociais, são, enfim, aqueles instrumentos e meios de tutela ou de defesa de direitos que, sem prejuízo das intervenções estatais, dependem das atuações dos seus próprios titulares. A ativação desses instrumentos de garantia pressupõe, portanto, a iniciativa dos cidadãos/administrados, não estando de qualquer forma realmente subordinada à atuação dos poderes públicos; demanda, na realidade, a participação ativa dos atores sociais e o seu comprometimento com as decisões que lhes dizem respeito, e funda-se na percepção de que a efetiva interação de uma norma ou de um programa com os seus destinatários, e a atuação de cada um deles na defesa dos seus interesses e direitos e na defesa dos interesses e direitos de todos, é a melhor garantia que pode ser atribuída aos direitos sociais[198].

---

(195) Ferrajoli (1990, p. 940-1), *v.g.*, adverte contra as *falácias garantistas*, para as quais bastam as razões de um *direito bom*, dotado de avançados sistemas de garantias constitucionais, para conter o poder e pôr os direitos fundamentais a salvo de seus desvios, e as *falácias policistas*, que, ao contrário, confiam à força de um *poder bom* a satisfação das funções de tutela dos direitos.
(196) Segundo Pisarello (2007, p. 122), "No hay derechos sin deberes, pero tampoco hay sujetos obligados sin sujetos capaces de obligar".
(197) É nesse sentido que Häberle (1997, p. 9-10) defende que cidadãos e grupos de interesse, órgãos estatais, o sistema público e a opinião pública constituiriam valiosas forças produtivas de uma interpretação *pluralista* e *procedimental* da Constituição, cabendo, assim, aos juízes ampliar e aperfeiçoar os instrumentos de informação, especialmente no que se refere às formas gradativa de participação e à própria possibilidade de interpretação do processo constitucional.
(198) Segundo Abramovich e Courtis (2006, p. 71), "Las garantías extrainstitucionales o sociales son instrumentos de defensa o tutela de los derechos que dependen directamente de sus titulares. La activación de estos instrumentos de garantía importa por ende la propia iniciativa de los ciudadanos, y no está subordinada a la actuación de los poderes públicos. El involucramiento activo de los ciudadanos en la defensa de sus derechos constituye un medio indispensable para impedir la apropiación paternalista de los derechos y de las necesidades que les dan fundamento, y de su conversión en meros insumos de la gestión burocrática estatal. Significa además la existencia de formas de control ciudadano de las decisiones, de la ejecución de políticas públicas y de la existencia de actos de corrupción y desviación de poder por parte de las autoridades públicas".

Frente à tendência das políticas conservadoras, de veicularem concessões seletivas e discricionárias, revogáveis, dos poderes de turno, quando não medidas estigmatizadoras e de controle dos pobres, a ampla participação social demonstra-se uma ferramenta essencial não apenas para que seja evitada a apropriação paternalista dos direitos e das necessidades que lhes dão fundamento, mas para evitar, também, que as próprias políticas se resolvam em atos de desvio de poder ou de corrupção dos poderes institucionalmente constituídos.

No Brasil, em especial, a participação social passa de uma condição de *proibida*, ou severamente limitada, no período da ditadura, a uma condição de *obrigatória*[199], impulsionada pelo arcabouço socialmente conquistado na Constituição de 1988. Mas a institucionalização de diferentes mecanismos de controle social sobre as políticas públicas sociais e sobre os recursos a elas destinados traz consigo também o concomitante desafio de que não se tornem, esses mecanismos, meios de formação de "consentimento ativo" em torno da conservação das relações vigentes de domínio[200]. O controle social sobre as ações do Estado em matéria de direitos sociais e sobre o destino dos recursos públicos em matéria de políticas públicas sociais torna-se importante na realidade brasileira para que se criem resistências à redução das políticas públicas preconizada pelos grandes capitais e à privatização e à mercantilização destas.

Esses espaços de participação e de controle social, institucionalizados, de forma predominante, no espaço do Poder Executivo, oferecem a possibilidade de que os cidadãos/ administrados interfiram na formulação, aplicação e avaliação de políticas públicas sociais setoriais. Mas esses espaços, logicamente, não são neutros, tampouco homogêneos: neles existe o embate de propostas divergentes para dar o rumo da política pública social específica na direção dos interesses dos segmentos dos setores sociais neles melhor representados. Isso significa que o controle social é uma possibilidade nesses espaços, mas que a sua qualidade e a sua efetividade dependem, contudo, da correlação de forças existente dentro dos mesmos, correlação que, por sua vez, é resultante da correlação de forças existente no próprio conjunto da sociedade civil[201].

---

(199) "A partir dos anos de 1990, a participação social tornou-se obrigatória, assegurada por lei, nas diversas leis orgânicas das políticas sociais brasileiras" (BRAVO; CORREIA, 2012, p. 132).

(200) Referindo-se aos Conselhos Municipais de Saúde, Bravo e Correia (2012, p. 136) apontam, por exemplo, que "os conselhos podem se constituir em mecanismos de legitimação do poder dominante e cooptação dos movimentos sociais, que em vez de controlar passam a ser controlados. Foi nessa perspectiva que aconteceu o discurso participacionista e de controle social no governo Fernando Henrique Cardoso, na busca das parcerias com a sociedade para enfrentar os problemas sociais de forma solidária, controlando os gastos que deveriam ser mínimos, racionalizados e eficazes. Este é o controle social que interessa às classes dominantes e é funcional para a preservação do seu domínio".

(201) As lutas políticas não se dão somente no âmbito da sociedade civil, mas na totalidade da estrutura social e da formação social. Por isso, essas instâncias não estão isoladas, infensas aos conflitos de interesses, à cooptação, à corrupção, às disputas e a projetos societários ou excludentes, mesmo que isso não esteja explicitado.

A superação de *déficits* de participação demanda, assim, a articulação dos distintos segmentos que, demandando determinadas políticas públicas sociais setoriais, compõem a sociedade em torno de um projeto comum a partir da construção concertada de uma "vontade coletiva", obtendo, dessa forma, um posicionamento — em bloco — mais efetivo dentro desses espaços, ampliando seu poder social de intervenção[202].

Além disso, a participação social não deve limitar-se à participação institucionalizada, mas estender-se a espaços não institucionalizados ou colonizados pelo Estado, ou seja, localizados fora do espaço institucional do Estado, sobretudo do âmbito do Poder Executivo, aptos a veicularem diferentes expressões de reclamo e pressão social por direitos sociais[203].

No âmbito das garantias sociais, extrainstitucionais, podemos distinguir, assim, as garantias indiretas, voltadas à participação efetiva nos processos de construção das garantias institucionais dos direitos sociais, e, portanto, relacionadas ao reclamo da satisfação de necessidades e interesses, muitas das quais "institucionalizadas", ou seja, exercidas dentro de um espaço previamente delineado em termos jurídicos e políticos e segundo procedimentos preestabelecidos no plano das instituições, das garantias diretas, que assumem formas mais intensas, de verdadeira autotutela.

Uma das principais garantias sociais indiretas dos direitos diz respeito à possibilidade de eleger ou, em alguns casos, até de destituir os agentes e órgãos encarregados de tutelá-los. Aqui, inserem-se, *v.g.*, os direitos do cidadão, de votar, de filiar-se a algum partido político, de petição às autoridades públicas, os direitos

---

(202) Nesse sentido, v. Correia (2005). Não se tem nesses espaços, obviamente, a pretensão de controlar os capitais, pois estes são incontroláveis (MÉZSÁROS, 2005). Trata-se, contudo, de buscar garantir direitos sociais interferindo efetivamente na formulação, aplicação e avaliação das políticas públicas sociais setoriais. Mecanismos através dos quais virtualmente se pode, legitimamente, disputar um fundo público, denunciar sua alocação arbitrária ou inexecução e exigir transparência no uso de recursos públicos e na efetivação dos direitos sociais fundamentais. Estas pautas são importantes, sobretudo, mesmo que estejam circunscritas à emancipação política, no contexto de bloqueio de retrocessos no campo dos direitos sociais fundamentais e de ampliação do setor privado em áreas "não exclusivas do Estado", como a saúde e a educação.

(203) A efetivação do controle social sobre as políticas públicas sociais demanda ações que não se esgotam na simples atuação dos segmentos sociais nos espaços institucionalizados; requer a articulação das forças políticas que representam os interesses das classes menos privilegiadas em torno de um projeto para a sociedade, que tenha como horizonte o rompimento com a sociabilidade conservadora do capital. Demonstra-se necessário, para tanto, combater o determinismo econômico mecanicista e possuir uma posição ativa. Gramsci (2000) combateu as reduções economicistas que conduziam à imobilidade e à omissão, resgatando a força mobilizadora popular que ressaltava a importância da iniciativa política e da organização das massas. A construção da vontade coletiva (projeto de ação sobre o real) é fundamental em torno da defesa dos direitos sociais articulada às lutas por outra sociabilidade — para além do capital: uma nova hegemonia, construída a partir das condições concretas e da experiência efetiva das lutas sociais (DIAS, 1996); uma hegemonia que é política e econômica: "se a hegemonia é ético-política, não pode deixar de ser também econômica, não pode deixar de ter seu fundamento na função decisiva que o grupo dirigente exerce no núcleo decisivo da atividade econômica" (GRAMSCI, 2000, p. 48).

de associação e de reunião e o direito à liberdade de expressão, sem censura prévia, que constituem garantias *stricto sensu*.

Se temos presente a indivisibilidade e a interdependência dos direitos civis, políticos e sociais, facilmente podemos concluir que a concretização de alguns direitos civis e políticos, ao menos, constitui pré-requisito para o real exercício dessas garantias, mas que essa efetividade demanda, também, ao menos, a satisfação de algumas necessidades básicas, econômicas, sociais e culturais, identificadas com o mínimo existencial, que somente é possível através da satisfação de certos direitos sociais. Em síntese, a satisfação dos direitos sociais é indispensável ao exercício real dos direitos civis e políticos, mas o exercício dos direitos civis e políticos demonstra-se também indispensável ao controle do cumprimento das obrigações que emanam dos direitos sociais: sem esse respeito, o Estado acabaria por se apropriar da discussão sobre as necessidades insatisfeitas de certos grupos sociais e tolheria as possibilidades de críticas e de mudanças por parte da cidadania[204].

As distintas formas de participação da cidadania na tomada de decisões, assim, configuram garantias sociais: além do sufrágio, o direito de iniciativa legislativa popular, os mecanismos de deliberação através de audiências públicas, as distintas formas de consulta à cidadania, entre as quais se inserem o plebiscito e o referendo, e os mecanismos populares de impugnação de atos dos poderes públicos são exemplos dessas formas. Em todos esses casos, o que se busca estabelecer é um canal real para que os destinatários dos direitos possam, de fato, exercer um papel ativo na discussão e na tomada de decisões sobre assuntos que lhes interessam, e que podem afetar aqueles direitos. No caso brasileiro, os exemplos mais radicais dessas experiências são o orçamento participativo e os conselhos municipais, mecanismos através dos quais os cidadãos/administrados podem participar ativamente do controle sobre o orçamento público, decidindo o destino de parte dos gastos públicos e supervisionando a execução das políticas com eles relacionadas[205].

Como já sinalizamos, é necessário desenvolver instrumentos concretos que permitam a participação cidadã na elaboração do orçamento. É necessária, pois, a ativação de distintas formas de participação popular para fazer transparente o processo orçamentário; ou seja, para impedir que esse processo se opaque e fique sujeito unicamente à dinâmica endógena do sistema político. Esse feito resulta imprescindível para instalar uma discussão clara a respeito de quais são as decisões que se tomam em matéria orçamentária para fazer efetivos os direitos estabelecidos na Constituição, nos pactos de direitos humanos e na lei. Trata-se de um momento

---

(204) Nesse sentido, Sen (1982; 2000), em estudos de casos, chega à conclusão de que "los países en los que se han producido hambrunas fatales durante los siglos XIX y XX, se caracterizaban por la inexistencia de libertad de prensa, de una esfera pública independiente de la estatal, y de canales de participación y crítica política".
(205) Nesse sentido, Fernández e Sotomayor (2003) destacam, *v.g.*, as experiências do orçamento participativo de Porto Alegre, no Brasil, e de Kerala, na Índia.

fundamental para discutir com que prioridade o Estado assume a defesa dos direitos fundamentais e que meios econômicos vão ser destinados à satisfação desses direitos[206].

O movimento por uma fiscalização cidadã do processo orçamentário pode articular, além disso, a agenda das organizações de direitos humanos com outras agendas, centradas na demanda de uma maior transparência das decisões políticas, pelo acesso à informação pública e pelo controle da corrupção.

Outra das garantias fundamentais para a defesa dos direitos sociais pelos seus titulares é o direito ao acesso à informação. O art. 19 da Declaração Universal

---

(206) Destacamos, nesse sentido, que a Constituição brasileira de 1988 velou pela transparência orçamentária, determinando, quanto ao orçamento, a instituição de um plano plurianual por lei, que "estabelecerá, de forma regionalizada, as diretrizes, objetivos e metas da administração pública federal para as despesas de capital e outras delas decorrentes e para as relativas aos programas de duração continuada" (art. 165, § 1º), e de uma lei de diretrizes orçamentárias, que "compreenderá as metas e prioridades da administração pública federal, incluindo as despesas de capital para o exercício financeiro subsequente, orientará a elaboração da lei orçamentária anual, disporá sobre as alterações na legislação tributária e estabelecerá a política de aplicação das agências financeiras oficiais de fomento" (art. 165, § 2º). Além da publicação de lei, a Constituição impõe, ainda, a publicação de demonstrativos de sua execução. Na persecução da transparência orçamentária, a Lei Complementar n. 101/2000 ("Lei de Responsabilidade Fiscal") tratou de estabelecer novos instrumentos de transparência da gestão fiscal, prevendo, no seu art. 48, que "São instrumentos de transparência da gestão fiscal, aos quais será dada ampla divulgação, inclusive em meios eletrônicos de acesso público: os planos, orçamentos e leis de diretrizes orçamentárias; as prestações de contas e o respectivo parecer prévio; o Relatório Resumido da Execução Orçamentária e o Relatório de Gestão Fiscal; e as versões simplificadas desses documentos", e a Lei Complementar n. 131/2009 determinou "a disponibilização, em tempo real, de informações pormenorizadas sobre a execução orçamentária e financeira da União, dos Estados, do Distrito Federal e dos Municípios", com o fim de assegurar à cidadania a "liberação ao pleno conhecimento e acompanhamento (...), em tempo real, de informações pormenorizadas sobre a execução orçamentária e financeira, em meios eletrônicos de acesso público", acrescentando ao art. 48 da Lei Complementar n. 101/2000 que "A transparência será assegurada também mediante: I — incentivo à participação popular e realização de audiências públicas, durante os processos de elaboração e discussão dos planos, lei de diretrizes orçamentárias e orçamentos; II — liberação ao pleno conhecimento e acompanhamento da sociedade, em tempo real, de informações pormenorizadas sobre a execução orçamentária e financeira, em meios eletrônicos de acesso público; III — adoção de sistema integrado de administração financeira e controle, que atenda a padrão mínimo de qualidade estabelecido pelo Poder Executivo da União e ao disposto no art. 48-A", e "os entes da Federação disponibilizarão a qualquer pessoa física ou jurídica o acesso a informações referentes a: I — quanto à despesa: todos os atos praticados pelas unidades gestoras no decorrer da execução da despesa, no momento de sua realização, com a disponibilização mínima dos dados referentes ao número do correspondente processo, ao bem fornecido ou ao serviço prestado, à pessoa física ou jurídica beneficiária do pagamento e, quando for o caso, ao procedimento licitatório realizado; II — quanto à receita: o lançamento e o recebimento de toda a receita das unidades gestoras, inclusive referente a recursos extraordinários" (art. 48-A, incluído pela Lei Complementar n. 131/2009). A par disso, em recente pesquisa que, em 2010, tratou de verificar o estado de disponibilização de informações sobre as respectivas finanças e compras públicas (sem avaliar, contudo, a qualidade e a inteligibilidade, para o cidadão/administrado, dessas informações) de 26 municípios da região central do Estado de São Paulo, constatou-se que mais de 25% dos municípios da região não disponibilizavam nenhuma informação sobre suas finanças e compras públicas na internet, sendo que alguns desses municípios nem sequer possuíam sítios na internet (*websites*), conclusão de evidente gravidade (nesse sentido. v. PIRES, TIBALI; SOUZA, 2010).

dos Direitos Humanos enuncia o direito de todos os homens à liberdade de, sem interferências arbitrárias, terem opiniões e buscarem, receberem e transmitirem informações e/ou ideias por quaisquer meios, independentemente das fronteiras[207]. E o art. 13 da Convenção Americana sobre Direitos Humanos ("Pacto de San José de Costa Rica") estabelece, no seu § 1º, que "Toda pessoa tem o direito à liberdade de pensamento e de expressão. Esse direito inclui a liberdade de procurar, receber e difundir informações e ideias de qualquer natureza, sem considerações de fronteiras, verbalmente ou por escrito, ou em forma impressa ou artística, ou por qualquer meio de sua escolha"[208].

A informação sobre os atos do governo, de fato, constitui um bem indispensável para o controle e a crítica sobre a atividade estatal, para a existência de um debate público sobre as políticas, para o controle da corrupção e para a responsabilização política dos poderes de turno[209].

Um dos princípios básicos da democracia diz respeito à publicidade dos atos do governo, que deve contemplar, inclusive, a prática de facilitar — em todos os aspectos — o acesso às informações sobre a gestão pública aos cidadãos/administrados, sobretudo por parte da própria administração pública. E o controle social propiciado pela informação é, no Estado democrático de direito, verdadeiramente imprescindível para assegurar que as práticas da administração pública sejam

---

(207) Nesse sentido, Martín-Barbero (1987) demonstra a importância da literatura popular na Europa Ocidental no século XVII: com o acesso do povo à língua escrita criavam-se os meios para que se questionasse a diferença e a distância entre o nobre e o vulgar (plebeu). Destaca, como exemplo, a literatura produzida por Lope de Vega, que, por um lado, divulgava a "imagem" do vulgar entre os nobres e, por outro, permitia às classes populares, através de histórias e poemas burlescos e satíricos que muitas vezes incluíam a blasfêmia, uma melhor compreensão do seu próprio *quotidiano* e uma visão crítica da nobreza, do clero e do mundo. Nesse sentido, recorda um fragmento do livro *El Ingenioso Hidalgo Don Quijote de La Mancha*, de Cervantes: "(...) cuando es tiempo de la siega, se recogen aquí, las fiestas, muchos segadores, y siempre hay alguno que sabe leer, el cual coge uno de estos libros en las manos, y rodeámonos de él más de treinta, y estámosle escuchando con tanto gusto que nos quita mil canas" (MARTÍN-BARBERO, 1987, p. 148).

(208) Nesse sentido, a Corte Interamericana de Direitos Humanos proferiu decisão, em 13 de novembro de 1985, declarando que a obrigatoriedade do diploma universitário e da inscrição em ordem profissional para o exercício da profissão de jornalista viola o art. 13 da Convenção Americana sobre Direitos Humanos, que protege a liberdade de expressão em sentido amplo (Opinião Consultiva OC-5/85). Esse entendimento é esposado, também, pela Comissão Interamericana de Direitos Humanos (Informe Anual, 2009) e foi recentemente ratificado, no plano nacional (brasileiro), pelo Supremo Tribunal Federal, que decidiu que o Estado não pode exercer qualquer controle prévio sobre o acesso à — e o exercício da — profissão de jornalista, porque este, *a priori*, caracterizaria *censura prévia* das liberdades de expressão e de informação (STF, RE n. 511.961-SP, Rel. Min. Gilmar Mendes, publicado no DOU 13.11.2009).

(209) Mello, C. A. B. (2011, p. 112-3) destaca que, no Brasil, o *princípio da motivação*, implícito nos arts. 1º, II, e 5º, XXXV, da Constituição de 1988, implica para a administração pública "o dever de justificar seus atos, apontando-lhes os fundamentos de direito e de fato, assim como a correlação lógica entre os eventos e situações que deu por existentes e a providência tomada, nos casos em que este último aclaramento seja necessário para aferir-lhe a consonância da conduta administrativa com a lei que lhe serviu de arrimo".

pautadas pela legalidade e pela moralidade, bem como para garantir o bom uso dos recursos públicos[210].

Da mesma forma, o acesso à informação deve atingir a atuação de alguns agentes privados, como os empregadores, as empresas que prestam serviços públicos ou as empresas que exercem atividades geradoras de risco coletivo, como indústrias com alto potencial danoso ao meio ambiente, e outros que possam afetar os direitos sociais ou os bens públicos.

Em matéria de direitos sociais, o acesso à informação deve facultar às pessoas a possibilidade não apenas de se informarem, mas também de avaliarem as políticas públicas a partir de indicadores relativos ao conteúdo dessas políticas e aos seus resultados, potenciais e efetivos. Para tanto, o Estado deve empenhar-se em produzir e pôr à disposição de todos, no mínimo, informações sobre a real situação das suas diferentes áreas de atuação no plano dos direitos sociais, principalmente quando esse conhecimento requer medições expressas através de certos indicadores, e sobre o real conteúdo das políticas públicas sociais em desenvolvimento ou projetadas, com expressas referências aos seus fundamentos, objetivos, prazos de realização e recursos envolvidos.

O acesso à informação é significativamente necessário, ainda, para o controle sobre atividades, obras e medidas que possam ter impacto verdadeiramente irreversível sobre direitos sociais[211].

O livre e real exercício do direito de associação, do direito à informação e, sobretudo, do verdadeiro direito de ser ouvido pelos poderes públicos, que faz com que seus titulares possam fazer-se visíveis e audíveis no próprio processo de construção dos direitos, combinado com o direito de crítica frente a leis, regulamentos e decisões, inclusive judiciais, que possam constituir, *prima facie*, vulnerações de direitos fundamentais, constitui a expressão daquilo que identificamos como as garantias sociais dos direitos, imprescindíveis para a manutenção da

---

(210) Segundo Mello, C. A. B. (2011, p. 114), no *princípio da publicidade* consagra-se "o dever administrativo de manter plena transparência em seus comportamentos". No Brasil, destaca-se, nesse sentido, como demonstramos, a Lei Complementar n. 131/2009. No entanto, decorridos mais de 2 (dois) anos da edição da Lei Complementar n. 131/2009, muitos estados e municípios brasileiros ainda não cumprem, no todo ou em parte, as determinações de "transparência" das contas públicas. Além disso, além da *disponibilização* de informações, há que primar pela qualidade e inteligibilidade, para o cidadão/administrado, dessas informações, sob pena de que a "transparência" dê lugar a um cumprimento meramente ritual da lei, a exemplo do que ocorre com outras leis, como a Lei n. 4.320/64, que determina a orçamentação por programa, o que, de fato, acontece apenas formalmente, sem que os governos locais operem, realmente, por programas.

(211) Assim, *v.g.*, as legislações pertinentes ao meio ambiente normalmente exigem uma prévia avaliação do impacto ambiental quanto à realização de atividades e obras potencialmente lesivas em termos ambientais. No mesmo sentido, as leis de defesa do consumidor costumam exigir daqueles que produzem, importam, distribuem ou comercializem bens materiais, ou prestem serviços, que subministrem aos consumidores informações reais e suficientes sobre as características essenciais desses bens ou serviços.

democracia real e para assegurar a eficácia dos próprios direitos, começando pelos direitos sociais.

Nesse contexto, destacamos que seriam exemplos de garantias de participação no desenvolvimento do processo administrativo e legislativo as iniciativas populares de reforma legislativa e as audiências públicas prévias às tomadas de decisão por parte do legislativo ou da administração pública, assim como as diferentes formas possíveis de consulta, informação e impugnação popular das propostas de políticas por parte dos agentes e órgãos públicos, inclusive as experiências, já referidas, da elaboração, ao menos em parte, dos orçamentos públicos com a participação popular.

Constituem importantes mecanismos de participação popular, no Brasil, as consultas públicas. Assim, no âmbito da Lei n. 9.784/99, que regula o processo administrativo no âmbito da administração pública federal, estabelece-se que "Quando a matéria do processo envolver assunto de interesse geral, o órgão competente poderá, mediante despacho motivado, abrir período de consulta pública para manifestação de terceiros, antes da decisão do pedido, se não houver prejuízo para a parte interessada" (art. 31). A consulta pública, que deve ser realizada, portanto, sempre que o processo administrativo envolver assunto de interesse geral[212], é uma das expressões que decorrem do princípio da participação popular. Entre os vários instrumentos processuais de participação dos particulares nas atividades administrativas, esta é, ao lado das audiências públicas e da existência de ouvidorias nos órgãos públicos (*ombudsman*), uma relevante forma de participação nas decisões que dizem respeito ao interesse público[213].

Se no âmbito das atuações do Executivo e do Legislativo a exigência de informação adequada, disponível à cidadania, e o respeito ao devido processo,

---

(212) Haverá "interesse geral" quando o tema em questão repercutir para além da esfera de direitos e interesses de uma ou mais pessoas individualizadas ou determinadas: o interesse geral é o interesse da coletividade, que ultrapassa o âmbito particularizado de um interessado. Dessa forma, normalmente os atos normativos editados pela administração pública estariam enquadrados na expressão "interesse geral". No Brasil, destacam-se especialmente os atos das agências reguladoras, pois essas entidades, ao editarem atos que sejam de relevância para o setor que disciplinam, afetam, através de suas decisões, importantes setores da sociedade, dos serviços públicos e das atividades econômicas que regulam (cf. DI PIETRO, 1993, p. 134).

(213) A consulta pública difere-se da audiência pública: embora ambas consubstanciem formas de participação popular na gestão e no controle da administração pública, elas se diferenciam na medida em que a primeira tem relação com o interesse da administração, em colher a opinião pública por intermédio da manifestação exposta por meio de peças escritas e formais, que serão juntadas ao processo administrativo. Abre-se prazo para a manifestação por escrito de terceiros, antes da decisão do pedido, em matéria de interesse geral. Já a segunda possibilita o "debate público e pessoal por pessoas físicas ou representantes da sociedade civil", respeitado "o interesse público de ver debatido tema cuja relevância ultrapassa as raias do processo administrativo e alcança a própria coletividade". Na verdade, trata-se de modalidade de consulta pública, porém, com a peculiar característica de se realizar por meio de "debates orais em sessão previamente designada para esse fim". Particulariza-se, desse modo, pela oralidade. Vale destacar que a consulta e a audiência públicas diferem-se do plebiscito e do referendo, na medida em que dizem respeito a atos da administração pública, enquanto estes últimos têm relação com atos do Poder Legislativo.

assim como o exercício de direitos como o de liberdade de expressão e de livre associação, demonstram-se essenciais à tutela extensiva dos direitos, sua importância não é menor nos espaços jurisdicionais, que podem, como já afirmamos, ser utilizados como canais de crítica e disputa em relação a ações públicas e privadas tendentes à vulneração de direitos civis, políticos e, sobretudo, sociais, especialmente quando as instâncias políticas encontram-se bloqueadas ou não oferecem uma resposta adequada ao reclamo das minorias em situação de maior vulnerabilidade[214].

O direito à tutela judicial efetiva, que inclui desde a assistência judiciária integral e gratuita até o direito à informação e à distribuição equitativa do ônus da prova no processo, constitui elemento central para a reivindicação de outros direitos, civis, políticos e sociais. Nesse contexto, os mecanismos processuais clássicos, concebidos para a resolução de dissídios individuais, aos poucos vão se adaptando e transformando para melhor albergar pretensões coletivas e difusas, inclusive reconhecendo a grupos e associações legitimidade para a proposição de ações coletivas[215].

A partir de uma perspectiva garantista, no entanto, essa ideia de participação social na justiça não pode estar limitada ao momento de acesso à jurisdição, devendo estender o seu alcance a todos os atos e fases do processo, sobretudo ao momento da execução das sentenças. Assim, às garantias de participação no acesso à justiça devem estar agregadas garantias de participação na execução dos julgados, o que inclui, uma vez mais, os direitos à informação, à associação e a ser ouvido, fazendo-

---

(214) Nesse sentido, v. Sarat e Scheingold (1998).
(215) Assim, *v.g.*, no ordenamento brasileiro, a Lei n. 8.078/90, que dispõe sobre a proteção do consumidor, estabelece que "A defesa dos interesses e direitos dos consumidores e das vítimas poderá ser exercida em juízo individualmente, ou a título coletivo" (art. 81), deixando claro, no parágrafo único do mesmo artigo, que a defesa coletiva será exercida quando se tratar de: "interesses ou direitos difusos, assim entendidos (...) os transindividuais, de natureza indivisível, de que sejam titulares pessoas indeterminadas e ligadas por circunstâncias de fato", "interesses ou direitos coletivos, assim entendidos (...) os transindividuais de natureza indivisível de que seja titular grupo, categoria ou classe de pessoas ligadas entre si ou com a parte contrária por uma relação jurídica base", e "interesses ou direitos individuais homogêneos, assim entendidos os decorrentes de origem comum". Por outro lado, para a defesa coletiva, são legitimados o Ministério Público, a União, os Estados, os Municípios e o Distrito Federal, as entidades e órgãos da administração pública, direta e indireta, ainda que sem personalidade jurídica, especificamente destinados à defesa dos interesses e direitos dos consumidores e as associações civis legalmente constituídas há pelo menos um ano e que tenham entre seus fins a defesa dos interesses e direitos dos consumidores (art. 82); a Lei n. 7.347/85, modificada, entre outras, pela Lei n. 8.078/90 e pela Lei n. 8.884/94, disciplina a ação civil pública de responsabilidade por danos a interesses difusos ou coletivos, também assegurando às associações civis legitimidade para a proposição de ações coletivas. Na Constituição brasileira de 1988, o art. 5º, inciso LXXIII, estipula que "qualquer cidadão é parte legítima para propor ação popular que vise a anular ato lesivo ao patrimônio público ou de entidade de que o Estado participe, à moralidade administrativa, ao meio ambiente e ao patrimônio histórico e cultural". Na Argentina, o art. 43 da Constituição reformada em 1994 contempla a possibilidade de proposição de ações coletivas "contra cualquier forma de discriminación y en lo relativo a los derechos que protegen el ambiente, la competencia, al usuario y al consumidor, así como a los derechos de incidencia colectiva en general", admitindo a legitimação ativa das associações civis, além do "defensor del pueblo", para a proposição dessas ações. Para uma leitura mais aprofundada sobre o acesso coletivo às vias jurisdicionais, v. Favela (2004) e Santos (2012-a, p. 44-55; 2012-b).

-se visível e audível especialmente na fase processual — a execução da sentença — que se demonstra, no final, essencial à satisfação real dos interesses em disputa[216].

Por fim, ao lado dessas garantias sociais, de participação indireta nas instituições, existem outras, de autotutela, que correspondem à ação direta na defesa ou reclamo de um direito social. Algumas dessas vias de ação direta podem consistir, *v.g.*, na articulação de cooperativas de produção e consumo ou de empresas de autogestão que permitam às pessoas obter, por si mesmas, os bens e recursos necessários, que correspondem aos direitos sociais.

No entanto, a consolidação desses espaços de autogestão não costuma produzir-se sem conflitos[217]. A própria história de concessão e conquista dos direitos sociais identifica-se com um histórico conflitivo, marcado pelo emprego de ações de autotutela à margem da lei ou, até mesmo, contra ela, muitas das quais depois alçadas ao patamar institucional. É o caso, *v.g.*, de mecanismos de autotutela que, inicialmente, eram proibidos pela lei, e que, como resultado do embate social, restaram legalizados e regulados, como o direito de greve[218]. Em outros momentos, o emprego de certos mecanismos de autotutela, ou não corresponde a nenhuma ação que tenha um estatuto jurídico perfeitamente delineado, ou corresponde a uma expressão mais ou menos convencional de direitos civis e políticos, como ocorre no caso de protestos populares, ocupação de espaços públicos e boicotes de consumidores e usuários de serviços.

Essas formas de expressão e de reclamo de direitos sociais costumam ser difundidas em situações de vulneração grave e sistemática desses direitos, quando as vias institucionais de proteção não deram conta do problema. Assim, *v.g.*, situações de extrema exclusão ou de emergência social podem levar à ocupação de fábricas abandonadas, terras improdutivas ou residências desocupadas, assim como a ações de desobediência civil e de resistência ativa[219]. Nessas situações, a resposta

---

(216) Cf. Abramovich e Courtis (2006, p. 79). No Brasil, destaca-se, no aspecto penal, além da experiência pioneira dos juizados especiais criminais (Lei n. 9.099/95), o advento da Lei n. 11.690/2008, que retira a vítima do papel reificado de simples "figurante" da relação processual penal, oportunizando a ela participar e acompanhar o processo. Assim, a vítima, atualmente, deve ser comunicada dos atos processuais relativos à prisão e/ou soltura do acusado, à designação de audiências, à sentença e ao acórdão que a mantenha ou modifique (art. 201 do Código de Processo Penal), o que possibilita à vítima acompanhar efetivamente o andamento do processo em questão, tomando conhecimento dos atos relacionados à liberdade do acusado, à instrução processual e à decisão judicial final.
(217) Cf. Pisarello (2007, p. 126).
(218) Nesse sentido, v. Grau (1991; 2004). No Brasil, *v.g.*, o Código Penal de 1890 criminalizava a greve (art. 206), punindo-a com a pena de prisão celular, preceito que não foi reproduzido no Código Penal de 1940. Por outro lado, enquanto a Constituição de 1937, no seu art. 139, afirmava ser a greve um recurso antissocial nocivo ao trabalho e ao capital e incompatível com os interesses da produção nacional, a Constituição de 1988 tratou de assegurar aos trabalhadores, no seu art. 9º, como autêntico *direito social*, o direito de greve, competindo apenas aos trabalhadores decidir sobre a oportunidade de exercê-lo e sobre os interesses que devam por meio dele defender, limitado apenas, no seu exercício, pelo atendimento de necessidades inadiáveis da comunidade.
(219) Cf. Abramovich e Courtis (2006, p. 76).

jurídica habitual dos poderes constituídos é a sanção penal, que se revela, no entanto, mecanismo desproporcional e inadequado à resolução de questões sociais, e normalmente ampara o exercício antissocial e abusivo de certos direitos por parte dos terceiros atingidos, principalmente direitos com conteúdo patrimonial[220].

Nesse contexto, especialmente no caso de bloqueio dos canais institucionais de diálogo, a utilização de mecanismos de protesto e — inclusive — de desobediência *prima facie* ilegais poderia ser caracterizada como um exercício qualificado do direito de petição ou de liberdade de expressão, que veicula dissidências pelo único meio disponível, direto, extrainstitucional. Nesse caso, tais realizações estariam, na realidade, estreitamente relacionadas à própria essência da democracia, que requer garantias reais e canais francamente abertos de participação, a ponto de justificarem-se como vias legítimas de defesa do princípio do Estado social e democrático de direito, assim como de reclamo e até de efetivação de normas constitucionais sistemática e gravemente vulneradas. Mais do que atuações puníveis, teríamos, nessas ações diretas na defesa ou reclamo de um direito social, o real exercício de direitos especialmente tutelados e que têm preferência em relação a outros, como a liberdade de trânsito ou de comércio[221].

A falta de acesso a canais institucionais de participação, ou a manifesta ineficiência das políticas públicas, em especial em temas relacionados com a sobrevivência digna das pessoas — como o acesso ao trabalho livre e em condições decentes, à saúde, à educação, à alimentação e à moradia —, geram — ou deveriam gerar — ações de autotutela mais radicais, suscetíveis de afetar, em maior ou menor grau, outros bens, tais como a livre circulação, a tranquilidade — às vezes, verdadeira apatia — pública, o respeito à legalidade estrita e à propriedade alheia. Essas ações não serão ilegítimas, tampouco incompatíveis com o postulado democrático, se estiverem fundamentadas em situações de violação grave e sistemática dos direitos sociais, e atingirem, em especial, os direitos e interesses daqueles que têm alguma responsabilidade pela situação de vulnerabilidade, sejam os poderes públicos, sejam

---

(220) Segundo Pisarello (2007, p. 127), "La admisibilidad o no de estas vías de autotutela no sólo desde un punto de vista moral, sino también jurídico, exige sin embargo tener en cuenta más factores. En primer lugar, la gravedad de la violación de derechos sociales en juego y su impacto en la supervivencia y autonomía de los afectados y del resto de la comunidad. En segundo término, la responsabilidad de los poderes públicos o de agentes particulares en la generación de las vulneraciones concernidas. En tercer término, la existencia real de canales públicos o privados a disposición de los afectados, que les permitan hacer visibles sus reivindicaciones y, eventualmente, impugnar con posibilidades razonables de éxito las vulneraciones del derecho en liza. Finalmente, la intensidad de la afectación que estas medidas de autotutela puedan suponer para derechos de terceros. Mientras más urgentes, en efecto, sean las necesidades en juego y mayor la situación de 'emergencia constitucional', más justificado estará el recurso a vías de autotutela. Naturalmente, ello dependerá también de la responsabilidad que pueda atribuirse a los poderes públicos o a los particulares por dicha situación. Así, frente a una situación de persistente abandono de fábricas, tierras o inmuebles, el uso anti-social de la propiedad, pública o privada, no puede tener primacía sobre actuaciones cuyo fin es, precisamente, devolver a los recursos en juego un sentido social, ligándolos a derechos como la vivienda o el trabajo".
(221) Nesse sentido, v. Gargarella (2005), Habermas (1994) e Ugartemendia (1999).

particulares, e em relação a eles de forma proporcional ao seu tamanho, influências e recursos[222].

O que buscamos reforçar, assim, é o papel absolutamente imprescindível das garantias extrainstitucionais na tutela dos direitos sociais. Garantias extrainstitucionais que não se limitam à participação meramente formal na deliberação a respeito dos assuntos que dizem respeito à cidadania, mas no livre e real exercício do direito de associação, do direito à informação e, sobretudo, do verdadeiro direito de ser ouvido pelos poderes públicos, que faz com que seus titulares possam fazer-se visíveis e audíveis no próprio processo de construção dos direitos, combinado com o direito de crítica frente a leis, regulamentos e decisões, inclusive judiciais, que possam constituir, *prima facie*, vulnerações de direitos fundamentais, garantias imprescindíveis para a manutenção da democracia real e para assegurar a eficácia dos próprios direitos, começando pelos direitos sociais.

Tratamos, pois, de canais de participação popular que, quando bloqueados, podem, em situações radicais, obrigar os poderes públicos e os próprios particulares a reconhecerem — ou, no mínimo, a tolerarem — exercícios de autotutela dos direitos sociais que, apesar de limitarem — ou mesmo afrontarem — direitos de terceiros, têm por objeto a preservação de um bem maior, a própria sobrevivência e dignidade das pessoas e/ou a ampliação da qualidade democrática da esfera "pública"[223].

Outros canais de autogestão são os fóruns e as frentes de mobilização contra recortes sociais. Assim, *v.g.*, no Brasil, destaca-se a "Frente Nacional contra a Privatização da Saúde", que nasceu a partir da articulação dos fóruns de saúde dos estados de Alagoas, Paraná, Rio de Janeiro e São Paulo e do município de Londrina. Esses fóruns e a Frente Nacional têm como objetivo estratégico obter uma ruptura do Estado social com as bases privadas, reguladas pelo mercado, do setor da saúde[224]. Os fóruns também têm se posicionado em defesa da qualidade dos serviços

---

(222) Nesse sentido, no Brasil, o Movimento dos Trabalhadores Rurais Sem-Terra (MST), nascido durante a ocupação da Fazenda Anoni, no Rio Grande do Sul, objeto de um processo de desapropriação que durou 14 anos, é um exemplo de movimento social que, através de ações radicais, têm contribuído para desbloquear algumas vias institucionais mais ou menos infensas a pressões mais convencionais. Apesar de algumas críticas que podem ser feitas à atuação do MST, não se pode negar o seu protagonismo nos tímidos avanços das políticas fundiárias e de reforma agrária no país e a sua ampla influência em outros movimentos e demandas sociais, ao ponto de haver sido homenageado pela associação "Juízes para a Democracia" (AJD) em 2009.

(223) Em resumo, as garantias sociais, diretas ou indiretas, são formas de expressão ativa da cidadania, destinadas a pôr em questão a apropriação estatal da gestão e resguardo dos direitos, e a abrir novos canais de expressão frente à burocratização ou à partidarização do funcionamento dos poderes públicos. Para uma importante reflexão a respeito do tema, v. Díaz (2005, p. 51-72).

(224) Seguindo uma tendência ditada pelo Banco Mundial aos Estados a partir dos anos 1990, de severa limitação dos serviços públicos e de mercantilização dos direitos sociais, em especial do direito à saúde, segundo a qual o Estado deve desresponsabilizar-se pela execução direta das políticas públicas de saúde, limitando a sua atuação à coordenação e ao financiamento dessas políticas, com o fortalecimento do setor privado na oferta de serviços de saúde, o número de operadoras de planos e seguros privados de saúde no Brasil quase triplicou nos anos 1990 e o número de clientes de planos e seguros privados de saúde continua crescendo enormemente no

ofertados pelo Sistema Único de Saúde (SUS). Esses fóruns e a Frente Nacional têm um grande desafio na construção de uma nova hegemonia no campo da saúde que reafirme o caráter público e estatal da saúde e o seu valor de uso, resistindo ao seu uso como mercadoria diante da força dos aparelhos privados de hegemonia a serviço da reprodução dos valores e concepções de mundo de uma elite que naturaliza as desigualdades sociais, despolitiza as expressões da questão social e criminaliza as reações dos movimentos sociais à desarticulação dos direitos sociais.

As estratégias dos fóruns locais de saúde e da Frente Nacional têm se concretizado, de forma articulada, no campo jurídico, no âmbito do parlamento e no conjunto da sociedade, sobretudo nos âmbitos da formação e comunicação da opinião pública. No campo jurídico, têm atuado por meio de ações civis públicas e ações de controle de constitucionalidade de leis[225]. No âmbito do parlamento, têm pressionado parlamentares na tentativa de impedir a aprovação de projetos de lei favoráveis à privatização da saúde. Têm, também, produzido material para os meios de comunicação no sentido de informar a opinião pública quanto aos prejuízos trazidos com a privatização da saúde, e promovido cursos de atualização, debates, incentivo a pesquisas e trabalho de extensão em torno da saúde pública. A articulação de intelectuais para a produção de artigos relacionados com os temas da privatização é outra iniciativa importante no campo da formação. Também têm agido nas ruas, com caminhadas, atos públicos com paródias, palavras de ordem e denúncias das irregularidades e ineficiências das unidades de saúde administradas por terceiros[226].

---

país, passando de 38,6 milhões, em 2002, para 44,7 milhões, em 2006, e para 52 milhões, em 2009 (BRAVO; CORREIA, 2012; AUSTIN ASIS, 2010). Isso implicou um aumento dos recursos públicos que são alocados na rede privada, por meio de convênios, subsídios, renúncias fiscais, compra de serviços privados e repasse da gestão do SUS para entidades privadas através dos denominados "novos modelos de gestão".

(225) A própria Frente Nacional contra a Privatização da Saúde nasceu, em maio de 2010, a partir da articulação de alguns fóruns em torno da procedência da Ação Direta de Inconstitucionalidade (ADI) n. 1.923, concernente à Lei n. 9.637/98, que trata da qualificação de entidades como "organizações sociais", que ainda tramita no Supremo Tribunal Federal. Segundo Bravo e Correia (2012), "Esta Frente, por intermédio de seus representantes, realizou audiências com alguns ministros do Supremo Tribunal Federal (STF). Visitou os gabinetes de todos os ministros e entregou a seguinte documentação: abaixo-assinado pela procedência da ADIn n. 1.923/98, carta aos ministros do STF com assinatura de entidades e o documento 'Contra fatos não há argumentos que sustentem as organizações sociais no Brasil'. Em 31 de março de 2011, representantes da Frente acompanharam de perto a votação da ADIn n. 1.923/98, no plenário do STF. Realizou-se uma sustentação oral em defesa da referida ADIn, fruto da *amicus curiae* do SindSaúde/PR (...). O ministro relator da ADIn, Ayres Britto, deu o voto pela sua procedência parcial, quando afirmou, ao tratar do Programa Nacional de Publicização, nos termos da Lei n. 9.637/98, que é: 'Fácil notar, então, que se trata mesmo é de um programa de privatização. Privatização, cuja inconstitucionalidade, para mim, é manifesta (...) os serviços públicos não poderão ser extintos e a função de executá-los é do Estado'".

(226) Não por acaso, muitas das atividades dos fóruns e da Frente Nacional têm sido objeto de forte repressão policial. Durante as votações dos projetos de leis estaduais concernentes às organizações sociais nos estados do Rio de Janeiro e da Paraíba, *v.g.*, além de não ser permitida a entrada de militantes do movimento nos plenários, foram dispersadas violentamente pela polícia as manifestações contrárias aos projetos, realizadas na via pública, em frente às casas legislativas. Outra estratégia de limitação da atuação desses movimentos sociais evidenciou-se por ocasião do encerramento da 14ª

Assim, mesmo nas sociedades nas quais ainda não se dispõe das condições necessárias para a plena realização de um processo deliberativo adequado, é possível garantir que os interesses públicos que o Estado deve perseguir se voltem, antes, à implantação das condições que possam converter os cidadãos/administrados em sujeitos aptos para participar e influir no processo de deliberação acerca das ações normativas, materiais e administrativas do estado.

O Estado democrático de direito requer que os distintos grupos sociais, sobretudo aqueles mais aleijados das discussões, não sejam "postos em seu devido lugar" em uma pretendida segregação, que tenham a possibilidade e a capacidade intencional de participar e de conviver nos mesmos lugares de diálogo que os demais grupos, o que significa, sobretudo, uma *diferença no reconhecimento da diferença*: não se pretende estabelecer para os outros, arbitrariamente, aquilo que se julga bom para eles; o que importa agora é uma superação desse modelo mediante uma visão democrática realmente participativa e aberta à pluralidade, com a possibilidade recíproca de que todos participem e se reconheçam, em certa medida, como coautores do direito e das políticas públicas sociais.

Nas sociedades contemporâneas, imersas em um contexto de pluralismo caracterizado por uma grande amplitude de percepções diferenciadas e por um profundo desacordo moral que acaba por excluir justificações metafísicas da ordem jurídica e do poder, a legitimação das ações do aparato estatal somente é possível por meio de seu condicionamento à vontade dos que a elas estão submetidos. Trata-se, pois, de afirmar que uma compreensão da democracia não se reduz mais à prerrogativa popular de eleger os seus representantes (não se esgota nela), mas supõe, além dessa eleição (o sufrágio), a possibilidade de deliberação pública contínua sobre as questões a serem decididas. A partir dessa perspectiva, somente a possibilidade de deliberação popular, através da contenda entre argumentos e contra-argumentos postos à prova publicamente, permite a legitimação da *res publica*. Por isso, pode-se afirmar que, se uma determinada proposta política supera a crítica formulada pelos demais deliberantes, pode ser considerada — ao menos, *prima facie* — legítima e racional[227].

No entanto, para que a deliberação coletiva possa promover um resultado legítimo e racional das questões públicas de maior relevância, deve produzir-se em um ambiente aberto, livre e igualitário, ou seja, no qual todos tenham efetivamente

---

Conferência Nacional de Saúde (2011): Na Plenária Final da conferência, foi aprovada pelos representantes do Ministério da Saúde nela presentes a publicação de uma mera carta-síntese — a "Carta da 14ª Conferência Nacional de Saúde" — que, se contemplava conclusões importantes dessa Plenária, omitia o posicionamento da Plenária, contra todas as formas de privatização, contemplado no relatório final, que não foi publicado. Ao publicar uma carta-síntese — que não estava prevista no regulamento e no regimento da conferência —, e não o seu relatório final, os representantes do Ministério da Saúde conseguiram omitir essa grande manifestação contra a privatização da saúde, resultado de 4.200 conferências municipais, 27 conferências estaduais e uma conferência no Distrito Federal, invisibilizado-a para o público em geral.
(227) Cf. Souza Neto (2005, p. 7).

iguais possibilidades e capacidades de ser escutados, de dialogar, de influir e de persuadir, e a plenitude de igualdade e capacidade entre todos os atores participantes do processo deliberativo exige a implantação de uma multiplicidade de condições materiais. Essas condições são, ao menos, os direitos sociais fundamentais, direitos que, em última instância, derivam da própria dignidade humana, como demostramos. Para que os cidadãos/administrados possam realmente influir nos procedimentos de deliberação coletiva, devem cumprir-se as condições mínimas que se circunscrevem na possibilidade do exercício de uma vida digna.

O conceito de "cidadania", nas suas formulações mais genéricas, habitualmente está relacionado ao acesso e ao efetivo exercício de certos direitos civis e políticos. No entanto, por dizer respeito à liberdade e à autonomia da pessoa, a cidadania não pode ser reduzida a um *status* meramente formal[228]. A cidadania compreende direitos civis e políticos, mas não se esgota neles. Esses direitos explicitam a ideia de uma igualdade jurídica, fundamental, mas não garantem, isoladamente, a capacidade de exercê-la com autonomia pelos sujeitos. Para ser cidadão e participar plenamente da vida pública, especialmente das decisões que lhe dizem respeito, o sujeito deve encontrar-se em uma posição mínima sob o ponto de vista econômico, social e cultural.

Os direitos civis e políticos, quando associados aos direitos sociais necessários para assegurar o seu exercício, dotam os sujeitos de maior e melhor capacidade para proteger seus interesses em face das arbitrariedades do poder, não apenas do poder estatal, mas também dos poderes fáticos e dos poderes de mercado, minimizando os efeitos das assimétricas relações de poder que se instalam e reproduzem nas diversas esferas da vida social. De outra forma, a cidadania se realiza quando se atinge uma associação harmoniosa entre liberdade e igualdade: a igual liberdade, ou a "liberdade real", base fundamental da democracia[229]. Nesse contexto, os direitos sociais constituem instrumentos imprescindíveis à liberdade, que, ainda que seja um conceito relativo (— *que liberdade? — liberdade para quê?*), deve ser entendida com um conteúdo real e estável no tempo, efetivamente destinados a assegurar as condições materiais que a viabilizam tanto na esfera privada como nos procedimentos públicos de tomada de decisões[230].

Ora, se a noção de cidadania integral envolve a percepção de que a cidadania não se pauta apenas no acesso e no exercício de certos direitos formalmente estabelecidos, civis e políticos, mas também no acesso a recursos econômicos, sociais e culturais, parece-nos que é imprescindível à cidadania plena uma estrutura capaz de prover mecanismos para que os direitos civis, políticos e sociais sejam exercidos e, de fato, se inter-relacionem.

---

(228) Nesse sentido, v. Añón (2002).
(229) Não tratamos de afirmar, no entanto, que a liberdade requeira o igualitarismo ou a igualdade em tudo, mas, na perspectiva de Bobbio (1995-a), a *igualdade em algo*, que cada comunidade deve definir ou pactuar e que evolui historicamente.
(230) Assim, desde diferentes perspectivas, Habermas (2005, p. 147) e Fabre (2000, p. 111 *et seq.*).

Assim, o maior ou menor grau de exercício da cidadania, na sua acepção integral, sempre está, de fato, vinculado à solidez de uma estrutura tripartite, formada a partir do reconhecimento amplo dos direitos civis e políticos, das garantias dos direitos sociais — e, portanto, de uma distribuição mais equitativa dos recursos econômicos, sociais e culturais — e das regras procedimentais que envolvem a participação popular: cada um desses elementos tem um papel fundamental, de suporte aos demais, e, ao mesmo tempo, estabelece um equilíbrio, ou ponderação, razoável ao conjunto.

Os direitos civis e políticos demandam, assim, direitos sociais e também regras de procedimento para a participação popular; mas, ao mesmo tempo, também em sua inter-relação esses direitos, interesses e regras estabelecem limites entre si, de modo que nenhum deles se imponha aos demais. Quanto mais harmoniosa, equilibrada e sinérgica essa relação, maior será a densidade de acesso e exercício da cidadania plena; quanto menos harmoniosa, equilibrada e sinérgica essa relação, menor será a densidade de acesso e exercício da real cidadania, e, consequentemente, maior será a desigualdade e a exclusão das pessoas.

Nesse contexto, cada sociedade pode apresentar distintas situações de maior ou menor equilíbrio desse sistema, e essas situações não são estáticas. Em consequência, para que possamos identificar *o que está em jogo* na relação inclusão/exclusão em cada sociedade em determinado momento histórico, devemos observar o estado de equilíbrio — maior ou menor — desse sistema, ou melhor, o complexo processo de constituição do equilíbrio dessa equação entre o reconhecimento amplo dos direitos civis e políticos, as garantias dos direitos sociais e as regras procedimentais que envolvem a participação popular[231].

Por conta disso, insistimos na importância da adoção prévia, no enfrentamento da questão pertinente às políticas públicas sociais e do papel do Estado democrático de direito — notadamente da administração pública e do Poder Judiciário — na formulação, aplicação, avaliação e controle das políticas públicas sociais, do referencial crítico construído neste capítulo, que trata de reconfigurar a percepção habitual dos direitos sociais e suas garantias a partir de uma perspectiva garantista e democrática como pressuposto à efetiva remoção dos obstáculos à concretização dos direitos sociais fundamentais.

---

(231) Assim, se a cidadania integral é pautada pelo concomitante reconhecimento de direitos civis e políticos, pela distribuição de recursos econômicos, sociais e culturais e por efetivos mecanismos de participação, uma cidadania limitada ou debilitada, pautada pela exclusão, é definida a partir de uma situação em que, ao lado da existência de direitos civis e políticos formalmente reconhecidos como direitos fundamentais e de um razoável grau de estabilidade dos mecanismos de institucionalização democrática, podemos verificar o acesso debilitado ou acentuadamente desigual aos recursos econômicos, sociais e culturais. Esse desequilíbrio, no ângulo da distribuição dos bens econômicos, sociais e culturais, leva, necessariamente, a uma limitação do acesso real a formas de participação eficazes para reproduzir e transformar as necessidades em demandas, e, portanto, leva a uma debilitação do próprio acesso, e o efetivo exercício, dos direitos civis e políticos formalmente estabelecidos, ditos fundamentais.

Se não são adotadas medidas relacionadas com a distribuição mais equitativa dos recursos econômicos, sociais e culturais que, além de fortalecer as garantias dos próprios direitos, proporcionem, por todos os meios possíveis e potencialmente eficientes, o acesso real à cidadania integral, aquela que se alcança quando há uma associação harmoniosa entre liberdade e igualdade, a "liberdade real", base fundamental da democracia, não se pode falar em uma sociedade verdadeiramente livre e autônoma.

Nesse contexto, a efetividade dos direitos sociais é imprescindível à liberdade, mas está inter-relacionada com a participação popular. Como já afirmamos, entendemos que a efetiva interação de uma norma ou de um programa com os seus destinatários, e a atuação de cada um deles na defesa dos seus direitos e na defesa dos direitos de todos, é a melhor garantia que pode ser atribuída aos direitos sociais. É necessário, portanto, expandir a democracia não apenas como sistema político, mas a partir da busca de uma cidadania integral, inclusiva, com a participação ativa dos atores sociais e o seu efetivo comprometimento nas decisões que afetam o desenvolvimento humano.

É nesse contexto, inclusive, que, ao longo deste ensaio, tratamos de privilegiar o enfoque nas "políticas públicas sociais"[232], políticas de responsabilidade do Estado, um conjunto de ações coletivas voltadas para a garantia dos direitos sociais fundamentais, mas de um Estado que não se esgota na burocracia pública, na administração pública, nos organismos estatais que formulariam e implantariam as políticas públicas sociais. As políticas públicas sociais são aqui compreendidas como as de responsabilidade do Estado, que envolvem decisões não só de órgãos públicos, mas de diferentes organismos e agentes da sociedade relacionados à política implantada, configurando um compromisso público que visa dar conta de determinadas demandas sociais, expressando a transformação daquilo que é do âmbito privado em ações coletivas no espaço público[233].

---

(232) Segundo Bucci (2002, p. 241), as políticas públicas podem ser entendidas como "programas de ação governamental visando a coordenar os meios à disposição do Estado e as atividades privadas, para a realização de objetivos socialmente relevantes e politicamente determinados". Segundo Mello, C. A. B. (2011, p. 821), trata-se de "um conjunto de atos unificados por um fio condutor que os une ao objetivo comum de empreender ou prosseguir um dado projeto governamental para o País". Para Godbert e Muller (*apud* HÖFLING, 2001, p. 31), as políticas públicas são o "Estado em ação". As *políticas sociais*, de âmbito mais restrito, referem-se a "ações que determinam o padrão de proteção social implementado pelo Estado, voltadas, em princípio, para a redistribuição dos benefícios sociais visando a diminuição das desigualdades estruturais produzidas pelo desenvolvimento socioeconômico". As "políticas sociais", assim, diriam respeito àquelas políticas devotadas à realização dos direitos sociais (educação, habitação, saúde etc.); por outro lado, as políticas públicas, além das políticas sociais, também compreenderiam outras políticas, como as políticas ambientais e as políticas macroeconômicas (aquelas que dizem respeito à política fiscal e monetária). Nesse sentido, v. Schmidt (2007). Mais adiante, retornaremos à problemática da definição/distinção das *políticas sociais* como espécie do gênero *políticas públicas*.
(233) Cf. Guareschi *et al.* (2004, p. 180).

Para melhor compreensão e avaliação das políticas públicas sociais implantadas por um governo, é fundamental a compreensão da concepção de Estado e de política social que sustentam tais ações e programas de intervenção. Mas as políticas públicas sociais não podem ser reduzidas a políticas estatais *stricto sensu*. Se a política corresponde a um processo multifacetário de escolha dos instrumentos para a realização dos objetivos dos governos, que envolve a participação de interesses privados[234], além de agentes públicos, é certo que as políticas públicas, tendo na participação popular na sua formulação, aplicação, avaliação e controle, substancial pressuposto da sua própria legitimidade e eficiência[235], transcendem aos instrumentos normativos do programa de governo, inserindo-se num plano mais amplo. É necessário, aqui, que façamos algumas breves considerações sobre a verdadeira significação do "público".

Subsiste, de fato, uma frequente associação entre público e estatal, ação pública e ação estatal, política pública e política estatal. Ora, o Estado não detém o monopólio da política, nem toda a ação ou política estatal é necessariamente pública. Esse último erro reside na frequente incapacidade de identificarmos quão pouco democrático possa ser o Estado, de sorte que as suas ações e políticas reproduzem, com maior ou menor explicitação, suas clivagens econômicas, sociais e culturais. A associação entre o público e o estatal, nessa medida, evidencia-se ideológica e politicamente perversa, seja porque reproduz uma ética colonizadora do Estado sobre a sociedade civil, despojando os atores privados da qualidade de titulares da soberania, seja porque retira, dos atores privados, a possibilidade de exercerem criativamente outras formas de ação que não através do Estado.

Outra associação categorial igualmente perigosa consiste em atribuir às ações não estatais, levadas a cabo principalmente através de organizações do terceiro setor, não governamentais, uma projeção invariavelmente democrática e comprometida com os interesses da comunidade. Há que separar, pois, o público do estatal, e a ação não estatal, ainda que pública, daquela relativa ao efetivamente democrático e ao socialmente justo[236].

Enfim, aqui, defendemos a ideia de que os termos "público" e "social" não podem ser dissociados. Uma ação estatal de intervenção social constitui, de fato, uma política *pública e social*. As intervenções estatais no âmbito da ordem econômica

---

(234) É importante ressaltar que a própria intervenção do Estado no domínio social não se faz, exclusivamente, pela via dos serviços públicos de natureza social (educação, saúde, assistência social etc.), mas também pelo *fomento da atividade privada* através do repasse, direto ou indireto, para atores privados (particulares), de recursos que serão aplicados em fins sociais (Mello, C. A. B. 2011, p. 822).

(235) A ideia de exercício do poder político, como veremos no próximo capítulo, está, contemporaneamente, associada à ideia de *força autorizadora* da soberania popular. Assim, o grande desafio que se impõe ao Estado democrático contemporâneo é a superação de *déficits* de inclusão e de participação política.

(236) Para um maior desenvolvimento dessa formulação, v. Freitas Júnior e Zapparolli (2007).

e financeira, assim, também são pautadas pelo interesse público[237]. O Estado contemporâneo, enquanto agente normativo e regulador da atividade econômica, tem suas atividades pautadas, ou ao menos justificadas, de forma habitual, no atingimento dos fins sociais da ordem econômica, que incluem o primado da função social da propriedade, a defesa do meio ambiente e a redução das desigualdades[238].

Por outro lado, mesmo quando as ações e programas de intervenção social são protagonizados por atores privados, seus efeitos habitualmente permitem a sua inserção, sem muita resistência, no catálogo das políticas (públicas) sociais, inclusive porque, normalmente, mesmo quando não subordinados diretamente às decisões das autoridades públicas, esses atores, de alguma forma, estão com elas relacionadas, se não a elas estritamente vinculadas. Assim, *v.g.*, as entidades sem fins lucrativos (*non-profit*), as organizações sociais, as entidades filantrópicas, ou mesmo aquelas com fins lucrativos, como as inseridas no contexto das parcerias público-privadas, têm a sua ação condicionada a apoios e incentivos que envolvem gastos públicos e/ou renúncia ou diferimento de ingressos públicos, como isenções, imunidades ou regimes tributários diferenciados[239]. Se não for assim, a ação não é social, tampouco pública.

No próximo capítulo, trataremos das políticas públicas sociais do Estado democrático de direito, procurando compreender essas políticas a partir de uma concepção de Estado e de política social que sustentam tais ações e programas de intervenção, cuidando de associá-las, na atualidade, às ideias de *dignidade humana* e de *interesse público*.

Cuidaremos, assim, de demonstrar como se dá a travessia do Estado de direito ao Estado constitucional, ou, mais especificamente, ao Estado democrático de direito e à sua expressão como Estado social, e as repercussões sociais, políticas e, sobretudo, jurídicas desse movimento e suas implicações mais diretas na administração pública, demonstrando que o direito administrativo é, sobretudo, objeto e vetor de uma contínua transição do *autoritarismo* à *democracia*[240], para colocarmos em evidência

---

(237) O art. 173 da Constituição brasileira de 1988, assim, dispõe que a exploração direta de atividade econômica pelo Estado "só será permitida quando necessária aos imperativos da segurança nacional ou a relevante interesse coletivo, conforme definidos em lei".
(238) Segundo o art. 170 da Constituição brasileira de 1988, a ordem econômica está fundada na valorização do trabalho humano e na livre-iniciativa, tem por fim assegurar a todos *existência digna, conforme os ditames da justiça social*, e tem, entre outros, por princípios: a função social da propriedade; a defesa do consumidor; a defesa do meio ambiente; a redução das desigualdades regionais e sociais; e a busca do pleno emprego.
(239) Uma das modalidades de intervenção estatal na ordem econômica é a *atividade de fomento*, que é exercida através de *incentivos fiscais* e/ou *financiamentos*, que consiste na "ação da Administração com vista a proteger ou promover as atividades, estabelecimentos ou riquezas dos particulares que satisfaçam necessidades públicas ou consideradas de utilidade coletiva sem o uso da coação e sem prestação de serviços públicos" (ROCHA, 2006, p. 19). Sobre a *atividade de fomento* e a intervenção do Estado no domínio econômico, v. Rocha (2006; 2010).
(240) Nesse sentido, v. Enterría (1983).

que um dos elementos mais característicos do Estado democrático de direito, um Estado gestor do interesse público, tem sido a exigência de controle judicial da administração pública, que não é senão uma dimensão mais, ainda que muito qualificada, da própria ideia de *império da lei*[241]. Para levá-la à prática com toda a sua plenitude desenvolveu-se historicamente uma luta por submeter os atos da administração pública ao controle judicial[242].

Por motivos óbvios, que tratamos de sintetizar neste primeiro capítulo, esse controle cresce de importância quando o que está em jogo não são simples concessões revogáveis, mas direitos sociais fundamentais imbricados em políticas públicas sociais, processos decisórios a respeito de *como* e *com que prioridade* serão alocados os recursos que todos os direitos fundamentais exigem para a sua satisfação, processos que não podem se afastar daquele projeto previamente consubstanciado no pacto social instituinte e, em consequência, do dever estatal de garantir, de forma permanente, o conteúdo mínimo dos direitos sociais, relacionado à dignidade humana.

A Constituição é, ela mesma, uma força ativa. Ou seja, a Constituição não deve ser apenas um repositório de forças, mas ela mesma deve consubstanciar uma força propulsora do desenvolvimento, sobretudo do desenvolvimento humano (econômico, social e cultural). Para isso a Constituição deve contar com a consciência dos responsáveis pela efetivação da ordem constitucional, que deverão fazer da vontade da Constituição a vontade do poder. E nessa vontade constitucional sobressai a força imperativa dos direitos sociais nela reconhecidos como direitos fundamentais[243].

Não há dúvida de que a realização de direitos sociais através de políticas públicas sociais depende de ações de planificação, articulação, previsão orçamentária, formulação, aplicação e avaliação, tarefas que cabem, sobretudo, ao Poder Executivo (à administração pública). No entanto, se isso limita potencialmente a atuação do Poder Judiciário, que, investido da jurisdição, não pode formular (elaborar) políticas públicas sociais concretas, planificadas, articuladas e concertadas, não impossibilita que a via judicial seja um caminho adequado para que a administração pública justifique as políticas públicas sociais adotadas — ou a sua inação, na falta de uma política concretizadora de determinado direito fundamental —, cabendo ao Judiciário avaliar e controlar essas políticas, ou a falta delas, em face de direitos subjetivos fundamentais, seja reenviando a questão — fixando o seu marco jurídico — aos demais poderes, seja determinando à administração uma ação ou uma abstenção

---

(241) A ideia de *império da lei* será desenvolvida no próximo capítulo.
(242) Enterría demonstra que a história do direito administrativo tem sido a história da luta contra as imunidades do poder: a história do direito administrativo é, assim, "la historia de la reducción de estas inmunidades, de esta constante resistencia que la administración ha opuesto a la exigencia de un control judicial plenario de sus actos mediante la constitución de reductos exentos y no fiscalizables de su propia actuación" (ENTERRÍA, 1983, p. 22).
(243) Nesse sentido, v. Hesse (1991).

pontual, com o fim de assegurar ao cidadão/administrado um bem jurídico denegado, que, contudo, lhe é devido segundo o ordenamento jurídico e/ou com o fim de evitar-lhe ou compensar-lhe um prejuízo que lhe é imputado a partir do descumprimento do ordenamento jurídico pela administração, seja em casos extremos, regrando, de forma provisória, o direito em jogo para toda uma coletividade, até o advento da política social em questão, cuidando-se sempre, embora, de administrar com cuidado a intensidade dessa intervenção[244].

Nos próximos capítulos, trataremos dessas questões.

---

(244) Ou seja, em termos mais funcionalistas, sempre que o Estado (sobretudo a administração pública), por ação ou omissão, empreendendo ou omitindo-se de empreender uma política, puder impor lesão ou ameaça a um direito subjetivo do cidadão/administrado. Como já ressalvamos, isso não elimina, logicamente, as margens de ação estrutural/epistêmica do legislador e do administrador público, que podem decidir quais são os meios mais convenientes para a satisfação dos direitos sociais, entre todos aqueles meios juridicamente válidos e eficientes, na formulação, aplicação, avaliação e controle das políticas públicas sociais. Mas o reconhecimento dessas margens de ação jamais dará causa à insindicabilidade judicial absoluta dessas decisões, a espaços infensos a essa proteção e controle, controle que incidirá, inclusive, sobre o "porquê" das ações ou omissões dos poderes públicos, pois a configuração jurídica e política dos meios de proteção dos direitos sociais deve sempre atentar para um conteúdo mínimo ou essencial desses direitos fundamentais segundo os ditames da "justiça social constitucional", observadas, no Brasil, entre outras, as disposições dos arts. 1º, II e III — "A República Federativa do Brasil (...) constitui-se em Estado Democrático de Direito e tem como fundamentos: (...) II — a cidadania; III — a dignidade da pessoa humana" —, 3º — "Constituem objetivos fundamentais da República Federativa do Brasil: I — construir uma sociedade livre, justa e solidária; II — garantir o desenvolvimento nacional; III — erradicar a pobreza e a marginalização e reduzir as desigualdades sociais e regionais; IV — promover o bem de todos, sem preconceitos de origem, raça, sexo, cor, idade e quaisquer outras formas de discriminação" —, 5º, XXXV — "a lei não excluirá da apreciação do Poder Judiciário lesão ou ameaça a direito" —, 5º, § 2º — "Os direitos e garantias expressos nesta Constituição não excluem outros decorrentes do regime e dos princípios por ela adotados, ou dos tratados internacionais em que a República Federativa do Brasil seja parte" —, 170, III, VII e VIII — "A ordem econômica, fundada na valorização do trabalho humano e na livre-iniciativa, tem por fim assegurar a todos existência digna, conforme os ditames da justiça social, observados os seguintes princípios: (...) III — função social da propriedade; (...) VII — redução das desigualdades regionais e sociais; VIII — busca do pleno emprego" —, e 193 — "A ordem social tem como base o primado do trabalho, e como objetivo o bem-estar e a justiça sociais" — da Constituição de 1988.

Os Direitos Sociais Fundamentais e as suas Garantias como Referentes do Estado Democrático de Direito: a Administração Pública e a Concretização dos Direitos Fundamentais

2.1. Considerações iniciais

Como verificamos no capítulo anterior, a par da existência de diversos argumentos que desmentem a tese segundo a qual os direitos sociais são direitos estruturalmente diferentes dos direitos civis e políticos, essa caracterização (ainda) tem um forte impacto sobre a questão da tutela dos direitos sociais, que tradicionalmente são vistos como direitos não fundamentais e, assim, de tutela debilitada, pois não contam com mecanismos de proteção e com garantias similares àqueles que dizem respeito aos direitos civis e políticos.

Essa formulação implica, por um lado, que os direitos sociais apresentar-se--iam como direitos de livre configuração legislativa, ou seja, direitos cuja realização ficaria submetida ao alvedrio dos poderes de turno, que decidiriam o que fazer com eles, sem que pudéssemos impor maiores limites ou vínculos a essa discricionariedade, e, por outro lado, que os direitos sociais não seriam direitos plenamente jurisdicionalizáveis, ou seja, não poderiam ser invocados *tout court* perante um tribunal com o objetivo de que um órgão jurisdicional viesse a estabelecer medidas de reparação diante da sua violação por parte dos poderes políticos ou de atores privados.

Inicialmente, em um plano axiológico, como já afirmamos, o que caracteriza um direito como *fundamental* é, sobretudo, a sua pretensão de tutela de interesses ou necessidades básicas, ligadas ao princípio da igualdade real. É o caráter generalizável desses interesses, a todas as pessoas, em síntese, que converte em inalienável e indisponível um direito, de forma que *direitos fundamentais*, *direitos humanos* e *direitos das pessoas* têm, nessa perspectiva, significados similares[245].

Sob um ponto de vista dogmático, todavia, a situação apresenta-se um pouco mais complexa. Em linhas gerais, temos que, habitualmente, os direitos ditos *fundamentais* são aqueles a que se atribui maior relevância dentro de um determinado ordenamento jurídico, relevância que pode ser medida a partir da inclusão desse direito em normas de maior valor no âmbito do ordenamento interno, como as constitucionais, ou mesmo em tratados e convenções internacionais[246].

É possível, assim, e mesmo desejável, que determinados direitos, que poderiam ser considerados fundamentais desde um ponto de vista axiológico, também o sejam a partir de uma perspectiva dogmática. Mas nem sempre há essa conexão, de forma que os ordenamentos podem incorporar, em si, como fundamentais, interesses e necessidades discriminatórios ou excludentes, sempre criticáveis do ponto de vista axiológico[247].

De qualquer forma, contra a tese segundo a qual os direitos sociais são direitos de tutela frágil, debilitada, afirmamos que não são, de fato, as garantias concretas de determinado direito que permitem categorizá-lo como fundamental ou não. Ao contrário, é precisamente a inclusão de um direito, no ordenamento positivo, como fundamental que obriga os operadores jurídicos a maximizarem os mecanismos necessários à sua garantia e proteção. Portanto, se a partir de uma perspectiva axiológica podemos dizer que há certa equivalência entre as expressões "direitos fundamentais", "direitos humanos" e "direitos das pessoas", a partir de uma perspectiva dogmática podemos dizer que há certa equivalência entre as expressões "direitos fundamentais" e "direitos constitucionais"[248].

---

(245) Ou seja, a ideia de *direito fundamental*, em um plano axiológico, concerne às prerrogativas e às instituições que o ordenamento positivo concretiza em garantia de uma convivência digna, livre e igual de todas as pessoas. Sua *fundamentalidade* decorre do fato de que, sem ele, a pessoa não se realiza, não convive e, em situações mais radicais, sequer sobrevive: são direitos imprescindíveis para a vida digna e, por isso, exigíveis *em nome de todos* e *para todos* os cidadãos/administrados.
(246) Nesse sentido, v. Freire (1997, p. 1120).
(247) Assim, *v.g.*, a Constituição dos Estados Unidos consagra, na sua Segunda Emenda, como *fundamental*, o direito ao porte de armas — "(...) the right of people to keep and bear arms shall not be infringed" —, enquanto o Tratado Constitucional Europeu (2004) estabelece uma clara prioridade para as liberdades de mercado sobre os direitos sociais.
(248) Dessa forma, a eventual ausência de garantias, legislativas ou jurisdicionais, para um direito constitucional, seja ele de dimensão civil, política ou social, não leva à conclusão de não se tratar de

Nos ordenamentos atuais, o reconhecimento de um direito como fundamental, por si só, implica a atribuição ao mesmo de um conteúdo mínimo e, com isso, a imposição de certas obrigações elementares para os poderes públicos, inclusive — ou principalmente — obrigações de não discriminação, de não regressividade e de progressividade. Isso não obsta, por certo, que o alcance concreto de determinados direitos dependa do que os próprios ordenamentos vierem a estipular. Há constituições, como a brasileira de 1988, que desenvolvem de maneira bastante minuciosa o conteúdo dos direitos sociais[249]; outras, somente oferecem regulações mínimas dos direitos sociais, ou relegam esses direitos ao âmbito dos direitos meramente implícitos[250]. Há constituições que estipulam, com detalhes, as obrigações que a consagração de um direito comporta para os poderes públicos e mesmos para os atores privados, enquanto outras apenas fazem menção a essas obrigações[251].

Se a inserção, no texto constitucional, indica o caráter fundamental de um direito social, isso não é, todavia, um requisito absolutamente imprescindível, dado o princípio da indivisibilidade e interdependência dos direitos, pois qualquer Constituição que inclua o princípio da igualdade em matéria de direitos civis e políticos básicos estaria portando, no fundo, um mandado de generalização que obrigaria à inclusão, ao menos de forma indireta, dos direitos sociais a eles vinculados[252]. Isso ocorre, atualmente, em diversos ordenamentos que não reconhecem, explicitamente, os direitos sociais, ou não outorgam, de forma expressa, a esses direitos o *status* de direitos fundamentais. Assim, *v.g.*, nesses ordenamentos, o direito à moradia digna tem sido deduzido a partir de outros direitos, como o da inviolabilidade de domicílio, à intimidade ou à vida privada e familiar[253].

Quando afirmamos que os direitos sociais são direitos de configuração legislativa, as ideias que nos vêm são as de que, a par do seu reconhecimento

---

um direito fundamental, mas, ao contrário, demonstra a falta de cumprimento, ou o cumprimento insuficiente, do mandado implícito de atuação contido na norma, por parte dos operadores políticos e jurídicos. Não é o direito que não é fundamental, mas o poder político é que incorre em uma atuação desvirtuada ou omissa, que deslegitima essa atuação. Nesse sentido, v. Ferrajoli *et al.* (2001, p. 45).

(249) Nesse sentido, também, as Constituições da Itália, de 1947, e de Portugal, de 1976. A Constituição da África do Sul, de 1996, incorpora direitos sociais *emergentes*, que vão além dos tradicionais, como o direito ao acesso à água.

(250) Por exemplo, a Constituição dos Estados Unidos da América.

(251) A Constituição do Equador (1996), *v.g.*, estipula, no seu art. 96, que "En el presupuesto se destinará no menos del treinta por ciento de los ingresos corrientes del gobierno central para la educación y la erradicación del analfabetismo".

(252) Recordamos aqui a ideia de que todos os direitos fundamentais são indivisíveis e interdependentes.

(253) No caso *López Ostra contra España* (1994), o Tribunal Europeu de Direitos Humanos considerou que a ausência de controle dos poderes públicos sobre uma indústria poluente que afetava a saúde e a segurança das pessoas que viviam nas suas imediações constituía uma violação do direito à vida privada e familiar. No caso, estão envolvidos direitos ao meio ambiente, à saúde e à moradia (direitos sociais), de forma inter-relacionada.

constitucional, esses direitos apenas se tornam exigíveis a partir do momento em que sejam desenvolvidos pelo legislador, e de que o legislador, como representante da vontade expressa nas urnas, tem uma margem discricionária quase ilimitada para proceder ou não a esse desenvolvimento. Essas ideias, no entanto, não se sustentam.

Todos os direitos, e não apenas os direitos sociais, mas também os direitos civis e políticos — de participação —, são direitos de configuração legislativa, no sentido de que, para a sua vigência (eficácia) plena, é imprescindível — de uma ou de outra forma — a intervenção legislativa. A lei, tanto pela legitimidade formal dos órgãos de que provém quanto pelo seu alcance potencialmente generalizável, é uma fonte privilegiada de produção jurídica nos ordenamentos modernos e constitui uma garantia primária da satisfação de qualquer direito[254].

Todos os direitos fundamentais — civis, políticos, sociais — exigem prestações legislativas[255], que podem, é claro, ter diferentes alcances. A maior ou menor regulação, por certo, poderá reforçar ou debilitar as possibilidades de exigibilidade judicial dos direitos em questão, mas não impede, por si só, que esses direitos tenham, ao menos, um conteúdo mínimo indisponível aos poderes de turno e suscetível, por isso mesmo, de algum tipo de tutela jurisdicional, mesmo à falta de regulação legislativa[256].

O Comitê de Direitos Econômicos, Sociais e Culturais da Organização das Nações Unidas tem sustentado que os poderes públicos têm a obrigação de assegurar, em todo o momento, inclusive em épocas de crise ou de dificuldades fáticas, ao menos os conteúdos essenciais de cada um dos direitos sociais[257]. Da

---

(254) Nesse sentido, Sheinin (*apud* EIDE, 1995, p. 54 *et seq.*) e Liebenberg (*apud* EIDE, 1995, p. 79 *et seq.*).

(255) Assim, *v.g.*, a eficácia do direito à saúde pressupõe leis que evitem as discriminações no acesso aos serviços sanitários básicos ou que intervenham no mercado para assegurar medicamentos básicos a baixo custo.

(256) No caso brasileiro, a Constituição de 1988 estabelece que "As normas definidoras dos direitos e garantias fundamentais têm aplicação imediata" (art. 5º, § 1º).

(257) "In order for a State party to be able to attribute its failure to meet at least its minimum core obligations to a lack of available resources it must demonstrate that every effort has been made to use all resources that are at its disposition in an effort to satisfy, as a matter of priority, those minimum obligations. (...) The Committee wishes to emphasize, however, that even where the available resources are demonstrably inadequate, the obligation remains for a State party to strive to ensure the widest possible enjoyment of the relevant rights under the prevailing circumstances. Moreover, the obligations to monitor the extent of the realization, or more especially of the non-realization, of economic, social and cultural rights, and to devise strategies and programmes for their promotion, are not in any way eliminated as a result of resource constraints. (...) Similarly, the Committee underlines the fact that even in times of severe resources constraints whether caused by a process of adjustment, of economic recession, or by other factors the vulnerable members of society can and indeed must be protected by the adoption of relatively low-cost targeted programmes" (Comentário Geral n. 3, 1990). O Comitê sustenta o direito ao mínimo existencial, mesmo em épocas de crise ou de dificuldades fáticas, valendo-se da análise preparada pela UNICEF no documento intitulado "Adjustment with a human face: protecting the vulnerable and promoting growth" (1989).

mesma forma, diferentes ordenamentos consagram a obrigação dos Estados, de respeito ao conteúdo mínimo ou essencial dos direitos sociais reconhecidos em constituições ou convenções e tratados internacionais[258], conteúdo que está condicionado apenas pelo contexto em que se aplica o direito, e que admite uma permanente atualização histórica[259].

De qualquer forma, esse mínimo será, sempre, uma barreira intransponível, que obriga a uma permanente delimitação que demanda certa integração entre justiça e política, entre juízes, administradores públicos e legisladores. O que sustentamos é que o reconhecimento constitucional dos direitos sociais, por si só, determina, em qualquer circunstância, e mesmo em tempos de crises econômicas, um núcleo indisponível para os poderes de turno, inclusive — se não sobretudo — para a administração pública e para os órgãos jurisdicionais, razão pela qual nenhum desses poderes pode deixar de reconhecê-los e, assim, de assegurá-los a todas as pessoas, sobretudo para aquelas que se encontram em posição mais vulnerável[260].

Em síntese, ou todos os direitos, civis, políticos e sociais, são, estruturalmente ou por razões de conveniência política, direitos de livre configuração legislativa, que ficam com a sua efetividade vinculada à discricionariedade dos poderes de turno, ou são, como afirmamos, todos, direitos cujos limites, positivos ou negativos, são indisponíveis aos poderes de turno, inclusive às maiorias legislativas ou aos órgãos jurisdicionais. Assumimos, assim, o ideal normativo da democracia constitucional, ou de uma democracia em que a satisfação ou não de um direito a

---

(258) Por exemplo, o art. 19 da Lei Fundamental de Bonn (1949), "(1) Soweit nach diesem Grundgesetz ein Grundrecht durch Gesetz oder auf Grund eines Gesetzes eingeschränkt werden kann, muß das Gesetz allgemein und nicht nur für den Einzelfall gelten. Außerdem muß das Gesetz das Grundrecht unter Angabe des Artikels nennen. (2) In keinem Falle darf ein Grundrecht in seinem Wesensgehalt angetastet werden" — *Quando, de acordo com a presente Lei fundamental, um direito fundamental puder ser restringido por uma lei ou em virtude de uma lei, esta deve valer de forma geral, e não somente para um caso específico. O direito fundamental, além disso, deve estar enunciado na lei, com a indicação do artigo referido. Isso não deve, todavia, em caso algum, importar em infração à substância de um direito fundamental* (trad. do autor). No mesmo sentido, o art. 18 da Constituição portuguesa (1976), "(1) Os preceitos constitucionais respeitantes aos direitos, liberdades e garantias são directamente aplicáveis e vinculam as entidades públicas e privadas. (2) A lei só pode restringir os direitos, liberdades e garantias nos casos expressamente previstos na Constituição, devendo as restrições limitarem-se ao necessário para salvaguardar outros direitos ou interesses constitucionalmente protegidos. (3) As leis restritivas de direitos, liberdades e garantias têm de revestir carácter geral e abstracto e não podem ter efeito retroactivo nem diminuir a extensão e o alcance do conteúdo essencial dos preceitos constitucionais".
(259) O conteúdo essencial desses direitos não comporta uma concepção abstrata ou transcendente: a fronteira entre aquilo que podemos considerar essencial, ou básico, e aquilo que podemos caracterizar como adicional, ou não essencial, é sempre móvel, histórica e aberta.
(260) Assim, segundo Langford (*apud* PISARELLO, 2007, p. 86), "No sólo existiría, en suma, un contenido mínimo o esencial atribuible a cada derecho civil, político o social, de manera aislada, sino también un mínimo de población, la integrada por los colectivos en mayor situación de vulnerabilidad, que, sobre todo en épocas de crisis, debería gozar de la protección prioritaria de los poderes públicos".

que se vincula a segurança material e a autonomia da pessoa não esteja alienada à discricionariedade de nenhum poder[261].

Nesse contexto, a concepção contemporânea de Estado, categoria estruturante do pensamento da modernidade ocidental[262], consubstanciada na moderna fórmula do "Estado democrático de direito", pressupõe uma ordem constitucional democrática e socializante que, por sua vez, como forma de racionalização e de generalização do político e do princípio democrático, estrutura-se a partir de uma articulação sinérgica entre o direito e o poder, na qual o direito constitui o poder político e vice-versa[263], articulação que, por um lado, limita o poder do Estado pelo direito, e, por outro lado, legitima esse mesmo poder[264].

É, assim, a Constituição[265], criadora e ordenadora de uma comunidade jurídica e política, que contém, como regra geral, as normas jurídicas que delimitam os órgãos supremos do Estado, estabelecendo a forma de criá-los, as suas relações recíprocas e as suas áreas de influência, além da posição do indivíduo em relação ao poder estatal[266], mas que também assume certos cânones, paradigmas para a configuração do presente e do futuro de uma sociedade, dotando-os, sobretudo no âmbito das garantias e dos direitos chamados *fundamentais*, de força verdadeiramente vinculante para todo o ordenamento jurídico[267], que institucionaliza e, em consequência, limita e legitima o exercício do poder estatal e, em última análise, a própria existência do Estado[268].

Esses, os direitos fundamentais, constituem a razão de ser do Estado de direito, sua finalidade mais radical, o objetivo e critério que dá sentido aos mecanismos jurídicos e políticos que compõem o Estado. A democracia não se limita à participação em decisões, alcançando, também, a participação em resultados, ou seja, em direitos, liberdades, atingimento de expectativas e suprimento de necessidades vitais. O Estado de direito, nessa sua empírica e também racional vinculação e inter-relação

---

(261) Segundo Sadek (2001, p. 4), as "sociedades democráticas caracterizam-se, sobretudo, por formas de organização institucional que visam a combater o arbítrio e permitir a participação de cidadãos. A despeito de serem muitas as definições de democracia, há um consenso de que se trata, na idade moderna, de um sistema de governo regido por Leis que limitam as competências dos detentores do poder e garantem direitos".
(262) Cf. Canotilho (2002, p. 89).
(263) Cf. Habermas (1992, p. 213).
(264) Cf. Brito (2001, p. 39 *et seq.*).
(265) É no movimento do constitucionalismo que se articula a ideia de Constituição como um produto da razão, na esteira do racionalismo iluminista que funda, no âmbito da teoria do Estado, a ideia de um estatuto (Constituição) escrito, criador e ordenador da comunidade política. Nesse sentido, v. Schmidt-Assman (1967) e Matteucci (1976).
(266) Cf. Jellinek (1921, p. 505).
(267) Nesse sentido, v. Hesse (1995).
(268) Segundo Smende (1968, p. 136 *et seq.*), o nascimento e a existência do Estado, como unidade política de ação, são condicionados ao êxito do processo de integração estatal, no que se contempla um elemento fundamental de sua essência, a Constituição, o próprio ordenamento jurídico diretor desse processo de integração estatal.

com a democracia, converte em sistema de legalidade tal critério de legitimidade; em concreto, institucionaliza de uma forma ou de outra essa participação em resultados, ou seja, garante, protege e realiza os direitos fundamentais[269].

Portanto, mais do que um simples documento cartular no qual estão delineadas as formas de conquista e de exercício do poder e descritos os direitos e as garantias fundamentais do indivíduo em face do poder do Estado, a Constituição, cumprindo as tarefas fundamentais de formação e de conservação da unidade política do Estado, consubstancia em si não apenas a ordem jurídica fundamental do Estado — ou seja, o estatuto fundamental dos órgãos supremos do Estado —, mas também a ordem jurídica da vida não estatal dentro do território estatal — ou seja, a ordem jurídica fundamental de uma comunidade e a compensação possível entre os diferentes interesses e aspirações individuais e/ou coletivos em conflito no âmbito dessa comunidade —, tarefa arquetípica e concomitante condição de existência do Estado contemporâneo[270].

Por isso, qualquer que seja o conceito — e a própria justificação — do Estado contemporâneo, este só se pode conceber como Estado constitucional[271]. Mas o Estado constitucional da atualidade não é somente um "Estado de direito", ou seja, não se esgota no tradicional *État légal* da declaração francesa de 1789[272], tampouco no *Rechsstaat* alemão do início do século XIX[273]: o Estado constitucional contemporâneo estrutura-se, sobretudo, como um "Estado democrático de direito" (ou um "Estado constitucional democrático de direito"), ou seja, como uma ordem de domínio constitucional legitimada pelo povo, que articula o direito e o poder

---

(269) Na modernidade, são os *direitos humanos fundamentais* — ou, melhor, o respeito efetivo aos *direitos humanos fundamentais* — que constituem o principal referente para avaliar a legitimidade de um ordenamento jurídico-político, internamente ou perante a comunidade internacional. Assim, no âmbito do constitucionalismo social contemporâneo, o tratamento especial/privilegiado concedido aos direitos humanos justifica-se a partir de uma profunda afinidade axiológica e normativa entre o direito internacional contemporâneo, que, a partir da Carta das Nações Unidas e da Declaração Universal dos Direitos Humanos, confere especial hierarquia para os direitos humanos, e o direito interno de cada país-membro da ONU, que confere, de forma similar, com maior ou menor ênfase, uma especial hierarquia para esses direitos, considerados fundamentais/constitucionais. É natural que as constituições contemporâneas, ao menos no Ocidente, tendam a realçar essa profunda afinidade, conferindo um *status* especial para os instrumentos internacionais de direitos humanos, inclusive submetendo-se, os respectivos países, à jurisdição de tribunais internacionais. No caso brasileiro, *v.g.*, a Constituição de 1988 dispõe que "Os direitos e garantias expressos nesta Constituição não excluem outros decorrentes do regime e dos princípios por ela adotados, ou dos tratados internacionais em que a República Federativa do Brasil seja parte" e que "O Brasil se submete à jurisdição de Tribunal Penal Internacional a cuja criação tenha manifestado adesão" (art. 5º, §§ 2º e 4º, este último incluído pela Emenda Constitucional n. 45/2004).
(270) Cf. Hesse (2009, p. 4-7).
(271) Cf. Canotilho (2002, p. 92). Referimo-nos, obviamente, ao Estado ocidental eurogênico.
(272) Sobre o "Estado legal" ou "Estado de legalidade", v. Malberg (1922).
(273) Sobre o *Rechtsstaat* alemão, que aparece como uma dimensão do constitucionalismo, v. Hofmann (1986).

político em bases democráticas a partir do princípio da soberania popular, princípio segundo o qual o poder político deriva do poder dos cidadãos[274].

É nesse contexto, amplamente relacionado com as ideias de *contrato social* e de *vontade geral*[275], ou seja, de um pacto social instituinte, elemento utópico que é, por um lado, revolucionário ao seu tempo, e, por outro lado, fundante de um discurso moderno sobre a democracia, que o poder político emerge contemporaneamente como uma *authorizeting force* (força autorizadora) da soberania popular, força que cria um direito legítimo e funda as suas instituições, vinculando-as às razões que as fizeram exsurgir[276].

Esse "Estado constitucional democrático de direito" é tributário, ademais, da ideia de democracia econômica, social e cultural, consequência política e lógico-material do próprio princípio democrático[277]. Assim, com maior ou menor ênfase, quase todos os Estados democráticos ocidentais integraram ao "núcleo duro" das suas constituições o princípio da *solidariedade* — ou *socialidade* —, que se concretiza nos direitos sociais, mas não se esgota neles, espraiando-se sobre todo o ordenamento jurídico[278]. O Estado democrático de direito consiste, nesse contexto, na persecução de justiça social, segurança social e assistência social, desvelando-se a solidariedade, a partir disso, como direito e dever social[279].

Por isso, atualmente, é impossível desvincular a ideia de Estado, como o próprio tema da democracia e do poder político, do exercício da gestão dos interesses públicos e da sua própria demarcação[280], pois o Estado democrático de direito, ancorado na soberania popular, deve pautar-se pela busca de superação de déficits de inclusão social e participação política, proporcionando novos espaços de interlocução, deliberação e execução, assegurando aos cidadãos/administrados as prestações necessárias e os serviços públicos adequados ao desenvolvimento de suas vidas, contemplados não apenas a partir das liberdades civis tradicionais, mas a partir dos direitos econômicos, sociais e culturais garantidos pela ordem constitucional social[281].

A Constituição impõe ao Estado um dever de *realizar* os direitos fundamentais, sobretudo porque a dignidade humana constitui um *valor constitucional supremo*[282],

---

(274) Cf. Böckenförde (1987, p. 887 *et seq.*). Na Constituição brasileira de 1988, o princípio da soberania popular está enunciado no parágrafo único do art. 1º: "Todo o poder emana do povo, que o exerce por meio de representantes eleitos ou diretamente, nos termos desta Constituição".
(275) Mas adiante, resgataremos as ideias de *contrato social* e de *vontade geral* na perspectiva da teoria contratualista de Rousseau, ideias em que se funda a obrigação política moderna.
(276) Cf. Arendt (1989, p. 112).
(277) Nesse sentido, v. Böckenförde (1976).
(278) Nesse sentido, v. Resta (2005), Hofmann *et al.* (1998) e Takoi (2011).
(279) Cf. Yamashita (2005, p. 56) e Schwarz (2011, p. 1138).
(280) Cf. Warat (1994, p. 18).
(281) Cf. Leal (2006, p. 34) e Böckenförde (1987, p. 887 *et seq.*).
(282) Segundo a Constituição brasileira de 1988, a "dignidade da pessoa humana" é um dos fundamentos da República (art. 1º, inc. III).

o epicentro de todo o ordenamento jurídico, em torno do qual gravitam todas as demais normas[283]. Os direitos sociais, direitos que sustentam o conceito de mínimo existencial, não podem deixar de ser concretizados sem que se viole profundamente esse valor supremo que é a dignidade humana[284]. Para isso o Estado institui entidades públicas, ligadas à administração, para que diretamente, ou mediante cooperação com entidades do setor privado, formule e execute as políticas públicas sociais mais adequadas às necessidades da população que atende: uma *administração pública democrática de direito*[285], ou seja, uma administração pública que, quando está promovendo os seus atos oficiais, cumprindo as suas atribuições normativas e políticas de acordo com o interesse público, o faz respeitando e perseguindo os ditames concernentes à realização dos direitos fundamentais — civis, políticos, sociais — que articulam a cidadania moderna[286]: em síntese, uma *boa administração pública*[287], uma *administração pública eficiente e eficaz*[288], uma *administração pública dialógica*[289].

---

(283) Cf. Gandini; Barione; Souza (2010, p. 86).
(284) Cf. Torres (1995, p. 133).
(285) A expressão, fundada em Habermas (1973), é de Leal (2006, p. 55).
(286) Reportamo-nos, novamente, a Marshall (2002, p. 195), no sentido de que os três elementos articuladores da *cidadania moderna* seriam os direitos civis, os direitos políticos e os direitos sociais: os direitos civis diriam respeito aos direitos "necessários à liberdade individual"; os direitos políticos, aos direitos "de participação no exercício do poder político"; e os direitos sociais a "todo um conjunto de direitos, desde o direito a um mínimo de bem-estar e segurança econômica até ao direito a partilhar em pleno na herança social e a viver a vida de um ser civilizado de acordo com os padrões prevalecentes na sociedade" (Marshall, 1992). Esses direitos — civis, políticos, sociais —, fundamentais, interdependentes e concomitantemente exigíveis, alcançariam os espaços de atuação mais corriqueiros e fundamentais da cidadania, a partir dos quais há a proliferação de tantos outros direitos.
(287) A Carta de Nice (Carta dos Direitos Fundamentais da União Europeia) estabelece, no seu capítulo devotado à Cidadania, no seu art. 41, o direito fundamental dos cidadãos/administrados a uma *boa administração*: "1. Todas as pessoas têm direito a que os seus assuntos sejam tratados pelas instituições e órgãos da União de forma imparcial, equitativa e num prazo razoável. 2. Este direito compreende, nomeadamente: o direito de qualquer pessoa a ser ouvida antes de a seu respeito ser tomada qualquer medida individual que a afete desfavoravelmente, o direito de qualquer pessoa a ter acesso aos processos que se lhe refiram, no respeito dos legítimos interesses da confidencialidade e do segredo profissional e comercial, a obrigação, por parte da administração, de fundamentar as suas decisões. 3. Todas as pessoas têm direito à reparação, por parte da Comunidade, dos danos causados pelas suas instituições ou pelos seus agentes no exercício das respectivas funções, de acordo com os princípios gerais comuns às legislações dos Estados-Membros. 4. Todas as pessoas têm a possibilidade de se dirigir às instituições da União numa das línguas oficiais dos Tratados, devendo obter uma resposta na mesma língua".
(288) Freitas (2009, p. 22), ao tratar do *direito fundamental à boa administração* no Brasil, define-o como o "direito fundamental à administração pública eficiente e eficaz, proporcional cumpridora dos seus deveres, com transparência, motivação, imparcialidade e respeito à moralidade, à participação social e à plena responsabilidade por suas condutas omissivas e comissivas. A tal direito corresponde o dever de a administração pública observar, nas relações administrativas, a cogência da totalidade dos princípios constitucionais que a regem".
(289) A expressão é utilizada, aqui, para identificar como "condição para a atuação administrativa a prévia realização de um verdadeiro e efetivo diálogo com todos aqueles que terão suas esferas de direitos atingidas pela atuação estatal" (MAFFINI, 2010, p. 133). Para Freitas (2009, p. 29), disso decorre o aprofundamento (mais que a ampliação) da sindicabilidade dos atos administrativos —

O que buscamos demonstrar nesse capítulo, portanto, é que Estado, poder político e sociedade relacionam-se reciprocamente, revelando-se imprescindível, na atualidade, conceber o Estado democrático de direito como resultado e condicionado a uma ordem constitucional vinculada à soberania popular e à democracia como valor (e não apenas como processo) — um Estado constitucional que, na tomada das decisões administrativas, precisa zelar pelo isento dever de oferecer legítimas e boas razões de fato e de direito[290] —, fundada em princípios como:

> (a) o do direito subjetivo à participação na formação democrática da vontade política, com igualdade de condições e chances, através de instrumentos e procedimentos eficazes e transparentes;
>
> (b) o da garantia de uma tutela jurisdicional independente; e
>
> (c) o do controle — inclusive controle judicial — sobre a administração pública[291], que objetiva impedir que o poder social se reduza a um poder meramente administrativo.

Tal ordem impõe tarefas ao Estado, de conformação, transformação e modernização das suas estruturas econômicas, sociais e culturais, de forma a promover a igualdade real entre os cidadãos/administrados sob a ótica de uma "justiça constitucional" travestida de "justiça social"[292], inspirada na solidariedade (*socialidade*), no dever de progressividade em matéria de direitos econômicos, sociais e culturais e na proibição de retrocesso social.

2.2. OS FUNDAMENTOS DO ESTADO DEMOCRÁTICO DE DIREITO

Na práxis jurídico-política da atualidade, o Estado democrático de direito é, sobretudo, um Estado *constitucional* em prol do cidadão/administrado, ou seja, um Estado no qual o exercício do poder político está limitado constitucionalmente a fim de proteger-se o cidadão/administrado dos abusos de poder (um Estado tributário de conquistas históricas, como o *État légal* francês e o *Rechtsstaat* alemão).

---

ademais, ao lado do direito à administração pública dialógica, colocam-se, segundo Freitas (2009, p. 22-3), como decorrências do direito fundamental à boa administração pública, o direito à administração pública transparente, o direito à administração pública imparcial, o direito à administração pública proba, o direito da administração pública respeitadora da legalidade e o direito à administração pública preventiva, precavida e eficaz (não apenas eficiente).

(290) Cf. Freitas (2009, p. 20). Sobre a questão, v., também, Neves (1967).

(291) Diferentes articulações desses princípios podem ser encontradas em Díaz (1975, p. 29), que caracteriza o Estado de direito contemporâneo a partir das seguintes características: (a) império da lei (lei como expressão da vontade geral); (b) divisão dos poderes (Legislativo, Executivo e Judiciário); (c) legalidade da administração pública (atuação segundo a lei e suficiente controle judicial); e (d) direitos e liberdades fundamentais (garantias jurídico-formais e efetiva realização material).

(292) Cf. Canotilho (2002, p. 336) e Mello, C. A. B. (2009-a, p. 31-9).

Não se trata, todavia, de um Estado não interventor, meramente liberal ou abstencionista, mas de um Estado que efetivamente intervém nos domínios econômico e social em prol da concretização dos direitos fundamentais dos cidadãos/administrados e da persecução de "justiça social", de acordo com o projeto político e jurídico traçado pelo pacto social instituinte derivado da vontade geral, ou seja, da soberania institucionalizada dos cidadãos/administrados: a Constituição (um Estado que, nesse sentido, é tributário da ideia de *Estado social*). Assim, na contemporaneidade, um Estado não pode ser qualificado como democrático se não se constitui sob a tessitura de um Estado constitucional e com alguma dimensão social[293], ou seja, a tessitura do Estado *constitucional e social de direito* é, ela mesma, por si só, uma condição necessária (*sine qua non*) para a democracia[294].

O Estado democrático de direito corresponde, assim, à institucionalização jurídico-política da democracia: trata-se, com o Estado democrático de direito, de converter-se em *legalidade* (a Constituição e as normas infraconstitucionais dela derivadas) o sistema de valores que caracteriza a legitimidade democrática. As formas como interagem legalidade e legitimidade variam, obviamente, na história da modernidade, mas ambas articulam-se a partir de um núcleo comum fundamental, na medida em que avançam no sentido de identificarem-se com um maior apoio fático social, ou seja, com a *legitimação*[295].

Essa concepção contemporânea de Estado, categoria estruturante do pensamento da modernidade ocidental[296], desenvolve-se a partir de um processo relativamente linear e cronológico que, entre os séculos XVII e XIX, rompe com os paradigmas econômicos, sociais e culturais do feudalismo e consolida, na Europa, na transição da Idade Moderna para a Idade Contemporânea, um novo modelo de racionalização do político e de inter-relação entre as nações. Ainda que se possa questionar, evidentemente, essa linearidade cronológica[297], é certo que a história do Estado-nação eurogênico/eurocêntrico, como sistema de organização permanente, duradoura, pautada na razão, é tributária das revoluções iluministas dos séculos XVII a XIX — e do consequente movimento do *constitucionalismo* — e do modelo de Estado emergente da "Paz de Westfália" (1648)[298], que levaram,

---

(293) Essa dimensão social poderá ter maior ou menor grau, conforme o projeto político e jurídico traçado na Constituição de cada país, mas sempre estará presente.
(294) Nesse sentido, v. Baynes (1995).
(295) Sobre a tensão entre a *vontade do povo* e a *rule of law* no cerne do Estado democrático de direito, v. Sejerstedt (1993, p. 131 *et seq.*) e Smith (1980, p. 213 *et seq.*).
(296) Cf. Canotilho (2002, p. 89).
(297) Evidentemente, esse *processo* não se desenvolveu de forma homogênea, nem simultânea, para os distintos reinos da Europa Ocidental que se tornariam Estados-nações.
(298) A "Paz de Westfália" designa o conjunto de tratados que encerrou a Guerra dos Trinta Anos. O primeiro tratado, hispano-holandês, foi assinado no dia 30.01.1648 (Münster). O segundo tratado, entre Fernando III, Imperador Romano-Germânico, os demais príncipes alemães, França e Suécia, foi assinado em 24.10.1648 (Osnabrück). O Tratado dos Pirineus, que encerrou a guerra entre França e Espanha, e foi assinado em 7.11.1659 (Isla de los Faisanes), também é habitualmente considerado como inserido no âmbito da "Paz de Westfália". Por fim, à "Paz de Westfália" sucederam-se a "Paz

tout court, à superação da sociedade estamental do *Ancien Régime*[299] e do antigo *Polizeistaat* ("Estado de polícia")[300].

Podemos afirmar, sobretudo, que o Estado democrático de direito encontra suas raízes mais profundas na cultura e na filosofia política do iluminismo[301]. A cultura do Estado de direito (liberalismo político, pontencial democrático) é — implica — a cultura do iluminismo, a razão e a liberdade iluminadas. Deriva assim, primeiro, do jusnaturalismo racionalista (a partir do que melhor se compreende a *legitimidade legal-racional* de Max Weber[302]) e, depois, do racionalismo crítico — que não é jusnaturalista, tampouco, embora, positivista[303]. A razão crítica iluminista implica, em relação à democracia e ao Estado democrático de direito, que todos os cidadãos/administrados devem saber (*sapere aude*), compreender e deliberar, para que, dessa forma, melhor se participe e decida. Nisso — em suas decisivas implicações sociais — consiste substancialmente o iluminismo tal e como ainda atualmente pode ser invocado e fazer-se valer na atual polêmica da/sobre a *pós-modernidade*[304].

---

de Augsburg" e a "Paz de Praga". A "Paz de Westfália" é apontada habitualmente como o marco inicial da diplomacia moderna e da ideia de unidade política soberana do Estado, hoje relativamente em crise como resultado dos fenômenos da globalização, da internacionalização e da integração transnacional. As guerras posteriores à "Paz de Westfália" não mais tiveram como causa principal as diferenças religiosas entre os europeus, mas giravam em torno de questões de Estado. Isto permitiu que potências católicas e protestantes pudessem se aliar, provocando grandes inflexões no alinhamento dos países europeus. Além disso, a afirmação da soberania do Estado-nação inviabilizou a pretensão do Sacro Império Romano, de ter a primazia sobre a cristandade, e fortaleceu as divisões internas da Alemanha, que somente se formaria como Estado-nação ao final do século XIX, sob o governo da dinastia prussiana dos Hohenzollern.

(299) Referimo-nos ao sistema político, econômico e social aristocrático vigente na França (e de forma similar na maioria dos países europeus) entre os séculos XVI e XVIII, dividido em três estamentos (estados) — o clero, a nobreza e o restante da população — e de cunho absolutista e mercantilista, oposto àquilo que identificamos como o *État légal* francês.

(300) Na doutrina alemã, o "Estado de polícia", absolutista, caracteriza-se pela atuação dos órgãos de governo sem prévio delineamento legal, de forma que as suas ações administrativas eram pautadas apenas no "bem-estar" dos administrados, definido e delineado exclusivamente pela própria autoridade administrativa (VEHERVARY; STANGL, 2000, p. 49). Na teoria política contemporânea, utiliza-se o termo para identificar um sistema político no qual a polícia estatal tem supremacia absoluta sobre o indivíduo, ressaltando o contraste entre essa polícia, típica de um Estado absoluto, e o Estado de direito (*Rechtsstaat*) (KROESCHELL, 2008, p. 81). Seus sucedâneos contemporâneos no sistema político são os Estados de *controle* (*Überwachungsstaat*) e de *prevenção* (*Präventionsstaat*), Estados de enorme déficit democrático, que mantêm vigilância maciça sobre os cidadãos/administrados, monitorando os seus atos e restringindo as suas liberdades civis, políticas e sociais por questões de "segurança".

(301) O Estado moderno parece ser tributário, das ideias de Immanuel Kant, sobretudo da proposta kantiana de que os homens têm uma obrigação absoluta — o imperativo categórico — de regular a sua conduta, do que derivam máximas fundamentais a um Estado de direito, como a de que "a política deve seguir o direito" ou a de que "o direito jamais deve adequar-se à política, mas a política sempre deve adequar-se ao direito" etc. Nesse sentido, v. Formosa (2008).

(302) Sobre a relação entre a lei e a legitimidade racionalizada, v. Weber (1964, p. 173).

(303) A cultura do Estado de direito não se reduz, como queria Carl Schmitt, às posições doutrinárias do positivismo formalista. Sobre o pensamento positivista de Carl Schmitt, v. Alvarez (2007).

(304) Sobre o movimento político-cultural em que se insere o iluminismo e suas consequências, v. Enterría (1994), Wieäcker (1980), Wiese (1979) e Groethuysen (1956).

Isso implica uma correlação — coerência interna no contexto da razão crítica — entre (a) princípios éticos baseados na liberdade e na efetiva autonomia individual, (b) exigências políticas de caráter democrático-participativo e (c) construções jurídicas institucionais para a proteção de liberdades e direitos fundamentais. Ou, de outra forma, correlação entre *democracia como moral, democracia como política* — imprescindível, mas, por si só, evidentemente insuficiente sem aquela — e *democracia como institucionalização jurídica* (Estado democrático de direito). O processo de decisão democrática é o que mais se identifica com o processo de decisão ética (autonomia moral) e este, por sua vez, é o que contém em si maiores e melhores possibilidades para a atuação e a realização dessas autonomias individuais[305]. O sistema democrático é, também por isso, o mais ético e o mais justo[306].

Essa coerência interna não implica negação ou ocultação da constante tensão entre ética e política (e direito) — as relações são complexas e nem sempre há soluções fáceis para os conflitos —, mas ela tampouco se conforma acriticamente com a total cisão entre uma e outra dessas dimensões.

A ética hoje (a democracia como moral) é — deve ser — autonomia individual, ou seja, liberdade, mas, além de liberdade, possibilidade de autorrealização pessoal (realização do ser humano como ser de fins), ou seja, possibilidade de autorrealização de todos sem exclusões. Por outro lado, a política (a democracia como política) se define e obtém legitimidade de modo correlativo, como efetiva participação em uma dupla vertente: como participação nas (*na formação de* e *na tomada de*) decisões e como participação nos (*na produção dos* e *na distribuição dos*) resultados, medidos em termos de satisfação de necessidades e de reconhecimento de direitos e liberdades.

Precisamente para tratar de assegurar tais exigências éticas e políticas, o ordenamento jurídico — a institucionalização jurídica da democracia, o Estado democrático de direito — juridifica e legaliza, ou seja, converte em princípio de legalidade, com a força coercitiva que advém disso, esses valores éticos (liberdade/igualdade identificados no valor "justiça") e políticos (participação nas decisões/participação nos resultados como síntese do valor legitimidade)[307].

---

(305) Para Dworkin, nesses termos, não há conflito entre liberdade e igualdade: "political communities must find an understanding of each of these virtues that shows them as compatible, indeed that shows each as an aspect of the other" (DWORKIN, 2006, p. 11).

(306) Isso não implica, obviamente, afirmar que a democracia seja perfeita ou isenta de defeitos, como chegou a apontar o próprio Immanuel Kant. Nesse sentido, a célebre afirmação do primeiro--ministro britânico Winston Churchill, em discurso à House of Commons em 11.11.1947, parece resumir de forma esclarecedora a questão: "Democracy is the worst form of government except from all those other forms that have been tried from time to time" (CHURCHILL, 1974).

(307) O Estado-administração contemporâneo requer (e, ao mesmo tempo, suscita) o protagonismo da sociedade amadurecida e, concomitantemente, do agente público na persecução do "bem de todos". Nesse sentido, o art. 3º, inc. IV, da Constituição brasileira de 1988 dispõe que "Constituem objetivos fundamentais da República Federativa do Brasil: (...) promover o bem de todos, sem preconceitos de origem, raça, sexo, cor, idade e quaisquer outras formas de discriminação".

Desse modo, em complexas inter-relações, em um primeiro nível, a autonomia moral individual e a participação política nas decisões se concretizam, no Estado democrático de direito, na exigência social de autolegislação, ou seja, no *império da lei* como expressão da vontade popular; em um segundo nível, o objetivo da autorrealização pessoal e da participação nos resultados se reafirma através do correspondente quadro institucional e de sua organização jurídica (judicial) coercitiva para a proteção e a garantia efetiva das liberdades e dos direitos fundamentais. A razão de ser do Estado democrático de direito é a proteção e a efetiva realização dos direitos fundamentais; mas esta não se concretiza senão pela participação de todos na tomada de decisões, ou seja, (juridicamente) através do império da lei — que é, sobretudo, o império da Constituição — como expressão da vontade popular[308].

Os direitos fundamentais constituem, pois, a razão de ser do Estado democrático de direito: a cultura deste e daqueles é a cultura comum do iluminismo. Os complexos mecanismos jurídicos e políticos que se articularam e se institucionalizam nessa especial configuração do Estado, que permite categorizá-lo não apenas como "Estado de direito", mas como "Estado democrático de direito", não foram engendrados e desenvolvidos no tempo senão como propostas coerentes para uma melhor garantia, proteção e efetiva realização de exigências sociais e morais qualificadas como "direitos fundamentais". Estes, portanto, e essa coerente institucionalização, são o que vêm de fato a definir/delinear o Estado democrático de direito e, em consequência, o que, em maior ou menor medida, justifica e legitima, ou não, o Estado democrático de direito. A análise crítica desses processos históricos — que vão à constituição de mecanismos transnacionais de proteção — e a consequente argumentação racional, instrumental e ética a respeito deles constituem, pois, os elementos básicos para a determinação da sua própria razão de ser.

De acordo com essa metodologia e com essa caracterização, temos que recordar, inicialmente, que nem todo Estado é Estado de direito. É claro que todo Estado gera, cria um direito, ou seja, produz normas jurídicas; e que, de uma forma ou outra, utiliza, aplica e serve-se dessas normas jurídicas para organizar e fazer funcionar o grupo social, para orientar políticas, assim como para resolver conflitos concretos que surgem no seu interior. Seria muito difícil, se não verdadeiramente impossível, imaginar-se hoje um Estado sem direito, sem leis, sem juízes, sem algo similar a um sistema de legalidade. De maneira correlativa, o direito é hoje fundamentalmente estatal — e também supraestatal —, ainda que concomitante autonormatização social e trabalho dos operadores jurídicos.

Mas, apesar disso, dessa constante correlação fática entre Estado e direito, nem todo Estado merece ser reconhecido com essa adjetivação, qualificadora e

---

(308) Embora tratemos, aqui, do *império da lei*, ressalvamos que este princípio é hoje o *império do direito*, em virtude do reconhecimento da força normativa da Constituição — ou, como aqui apontamos, verdadeiro *império da Constituição*.

legitimadora — além de descritiva —, que é o "Estado democrático de direito". Este implica a submissão efetiva do Estado ao direito, submissão ao seu próprio direito, regulação e controle equilibrado dos poderes (funções estatais) e atuações estatais e dos governantes por meio de leis, leis criadas segundo determinados procedimentos de indispensável, aberta e livre participação popular, com respeito a valores e direitos fundamentais conformes com tal organização institucional.

O Estado democrático de direito, assim concebido, corresponde a uma categoria específica de Estado (ou de Estado de direito), um modelo organizativo nuclear e potencialmente democrático que vai surgindo e vai sendo construído nas condições históricas da modernidade (do iluminismo) em resposta a certos interesses, demandas, necessidades, expectativas e exigências da vida real, de caráter ético, político, econômico, social e cultural. É o resultado, pois, de uma articulação sinérgica entre teoria e práxis ou vice-versa (práxis e teoria): ambas as dimensões (instâncias fáticas mais ou menos impregnadas ou orientadas de filosofias, ideologias, concepções de mundo etc.), fatos e valores, são as que estão por trás dos mecanismos e aspirações que, ao longo do tempo, vão configurando o Estado de direito e, enfim, o Estado democrático de direito. Este, tanto em sua (descritiva) densificação positiva, como em sua (prescritiva) formulação ética, (cor)responde, a partir dessa consideração histórica, a concretas exigências de certeza e segurança — sobretudo, ao menos inicialmente, segurança patrimonial —, assim como a outras valiosas liberdades e a garantias de direitos de diversas espécies (administrativo, penal, processual etc.), que não podem prescindir, tampouco (por coerência interna), de certa referência inicial a algum tipo de igualdade real: direitos econômicos, sociais e culturais.

A melhor dialética histórica e a própria lógica interna da liberdade e da razão iluminista na fundamentação dos direitos fundamentais, nesse sentido, tem operado e deve operar até consequentes propostas de universalização dos direitos: ou seja, até a efetiva realização dessas exigências, básicas para a teoria da justiça e para o Estado democrático de direito, que são a segurança, a liberdade e a igualdade.

O Estado democrático de direito é, assim, uma invenção, uma construção, um resultado histórico, uma conquista lenta e gradual de indivíduos e setores sociais que, frente a poderes despóticos ou arbitrários, alheios, buscam segurança pessoal e patrimonial — *no taxation without representation*[309] — e, concomitantemente, ampliando esse espectro, exigem garantias e proteção efetiva para outras manifestações de sua liberdade. Isso tanto sob a forma de intervenções positivas, para a tomada de decisões nos assuntos públicos, como sob a forma "negativa", de não interferência dos demais em zonas a salvaguardar legitimamente. Trata-se

---

(309) O slogan *no taxation without representation* resumia as insurgências das colônias inglesas na América do Norte nos anos 1763-1775. As insurgências, então, embora tivessem por objeto imediato as taxações inglesas, a exemplo das revoltas contra o *Stamp Act* (1765) e dos acontecimentos conhecidos como *The Boston Tea Party* (1773), na verdade diziam respeito ao processo de tomada de decisões quanto a essas taxações. Essas insurgências levariam à declaração de independência em 1776. Nesse sentido, v. Miller (1943) e Driver (2006).

de obter uma maior participação dos indivíduos e uma maior responsabilidade dos poderes, velando pela liberdade de todos. No entanto, se no contexto histórico o que parece sobressair, nesse momento, é a defesa da liberdade, da segurança e da propriedade, com frequência também se identificam, nesses mesmos processos, de forma mais ou menos explícita e/ou condicionada, alguns potenciais reclamos concernentes ao valor igualdade[310].

Assim, se os Estados modernos destacaram-se por assumir a supremacia do poder[311], é precisamente nesse marco que vão se manifestar com força e com diferentes prioridades essas demandas, reconhecidas e logo institucionalizadas através de uma coerente regulação jurídica e de um (auto)controle efetivo dos poderes públicos.

Esse arcabouço de formulações, que vêm do iluminismo e do racionalismo, passando pelo contratualismo de Locke[312] e Rousseau[313] e pelas declarações históricas de direitos, como a de 1689 (*Bill of Rights*)[314], na Inglaterra, as de 1776 (Declaração de Direitos de Virgínia e Declaração de Independência)[315], na América do Norte, e, sobretudo, a Declaração de Direitos do Homem e do Cidadão de 1789, aporta conceitos e elementos que, paulatinamente, vão permitir definir o Estado democrático de direito (fatos e valores, legalidade e legitimidade) como a institucionalização jurídica da democracia política[316].

A carga conservadora, receosa da soberania popular, que a fórmula liberal (antiabsolutista) do Estado de direito (*Rechtstaat*) possui, quando se cunha e difunde

---

(310) Já tratamos, no nosso capítulo I (item 1.2), de desmentir a afirmação de que o reconhecimento dos direitos sociais historicamente *vem depois* do reconhecimento dos direitos civis e políticos.
(311) Nesse sentido, v. Bodin (1966) e Machiavelli (1997). Machiavelli, especialmente, é considerado o idealizador do conceito de *Stato*, na sua acepção *moderna*: segundo Skinner (1978), é de Machiavelli o "conceito moderno do Estado", entendido no sentido *weberiano*, de monopólio da autoridade coercitiva em um limite territorial definido. Sobretudo em *O Príncipe*, o termo *lo stato* é utilizado a partir de uma conexão com a ideia de aquisição e aplicação de poder em um sentido coercitivo, o que torna o seu significado distinto do termo latino do qual é derivado. É notável, ainda, a influência de Machiavelli nos debates a respeito da "razão de Estado" (MEINECKE, 1957; VIROLI, 1992).
(312) Nesse sentido, v. Locke (1990).
(313) Nesse sentido, v. Rousseau (1962).
(314) A declaração de 1689 limitaria o poder real frente ao parlamento inglês. O rei passaria, então, a depender do parlamento para criar leis, instituir impostos e manter o exército. Com o *Bill of Rights*, a monarquia absolutista, tributária de um direito divino, daria lugar à monarquia constitucional, fundada nas ideias de soberania da nação, contrato social, império da lei e divisão de poderes.
(315) A Declaração de Direitos de Virgínia, inserida no contexto da luta pela independência dos Estados Unidos da América, de nítida inspiração iluminista, traz, no seu texto, o reconhecimento do direito de todos os homens à liberdade, à segurança e à felicidade, à liberdade de expressão e de culto. Estabelece, ainda, a irretroatividade da lei penal e a divisão de poderes, dando ênfase ao papel dos magistrados, de resguardo do poder soberano do povo: "That all power is vested in, and consequently derived from, the people; that magistrates are their trustees and servants, and at all times amenable to them".
(316) Ou, como afirmamos anteriormente, a institucionalização jurídico-política da democracia.

na Alemanha do primeiro terço do século XIX[317], na sua preocupação com o controle jurídico sobre os poderes, não iria resultar incompatível com os elementos de maior garantia e proteção judicial dos indivíduos e dos seus direitos e liberdades que historicamente estavam presentes na mais complexa instituição anglo-saxã do *rule of law*; nem — mais tarde — poderia coerentemente opor-se às influências democráticas derivadas especialmente daquela declaração francesa: *liberté, égalité, fraternité, regne de la loi*, as ideias de lei como expressão da vontade geral e de separação de poderes com predomínio do Poder Legislativo, Estado constitucional, nova legalidade frente à velha legitimidade etc. Por isso fez-se possível, a partir dessa base liberal — sobretudo impulsionado pelas lutas de importantes setores sociais excluídos de fato dessa base —, um processo racional que, ao longo dos séculos XIX e XX, culminaria naquela institucionalização jurídico-política que se constituiria coerentemente no nosso tempo como Estado social e democrático de direito.

O Estado democrático de direito, insisto, é a institucionalização jurídico-política da democracia. Mas nem um nem outro desses termos — democracia e Estado de direito — têm o mesmo e idêntico significado desde o início, sobretudo a partir do paradigma do Estado liberal. São partes, contudo, desse mundo *moderno* que emerge do iluminismo. A democracia é, por si só, um processo histórico mensurável pela razão e pela liberdade. Isso implica reconhecer tanto as graves insuficiências da democracia em suas origens (participação censitária, *v.g.*) quanto, apesar dos inequívocos progressos, as muitas clivagens e desigualdades que remanescem no lastro do que hoje denominamos Estados democráticos de direito (ou Estados sociais e democráticos de direito). Assim, subsistem, ainda hoje, grandes desigualdades fáticas entre os cidadãos/administrados, inclusive frente à lei, na efetiva proteção de direitos e liberdades, mas, sobretudo, na participação nos resultados econômicos, sociais e culturais. Por isso, se associamos o Estado de direito à institucionalização jurídica da democracia política, devemos, em consequência, falar, respondendo às melhores exigências éticas e políticas do mundo atual, de um necessário mais progressivo e justo Estado social e democrático de direito.

Articulando — não sem conflitos nem sem contradições — toda essa evolução histórica e esses diferentes modelos de Estado de direito, deduzimos certos componentes, mecanismos, procedimentos, valores que foram e devem ser considerados como fundamentais (ou seja, imprescindíveis) para que se possa falar em verdadeiro, mas não estático, nem essencialista, Estado democrático de direito. Tais necessários predicados gerais (entendendo-se que o Estado de direito, como a democracia, é sempre uma realidade de caráter processual, aberta no tempo) seriam principalmente os quatro seguintes:

    a) *Império da lei* — lei que impera sobre governantes e cidadãos/administrados —, ressalvando-se, todavia, que, como já sinalizava o art.

---

(317) Nesse sentido, v. Mohl (2005).

4º da declaração francesa de 1789, a lei nada mais é do que "a expressão da vontade geral"[318]: a lei é criada com livre participação e representação dos integrantes do grupo social, ou seja, através da "vontade de todos"[319]. É claro que o império da lei é também — e sobretudo —, por isso mesmo, o império absoluto da lei fundamental, da Constituição, lei maior à qual se subordinam todas as demais leis, que têm como fundamento de sua validade a conformidade formal e material à Constituição, à expressão originária máxima da "vontade geral"[320]. Tal império da lei, produzida esta — a lei — como livre expressão da soberania popular, em conformidade com a Constituição, é condição imprescindível para uma eficaz proteção das liberdades e dos direitos fundamentais.

b) *Separação de poderes* (separação de funções ou divisão de responsabilidades) — Legislativo, Executivo, Judiciário —, ou melhor, *diferenciação de funções estatais* mais do que verdadeira *separação de poderes estatais*, com lógico predomínio, em última e mais radical instância, do Legislativo. Este, em seu mais amplo e qualificado sentido, como representante legítimo do grupo social — da "vontade geral" —, o Poder Constituinte originário e derivado, e também constituído como poder parlamentar ordinário, produtor das correspondentes normas jurídicas (mas subordinado, ele mesmo, à Constituição, inclusive nos próprios procedimentos de reforma da Constituição). É sobretudo a instituição que representa a soberania popular (o Legislativo), através do

---

[318] "La Loi est l'expression de la volonté générale".
[319] Segundo Canotilho (2002, p. 715-6), "Historicamente, o princípio da primazia ou prevalência da lei (*Vorrang des Gesetzes*) foi entendido com uma tripla dimensão: (1) a lei é o acto da vontade estadual juridicamente mais forte; (2) prevalece ou tem preferência sobre todos os outros actos do Estado, em especial sobre os actos do poder executivo (regulamentos, actos administrativos); (3) detém a posição de 'topo da tabela' da hierarquia das normas, ou seja, desfruta de superioridade sobre todas as outras normas de ordem jurídica (salvo, como é óbvio, as constitucionais)". Além disso, a lei comporta duas outras dimensões: uma negativa, que se traduz na proibição de violação a ela, e outra positiva, que se traduz na exigência de aplicação dela. Essas dimensões da lei, como expressão maior da vontade estadual (em última análise, da "vontade de todos"), com primariedade na hierarquia das fontes e vinculação do Poder Executivo e do próprio Judiciário, sintetizariam a ideia de império da lei generalizada e prevalente até a atualidade.
[320] A força normativa da Constituição, concretizada, sobretudo, pelo princípio da *constitucionalidade* da lei (da sua necessária adequação formal e material à Constituição), cuja observância é sindicada pelo Poder Judiciário, obriga a considerar o princípio da constitucionalidade como marca da absoluta superioridade hierárquica das normas constitucionais na "escala de dureza das normas". Por isso, o império da lei é, antes e sobretudo, o império da Constituição (v., nesse sentido, CANOTILHO, 2002; CALAMANDREI, 1950). Dessa forma, é a Constituição a lei que impera antes de todas as outras, e todas essas outras têm o seu império, ou seja, a sua validade jurídica, condicionado à pertinência (adequação formal e material) ao texto constitucional.

Poder Constituinte, que subministra legalidade e legitimidade à instituição que exerce a ação governamental[321].

c) *Fiscalização da atuação da administração pública* (do Poder Executivo), para que essa atuação se dê em conformidade à lei em todos os níveis dela, com consequente e eficaz controle pelos órgãos competentes segundo a própria lei: controle jurídico e interdição das arbitrariedades[322]. Junto a ele — mas diferenciado —, o controle político dos governos pelo parlamento. Frente ao Estado absolutista — inclusive no "despotismo esclarecido" — onde o rei é a lei, onde o rei é *absoluto* (*rex legibus solutus*), é dizer, onde o poder real é a lei, e se libera dela, o Estado de direito implica sempre submeter o rei (o Poder Executivo) à lei, criada no âmbito do órgão de representação popular (o Poder Legislativo) e aplicada por magistrados (árbitros) profissionais, independentes e bem preparados (o Poder Judiciário), comprometidos apenas com a lei[323]. O Estado de direito é, assim, o estabelecimento de limites e controles legais claros — e legítimos — a todos os poderes (a todas as funções) do Estado, especialmente, embora, ao Poder Executivo, ou seja, ao governo, à administração pública[324].

---

(321) No entanto, é ao Poder Judiciário que o parlamento, investido do Poder Constituinte originário, ou seja, a "vontade geral", confia a tarefa de "guarda da Constituição", para assegurar o império da lei (dessa Constituição) no Estado democrático de direito.
(322) Em termos práticos, o império da lei — o império da Constituição — exige a aplicação da lei pela administração e pelos magistrados. O cumprimento das normas legais não fica reservado ao alvedrio dos juízes (salvo quando fundamentadamente as declarar inconstitucionais) e a administração pública está proibida de atuar ou de decidir contra a lei. Daí que o império da lei constitui uma verdadeira "polícia" da ordem jurídica (nesse sentido, v. CHEVALLIER, 1996).
(323) "That all power is vested in, and consequently derived from, the people; that magistrates are their trustees and servants, and at all times amenable to them (...). That the legislative and executive powers of the state should be separate and distinct from the judicative." (Declaração de Direitos de Virgínia, 1776, arts. 2º e 5º).
(324) Por isso, refuta-se, em um Estado democrático de direito, que o guardião da Constituição deva ser o próprio Poder Executivo, atribuindo-se ao Judiciário a tarefa de controle de constitucionalidade. A tese conservadora de que a guarda da Constituição, por ter natureza política, somente competiria ao Executivo, esposada por juristas como Schmitt (1996), levou a extremas arbitrariedades, como o controle da Constituição alemã, com a liberação dela e consequente império absoluto do Poder Executivo, por Adolf Hitler nos anos de supremacia política do *Nationalsozialistische Deutsche Arbeiterpartei* (Partido Nacional Socialista dos Trabalhadores Alemães). Kelsen (2003), refutando o argumento de Schmitt, alertava que, se por "natureza política" se entendia a solução de controvérsias de enorme repercussão social, isso, por si só, não afastava a natureza concomitantemente "jurídica" desse controle, pois o direito, como a política, sempre teve a função de solucionar questões sociais controversas de grande repercussão, defendendo a importância do controle de constitucionalidade por magistrados preparados profissionalmente, o que garantiria uma maior imparcialidade nas decisões, especialmente quando se tratasse de questões contramajoritárias (interesses de "minorias") ou relacionadas a opositores do governo de turno.

d) *Proteção de direitos e liberdades fundamentais*, direitos e liberdades cuja garantia constitui precisamente a razão de ser do Estado democrático de direito[325]. As garantias jurídicas, assim como a efetiva realização material das exigências éticas e políticas, públicas e privadas, especificadas e ampliadas no tempo como direitos econômicos, sociais e culturais, constituem a base para uma progressiva igualdade e dignidade entre todos os seres humanos. O Estado de direito não se restringe hoje, nem deve restringir-se, a uma concepção de Estado que unicamente se defina e reconheça pela mera proteção das liberdades que tradicionalmente derivam da segurança jurídica. Entre outras razões, porque essa redução leva, de fato, à própria negação da supostamente pretendida universalidade de tais seguranças.

Não se pode negar as múltiplas complexidades e dificuldades subjacentes a esses objetivos. Nem se pode desconhecer o caráter gradual e processual, histórico, que — com o necessário cumprimento de um conteúdo básico essencial — os caracteriza em diferentes tempos e modelos de Estado de direito, como ocorre, também, com a própria evolução da democracia. Mas também não se pode negar a fundamental correlação, não meramente mecânica, entre democracia e Estado de direito, de forma que essas complexidades e dificuldades seriam infinitamente maiores, se não verdadeiramente invencíveis, se — como fazem os regimes absolutistas, ditatoriais e/ou totalitários — são suprimidos esses objetivos, essas expectativas, essas garantias e essas instituições próprias do Estado democrático de direito. Mas, desde logo, os Estados que pretendam legitimar-se sob este prestimoso título devem ajustar rigorosamente suas normas jurídicas e suas atuações fáticas a essas exigências de ética política, com compromissos sérios de justiça e coesão social, e a essas regras e práticas de deliberação, funcionamento e organização derivadas, em definitivo, da liberdade e da responsabilidade de todos, governantes e cidadãos/administrados.

A todos incumbe, em síntese, o Estado democrático de direito; não apenas aos governantes de turno e/ou aos magistrados, mas a todos os cidadãos/administrados e a todos os poderes (econômicos, midiáticos etc.) que atuam na sociedade, exigindo-se deles respeito às liberdades e aos direitos dos demais, assim como consequentes comportamentos nos marcos institucionais e constitucionais.

---

(325) Essa ideia está muito clara no cerne das doutrinas contratualistas que justificam, ainda que sob diferentes variações, o Estado moderno: o pacto social instituinte tem como objetivo supremo resguardar, *pro homine*, os direitos e liberdades fundamentais deste. Nesse sentido, o *Leviatã* de Hobbes, publicado em 1651 (HOBBES, 1979), o *Segundo tratado sobre o governo civil* de Locke, publicado em 1690 (LOCKE, 1990) e o *Contrato social* de Rousseau, publicado em 1762 (ROUSSEAU, 1962). A lei, nesse sentido, constitui um limite que impede não só as violações ostensivas dos direitos e das garantias nela fixados, mas também os "desvios" ou "fraudes" a esses direitos e a essas garantias através da via interpretativa.

Mas, para isso, devemos ressaltar que a quem, em última e mais decisória instância, se dirige o Estado democrático de direito é justamente ao próprio Estado, aos seus órgãos/poderes e aos seus representantes e governantes, obrigando-os, em suas atuações, em todos os momentos, à conformidade com as normas jurídicas, com o império da lei e com o princípio da legalidade, na mais estrita submissão a esses marcos institucionais e constitucionais.

O direito, como sistema jurídico, é, tem em si, sobretudo, essa possibilidade de coação-sanção institucionalizada, ou seja, a capacidade de exigir o cumprimento de suas normas ou de impor efeitos e consequências derivados do seu descumprimento, com o emprego de um ou outro tipo de força: inclusive com a força material (violência) derivada de uma força moral (legitimidade) e com um maior ou menor grau de necessária legitimação social. O direito é, implica, portanto, o uso da força, e é, implica, concomitantemente, a regulação do uso da força.

Mas nem todas essas regulações têm o mesmo caráter e significado: nem todo o direito válido (ciência jurídica) vale *para o mesmo* (sociologia jurídica), nem vale *o mesmo* (ética e filosofia jurídica). Também as ditaduras podem converter em normas suas negações da liberdade, seu despotismo, ainda que em geral reservem para si maiores margens não só de legal discricionariedade, mas de ilegal arbitrariedade.

O Estado de direito é aquele em que essas regulações normativas se produzem a partir da livre participação democrática, incorporando eficazmente os direitos fundamentais e obrigando com todo rigor que os poderes públicos se movam sempre dentro de um estrito respeito e submissão às leis (à Constituição e às leis dela derivadas), proibindo e perseguindo toda atuação ou resposta estatal que utilize qualquer tipo de força ou coerção que possa ser considerada arbitrária/ilegal[326].

O Estado é o monopólio legítimo da violência[327]: sinônimo da crença social em sua legitimidade, ou melhor, de sociológica legitimação. Mas, para que ele — o Estado — seja e mereça o título de legítimo, haverá de tratar-se de uma força, de uma coerção, de uma violência desse modo produzida e regulada nos marcos do Estado democrático de direito[328]. Não bastam para a legitimidade meras razões de eficiência instrumental. O Estado não pode, não deve, de nenhum modo, responder ao delito com o delito, à violação da lei pelo cidadão/administrado com a violação da lei pelo governante: alegando uma suposta eficácia, converter-se-ia, assim, em um Estado delinquente. A legalidade e a legitimidade exigem do Estado atuar sempre no marco da Constituição e do Estado democrático de direito: isso não apenas é o mais justo e o mais legal, senão o mais eficaz para todo o sistema político e social.

---

(326) Sobre o conceito de *violência organizada*, v. Van Geuns (1987).
(327) Nesse sentido, v. Weber (1964).
(328) Sobre a relação entre a lei e a legitimidade racionalizada, v. Weber (1964, p. 173).

O Estado de direito é, pois, o império da lei; no entanto, não é, tampouco se reduz, a qualquer espécie de império da lei. Também as ditaduras modernas e os regimes totalitários poderiam alegar o império (indiscutível) da "lei"[329]. Poderiam inclusive aceitar e afirmar que seu poder está regrado mesmo pelo direito (o direito pelo ditador assim criado) e submetido, portanto, a normas jurídicas (suas próprias normas jurídicas). Aqui se tem direito (ainda que ilegítimo, ou seja, injusto) e Estado (ditatorial, totalitário), mas não se tem Estado de direito, muito menos Estado democrático de direito.

O que em definitivo categoriza de forma mais radical e substancial o Estado como Estado democrático de direito — como se verifica no preâmbulo e no parágrafo único do art. 1º da Constituição brasileira de 1988[330] — é a sua concepção do império da lei como expressão da vontade popular a partir da sua necessária correlação fática e prescritiva com a democracia. Ou seja, o império não de qualquer lei, mas da lei criada (com variantes históricas, observados, todavia, alguns marcos institucionais mínimos) segundo um processo formal previamente delineado e a partir da livre participação/representação dos cidadãos/administrados.

Se a lei, o ordenamento jurídico, não possui essa origem democrática, poderá haver império da lei (dessa lei não democrática), mas não Estado democrático de direito. Quanto maior e melhor em quantidade e qualidade — quanto mais ampla, profunda e consciente — for essa participação cidadã nas decisões, maior legitimação e melhor legitimidade terão essa democracia e esse Estado de direito[331].

Essa ideia de império da lei, com implicações teóricas e práticas de enorme relevância, compreende-se e fundamenta-se em — a partir de — valores e exigências éticas (direitos) que constituem o núcleo da sua coerência interna e da sua justa legitimidade. Sua raiz está precisamente no valor da liberdade pessoal, da autonomia moral e das coerentes implicações e exigências que o tornam mais real e universal. O Estado democrático de direito é o império da lei produzida nas instituições democráticas (parlamento), mas, em coerência com esses mesmos valores, de nenhum modo é indiferente ao seu conteúdo. A democracia e o Estado de direito não se limitam a uma questão procedimental: não só o seu fundamento ético, mas também a sua validez e a sua efetividade, radicam nesses valores de liberdade. Nesta, na autonomia moral pessoal, no ser humano como fim em si mesmo, radica a origem e o fundamento tanto do império da lei como da afirmação dos direitos fundamentais. Esses, portanto, não deveriam ser vistos, de modo prioritário e negativo, como limites ou triunfos frente à liberdade, mas como, de forma positiva,

---

(329) A história demonstra que os ditadores costumam encontrar bastante facilidade para converter em leis suas decisões e vontades (individuais ou de seus alinhados), ou seja, para legislar suas arbitrariedades.
(330) "Todo o poder emana do povo".
(331) Existe, portanto, uma íntima e profunda conexão entre democracia deliberativa e democracia participativa.

aberta e criadora, resultado inequívoco e concomitante parte constitutiva dessa mesma liberdade real.

Se o Estado de direito é — democraticamente entendido como — o império da lei, é evidente que aquele é e sempre será, sobretudo, o império da Constituição. Desse ponto de vista, resulta óbvio que todo Estado democrático de direito é, também, e principalmente, Estado constitucional de direito. O Poder Legislativo, poder prevalente no âmbito dos poderes constituídos do Estado, é e deve ser um poder subordinado à Constituição: é para controlar motivadamente isso que a própria Constituição atribui o controle de constitucionalidade das leis ao Poder Judiciário. Através da Constituição, o Legislativo está e deve estar subordinado, em última instância, ao Poder Constituinte (supremo poder soberano), que é o que, seguindo o procedimento por ele mesmo originalmente estabelecido, pode revisar e reformar a própria Constituição (e esse poder revisor e reformador, por sua vez, também deverá estar submetido à averiguação de sua constitucionalidade e, portanto, à sindicabilidade judicial)[332].

No império da lei, que é, na sua mais qualificada expressão, o império da Constituição, só pode ser reputada válida — existente, portanto — a lei que se encontrar inserida no contexto do ordenamento jurídico, positivando-se em conformidade formal e material à Constituição. Vigência, validade e eficácia constituem qualidades distintas da lei (norma jurídica). Ter vigor é ter força para disciplinar, para reger, cumprindo a lei os seus objetivos finais; vigência é o atributo de lei válida (norma jurídica), consistente na prontidão de produzir os efeitos para os quais está preordenada quando aconteçam os fatos nela descritos[333]. A vigência,

---

(332) À sindicabilidade judicial porque as constituições modernas têm atribuído ao Poder Judiciário a "guarda", de natureza concomitantemente política e jurídica, da Constituição — a expressão "guarda da Constituição" aparece, no Brasil, na Constituição de 1988, no seu art. 102, segundo o qual "Compete ao Supremo Tribunal Federal, precipuamente, a guarda da Constituição", dispondo, embora, no seu art. 23, inciso I, que "É competência comum da União, dos Estados, do Distrito Federal e dos Municípios: (...) zelar pela guarda da Constituição, das leis e das instituições democráticas".

(333) Vigência que poderá ser *plena* ou meramente *parcial* (só para fatos passados ou só para fatos futuros, no caso de regra nova); a lei revogada não terá vigência para fatos futuros, conservando, porém, a vigência para os casos acontecidos anteriormente à sua revogação. Para as regras introdutoras, normas jurídicas do tipo das gerais e concretas, sua vigência é marcada pelo átimo da própria validade, pois, nesse caso, vigência e validade são concomitantes e não teria sentido imaginar que a regra geral e concreta, operando como instrumento introdutório de outras, gerais e abstratas, individuais e concretas, e individuais e abstratas, tivesse de esperar intervalo de tempo para, somente depois, irradiar sua vigência, dado que a finalidade dessas normas é apenas a de inserir, na ordem jurídica, outras normas. Mas, para as regras introduzidas, a sua vigência é fixada pela norma introdutora e muitas vezes não coincide com o momento de entrada em vigor do instrumento que as introduziu: o lapso que se interpõe entre a publicação da lei e o termo inicial da sua vigência é a conhecida *vacatio legis*, tempo em que a regra, sendo, embora, válida como entidade jurídica do sistema, ainda não adquiriu a força que lhe é própria para alterar, diretamente, a conduta dos seres humanos, no contexto social.

contudo, não se confunde com a eficácia: uma norma pode estar em vigor e não ostentar eficácia técnica e/ou social[334].

A eficácia é a qualidade que a lei ostenta, no sentido de descrever fatos que, ocorridos, tenham aptidão de irradiar plenos efeitos jurídicos, removidos os obstáculos materiais ou as impossibilidades sintáticas a esses efeitos. A eficácia jurídica, no entanto, não é qualidade da lei (norma), mas dos fatos jurídicos: a eficácia jurídica é o predicado dos fatos jurídicos de desencadearem as consequências que o ordenamento prevê. É a chamada causalidade jurídica, ou seja, o vínculo de implicação mediante o qual, ocorrendo o fato jurídico, instala-se a relação jurídica[335].

Sob a rubrica de eficácia técnica, temos a própria condição que a regra de direito ostenta, no sentido de descrever acontecimentos que, uma vez ocorridos no plano do real-social, tenham o condão de irradiar efeitos jurídicos, removidos os obstáculos que impediam tal propagação. A eficácia social ou efetividade, por outro lado, corresponde à produção concreta de resultados na ordem dos fatos sociais: diz respeito aos padrões de acatamento com que a comunidade responde aos mandamentos de uma ordem jurídica historicamente dada ou, em outras palavras, diz com a produção das consequências desejadas pelo elaborador das normas, verificando-se toda vez que a conduta prefixada for cumprida pelo destinatário[336].

Mas só uma lei (norma) válida poderá ter vigência, e só uma lei (norma) vigente poderá ter eficácia. Das normas jurídicas não se pode dizer serem verdadeiras ou falsas, mas serem válidas ou inválidas. Validade é a relação de pertinencialidade de uma norma "N" com o sistema jurídico "S" (corresponde, pois, ao vínculo que se estabelece entre a proposição normativa e o sistema de direito posto). A validade não é, portanto, atributo que qualifica a norma jurídica, tendo *status* de relação. No plano da validade, a norma emana de uma autoridade superior e obedece a um processo legislativo legítimo e regular. Validade se refere ao processo através do qual a norma se integra a um sistema normativo, passando a pertencer a um ordenamento jurídico. Só poderá ser reputada válida a norma jurídica que se encontrar inserida no contexto de um ordenamento jurídico, positivando-se. Sancionada a norma legal, para que se inicie o tempo de sua validade, ela deve ser publicada. Publicada a norma, diz-se, então, que ela é vigente depois de passado o interregno da *vacatio legis*, período em que a lei é válida como entidade jurídica do sistema, mas não adquiriu ainda a força que lhe é própria para alterar, diretamente, a conduta dos seres humanos, no contexto social. A validade confunde-se com a própria existência, de forma que afirmar que uma norma existe implica reconhecer a sua

---

(334) Nesse sentido, v. Bobbio (1995-c).
(335) Por isso, afirmávamos, no primeiro capítulo deste ensaio, que as normas internacionais, ao proclamarem a necessidade de *vigência plena* dos direitos humanos fundamentais, estão, também, proclamando a necessidade de sua *eficácia*.
(336) Nesse sentido, v. Ross (2000).

validade: ou a norma existe, está no sistema e é, portanto, válida, ou nem sequer existe efetivamente como norma jurídica[337].

Em última análise, a lei retira a sua validade da Constituição. Disso resulta a noção de primado da Constituição, pois se a lei não se demonstra formal e materialmente adequada à Constituição, não é lei: é inválida. É por isso que as Constituições modernas contêm, além das regras relativas ao processo legislativo, uma enumeração de direitos fundamentais. Com isso, a Constituição define princípios, orientações e limites para o conteúdo das leis que se venham a fazer[338].

Todo Estado democrático de direito é, portanto, Estado constitucional, legislativo e até judicial de direito. Nele, a Constituição é a norma fundamental[339] e fundamental é o controle de constitucionalidade exercido pelo Poder Judiciário. É claro que a invocação do Estado constitucional de direito de nenhum modo pode servir como pretexto para fazer valer como disfarce ideológico um redutivo Estado judicial de direito, pouco conformado, na realidade, com a legalidade (inclusive a constitucional) e a legitimidade democrática[340]. A experiência demonstra que uma "magistratura democrática" funciona de modo melhor e mais coerente precisamente no marco sempre aberto e crítico de uma legislatura democrática e de uma administração democrática[341].

Mas o Estado democrático de direito não concerne única e exclusivamente a uma questão jurídica. Nele, o direito e o Estado nada mais são do que os meios oportunos, talvez imprescindíveis, para um fim mais essencial: não se fez o homem para eles, mas eles foram engendrados para o homem, para os seres humanos; o direito e o Estado são — devem ser — constituídos *pro homine*.

E, por isso, a quem a rigor mais importa que ele — o Estado democrático de direito — exista, funcione e seja real e respeitado, não é necessariamente — ainda que também — aos governantes (que assim, definitivamente, resultam mais e melhor

---

[337] Nesse sentido, v. Carvalho (2008). Segundo Larenz (1983, p. 230), "Se o jurista pergunta se uma lei é válida, não tem em vista se a lei é sempre observada ou o é na maioria dos casos, mas se a pretensão de validade enquanto norma lhe é conatural se encontra justificada, de acordo com os preceitos constitucionais relativos à produção legislativa das normas".
[338] Nesse sentido, a própria noção de Constituição, para Kelsen (1977), envolve a ideia de um princípio: a ideia de um princípio supremo, que determina a ordem estatal em sua totalidade e a essência da comunidade constituída por essa ordem. Qualquer que seja a definição da Constituição, esta é sempre o alicerce do Estado, a base da ordem jurídica que se pretende abarcar. O que sempre, e em primeiro lugar, se entende por Constituição (nisso coincidindo essa noção com a de forma de Estado) é um princípio em que se expressa juridicamente o equilíbrio das forças políticas do momento, uma norma que regula a elaboração das leis, das normas gerais na execução das quais atuam os órgãos estatais.
[339] Obviamente, não estamos equiparando a Constituição à *Grundnorm* kelseniana, norma suposta, não posta, norma hipotética de caráter lógico-transcendental.
[340] Em tal situação, todos os conflitos sociais e todas as lutas políticas se trasladariam para o interior do Poder Judiciário.
[341] Cf. Díaz (2002, p. 87).

controlados), mas aos cidadãos/administrados, aos seus direitos, liberdades e necessidades; e, muito especialmente, àqueles cidadãos/administrados que podem proteger-se menos, ou (quase) nada, por seus próprios meios, começando pelos de caráter econômico.

Mas para que isso seja assim, é necessário que essas demandas, exigências éticas e sociais encontrem-se efetivamente reconhecidas e garantidas pelo Estado de direito: ou seja, por normas jurídicas (Constituição, leis, decisões administrativas e sentenças judiciais) que, concretamente, incorporem conteúdos — prescrições — conformes com a proteção e realização de tais direitos fundamentais.

Esses, os direitos fundamentais, constituem — repetimos — a razão de ser do Estado democrático de direito, a sua finalidade mais radical, o objetivo e o critério que dão sentido aos mecanismos jurídicos e políticos que o compõem. A democracia, dupla participação, é, como vimos, além de participação em decisões, participação em resultados, ou seja, em direitos, liberdades, satisfação de necessidades. O Estado de direito, nessa sua empírica e também racional vinculação e inter-relação com a democracia, converte em sistema de legalidade tal critério de legitimidade; em concreto, institucionaliza, de uma forma ou de outra, essa participação em resultados, ou seja, garante, protege e realiza todos os direitos fundamentais.

Entendidos os marcos característicos e as finalidades do Estado democrático de direito, necessário se faz sublinhar que tanto a necessária busca de uma maior legitimação, adesão e participação como o objetivo de uma mais justa e ética legitimidade implicam não imobilizar com caracteres essencialistas o significado desses elementos, desses requisitos e desses conteúdos que o configuram. E, de maneira muito especial, implicam não afastar da história e da realidade social essas demandas políticas e exigências éticas que se concretizam naqueles que são chamados ou categorizados como "direitos fundamentais". No fundo, dessa base imanente às lutas por condições reais de existência deriva toda essa evolução histórica, proposta também como programa de futuro, que pode ser resumida a três grandes paradigmas, diferenciados, porém, em alguma medida, inter--relacionados: o Estado liberal de direito, o Estado social de direito e o Estado democrático de direito.

Dessa forma, trata-se de concretizar e avançar sobre essa ideia de dupla participação como a melhor definição de democracia e que, como processo sempre aberto, acompanha assim mesmo a sua institucionalização em Estado de direito ao longo da história. Conceito, pois, de democracia como participação (livre e de todos), entendida como *dupla participação*: por um lado, participação nas decisões jurídico--políticas, o que também implica participação no tecido social; por outro, participação nos resultados, medidos tanto em consequências mais diretamente econômicas como em reconhecimento de direitos e liberdades de diferentes índoles. Ressaltando essa necessária correlação entre democracia participativa (em maior ou menor grau) e Estado de direito (em uma ou outra de suas vertentes), podemos resumir a quatro (para fins de organização) as zonas preferenciais a tomar em consideração a cada um desses paradigmas de Estado — liberal, social, democrático — de direito: Estado, sociedade, economia (mercado) e direito (direitos).

O primeiro desses paradigmas é o liberal — compreendê-lo, e compreender, em especial, as suas insuficiências e inconsequências, demonstrar-se-á fundamental para que possamos compreender o que foi depois (na alvorada do século XX, ainda que sempre com demandas e precedentes nos séculos anteriores) a necessária construção do Estado social. Os problemas do Estado social e, inclusive, seus memoráveis êxitos, são recorrentemente analisados e avaliados sob diferentes perspectivas, algumas de cunho neoliberal. Tais problemas exigem hoje, sem dúvida, a formulação de alternativas de presente e de futuro. Mas a proposta defendida aqui — e que parece ter sido abraçada definitivamente pela Constituição brasileira de 1988 — não é aquela atualmente esposada pela doutrina neoliberal conservadora (liberal por reduzir os problemas políticos a problemas de liberdades econômicas), mas a que, partindo de perspectivas social-democráticas, fundadas no princípio da solidariedade (*socialidade*), propõe-se tentar fazer cada vez mais reais e universais, para todos, esses componentes da dupla participação que caracterizam a democracia à altura da nossa era; por ela, assumindo o melhor do Estado social, concretiza-se um Estado socializante e solidário, esta conquista *pro homine* que usualmente se denomina Estado democrático de direito.

O que se pretende, nesse momento, é mencionar esses principais paradigmas de Estado de direito e seus elementos conformadores, concernentes, com maior ou menor ênfase, nessa dupla participação democrática, ressaltando a íntima vinculação entre Estado de direito e sistema democrático como o elemento processual, histórico e evolutivo de suas dimensões. Trata-se, contudo, de um breve resumo-esquema de algumas das condições, circunstâncias e principais implicações que, desde aqueles elementos básicos comuns, configurariam as principais fases dessa evolução e suas potencialidades: tudo isso em conexão com as razões de legitimidade e justificação presentes nessas diferentes concepções gerais, filosóficas e políticas.

O Estado liberal de direito corresponde ao paradigma inicial desse processo, marcado, ainda, pela baixa participação democrática na sua dupla dimensão, mas pela organização (ainda incipiente) do quadro jurídico e institucional para uma identificação racional/legal do Estado e para o reconhecimento e a garantia de, até então, direitos e liberdades mal tutelados. Não se nega, aqui, as suas muitas deficiências; ao contrário, elas serão ressaltadas, mas sem esquecer-se da sua fundamental importância para o Estado de direito. Assim, os componentes e condicionantes do Estado liberal de direito poderiam ser assim enunciados[342]:

---

(342) Para maiores detalhes sobre essas perspectivas, v. Assier-Andrieu (2000), Bonavides (2004) e Zippelius (1997).

a) A respeito do Estado, prevalecem posições liberais ainda bastante restritivas do sufrágio (da participação política em geral), relacionadas com a concepção de voto censitário para constituir as instituições e os poderes do Estado. Esse Estado é — ou aparenta ser — um Estado abstencionista (*laissez faire, laissez passer*), ao menos nos domínios do trabalho e da economia, ainda que sempre fortemente intervencionista em prol da propriedade privada. Tampouco é abstencionista em questões de ordem pública e militar, valendo-se dos aparelhos de Estado para a repressão de movimentos sociais (greves, protestos etc.). Destaca-se, ainda, pelo patriótico intervencionismo colonialista sempre que necessário para a defesa e a imposição desses interesses próprios na ordem internacional. Em síntese, o Estado liberal de direito é verdadeiramente abstencionista na sua despreocupação — ou verdadeira apatia — pelos direitos econômicos, sociais e culturais vinculados às necessidades básicas de saúde, educação, moradia, trabalho, seguridade social etc. das massas populares, mas não o é na tutela dos direitos de propriedade.

b) A sociedade é individualista e possui forte caráter elitista. Ou seja, trata-se de uma sociedade de muito baixo grau de participação, seja no âmbito institucional, seja no âmbito extrainstitucional (não governamental). Essa sociedade já não é mais a sociedade estamental de outrora, mas é rigidamente classista, marcada por uma reduzida e difícil mobilidade social. Nesse marco, acentua-se a ascensão ao poder — e a consolidação do poder — da burguesia, dos seus direitos e das suas preferentes liberdades, inclusive a imposição quase absoluta do contrato individual de trabalho e da "liberdade" de contratar e de trabalhar. E à margem, ou de forma muito próxima desta, a oposição radical e o enfrentamento — às vezes violento — ante um sistema excludente e concentrado por ampla parte de setores sociais, sobretudo dos trabalhadores, através de associações, sindicatos e partidos políticos genericamente socialistas, muito dos quais operando na ilegalidade. Falamos fundamentalmente da situação do século XIX e do início do século XX.

c) Sacralização da propriedade privada individual: sendo a propriedade "um direito sagrado e inviolável", como constaria expressamente declarado no art. 17 da declaração francesa de 1789[343], esta e suas garantias seriam positivadas nos códigos civil e mercantil de Napoleão e, dali, seriam seguidos *tout court* pelo continente europeu. Constitui aquela

---

(343) "La propriété étant un droit inviolable et sacré."

a base do modo de produção que passaria a identificar-se como capitalismo: economia competitiva, de "livre mercado", com concomitante economia de baixos salários, subconsumo e/ou mera subsistência e pobreza para grandes grupos populacionais, com forte acumulação privada de capital e mecanismos de controle e decisão muito minoritários sobre as mais–valias e, em especial, sobre os investimentos e a orientação geral da economia. Esses seriam alguns dos traços, que hoje alguns pretendem em certa medida ressuscitar, ainda que com maior ênfase para a manutenção de padrões de consumo, no marco do Estado e/ou da sociedade de bem-estar.

d) A par de todo o anterior, declaração e proteção jurídica de liberdades e de certos direitos fundamentais, especialmente civis e políticos, com garantias administrativas, penais, processuais etc. Esses não eram apenas e inevitavelmente direitos da — e para a — burguesia. Precisamente as exigências e pressões sociais para o cumprimento efetivo do Estado de direito e as potencialidades de realização igualitária desses direitos iriam conjugar depois, de forma bastante coerente, a progressiva superação do reducionismo classista. A par disso, restava evidente que, nesse contexto social e estatal e sob esse regime econômico e de propriedade, tal reconhecimento de direitos fundamentais era, de fato, profunda e injustamente desigual e insuficiente, excluindo-se amplos setores sociais da sua margem de efetividade e de real participação.

Eram, pois, necessárias grandes mudanças em todos esses condicionantes e no próprio Estado (e também em seus mecanismos jurídicos), a fim de que o Estado de direito e a incipiente democracia pudessem assumir eficazmente as demandas dos menos favorecidos e avançar, assim, até uma maior generalização dessas exigências (fazendo-as mais reais para todos), com a consequente ampliação delas também no campo dos direitos econômicos, sociais e culturais[344].

Como alternativa dual e gradual, diante das graves crises e das insustentáveis carências e insuficiências do modelo liberal, esboça-se o Estado social de direito. A necessidade e a possibilidade dessa alternativa já se desvelam a partir, pelo menos, dos anos da primeira guerra mundial (1914-1918). Colaboram na construção desse modelo, propondo importantes mudanças econômicas, sociais e culturais, tanto alguns setores mais abertos e esclarecidos, defensores da ordem econômica (para seu saneamento e fortalecimento) como outros (partidos social-democratas e

---

(344) Destacamos, novamente, a profunda conexão entre os direitos fundamentais e o Estado de direito. Este existe, tem sentido e se justifica enquanto aparato institucional eficaz para a proteção e a realização dos direitos que — com implicações de legitimação e legitimidade — vão se constituindo como tais (legalidade) ao longo do tempo.

movimentos sindicais), que, com um sentido igualitário, proporiam maiores e mais progressivas transformações[345].

São, em resumo, algumas características delineadoras desse novo projeto político[346]:

> a) O Estado se faz intervencionista com o objetivo de atender certas demandas sociais de maior participação e de maiores quotas e zonas de igualdade real: espraia-se a ideia de sufrágio universal (não censitário). O sufrágio e o Estado intervencionista — que articula um amplo pacto social, assumindo compromissos com políticas de bem-estar social (saúde, educação, seguridade social etc.) — serão os dois principais componentes desse inequívoco fortalecimento da legitimação e da dupla participação democrática.

A expansiva ação social desse Estado intervencionista, Estado de serviços, que se demanda cada vez mais e em maior quantidade, em melhor qualidade e para mais amplos setores sociais, supõe um protagonismo e uma lógica proeminência para as tarefas e funções da administração pública. O Poder Executivo, sem, contudo, negar o — ou prescindir do — Legislativo (sem negar, portanto, o Estado de direito), converte-se de fato e em boa medida em poder legislador. E também se sinaliza que a sua outra atividade — a de execução e de administração — com frequência desborda — ainda que não necessariamente contradiga — os próprios marcos estritos das normas jurídicas. Desde as estritas exigências do Estado de direito, o que se verifica, de qualquer forma, são importantes transformações que devem ser tomadas em consideração[347].

> b) Sociedade de massas, industrial — mais tarde, pós-industrial —, tecnológica e de serviços, salarial e de consumo (inclusive de consumo conspícuo e de desperdício), sociedade orgânica, sociedade corporativa: esses são alguns dos rótulos e qualificativos utilizados pelos sociólogos para referirem-se a essas diferentes dimensões entre as quais se move o Estado social.

As corporações econômicas e profissionais, junto a outras de diversas naturezas, adquirem no contexto do Estado social uma maior presença e explícito

---

(345) John Maynard Keynes e Hermann Heller poderiam, cada um com suas teses, ser, respectivamente, bons ícones dessa aproximação dual. Nesse sentido, v. Keynes (1936; 2004) e Heller (2010).

(346) Para maiores detalhes sobre essas perspectivas, v. Bonavides (2004), Misrha (1984), Picó (1990) e Zippelius (1997).

(347) No fundo, esses eram alguns problemas que apareciam nas polêmicas dos anos 1920/1930, com Carl Schmitt (ALVAREZ, 2007), por um lado, e Hermann Heller (Heller, 2010), por outro; este, com um Estado de direito resolvido a sujeitar ao seu império a ordem econômica; aquele, pondo em xeque — negando — o próprio Estado de direito nessa condição interventora na ordem econômica.

reconhecimento público. A legislação se faz pactuada, concertada, com o próprio parlamento. Com isso, com mais direta participação, ampliam-se os potenciais de legitimação, coesão e paz social; por outro lado, sempre se produz algum risco maior de que se subordinem os interesses gerais aos interesses corporativos[348].

Nem todos têm, efetivamente, o mesmo peso, a mesma força, o mesmo poder, na mesa de negociação: e praticamente nenhum peso, força ou poder possuem os não corporativizados, ou os pertencentes a corporações de menor peso político. Da velha desigualdade individualista liberal se poderia, assim, estar passando (ou haver mesmo passado) — em qualquer caso, sem que uma possa ser equiparada à outra — a uma desigualdade grupal ou corporativa, desfrutada ou sofrida também em última instância por indivíduos particulares. É verdade, no entanto, que sem pactos também há riscos — talvez até maiores — de que se imponham tais fortes poderes.

    c) A economia do paradigma político consubstanciado no Estado social não pretende romper com o denominado modo capitalista de produção, ainda que em suas melhores manifestações, tampouco renuncie a reformas progressivas que transformam concretamente o sistema[349]. Em qualquer caso, no Estado social, a incorporação das demandas de maior igualdade, direitos e liberdades para os habitualmente menos favorecidos se pretendia fazer aceitando os — e trabalhando dentro dos — esquemas definidores de tal modo de produção (especialmente acumulação privada e economia de mercado), ainda que com a introdução de reformas substanciais, correções, regulações e redistribuições compatíveis, em princípio, com eles e que, se pensava, inclusive fariam mais reais e acessíveis a todos ditos mecanismos, aparatos e espaços de intercâmbio[350].

O balanço do Estado social parece ter sido inequivocamente positivo. Entre aquelas medidas corretivas introduzidas pelo Estado social, a que se mostrou, talvez, como mais relevante foi a criação e potencialização de um setor público estatal operante no campo da produção, assim como a de uma mais decidida ação dos poderes políticos para avançar nesses objetivos de melhor redistribuição. O Estado intervém desse modo na economia, contribuindo ao regular o volume de investimentos através de políticas que exigem aumento do gasto público e receitas

---

(348) O resultado disso seria um Estado *forte com os débeis e débil com os fortes*.
(349) A lógica de tal atitude implica entender que "capitalismo" e "socialismo" não são essências fechadas e absolutas, totalmente isoladas e incomunicáveis entre si, o mal ou o bem radicalmente inquestionáveis (ou vice-versa), mas devem ser vistos como momentos, partes ou setores de um sempre aberto e incompleto processo histórico.
(350) Não faltaram, entretanto, leituras que, partindo de uma esquerda radical, negavam a possibilidade e, inclusive, a utilidade dessas propostas, ressaltando, sobretudo, os aspectos ideológicos (alienantes) dessa pretendida integração social. Nesse sentido, v., *v.g.*, Gorter (1914), Pannekoek (1976; 2003) e Rühle (1925).

fiscais para gerar emprego, renda, consumo, poupança e, novamente, investimento. A partir dessa perspectiva, o setor público apareceria como muito funcional, inclusive como o mais apropriado e dinâmico para dito modo de produção[351].

Suas tensões, seu significado e sua estrutura dual permitirão, entretanto, que o setor público estatal seja também favorável para aqueles que desde ali pretendam não já a crescente e ilimitada reprodução ampliada do capital, mas a consecução de uma maior e mais decisiva participação real para a força de trabalho. Junto a isso, é verdade que o predomínio, ao lado daquele, de poderosas formas de organização de caráter oligárquico ou monopolista (especialmente em escala global), apesar do mito do capitalismo competitivo e da alegada economia social de mercado, dificultarão e imporão freios em ampla medida a tais potencialidades de desenvolvimento progressivo e de redistribuição mais igualitária, nacional e internacional, de maneira mais clara e explícita a partir da grande crise dos anos 1970.

  d) O que, sob um ponto de vista da necessária coerência democrática, devemos ter em mente como base imprescindível é que, no Estado social, buscava-se fazer também mais reais e iguais para todos essas liberdades e esses direitos civis e políticos proclamados mas tantas vezes postergados e convertidos em ficção pelos regimes liberais. Junto a isso, se intentava concretizar com caráter de universalidade os direitos econômicos, sociais e culturais derivados das necessidades básicas vitais, exigíveis a fim de se dar diferente sentido e melhores expectativas de vida a milhões de seres humanos.

Essas eram, especificamente, a partir da perspectiva das *esquerdas*, as principais metas a que se deveria aspirar e as que dariam maior e melhor legitimidade e legitimação ao Estado social. Sua garantia jurídica e, inclusive, sua realização efetiva, estavam de forma inequívoca unidas ao conceito e ao sentido mesmo do Estado (social) de direito e à realização de direitos sociais. Também seria Estado de direito o (anacrônico) modelo liberal (ou neoliberal), mas este, sem acolher o núcleo essencial de tais direitos sociais, dificilmente encontraria na atualidade legitimação fática, tampouco validez ou legitimidade racional. E se trata de avançar nele, no Estado social, de maneira gradual, integrando e procurando tais objetivos no marco renovado (transformado e mais democraticamente regulado) desse modo de produção capitalista, de aparente livre mercado e de efetiva acumulação privada dos meios de produção.

Tal sistema, e o pacto social partidos-sindicatos que estava na sua base, funcionou com ampla vigência e efetividade operativa, não sem altos e baixos, insuficiências de fundo e crises conjunturais, durante bons decênios em alguns dos países economicamente mais desenvolvidos; e especialmente o fez durante o

---

(351) Nesse sentido, v. Keynes (1936; 2004).

segundo pós-guerra, até os anos 1970, aproveitando-se do ciclo expansivo das economias ocidentais desse período. Assim, foram possíveis essas políticas redistributivas e de importantes serviços sociais e prestações de bem-estar que caracterizaram as melhores e insuprimíveis aportações do Estado social e que, como Estado de direito, foram em ampla medida garantidas por leis e tribunais.

Mas, por um lado, as repercussões dos complexos processos de decolonização, de maior alcance na política do que na economia, com todas as contradições e dificuldades que se poderia supor, e, por outro, os limites do financiamento de tais políticas públicas sociais no marco do sistema capitalista levaram à situação que se denominou de "crise fiscal do Estado", resumo muito abreviado dos atuais problemas do binômio Estado social de direito — Estado de bem-estar social (*welfare state*). Nem a economia — ressalta-se e admite-se, com umas e outras diferentes implicações e derivações — tem possibilidades, nesse marco, para pretender financiar essas expansivas políticas públicas sociais, nem o Estado pode, assim, comprometer-se com garantias jurídicas, como Estado de direito, a proteger tais exigências, demandas e direitos fundamentais (crise de governabilidade)[352].

Que pode e deve fazer o Estado, o Estado de direito, ante tão difícil e complexa situação? A par dos paradigmas políticos iniciados na era Reagan-Thatcher, que se destacam por uma volta atrás, não absoluta e total aos tempos do abstencionismo estatal — pois isso ocasionaria uma ruptura da coesão social e uma deslegitimação política (quase) impossível de suportar, tanto para os governos (com inevitáveis retrocessos contrários ao Estado de direito) quanto, sobretudo, para os cidadãos/administrados, para seus direitos e para suas liberdades —, mas com uma substancial paralização, e inclusive desmantelamento, de boa parte dessas políticas de bem-estar e a imposição de um modelo de Estado conservador, residual e neoliberal[353], é necessário verificar que a base fundamental do Estado social ainda é a base do contemporâneo Estado democrático de direito, que assume muitas das suas conquistas.

Trata-se, em primeiro lugar, de um Estado que passa de um tipo de Estado envolvido em excesso em um indiscriminado intervencionismo quantitativo a um Estado que intervém de forma mais qualitativa e seletiva, com importantes revisões e correções dentro dele. Trata-se de que este, o Estado, por querer fazer demasiadas coisas, não deixe de nenhum modo de fazer, e fazer bem (sem corrupções e desvios), aquilo que lhe corresponde fazer em função das metas, necessidades, interesses gerais e particulares, obrigações éticas e políticas que, ademais, os cidadãos/administrados possam e devam exigir. Há valores, bens e direitos que não podem nem devem ficar à inteira disposição do mercado. O que se demarca aqui é que não pode haver, por um lado, uma sociedade de bem-estar nem, por outro, uma

---

(352) Sobre a "crise fiscal do Estado" e a consequente "crise do Estado social", v. O'Connor (1977).
(353) Entre os expoentes dessa vertente, podemos citar Friederich Hayek, Milton Friedman e Robert Nozick.

real emancipação em uma nova sociedade sem um Estado que trabalhe com força em tal direção.

Trata-se de centrar a atenção do Estado nos verdadeiros interesses gerais (compostos, ainda assim, por legítimos interesses de particulares). Mas não se trata, todavia, de reduzir o Estado ao princípio conservador de "subsidiariedade". Não se trata, portanto, de relegar ao Estado unicamente aquilo que os demais não possam ou não lhes interesse fazer: há que mirar o interesse real dos cidadãos/administrados. Não, pois, a partir de uma ética colonizada, em que o Estado seja um provedor de utopias, mas de uma ética garantista e democrática.

Um Estado, independentemente do seu regime, da sua natureza e da sua forma de governo, tem peculiares e especializadas funções a realizar. O Estado deve, assim, realizar certas atividades tidas por fundamentais, porque se elas não se realizam, o corpo político não chega a atingir os objetivos que estão na base de sua origem e justificação. Para atingir seus fins, o Estado deve agir, deve desenvolver atividades em prol do bem-estar e da satisfação das necessidades fundamentais — sobretudo econômicas, sociais e culturais — dos cidadãos/ administrados. E a atuação estatal concretiza-se segundo o conteúdo peculiar das funções atribuídas às suas agências e aos seus agentes, em três dimensões fundamentais, que concernem aos poderes-funções estatais: poder-função legislativo, poder-função governativo (executivo) e poder-função judicial/jurisdicional (judiciário).

É da natureza mesma da organização do Estado que sejam formuladas regras que concernem à sua própria estrutura (a estrutura do Estado), e também regras que concernem à regulação das relações entre o Estado e os cidadãos/administrados. Daí que não basta, ao Estado, a edição de normas, pelo Poder Legislativo, mas também gerir, administrar e formular, implantar e avaliar políticas públicas sociais que atendam efetivamente os desejos e as necessidades da cidadania segundo essas normas previamente editadas. Além disso, pela função judicial, defende-se o corpo normativo em questão. Estado de direito, pois, é aquele que se pauta pelo respeito aos direitos fundamentais, sejam eles civis, políticos ou sociais, e promove a expansão das liberdades e garantias públicas em todas as áreas, cumprindo com os deveres que lhe são atribuídos e adotando o império da lei na sua mais elevada fórmula, a supremacia da Constituição, além de concretizar e sindicar a sua mais harmoniosa aplicação.

2.3. A DIGNIDADE HUMANA E A GARANTIA DO *"MÍNIMO EXISTENCIAL"*, PEDRAS DE TOQUE DO ESTADO DEMOCRÁTICO DE DIREITO

A par dos problemas atuais do binômio Estado social de direito — Estado de bem-estar social (*welfare state*), com a alegada "crise de governabilidade" e, consequentemente, com a substancial paralização, e inclusive desmantelamento, de boa parte dessas políticas de bem-estar e a imposição de um modelo reacionário de Estado conservador, residual e neoliberal[354] —, é absolutamente necessário verificarmos que a base fundamental do Estado democrático de direito contemporâneo ainda é a mesma base fundamental do Estado social histórico, já que o Estado democrático de direito contemporâneo assume muitas das conquistas do Estado social, como o dever de realizar os direitos fundamentais dos cidadãos/administrados. Por isso, a *dignidade humana* é reconhecida, no Estado democrático de direito, como um valor supremo, o primeiro dos valores fundamentais, o verdadeiro epicentro de todo o ordenamento jurídico, em torno do qual gravitam todas as demais normas.

Nesse sentido, um dos grandes avanços do constitucionalismo social foi haver dotado os direitos humanos de certa força vinculante, seja incorporando-os às constituições nacionais, como direitos fundamentais, seja conferindo um *status* especial aos tratados internacionais de direitos humanos. Assim, para além do complexo debate jurídico sobre as relações entre o direito internacional (*direito dos direitos humanos*) e o direito constitucional interno (*direito dos direitos fundamentais*) — monismo e dualismo —, as constituições contemporâneas, no marco do Estado democrático de direito, têm, além de cláusulas que conferem um *status* especial aos tratados internacionais de direitos humanos[355], incorporado definitivamente os direitos humanos ao virtuoso/eloquente catálogo das garantias constitucionais — ou seja, dos direitos ditos fundamentais: o projeto do Estado democrático de direito, herdeiro do Estado social, passa, necessariamente, por uma concepção da democracia constitucional como um sistema jurídico-político profundamente vinculado, em termos materiais, àqueles direitos que podemos concomitantemente qualificar de humanos/fundamentais[356]. Portanto, na

---

(354) Grau (2001, p. 69-75), Mello, C. A. B. (2001, p. 35-47) e Rocha (2001, p. 9-34) criticam enfaticamente o contínuo desmantelamento, no Brasil, dos lineamentos básicos dados pela Constituição de 1988. Segundo Grau (2001, p. 69), "Nenhuma outra de nossas Constituições terá sido tão criticada como a de 1988. Dela se tem falado mal, tem-se atribuído todos os males, todas as distorções, todos os desequilíbrios que caracterizam a sociedade e o Estado brasileiro. O Brasil seria ingovernável, diz--se, sob a Constituição de 1988. Por isso se impunha a sua revisão — afirmou--se de início —, ao menos a sua reformulação mediante Emendas Constitucionais — passou-se a dizer após. Jamais, contudo, foi esclarecido *por que* e *como* a Constituição de outubro de 1988 comprometia a governabilidade e/ou seria adversa aos interesses do povo brasileiro, titular do poder que a constituiu".

(355) Essa tendência parece começar com a Constituição portuguesa, que, no seu art. 16, estabelece que: "Os direitos fundamentais consagrados na Constituição não excluem quaisquer outros constantes das leis e das regras aplicáveis de direito internacional" e que "Os preceitos constitucionais e legais relativos aos direitos fundamentais devem ser interpretados e integrados de harmonia com a Declaração Universal dos Direitos do Homem". Na América Latina, a Constituição peruana de 1979 parece inovar nesse tratamento constitucional dos direitos humanos, seguida pelas constituições da Guatemala (1985) e da Nicarágua (1987). As constituições contemporâneas de outros países, como Argentina, Brasil, Espanha e Venezuela, com maior ou menor grau, também adotam essa tendência do constitucionalismo social, de reconhecer, ao menos sob certas condições, um *status* e uma hierarquia particulares aos tratados de direitos humanos.

atualidade, são exatamente os direitos humanos — ou melhor, o efetivo respeito aos direitos humanos — os principais referentes utilizados pela comunidade internacional para avaliar a legitimidade de um ordenamento jurídico-político[357].

Por outro lado, o fundamento da autoridade normativa dos direitos humanos que vêm sendo positivados pelas constituições, e, portanto, também dos direitos fundamentais nelas proclamados, confunde-se com o próprio valor supremo de dignidade humana, nos termos da Declaração Universal de Direitos Humanos[358].

A fundamentação argumentativa da presumida validade universal dos direitos humanos, *para todos os homens*, e a consequente eleição, pela via constitucional, de determinados direitos como fundamentais aos cidadãos/administrados[359], tem que poder basear-se em uma ideia axiologicamente adequada de dignidade humana: esta, a dignidade humana, constitui o elemento central para a construção de um

---

(356) Em matéria de direitos humanos, tem-se desenvolvido um verdadeiro "direito constitucional internacional" ou um "direito dos direitos humanos", que exsurge da ampla convergência dinâmica entre o direito constitucional e o direito internacional, que se retroalimentam e auxiliam mutuamente na proteção da dignidade humana. Dessa forma, tendo-se em conta que os princípios gerais de direito reconhecidos pelas civilizações são uma das fontes reconhecidas do direito internacional (art. 38.1 do Estatuto da Corte Internacional de Justiça), resulta razoável que o próprio direito internacional tenha em conta os avanços do direito constitucional em matéria de direitos humanos para o seu próprio desenvolvimento e vice-versa: a adoção constitucional generalizada de determinadas normas de direitos humanos pode ser considerada como uma expressão do estabelecimento de um princípio geral de direito. O desenvolvimento dos direitos humanos é, assim, dinamizado tanto pelo direito internacional como pelo direito constitucional, devendo o intérprete optar, sempre, em função do princípio de *favoralibilidade* (*pro homine*), pela norma mais favorável à realização desse valor supremo que é a dignidade humana. Segundo Dulitzky *apud* Martin, Rodríguez y Guevara (2004, p. 34), a expressão "direito dos direitos humanos" é utilizada por Ayala Corrao, enquanto a expressão "direito constitucional internacional" é utilizada por Flavia Piovesan.
(357) Assim, no âmbito do constitucionalismo social contemporâneo, o tratamento especial e privilegiado dos direitos humanos justifica-se a partir de uma profunda afinidade axiológica e normativa entre o direito internacional, que, a partir da Carta das Nações Unidas e da Declaração Universal dos Direitos Humanos, coloca os direitos humanos no seu próprio ápice, e o direito interno, que coloca de forma correspondente os direitos fundamentais (constitucionais): é natural, portanto, que as constituições contemporâneas enfatizem esa afinidade conferindo em *status* especial aos instrumentos internacionais proclamadores dos direitos humanos.
(358) "Art. 1º Todas as pessoas nascem livres e iguais em dignidade e direitos. São dotadas de razão e consciência e devem agir em relação umas às outras com espírito de fraternidade." A interpretação do conteúdo normativo dos tratados de direitos humanos proclamados depende, assim, de forma decisiva, da dignidade humana dos seres humanos individuais dotados de razão e consciência: é esse o *espírito* da concepção clássica dos direitos humanos para o liberalismo político (que não se confunde com o liberalismo econômico), que concentra toda a sua relevância na defesa do indivíduo (o cidadão/administrado) contra o Estado e nos direitos de participação política do indivíduo dentro daquele (o Estado).
(359) Como já afirmamos, a ideia de *direito fundamental*, em um plano axiológico, concerne às prerrogativas e às instituições que o ordenamento positivo concretiza em garantia de uma convivência digna, livre e igual de todas as pessoas. Sua *fundamentalidade* decorre do fato de que, sem ele, a pessoa não se realiza, não convive e, em situações mais radicais, nem sequer sobrevive: são direitos imprescindíveis para a vida digna e, por isso, exigíveis em nome de todos e para todos os cidadãos/administrados — daí deriva a sua ampla correspectividade aos "direitos humanos".

fundamento, independentemente da forma jurídica que os veiculem dogmaticamente, para os proclamados direitos humanos fundamentais. Os direitos humanos têm que poder ser positivados axiologicamente como direitos fundamentais do homem; a dignidade humana, fundamento a partir do qual isso acontece, é uma "premissa forte", ou seja, é uma idealização que está presente em todas as positivações, mas que não se perde nelas. Essa tal ideia de dignidade humana tem que constituir um fundamento normativo universal sólido e irredutível de todas as declarações concretas de direitos humanos e de todas as constituições dos Estados democráticos de direito.

Caberia perguntarmo-nos se temos, de fato, tal concepção de dignidade humana. Sua definição não parece haver sido alcançada, até o momento, senão de forma negativa e indireta, considerando-se, assim, expressão da dignidade humana justamente uma série de direitos e de expectativas materiais cuja violação concreta representaria, concomitantemente, a violação da dignidade humana[360]. A par desse evidente círculo vicioso, essa definição indireta poderia ser enunciada nos seguintes termos gerais — a dignidade humana consiste, basicamente, naquilo que seria violado:

    a) se fossem subtraídos, à pessoa, os bens indispensáveis para a vida e/ou as liberdades mínimas;

    b) se é imposta à pessoa profunda e duradoura dor física e/ou psíquica evitável, ou se lhe é negado ou reduzido o próprio *status* de sujeito de direito.

O núcleo central de tal ideia de dignidade humana, como fundamento universal dos catálogos de direitos humanos particularizados culturalmente, requer, ademais, uma variação em torno das formulações do imperativo moral kantiano[361]: exige-se

---

[360] A formação de um catálogo de direitos humanos está, de fato, associada ao catálogo das chamadas "histórias tristes", ou seja, àquelas experiências coletivas de extremo sofrimento e de exposição do homem a experiências extremamente indignas, sobretudo ao longo do século vinte, pródigo em guerras, ditaduras e genocídios, objeto de sucessivas interpretações morais que constituem a base do chamado "saber moral" negativo (MARGALIT, 1997, p. 141 *et seq.*). Para os que dispõem desse saber, é muito clara a exigência de concretizar a proteção dos direitos humanos para evitar-se que essas experiências repitam-se. É nesse sentido que Habermas (2003b, p. 124) afirma que na maioria dos artigos referentes aos direitos humanos retumba o eco de uma injustiça sofrida que passa a ser negada, por assim dizer, palavra por palavra.
[361] O princípio da dignidade humana desenvolveu-se, sobretudo, a partir dos estudos de Immanuel Kant: foi Kant que, tentando fundamentar um dos imperativos categóricos universais por ele formulados, pôs em evidência o caráter único e finalístico em si mesmo do ser humano: "Age como se a máxima de tua ação devesse tornar-se, por tua vontade, lei universal da natureza" (KANT, 1974, p. 224). Kant afirma, assim, que o homem, e de uma maneira geral todo o ser racional, existe como fim em si mesmo, não só como meio para o uso arbitrário desta ou daquela vontade. Pelo contrário, em todas as suas ações, tanto nas direcionadas a ele mesmo como nas que se dirigem a outros seres racionais, ele (o homem) deve ser "sempre considerado simultaneamente como um fim" (KANT, 1974, p. 229).

de qualquer homem que trate a outro da forma como gostaria de ser tratado por este, e não como as circunstâncias conjunturais o indiquem[362]. Os direitos humanos são, portanto, uma questão social e cultural (educacional), e não uma questão meramente política ou econômica.

Assim, a questão dos direitos humanos, e com ela da própria dignidade humana, coloca-se como algo parecido a uma "maratona existencial", de resistência e de afirmação[363]: incumbe a todos e a cada um de nós, sendo indelegável a terceiros — mesmo ao Estado —, sob pena de perda de autonomia, respeito e, mesmo, dignidade. É uma tarefa de todos e de cada um dos cidadãos/administrados, independentemente de sua origem, de sua condição social ou de suas convicções. Se tal revolução cultural e mental não ocorre, pouco ou mesmo de nada serve que um Estado-providência provedor de utopias reedite as atitudes de um déspota esclarecido.

Em síntese, àqueles que ainda não aceitam a ideia da dignidade humana como valor palpável, integrado concretamente ao sistema jurídico, por entendê-la como uma formulação demasiadamente abstrata, devendo apenas fornecer, por isso, uma base para a aplicação de outros princípios fundamentais, como a privacidade, a autodeterminação, a integridade física e mental etc., deve ser oposto o caráter concreto e autoaplicável da dignidade humana, expresso na vida concreta de cada sujeito particularizado a partir do paradigma da razão comunicativa: a língua é uma condição essencial à existência da possibilidade humana[364]; a partir daí, a vida não é somente o primeiro e fundamental direito a ser protegido pela lei; é, mais, a própria condição primária de possibilidade de quaisquer outros direitos. Desenvolve-se, assim, o conceito de supremacia absoluta da vida humana, vida que, para ser entendida como tal, deve ser digna.

Esse paradigma impõe pensar a vida sob um aspecto material, ou seja, o ponto de partida desse paradigma é a vida com um conteúdo propriamente material, pois a vida é, sobretudo, vida concreta, biológica[365]. Nesse contexto, o núcleo do

---

(362) Assim, segundo Villoro (1993, p. 131 *et seq.*), "Provisionalmente, se puede concluir que la concepción de los derechos humanos no tiene que optar entre universalismo y particularismo. Es intrínseca al programa de los derechos humanos tanto la premisa de la *humanitas* cuanto la de su politización y su historicidad. La cuestión que queda es la de (re)trazar el itinerario de la interpretación de la *humanitas* como idéntica con la problemática idea de que solamente la cultura europea correspondería a la esencia misma de la especie humana".
(363) Nesse sentido, o pensamento de Zambrano (2008), para quem a vida não pode ser vivida sem um ideal, mas um ideal que não pode ser meramente abstrato: "ha de ser una idea informadora, de la que se derive una inspiración continua a cada acto, en cada instante". Assim, aceitação e resistência parecem ser as condições últimas da vida, ou seja, a vida deve estar aberta para aceitar, mas também deve ser forte para resistir: a aceitação a leva a entrar em ação, em movimento, em constante transformação; a resistência, a perseverar. A primeira é uma ação incessante; a segunda é conservação.
(364) Nesse sentido, v. Habermas (2003b).
(365) Assim, podemos afirmar que a vida nunca poderá ser reduzida a uma ideia, a uma abstração, dado seu substrato concreto, físico e biológico. Nesse sentido, v. Maturana e Varela (2001).

princípio da dignidade não supõe apenas garantir a proteção da dignidade humana no sentido de assegurar para a pessoa, de forma genérica e abstrata, um tratamento não degradante, tampouco significa o simples oferecimento de garantias à integridade física ou psíquica do ser humano: nesse ambiente, de um renovado humanismo, a vulnerabilidade humana será tutelada de forma prioritária onde quer que se manifeste, e como se manifeste, de modo que sempre terão preferência os direitos e as necessidades de certos grupos sociais considerados, de uma forma ou de outra, mais vulneráveis, e que estão, assim, a exigir uma proteção especial: as crianças e os adolescentes, os idosos, os portadores de deficiências físicas ou mentais, os consumidores, os trabalhadores, os desempregados, os pobres e os membros de minorias étnico-raciais, entre outros[366].

Está claro que, nessa dimensão, é impossível reduzir a uma fórmula genérica e abstrata *a priori* tudo aquilo que constitui o núcleo da dignidade humana. Assim, essa discussão sobre o respeito à dignidade humana e à consequente delimitação do seu conteúdo só pode ser levada a cabo no caso concreto, quando se possa perceber uma efetiva agressão à dignidade da pessoa. Nesse contexto, parece-nos claro que a materialidade do princípio da dignidade humana assenta-se sobre o denominado "mínimo existencial"[367].

Por isso, é necessária a adoção de uma nova visão sobre os direitos sociais, pois a efetividade de quaisquer direitos humanos fundamentais, vinculados à dignidade humana e relacionados à liberdade e à autonomia da pessoa, não é possível sem a garantia, para ela, do mínimo existencial, condicionado econômica, social e culturalmente. Isso implica refutar o processo liberal de banalização — que destitui, na prática, a autoridade dos direitos humanos fundamentais — e de fragmentação teórica dos direitos humanos fundamentais[368], repensando esses direitos e as suas garantias, pois a concretização dos chamados direitos sociais não pode ser considerada separadamente da consolidação da própria democracia e dos direitos civis e políticos: a realização da cidadania real, imprescindível para a democracia, requer reformas econômicas, sociais e culturais para a remoção dos obstáculos que a impedem[369].

De fato, o próprio significado social de "pessoa" está relacionado com as diferentes posições que cada um de nós ocupa — e através das quais atuamos — dentro de cada campo concreto[370], e essas posições, cujo conjunto constitui a nossa definição social de pessoa, estão definidas dentro de cada campo de tal forma que nos permitem determinadas práticas sociais e nos impedem ou restringem

---

(366) Cf. Moraes (2003, p. 116-117).
(367) Segundo Barcellos (2002, p. 198), o mínimo existencial corresponde ao conjunto de situações materiais indispensáveis para a existência humana digna: o mínimo existencial e o núcleo material da dignidade humana correspondem ao mesmo fenômeno.
(368) Cf. Ferraz Junior (2007, p. 517 e ss.).
(369) Cf. Dimenstein (2006, p. 22 e ss.).
(370) Cf. Bourdieu (2000, p. 112).

outras[371]. Disso tudo, verifica-se que, dentro de cada campo, as posições não são igualitárias; ao contrário, uma das características mais destacadas desses campos é a distribuição diferente — substancialmente diversificada e estratificada — de certos atributos entre as posições ocupadas pelos indivíduos. É justamente essa distribuição diferente que conforma a base de certas definições sociais diferenciadas das posições; umas em relação às outras, as diferentes posições têm estabelecidas entre si a forma como deveriam relacionar-se reciprocamente: como iguais, em superioridade (uma com mais poder e/ou influência sobre a outra), em inferioridade, ou, mesmo, não poderem, nem deverem relacionar-se[372].

Pobre, desempregado, analfabeto etc. são categorias que determinam a posição das pessoas e, consequentemente, estabelecem um tratamento determinado por parte dos demais atores do campo, ao mesmo tempo em que faz com que aqueles que ocupem determinada posição esperem do restante determinado tratamento, em um processo cultural de institucionalização das diferenças, das discriminações e das clivagens econômicas, sociais e culturais como parte de um esquema de reprodução social e de dominação[373].

Nesse contexto, em relação aos direitos humanos e à dignidade humana, a posição da pessoa como nexo entre a ideia abstrata de pessoa e a nossa práxis em relação ao conjunto de posições deveria refletir um conjunto de direitos — e correspondentes deveres implícitos — que decorrem da igual dignidade de todas as pessoas. Mas a existência social das pessoas concretas caracteriza-se, de fato, por uma constante restrição e vulneração desses direitos como resultado das diversas práticas e definições que se estabelecem. Conclui-se, assim, que os direitos abstratos concretizam-se em cada campo através das práticas resultantes do jogo entre as diferentes posições: a igualdade real deixa de existir, já que cada campo comporta uma distribuição de atributos e bens considerados escassos e que se vertem em verdadeiros privilégios. Para sustentar essa distribuição desigual de atributos e bens, cada campo tem organizados mecanismos reprodutivos que atuam sincrônica e diacronicamente, e que tendem a afetar — e, em geral, a acentuar — essas distintas atribuições de direitos e deveres às posições.

O controle desses mecanismos reprodutivos concentra-se nas posições privilegiadas de cada campo, seja porque aqueles que as ostentam exercem um

---

(371) Nesse sentido, v. Zambrano (1996).
(372) Cf. Torrazza (2006, p. 27 e ss.).
(373) Assim, *v.g.*, nas sociedades atuais, marcadas pelo consumismo capitalista, o poder de consumo vem substituindo progressivamente os direitos fundamentais das pessoas. O próprio ideal de felicidade atualmente está diretamente relacionado com os padrões de consumo de produtos e serviços: a dignidade humana se reduz à (ou é medida pela) capacidade de aquisição de determinados bens, adoção de certo estilo de vida e possibilidade de frequentar determinados espaços. Com a globalização, o mercado, ao garantir as exclusões, tornou-se a mais prolífica e menos controlada "linha de produção" de pessoas excluídas. Como afirma Bauman (2005), em uma sociedade de consumidores, os excluídos são as pessoas carentes de recursos materiais e, portanto, incapazes de consumir.

controle direto desses mecanismos, concretamente, seja porque exercem sobre eles um controle simbólico[374]. Dessa forma, o próprio conceito de sociedade conforma-se a uma estrutura de campos em que as pessoas, através de suas posições (com as suas definições e os seus privilégios), relacionam-se entre si, estabelecem práticas sociais e perpetuam-se diversas clivagens — étnicas, de gênero, de *status* social ou econômico etc. — e desiguais distribuições de bens e direitos econômicos, sociais e culturais.

Falar de direitos humanos e, consequentemente, de dignidade humana é, portanto, falar de fazer acessíveis os direitos sociais a grupos humanos que habitualmente não têm pleno acesso a esses direitos. Ou seja, trata-se de abrir um caminho novo, verdadeiramente alternativo e real, a uma cidadania não excludente, democrática em seu sentido participativo e devotada para uma práxis autenticamente transformadora da própria sociedade. Para colocá-lo em marcha é necessária grande energia e vontade política, mas também, concomitantemente, é necessária uma grande capacidade técnica para (re)idealizar os conteúdos e as técnicas que nos permitam (re)pensar os direitos sociais, as suas garantias e a própria atuação do Estado democrático de direito[375].

As instituições jurídicas e o direito podem ser instrumentos de opressão social quando estão apartados da democracia; no entanto, com a democracia participativa e a fortaleza da cidadania, o direito pode desvelar-se uma instituição coletiva de libertação[376]. Evidentemente, não pode haver cidadania significativa sem democracia, tampouco um modelo de democracia pode ser substancialmente democrático sem cidadania real. É necessário, portanto, reconstruir algumas premissas do campo jurídico para um direito posto não apenas como um instrumento de defesa social frente às arbitrariedades, mas também como um instrumento de tutela da própria cidadania real em um contexto inclusivo e de construção permanente de um modelo de desenvolvimento mais humano, mais justo e mais democrático, pondo em marcha atos concretos e orientados à plena efetividade dos direitos sociais, por todos os meios possíveis, empregando o máximo de recursos disponíveis.

Uma revisão modernizadora dos direitos humanos fundamentais que recorra à argumentação crítica e à concertação social, conciliando diferentes vertentes, poderia ativar mecanismos de formação de opinião pública críticos e politicamente

---

(374) Cf. Althusser (1977, p. 301 *et seq.*).

(375) Nesse sentido, v. Pereira e Dias (2008).

(376) Não nos parece difícil perceber que se as normas são criadas pelos próprios interessados em vê-las cumpridas, através da cooperação dos atores sociais fundada no binômio autonomia-solidariedade, sua materialização está muito mais presente na autonomia do que em casos de anomia ou heteronomia — é necessário envolver, pois, todos os participantes na produção, interpretação e aplicação das normas; "de allí la efectividad normativa legítima— y el modelo normativo de acción está, además, asociado a un claro modelo democrático de aprendizaje y de autorreconocimiento que tiene en cuenta la interiorización de valores" (cf. HABERMAS, 2005, p. 129).

relevantes, que poderiam atuar em todos os planos, restaurando o ponto inicial de partida dos direitos humanos, que foi o germe do liberalismo político iluminista.

É importante, contudo, ressalvar que o liberalismo econômico e o liberalismo político não coincidem[377]. O cerne moral do liberalismo político permanece na concepção discursiva dos direitos humanos fundamentais: corresponde à obrigação de que todos os processos de autodeterminação coletiva devam ser regulamentados segundo o problema a que se referem, assim como à de que, neles, a liberdade de autodeterminação (autonomia) de cada um deva ser preservada, fortalecida e protegida, para que a autonomia de um não se sobreponha sobre a (à custa da) autonomia operacional de outro. O cerne moral do liberalismo econômico, pelo contrário, é a proteção de uma partilha de benefícios "contratados" entre as partes. Mas a regulamentação dos mercados pela noção de eficiência[378] não pode substituir a ideia central do liberalismo político[379].

A forma universal dos direitos humanos, e sua fundamentalidade nos ordenamentos particulares, corresponde à exigência de uma ordem mundial na qual todos os homens possam realmente desfrutar de todos os seus direitos humanos e fundamentais. O processo de especificação e reclamo de conteúdos particulares para a forma universal dos direitos humanos é um processo empírico e coletivo de aprendizagem moral e política. Sua dinâmica processual tem que corresponder às normas definidas — ou definíveis — de um discurso argumentativo negocial sobre normas morais controvertidas, ao menos para que as convenções obtidas na (pela) comunidade real particular de comunicação e argumentação possam ser enunciadas e apresentadas como válidas para todos os homens[380].

---

(377) Sobre a definição de liberalismo político, v. Rawls (1993, p. 43 *et seq.*) e Ulrich (1998, p. 296 *et seq.*).
(378) Na teoria econômica neoclássica, a noção de eficiência, traçada por Pareto, refere-se à eficiência de um sistema, entendendo-se como eficiente o sistema se não há forma de melhorar-se o bem-estar de um indivíduo sem que outro seja afetado no seu próprio bem-estar. Uma distribuição eficiente de recursos, nesse sentido, não é uma distribuição na qual todas as pessoas conseguem aumentar o seu bem-estar, ou na qual os recursos são oferecidos preferencialmente às pessoas que deles mais necessitam, mas uma distribuição na qual ninguém consegue aumentar seu próprio nível de bem-estar sem reduzir concomitantemente o nível de bem-estar de alguma outra pessoa. A ideia de eficiência do sistema está relacionada com o conceito de elite, definida e constituída, por sua vez, pelos "melhores elementos" da sociedade. Trata-se de uma teoria que influenciou profundamente o fascismo italiano e que, paradoxalmente, continua presente no cerne do pensamento econômico conservador atual. Para uma melhor compreensão da noção de eficiência nesse contexto, v. Pareto (1988) e Alvarez (2007).
(379) Como afirma Thurow (1996), democracia e capitalismo partem de crenças muito distintas sobre a adequada distribuição do poder. A primeira funda-se na distribuição equitativa do poder político, "um homem, um voto", enquanto o capitalismo se funda na crença de que é dever dos economicamente mais aptos expulsar aos não aptos do negócio (concorrência) e eliminá-los. A "sobrevivência do mais apto" e as desigualdades no poder de compra são a base da eficiência capitalista. Assim, as empresas se tornam eficientes para enriquecer. Por isso, atualmente, quanto mais se desenvolvem os mercados, mais parece vulnerável a igualdade entre os homens.
(380) Um exemplo de uma comunidade complexa desse tipo foi a conferência da Organização das Nações Unidas em Viena, em 1993, sobre direitos humanos. Nela, representantes de Estados,

Instrumentalmente, portanto, os direitos de informação, comunicação e argumentação são direitos de extrema relevância porque todos os demais direitos pactuados dependem de três fatores: a) que cada homem queira ter uma ideia correta de como os outros homens querem e/ou necessitam viver; b) que todos possamos comparar essas ideias de modo mais ou menos equivalente; e c) que nos coloquemos de acordo sobre tais questões na sua raiz, e não nos limites que os mais poderosos tenham decidido fixar.

Para que possamos comparar tais ideias equivalentes no quadro das diversidades e nos colocarmos de acordo ao seu respeito, não há necessidade de um modelo de racionalidade particularmente ambicioso ou especializado, e por isso mesmo talvez culturalmente relativo. Para esse fim basta a racionalidade que se emprega habitualmente para estabelecer um diálogo e para oferecer e ponderar argumentos: a razão argumentativa. É de supor que cada um disponha de "suficiente razão" (racionalismo) para dialogar com outro, em uma argumentação discursiva, em torno de questões comuns a ambos. Nesse contexto, a razão argumentativa ou a racionalidade discursiva consiste em um poder e em um saber articular (e revisar) as nossas pretensões de validez, os nossos fundamentos e as nossas experiências, tudo isso sem que nos esqueçamos dos outros[381].

A articulação de todos os processos possíveis de autodeterminação coletiva sobre um problema de referência, em que é preservada, fortalecida e protegida a autonomia de cada um, sem que a autonomia operacional de um venha a ser sacrificada em benefício da autonomia de outro, é o que os direitos humanos têm em comum com o liberalismo político — e o que eles têm a ver com os direitos sociais. Portanto, não só pouco, mas, na realidade, nada teriam a ver com o liberalismo econômico.

Direitos humanos fundamentais — civis, políticos e sociais — devem ser um problema universal, não só abstrato, intelectual, mas generalizado no desenho de todos os segmentos da sociedade. Deve ser exigida generalização e universalidade para todos os direitos humanos fundamentais, civis, políticos e sociais. Generalização no sentido de que esses direitos são para todos e por todos; universalidade no sentido do componente metafísico da concepção da pessoa humana, independentemente de etnia, religião, preferências sexuais, cultura ou gênero[382]. Não parece existir nenhuma razão para que continuemos insistindo na separação e na distinção dos homens, classificando-os e hierarquizando-os.

Assim, os direitos sociais, direitos que sustentam o conceito de mínimo existencial, não podem deixar de ser concretizados sem que se viole profundamente

---

comissários de diferentes organizações civis não governamentais e militantes de direitos humanos formaram uma comunidade de argumentação e comunicação claramente orientada pela busca de concretização dos conteúdos que dariam eficácia às normas universais que os direitos humanos supostamente são.
(381) Nesse sentido, v. Apel; Kettner (1996).
(382) Cf. Said (1993, p. 383 *et seq.*).

esse valor supremo que é a dignidade humana. Para isso, o Estado-Executivo institui entidades públicas, ligadas à administração pública, para que diretamente, ou mediante cooperação com entidades do setor privado, formulem e executem as políticas públicas sociais mais adequadas às necessidades da população que atendem: uma *administração pública democrática de direito*, ou seja, uma administração pública que, quando está promovendo os seus atos oficiais, cumprindo as suas atribuições normativas e políticas de acordo com o interesse público, o faz respeitando e perseguindo os ditames concernentes à realização da justiça social e dos direitos fundamentais — civis, políticos, sociais — que articulam a cidadania moderna: uma *boa administração pública*, uma *administração pública eficiente e eficaz*, uma *administração pública dialógica*.

Os direitos sociais foram sucessivamente constitucionalizados no século vinte, sendo, assim, sucessivamente proclamados como direitos *fundamentais*, deixando-se para trás os limites do Estado Liberal e as suas arcaicas formulações. As contradições entre os princípios do Estado Liberal e os do Estado Social foram superadas pelo Estado democrático de direito, que se vincula a uma concepção material (e não meramente processual) de democracia como participação também em resultados, o que exige, para os direitos sociais fundamentais dos cidadãos/administrados, uma configuração jurídico-política e uma interpretação coerente com esses supremos princípios democráticos.

O Estado de direito, como expomos, corresponde à institucionalização jurídico-política da democracia, sendo a sua razão de ser a proteção e a efetiva realização dos direitos fundamentais, incluindo os direitos sociais[383]. O fundamento de validez da democracia pluralista radica na autonomia moral do ser humano como fim em si mesmo, participante em um duplo sentido na constituição do próprio sistema, através da formação da lei (participação nas deliberações) e através da participação nos resultados sociais. Tais direitos, contudo, não presumem que os seres humanos são seres autônomos, livres e iguais, mas predicam que os homens devam sê-lo e que para isso são necessários contextos institucionais adequados que o façam possível — os direitos fundamentais seriam, assim, os instrumentos adequados para isso. Nessas condições, os direitos fundamentais são o fundamento de legitimidade tanto de uma teoria da justiça quanto de uma teoria da autoridade.

Sustentar que os direitos fundamentais são um critério de legitimidade com projeção tanto na teoria da justiça quanto na teoria da autoridade tem, evidentemente, implicações na relação, às vezes (aparentemente) contraditória, entre direitos fundamentais e democracia em contextos constitucionais[384]. Evidentemente, o constitucionalismo impõe limites sobre o princípio majoritário em dois âmbitos especialmente, ao considerar os direitos fundamentais como um âmbito protegido frente ao legislador ordinário e ao administrador de turno e ao atribuir o controle

---

(383) Nesse sentido, v. Díaz (1975) e Peces-Barba (2004, p. 92 *et seq.*).
(384) Alexy (2003, p. 31-47) assinala a dupla natureza da relação democracia-direitos humanos.

de constitucionalidade a um órgão cuja justificação não é coincidente com a legitimidade democrática primária (ou seja, com a regra de maioria). Nesse debate convém, contudo, não perder o horizonte e tomar consciência das distâncias entre o ideal democrático e a realidade constitucional de cada momento; daí que esta exija recorrer a uma série de ficções funcionais para manter o equilíbrio entre a Constituição e a democracia, entre o fundamento democrático do poder político e a limitação deste pelos direitos fundamentais[385].

Nesse contexto, no qual os direitos fundamentais são, antes de tudo, condição necessária para que o seu titular possa desenvolver-se como agente moral em um contexto dado, e concomitante fundamento de legitimidade dos sistemas jurídicos, as normas são legítimas porque são necessárias para o desenvolvimento da autonomia individual, e, portanto, a competência normativa é legítima se — e somente se — deriva do exercício da autonomia pelos destinatários das normas (ou seja, do consentimento social), e as normas são justas se — e somente se — têm como conteúdo a proteção e a promoção dessa mesma autonomia[386]. E, nesse sentido, essas normas devem estar adstritas às condições constitutivas de uma prática de formação discursivo-pública da opinião e da vontade[387]; por isso formam parte da própria estrutura constitutiva da práxis democrática e, concomitantemente, a sua configuração jurídica resta confiada aos resultados do exercício da mesma.

A partir disso, o modelo constitucional *ideal* atribui ao procedimento democrático maior valor moral que a qualquer outro[388], pois, em linha de princípios, este é a expressão do direito à igualdade moral como direito à participação em pé de igualdade na tomada de decisões públicas, corolário da ideia de que todos somos merecedores de igual consideração e respeito, não só como indivíduos, mas também como cidadãos/administrados[389]. O modelo constitucional, por outro lado, conta, em seu âmago, com uma gama de submodalidades que vão desde a maior rigidez do mesmo até formas de composição mais flexíveis. A justificação institucional de cada uma dessas submodalidades depende da forma com que se combinam ou equilibram o valor intrínseco do procedimento democrático e o seu valor instrumental: a maior ou menor probabilidade de alcançar resultados justos[390]. Em termos absolutamente gerais, podemos afirmar que as respostas encontram-se em dois terrenos, no dos direitos fundamentais e no do controle de constitucionalidade. Mas não se trata de distintas questões, com distintos alcances e pressupostos. Se, como sustentamos, a legitimidade das normas deriva de serem essas normas o resultado da autonomia moral em condições de igualdade, e se as normas são legítimas, se protegem e promovem essa mesma autonomia, os direitos impõem

---

(385) Cf. Prieto (2003, p. 144-5).
(386) Cf. Hierro (2000, p. 359).
(387) Nesse sentido, v. Habermas (2005, p. 188) e Pisarello (2000, p. 39).
(388) Nesse sentido, v. Díaz (1984).
(389) Cf. Bayón (2005, p. 123).
(390) Cf. Bayón (2005, p. 128).

limites ao legislador — e também ao administrador — e atuam como uma espécie de pré-compromisso no âmbito da deliberação[391]: a base da tomada de decisões deveria, portanto, assemelhar-se cada vez mais à democracia participativa real de pessoas e grupos.

A exigência de constitucionalização dos direitos está vinculada à especial posição que ocupam os direitos fundamentais no Estado constitucional[392], que se manifesta em um reforço de suas garantias ou de sua resistência jurídica frente a eventuais lesões originadas da práxis dos poderes públicos — e também das relações entre particulares. As dúvidas sobre a constitucionalização das políticas públicas sociais têm que ser resolvidas atentando-se para o conteúdo constitucionalmente material do ordenamento e deixando-se ao administrador uma margem para que atue. A limitação do administrador público reside, numa primeira ordem, no dever que tem de sentir-se vinculado ao desenvolvimento e à proteção dos direitos dos cidadãos/administrados. O administrador está obrigado a ser ativo em relação às normas que, eleitas fundamentais, relacionam-se diretamente com os próprios fins do Estado democrático de direito.

Nesse sentido, argumenta-se que a inatividade é inconstitucional; ou seja, que o administrador pode determinar como quer concretizar um direito, dentro da margem de discricionariedade que lhe é dada pelo próprio ordenamento, mas "quando" concretizá-lo não pode permanecer sob a sua discricionariedade. Estaria proibida, portanto, não só a inatividade, mas também a desatenção ao fim — ao programa traçado pela Constituição — por parte dos órgãos do Estado. Ou seja, o administrador público não pode considerar-se desvinculado dos fins constitucionalmente delineados, nem da necessidade de concretizar tais fins. Daí que o administrador público está obrigado a tomar medidas razoáveis em um prazo razoável e a garantir, ao menos, um conteúdo mínimo essencial de todos os direitos fundamentais; assim, além de um dever de progressividade, impõe-se o princípio de não regressividade ou de proibição do retrocesso social, que proíbe à administração pública a supressão daquelas medidas que já tenham sido adotadas para a promoção dos direitos fundamentais: a proibição de suprimir medidas que tendam a realizar o fim constitucionalmente prescrito[393]. O governo assume compromissos prestacionais pelo fato de não poder atuar contra os seus próprios atos (*venire contra factum proprium non valet*), tampouco contra os direitos fundamentais.

Precisamente no Estado democrático de direito, tanto os direitos sociais como os demais direitos fundamentais desempenham um papel extremamente relevante no equilíbrio das posições dos sujeitos implicados no complexo processo de decisão

---

(391) Nesse sentido, v. Moreso (2000).
(392) Cf. Prieto (2003, p. 230 *et seq.*).
(393) Sobre esse princípio, v. Courtis (2006).

da política em um sistema pluralista⁽³⁹⁴⁾. A continuidade axiológica e estrutural de todos os direitos fundamentais põe em evidência que os direitos sociais não são apenas plenamente compatíveis com a democracia, mas constituem um componente essencial dos valores fundamentais da mesma, ancorados na dignidade humana, não havendo, portanto, razões legítimas para a postergação dos direitos sociais. Ao contrário, as exigências morais que estes incorporam são tão fortes que têm a legítima pretensão de serem reconhecidos como direitos subjetivos diante dos poderes públicos e privados, sobretudo frente à administração pública, pois o que faz de algo um direito fundamental são as razões especialmente fortes para que esse algo seja juridicamente protegido com especial zelo pelo próprio instrumento que consubstancia o pacto social instituinte — a Constituição.

Todos os direitos, não só os sociais e os de participação, são direitos de configuração legal e concomitantemente administrativa, no sentido de que sua plena eficácia resultaria impensável sem uma ativa intervenção legislativa e administrativa. Os direitos fundamentais de qualquer tipo não prescindem da ação do legislador e do administrador público para a sua concretização, para o seu desenvolvimento e para a sua efetividade⁽³⁹⁵⁾. Essa parece ser a interpretação mais coerente com as exigências de uma democracia material-constitucional comprometida com a realização dos direitos relacionados à autonomia de todos em condições de igualdade. Se falamos de direitos fundamentais como parte da legitimidade de um modelo democrático, tanto o legislador quanto o administrador devem ter margens epistêmicas de manobra para regulamentá-los, e assim concretizá-los⁽³⁹⁶⁾, mas essas margens não supõem a não concretização, sob qualquer pretexto, desses direitos fundamentais.

A função objetiva das disposições constitucionais em matéria de direitos sociais impõe ao legislador um dever de legislar e deveres de atuação que pesam sobre a administração pública e o Poder Judiciário. Entre essas garantias, está, sobretudo, o império da lei: a garantia do princípio da legalidade é a mais coerente com as exigências democráticas desse modelo de Estado⁽³⁹⁷⁾. A exigência de respeito ao conteúdo mínimo essencial dos direitos fundamentais, que justifica concomitantemente o controle e a limitação do poder, é coerente com essa ideia de império da lei — atualmente qualificada como império da própria Constituição, ou seja, do direito. Logicamente, as dificuldades de identificarmos o conteúdo essencial de um direito fundamental, seja ele civil, político ou social, é a mesma — não é, portanto, algo inerente aos direitos sociais. O conceito de conteúdo essencial, como sabemos, segue sendo demasiadamente difuso e indeterminado, porque é muito difícil eleger

---

(394) Cf. Baldasarre (2001, p. 73).
(395) Cf. Scheinin (1994, p. 54 e 79).
(396) Cf. Prieto (2003, p. 223 *et seq.*).
(397) Cf. Ansuategui (1997, p. 44 *et seq.*).

critérios minimamente orientativos para delimitar abstratamente o essencial de um direito[398].

O fundamental, portanto, é compreendermos que os direitos fundamentais, que são interdependentes entre si, formam parte de um sistema constitucional no qual o mínimo e o máximo definem-se através de uma relação com outros direitos ou bens do próprio sistema. Em qualquer caso, a falta de respeito a esse conteúdo mínimo supõe que o direito resta desconfigurado, impraticável; seu exercício pode acabar desvirtuando-se e a dignidade dos seus destinatários afrontada. Esse limite pode ser visualizado em um mínimo de atividade legislativa e administrativa, na satisfação do mínimo existencial e no direito ao não retrocesso nas prestações correspondentes ao núcleo essencial dos direitos sociais[399].

Evidentemente, tudo isso tem uma especial relação com o controle. A garantia constitucional objetiva compreende um âmbito expandido que consiste no controle de constitucionalidade dos atos e disposições de todos os poderes do Estado — Judiciário e administração pública, sobretudo. O modelo constitucional institucionaliza formas especiais de justiça constitucional que podem articular-se entre si de diversas formas, mas sempre com o propósito de determinar responsabilidades político-constitucionais e equilibrar continuamente as decisões legislativas, administrativas e judiciais com os valores abstratos da Constituição através de uma "razoabilidade" que se resume na exigência de não arbitrariedade[400].

As funções e relações correspondentes ao legislador, ao administrador e ao julgador, no Estado democrático de direito, exigem uma virtuosa divisão de tarefas. Não podemos, assim, pensar razoavelmente na articulação dos direitos sociais fundamentais no marco do Estado democrático (constitucional e social) de direito sem vinculá-los a três bases[401]:

a) uma liberdade regulatória relativa do legislador e do administrador, especialmente no delineamento das políticas públicas sociais;

b) um legislador e um administrador efetivamente comprometidos com — ou melhor, vinculados ao — conteúdo constitucional dos direitos sociais; e

---

(398) Cf. Prieto (2003, p. 218 *et seq.*). Logicamente, as dificuldades de identificarmos o conteúdo essencial de um direito fundamental, seja ele civil, político ou social, é a mesma — não é, portanto, algo inerente aos direitos sociais. O conceito de conteúdo essencial, como sabemos, segue sendo demasiadamente difuso e indeterminado, porque é muito difícil eleger critérios minimamente orientativos para delimitar abstratamente o essencial de um direito. Ademais, demonstra-se equivocada a pretensão de "dissecar-se" um direito para encontrar-se o seu núcleo como se o mesmo pudesse ser isolado (PULIDO, 2004, p. 132). No entanto, a vinculação normalmente não se faz a cada direito isoladamente considerado, mas com a Constituição em seu conjunto.
(399) Cf. Canotilho (1998, p. 45).
(400) Nesse sentido, v. Baldasarre (2001).
(401) Cf. Pulido (2004, p. 121).

c) uma jurisdição que, atuando como órgão de controle, reconheça a autoridade do legislador e do administrador na delimitação e na concretização dos direitos sociais fundamentais, reservando para si, embora, o controle sobre aqueles elementos básicos, como o respeito aos direitos sociais fundamentais, indispensavelmente relacionados ao exercício da autonomia e à saúde do próprio procedimento democrático.

Isso implica refutar, como já expomos, a limitação e/ou postergação de direitos sociais como consequência da incidência de uma *lex mercatoria* sobre a política e sobre o direito, limitação e/ou postergação que é paralela à que acontece em relação aos direitos de efetiva participação, provocando o incremento das desigualdades econômicas, sociais e culturais, a exclusão de certos segmentos da participação nos resultados sociais e a erosão de garantias.

Para isso, contamos com ferramentas que podem nos auxiliar na concretização dos direitos sociais como direitos fundamentais.

Este é o tema do nosso próximo capítulo.

Os Direitos Sociais Fundamentais e o Poder Judiciário: as Garantias Judiciais dos Direitos Sociais Frente à Administração Pública e a Sindicabilidade Judicial das Políticas Públicas Sociais

3.1. Considerações iniciais

O controle judicial sobre a administração pública consubstancia, na atualidade, uma das principais características do Estado democrático (constitucional e social) de direito — e, talvez, o seu traço mais fundamental —, pois o controle efetivo sobre os atos da administração pública possibilita a vigência pragmática de outros predicados inerentes ao Estado de direito, como o império da lei — o princípio da legalidade, ou seja, a efetiva submissão da administração pública ao ordenamento jurídico, sobretudo à Constituição —, a separação de funções — ou divisão de responsabilidades — etc., proporcionando um maior respeito às liberdades e aos direitos fundamentais dos cidadãos/administrados.

A existência de uma cláusula geral de revisão judicial da totalidade da função administrativa, de hierarquia constitucional, que institui uma proteção jurisdicional sem fissuras ou lacunas, constitui um notável e substancial avanço em favor da liberdade na luta permanente contra as imunidades — e arbitrariedades — do poder da administração pública⁽⁴⁰²⁾. O Estado nasce da Constituição, com as características, atribuições e objetivos que esta fixa; o Estado está *dentro* da Constituição, de forma que esta não é um produto daquele, mas, ao contrário, aquele é produto desta. Daí que a submissão de toda a organização estatal a um regime jurídico preestabelecido é, no sentido jurídico-formal, um dos principais elementos que tipificam o Estado de direito[403].

Por isso, existe uma relação imanente entre o efeito direto e imediato das normas constitucionais e os controles, pois são eles que possibilitam o caráter vinculante da Constituição. Assim, no marco do Estado democrático de direito, existe uma relação necessária entre a Constituição e os controles: os controles são elementos imanentes ao conceito de Constituição, imprescindíveis para a operatividade desta[404]. As ideias-chave de força normativa da Constituição ou de Estado constitucional de direito seriam realmente inconcebíveis se não se assentassem sobre a pedra angular dos controles: estes viabilizam a eficácia dos direitos subjetivos dos cidadãos/administrados, assegurando, ademais, a vigência (eficácia) das próprias normas, princípios e valores constitucionais. É evidente, portanto, a importância dos controles, pois, em última instância, a própria vigência (eficácia) da Constituição dependerá de sua capacidade de realização, ou seja, de sua efetividade normativa, para o que constitui condição necessária — *sine qua non* — a existência de controles: os controles, instrumentos destinados a fazer efetivas e concretas as limitações ao poder, são, portanto, elementos inerentes à Constituição[405].

O controle que nos interessa, neste capítulo, é, sobretudo, o controle *jurídico*, ou, mais especificamente, o controle judicial ou jurisdicional; um controle que tem caráter objetivo (compulsório, fundamentado em razões jurídicas, de exercício necessário), que é confiado a um órgão imparcial e independente, dotado de singular competência para dirimir conflitos jurídicos, e que fiscaliza e reprime as arbitrariedades e os abusos de poder. Em síntese, o controle é, por si só, consubstancial mesmo ao poder exercido pela administração pública, pois este não existe sem aquele — o controle se impõe para enclausurar a função administrativa dentro das margens permitidas, previamente delineadas pelo direito e, assim, assegurar-se a consecução dos fins públicos. É, também, verdadeira garantia da probidade e da moralidade administrativas, porque a finalidade dos diversos sistemas e procedi-

---

(402) Nesse sentido, Enterría (1983, p. 97) afirma que "El poder administrativo es de suyo un poder, esencial y universalmente justiciable".
(403) Cf. Gordillo (1977, p. 111).
(404) Segundo Aragón (1987, p. 16), "El control no forma parte únicamente de un concepto 'político' de Constitución (...) sino de su concepto jurídico, de tal manera que sólo si existe control de la actividad estatal puede la Constitución desplegar su fuerza normativa y sólo si el control forma parte del concepto de Constitución puede ser entendida ésta como norma".
(405) Por isso, pode-se afirmar que "sin control las garantías constitucionales resultan enervadas, y lo que es más grave, no hay Constitución" (ARAGÓN, 1987, p. 51-2).

mentos de controle é verificar a conformidade (adequação) da função administrativa ao ordenamento jurídico e aos princípios da boa administração.

Diferentemente do caráter geral e difuso dos controles extrainstitucionais (sociais), e ao contrário do controle político, subjetivo e voluntário, o controle judicial é objetivo e necessário; daí que a eventual limitação da atuação administrativa pelo Poder Judiciário não resulta de um choque de vontades, mas de uma norma abstrata, e o órgão de controle — o Judiciário — não é, na verdade, um órgão limitador, mas atualizador e garantidor de uma limitação previamente estabelecida pela Constituição, e, dessa forma, esse órgão de controle não se relaciona com o órgão limitado — a administração pública — verticalmente, hierarquicamente, a partir de uma posição de supremacia. O Poder Judiciário não atua, em síntese, em uma posição de supremacia em relação à administração pública, tampouco limita, ele mesmo, por si só, o poder da administração pública; apenas cuida de assegurar que os limites previamente estabelecidos ao exercício do poder da administração sejam observados e resguardados. O Judiciário não limita, e sequer controla, nesse sentido, a administração pública — quem o faz é a própria lei; a Constituição, em última análise —, de forma que o Judiciário apenas zela pela regularidade das atividades da administração pública, com o objetivo de que essas se mantenham nos limites previamente delineados pela Constituição[406].

Historicamente, a situação do cidadão/administrado frente ao poder do Estado, sobretudo do Poder Executivo, se resume a problemáticos dualismos — liberdade/autoridade, abstenção/intervenção e/ou subsidiariedade/razões de Estado. Nessa tensão dialética, os amplos atentados, por parte dos poderes públicos, contra a esfera de direitos e liberdades do cidadão/administrado se produziram, se produzem ou podem se produzir quase que rotineiramente. Isso não apenas devido aos privilégios posicionais ínsitos à administração pública, mas também, e cada vez em maior grau, devido à hipertrofia e ao intervencionismo próprios à administração pública, e em geral à extensão e à intensificação das funções administrativas, fenômenos que têm delineado a onipresença da administração pública, de forma direta ou indireta, em todos os campos da ordem social[407].

---

[406] Segundo Dromi (1986, p. 96-7), o controle tem por objetivo "verificar la legitimidad (razón jurídica) y oportunidad (razón política) de la forma (procedimiento) y el fin (causa final) de la actuación, como modo de constatar la correspondencia entre antecedente y consecuente, entre 'forma prevista y fin propuesto' como 'forma ejecutada y finalidad realizada'".

[407] Cf. Pérez (1971, p. 19). Esse redimensionamento da função administrativa é tributário do fenômeno conhecido como "surto de juridificação" (*Verrechtlichungsshüb*), que consiste na expansão e na diversificação e sofisticação dos mecanismos jurídicos pelos quais o poder público passou a interferir em relações sociais, histórica e originariamente concebidas como pertencentes ao domínio do mercado ou dos costumes, fenômeno que, embora tenha se intensificado no curso da expansão do *welfare state* europeu, e possa ser visto como seu subproduto necessário, faz-se presente em toda a experiência jurídica contemporânea. Como já afirmamos, Dean (1997, p. 3), analisando o processo através do qual concessões inicialmente discricionárias da administração pública deram lugar a benefícios concretos, correspondentes a direitos exigíveis pelos cidadãos — direitos subjetivos —, refere-se a uma "juridificação do bem-estar".

É, portanto, precisamente no âmbito do direito administrativo que se dá com maior força o conflito entre autoridade e liberdade, entre Estado e indivíduo. Daí que a busca de um ponto de equilíbrio na tensão dinâmica entre os dois conceitos é uma das principais tarefas dogmáticas dessa disciplina[408].

O direito administrativo assumiu, com o Estado democrático de direito, como seu objetivo fundamental, a proteção das liberdades humanas frente aos privilégios do poder. Por isso, a evolução do direito administrativo corresponde, ela mesma, à história da luta reiterada pela redução das imunidades do poder, contra essa constante resistência que a administração pública tem oposto à exigência de um controle judicial de seus atos através da constituição de redutos isentos e não sindicáveis de sua própria atuação, infensos ao controle externo[409].

Na busca do equilíbrio dinâmico entre prerrogativas e garantias, do equilíbrio entre a autoridade e a obediência[410], o direito administrativo tem a tarefa de constituir um conjunto de garantias que efetivamente impeça a administração pública de desbordar o ordenamento jurídico, acompanhando as prerrogativas daquela de um sistema eficaz de garantias a tutelar os direitos subjetivos e interesses legítimos do cidadão/administrado.

Nesse contexto, cumprem um papel de primeira ordem as garantias relativas aos modos ou formas de fiscalização da função administrativa: a problemática primordial do direito administrativo tem sido a de instrumentalizar um sistema de garantias para que a administração pública efetivamente se submeta ao ordenamento jurídico; o despojo de suas prerrogativas e a justiciabilidade de seus atos tem implicado um intenso trabalho, forjado durante longos anos.

O fortalecimento de um controle jurisdicional da administração pública não supõe, obviamente, a instauração de um "governo dos juízes"; ao contrário, o exercício da função jurisdicional, além de não interferir na atuação administrativa quando esta se realiza em conformidade à lei, contribui para a sua realização, assegurando, sobretudo, o império da lei, como produto do Legislativo e expressão da vontade geral. Apesar das muitas críticas à judicialização da função administrativa, não se pode negar o alto grau de relevância, especialização e aperfeiçoamento técnico dos mecanismos pelos quais se dá o controle judicial sobre a administração pública — ao ponto de poder afirmar-se, mesmo, que, historicamente, a melhor fiscalização da atividade administrativa, a que reúne maiores garantias jurídicas para os cidadãos/administrados, ainda é a realizada pelos tribunais[411].

---

(408) Cf. Gordillo (1977, p. 111-2).
(409) Cf. Enterría (1983, p. 22).
(410) Dromi (1983, p. 170) afirma que "La autoridad sin límites es muerte de la libertad. La libertad sin límites es muerte de la autoridad y de la propia libertad. Allí surge precisamente la función del derecho para fijar con responsabilidad y prudencia las riberas de ese rio eterno llamado poder".
(411) Cf. Rebollo (1978, p. 529).

Isso se revela, inclusive, na tendência manifestamente expansiva — com uma potencialização do controle judicial sobre a atividade materialmente administrativa — do controle judicial sobre outros poderes além do Executivo, tendência que tende a reduzir substancialmente, cada vez mais, os espaços infensos ao controle judicial[412]. Em síntese, a proteção jurisdicional do cidadão/administrado constitui um dos pilares básicos do direito administrativo, pois a jurisdição se instaura para proteger o indivíduo — a pessoa, o cidadão, o administrado — contra a administração pública — e não o contrário —, compensando as amplas prerrogativas concedidas à administração. Daí que se deve evitar, até o máximo possível, a instauração — ou reinstauração — de espaços infensos a essa proteção e controle, para que não se desfaça esse delicado equilíbrio dinâmico entre garantias e privilégios: em sistemas em que corresponde ao Judiciário o controle da função e da atividade administrativas, o juiz constitui um "contrapeso" fundamental da administração pública[413].

O princípio de "separação de poderes" — ou, melhor, de separação de funções ou de divisão de responsabilidades — tem um papel fundamental na ideia de controle jurisdicional da administração pública, pois foi concebido como uma garantia das liberdades, como uma forma privilegiada de contenção do poder político (através do controle mútuo — recíproco — dos diversos órgãos de Estado). O princípio da separação ou divisão das funções estatais[414] possui por chave em sua estrutura a contenção do poder, para o que é necessário arbitrar um sistema de pesos, contrapesos, freios e limites recíprocos — *cheks and balances* —, de forma a obter-se um equilíbrio harmônico de poderes/funções capaz de garantir a liberdade cidadã: dessa forma, a separação de funções (divisão de responsabilidades) se completa com a garantia dos direitos fundamentais para levantar barreiras ao poder arbitrário e/ou absoluto[415].

De fato, a coexistência, no seio do Estado, de diversos órgãos independentes entre si e com uma função específica provém de uma concepção filosófico-jurídica, historicamente construída, cujo substrato ideológico é o debilitamento recíproco e conjunto dos governantes — a fragmentação do poder — com o objetivo de evitarem-se os abusos no exercício do poder. Uma das consequências desse princípio

---

(412) É o caso, *v.g.*, do controle judicial sobre a atuação administrativa do Poder Legislativo e do próprio Poder Judiciário.
(413) Cf. Gordillo (1977, p. 18).
(414) Princípio consagrado na Constituição brasileira de 1998, que, por um lado, dispõe, no seu art. 2º, que "São Poderes da União, independentes e harmônicos entre si, o Legislativo, o Executivo e o Judiciário"; e, por outro, dispõe, no seu art. 60, § 4º, inc. III, que "Não será objeto de deliberação a proposta de emenda tendente a abolir (...) a separação dos Poderes".
(415) Trata-se de um princípio não apenas de *limitação*, mas, mais apropriadamente, de um princípio de *cooperação* entre os poderes — é um princípio de constituição, racionalização, estabilização e eficiência do poder do Estado e, concomitantemente, um princípio básico da organização constitucional. Traz em si um específico sentido de garantia da liberdade aos cidadãos/administrados, e não de mera distribuição de poderes entre os governantes.

é a separação e a independência do Poder Judiciário frente à administração pública[416].

Em essência, os tribunais exercem uma função transcendental que incide sobre o exercício do poder político: controlam os governantes para que estes atuem nos limites do direito, ou seja, conforme a legalidade, segundo regras preestabelecidas. Em síntese, a separação de funções (divisão de responsabilidades), não só característica ao Estado de direito, mas imprescindível ao Estado democrático de direito, supõe a existência de um Poder Judiciário independente, que controla a atuação da administração pública e dos poderes públicos em geral e, em consequência, garante aos cidadãos/administrados o exercício dos respectivos direitos.

O controle jurisdicional da administração está, assim, intimamente vinculado ao princípio da legalidade, cânone do Estado de direito. O princípio da legalidade aporta uma justificação racional para o — além de ser o elemento nuclear do — controle jurisdicional da administração pública, pois supõe uma hierarquia de órgãos e normas, na qual as inferiores devem conformar-se às superiores e, desse modo, o controle de legalidade se traduz em observar essa conformidade ou desconformidade e suas consequências[417].

Não se pode negar, pois, o papel central cumprido, desde a ótica das instituições políticas, pela jurisdição ao exercer um controle de legalidade sobre os atos das autoridades públicas, pois assim assegura-se a subordinação jurídica da administração pública ao Poder Legislativo — ou seja, à lei e, sobretudo, ao Poder Constituinte, à Constituição, expressão suprema da vontade popular.

É princípio consagrado do Estado democrático de direito que a administração pública deve atuar submetida ao ordenamento jurídico. A conformidade substancial — e não apenas formal — da atuação administrativa, não só com a lei, mas também — e sobretudo — com a Constituição e seus princípios, impõe-se como uma exigência inarredável e um dos méritos mais relevantes da Constituição e do constitucionalismo: o controle da legalidade da administração pública significa, concomitantemente, na atualidade, controle de constitucionalidade da administração pública, ou seja, controle sobre o cumprimento, pela administração pública, do sistema de valores consagrado pela Constituição[418]; nesse contexto, podemos concluir que a Constituição impõe uma nova dimensão ao Judiciário na sua tarefa de controle sobre a administração pública.

O controle jurisdicional da função administrativa é, em síntese, uma consequência transcendental da aplicação do princípio da legalidade — o império

---

(416) Assim, *v.g.*, a Constituição brasileira de 1988 dota o Poder Judiciário de "autonomia administrativa e financeira" (art. 99) e os seus membros de uma série de prerrogativas, como vitaliciedade, inamovibilidade e irredutibilidade de vencimentos (art. 95), vedando a eles, contudo, entre outras coisas, "dedicar-se à atividade político-partidária" (art. 95, parágrafo único, inc. III).
(417) Nesse sentido, v. Duverger (1976).
(418) Nesse sentido, v. Bachof; Wolff; Stober (2006).

da lei — à administração pública, pois se funda na submissão desta ao bloco de legalidade, ao direito, parâmetros permanentes da atuação administrativa, fora de cujas margens a administração atua irregularmente. O âmbito administrativo é permeado pelo direito, com o que não existem espaços infensos à sua influência[419].

Sobretudo no Estado democrático de direito, que corresponde à cristalização histórica de uma antiga aspiração humana — a supressão da arbitrariedade e do despotismo —, supõe-se o governo das leis e a consequente autolimitação do Estado através do direito[420]. Uma de suas características — ou, mesmo, dos seus pressupostos necessários — é o controle judicial (jurisdição) sobre a função administrativa, ou seja, aquele conceito não se esgota na legalidade da função administrativa (submissão da administração pública ao ordenamento jurídico), mas supõe uma série de instrumentos e mecanismos de fiscalização[421].

É aqui que o Poder Judiciário tem desempenhado uma função fundamental, de dar plena e permanente vigência ao Estado democrático de direito. É no controle da atividade administrativa que o Judiciário mostra com maior força sua virtuosidade para manter e ampliar a própria definição do Estado democrático de direito, como conquista e como tendência — o Estado democrático de direito repousa sobre a pedra angular do controle judicial, o que permite, por sua vez, que aquele seja uma realidade e possa configurar-se como um "Estado jurisdicional de direito"[422].

Por fim, o controle judicial da administração pública não só é um elemento ínsito ao Estado democrático de direito, mas é, também, um elemento de primeira ordem no Estado social, esse Estado moderno que assume tarefas econômico-sociais irrenunciáveis, porque é ínsito a esse modelo de Estado que um órgão independente possa tutelar os interesses e os direitos sociais fundamentais dos prejudicados pela atuação irregular da administração pública, garantindo aos cidadãos/administrados uma série de prestações estatais devidas no marco da justiça social[423].

---

(419) Cf. Pastor (1990, p. 53-4).
(420) Cf. Bobbio (1995-b, p. 169 *et seq.*).
(421) Cf. Coma (1978, p. 154-5).
(422) A expressão é de Aragón (1987, p. 135). O controle judicial sobre os atos da administração pública não abarca, logicamente, todos os problemas do moderno Estado de direito, que aspira a instrumentalizar-se como um "Estado de justiça"; no entanto, constitui um inarredável elemento constitutivo deste.
(423) Cf. Mello, C. A. B. (1986, p. 367-68). Segundo Alfonso (1983, p. 264), a jurisdição "es, en efecto, la base necesaria no sólo para la garantía real de los derechos fundamentales o libertades públicas, sino también para la efectividad de los deberes de acción positiva en que se traduce el Estado social (...) y de los derechos que de esta acción resulten". É nesse sentido que, no prefácio brasileiro à carta de Princípios de Conduta Judicial de Bangalore (princípios elaborados pelo Grupo de Integridade Judicial, constituído sob os auspícios das Nações Unidas), Gilson Dipp afirma que "(...) o Judiciário, um dos três pilares da democracia, é o último refúgio do cidadão contra leis injustas e decisões arbitrárias. Se aos jurisdicionados lhes falta a confiança em sua Justiça, restará ferido o próprio Estado democrático de Direito, cujo fundamento é a aplicação, a todos os atos e atores sociais, de leis e regras preestabelecidas" (Brasil, 2008).

Efetivamente, o controle judicial é mesmo mais imperioso no Estado social, pois a este é inerente uma corrente recíproca de *socialização* do Estado e de *estatização* da sociedade — uma expansão da zona de influências da juridificação da vida — que demanda a efetividade das limitações e do controle sobre o exercício do poder[424]. O controle judicial da administração pública, inequivocamente, constitui, assim, um meio para manter o Estado social de direito, pois garante ao cidadão/administrado uma série de direitos e prestações, protegendo-o da inação estatal, e, concomitantemente, combate as arbitrariedades e abusos da administração pública em sua função intervencionista.

Por isso, pode-se afirmar, a respeito do controle judicial sobre os atos da administração pública em sede de políticas públicas sociais, que sindicar os atos da administração pública contribui decisivamente para uma melhor administração pública[425] — julgar a administração pública, ressalvamos, não é, nem deve ser, *administrar*, mas auxiliar a própria administração a atingir os seus fins como organização a serviço da comunidade, protegendo, ademais, os direitos fundamentais dos cidadãos/administrados[426].

É nesse contexto que refutamos a ideia dos direitos sociais como direitos não jurisdicionáveis, ou seja, como direitos que não poderiam ser exigidos diante de um tribunal, nem tutelados por ele. A questão de ser um direito jurisdicionável, ou não, não é absoluta — sim ou não, absolutamente positiva ou negativa —, mas encerra um conceito gradual. A justiciabilidade de um direito deve ser sempre analisada sob diversos aspectos, preventivos, sancionatórios ou de controle, ainda que todos eles tenham por objetivo evitar que a vulneração de um direito permaneça impune, estabelecendo algum mecanismo que, de uma forma ou de outra, obrigue os órgãos legislativos ou administrativos a justificar publicamente as razões de certo descumprimento, e, assim, a sua legitimidade ou ilegitimidade[427].

---

(424) Cf. Aragón (1987, p. 35).
(425) Nesse sentido, v. Fernández (1992).
(426) No prefácio da carta de Princípios de Conduta Judicial de Bangalore, C. G. Weeramantry, Presidente do Judicial Integrity Group, afirma que "Um Judiciário de incontestável integridade é a instituição base, essencial, para assegurar a conformidade entre a democracia e a lei. Mesmo quando todas as restantes proteções falham, ele fornece uma barreira protetora ao público contra quaisquer violações de seus direitos e liberdades garantidos pela lei" (Brasil, 2008).
(427) É, além disso, um princípio básico de garantia de todos os direitos que *a todo direito corresponde uma ação* (ou seja, a possibilidade de acionar o Poder Judiciário), *que o assegura*. Assim, onde houver violação ou ameaça de violação a um direito subjetivo do cidadão/administrado (qualquer direito), haverá espaço para a atuação do Judiciário. Na Constituição brasileira de 1988, o art. 5º, que trata dos direitos e garantias fundamentais — garantias e direitos dotados de eficácia imediata (§ 1º do art. 5º) —, dispõe que "são a todos assegurados, independentemente do pagamento de taxas: (...) o direito de petição aos Poderes Públicos em defesa de direitos ou contra ilegalidade ou abuso de poder" (inc. XXXIV, "a") e que "a lei não excluirá da apreciação do Poder Judiciário lesão ou ameaça a direito" (inc. XXXV); a Constituição Espanhola dispõe que "los ciudadanos y los poderes públicos están sujetos a la Constitución y al resto del ordenamiento jurídico" (art. 9º) e que "todas las personas tienen derecho a obtener la tutela efectiva de los jueces y tribunales en el ejercicio de sus derechos e intereses legítimos, sin que, en ningún caso, pueda producirse indefensión" (art. 24).

3.2. A SEGURANÇA JURÍDICA E O PRINCÍPIO DA "SEPARAÇÃO DE PODERES" NO ESTADO DEMOCRÁTICO DE DIREITO: SEPARAÇÃO DE FUNÇÕES OU DIVISÃO DE RESPONSABILIDADES

Há, na atualidade, nos países ocidentais, uma concepção bastante consolidada do Estado de direito como um ideal jurídico-político articulado e coerente de instituições e valores diversos que se sedimentaram na cultura constitucional democrática — e, com ela, nos ordenamentos jurídicos — ao longo de mais de dois séculos. O Estado de direito, como produto dessa evolução histórica a partir de suas origens no iluminismo, não seria já, como verificamos anteriormente, apenas um Estado formalmente submetido a normas jurídicas, mas um Estado que haveria incorporado — e no qual se desenvolveriam com cada vez maior ênfase — exigências cada vez mais definidas sobre os direitos civis e políticos, o processo democrático e a igualdade econômico-social dos cidadãos/administrados (os direitos sociais).

Nesse contexto, tendemos a conceber o Estado de direito como um universo dentro do qual se contém quase todos aqueles princípios éticos e políticos que constituem os cânones da legitimidade dos ordenamentos jurídicos: uma sociedade *bem ordenada*, com um *direito justo*, seria aquela que se articula institucionalmente de acordo com essas exigências do Estado (democrático) de direito. Portanto, Estado democrático de direito, sociedade justa e legitimidade política vêm a ser, todos, conceitos com um alcance axiológico equivalente[428].

Tratamos, agora, de um desses princípios peculiares, o primeiro e principal a partir de um ponto de vista lógico — aquele que se denomina ou categoriza, sobretudo a partir de uma tradição anglo-saxã, como "império da lei"[429]. O Estado de direito é, antes de tudo, um Estado — uma sociedade política — no qual a *lei* como fonte de normas jurídicas tem uma posição dominante. O que em sua origem histórica pode haver sido, talvez, um ideal em favor da submissão do poder do rei ou da nobreza ao direito comum (*common law*) baseado no costume ou aos direitos pactuados nos parlamentos medievais, transformou-se através de um processo de racionalização[430], em uma clara exigência de que a fonte primária do direito e de superior hierarquia seja a lei — as leis. É, portanto, às leis assim concebidas que se

---

[428] Nesse sentido, v. Böckenförde (1991), Díaz (1975) e Ferrajoli (1995).
[429] A tradução de *Rule of Law* como império da lei (ou governo da lei) é discutida por aqueles que pensam que o termo *Law* concerne ao direito em geral. A tradução mais precisa, de acordo com essa posição, seria "império do direito". Na realidade, nas origens anglo-saxãs do conceito, a referência se fazia à *common law* de origem predominantemente jurisprudencial, mas, posteriormente, com o dogma da soberania do parlamento, se traslada às normas criadas por este. Na Europa continental, ao contrário, tradicionalmente o "império da lei" foi pensado em sentido estrito, e assim passou à semântica revolucionária francesa como *regne de la loi* e chegou à Alemanha como *Herrschaft des Gesetzes*.
[430] Sobre a relação entre a lei e a legitimidade racionalizada, v. Weber (1964, p. 173).

deve submeter o poder político e social segundo essa concepção de Estado de direito[431].

Para possibilitar a identificação, o conhecimento e a proeminência dessa fonte superior do direito que é a lei é que surge no pensamento dos grandes teóricos do Estado de direito[432] o desenho institucional da separação de poderes, uma construção artificial destinada a definir com clareza e segurança o órgão legislativo — destacando a função legislativa das demais funções do Estado — que é a origem dessa lei, dessa norma hierarquicamente superior da ordem jurídica.

Com o funcionamento do aparato da "separação de poderes" — na verdade, separação de funções ou divisão de responsabilidades —, expressa-se plasticamente a subordinação de todos os poderes do Estado ao Poder Legislativo, ou seja, à lei[433]: o Poder Executivo, exercido sobretudo através da administração pública, deve se submeter ao princípio da legalidade e o Poder Judiciário deve motivar sempre nessa mesma legalidade as suas decisões. Nada há, pois, acima da lei; daí que, quando se fala, historicamente, em "império da lei", se pretende cumprir a aspiração de alcançar um sistema político em que se vive sob um "governo de leis" e não sob um "governo de homens"[434].

O documento histórico fundamental para contemplar em sua origem esse ingrediente primário do Estado de direito é a declaração francesa de 1789; nela, a Lei, *la Loi* (assim, grifada com maiúscula), à qual se apela explicitamente doze

---

(431) É claro que, sendo o Estado democrático de direito um Estado constitucional, o império da lei é, antes de tudo, o império da Constituição, lei maior, e das leis que se produzem de acordo com aquela.

(432) Por exemplo, Locke (1990), Montesquieu (1951) e Rousseau (1962).

(433) Em última análise, à *vontade popular* consubstanciada no Poder Constituinte.

(434) Atribui-se a primeira intuição dessa ideia a Platão (1872): se a lei verdadeira é aquela que visa ao bem comum, e se é essa lei que deve ter primazia em um regime digno deste nome, os homens mais aptos aos postos de comando na cidade serão aqueles que se revelarem como os mais obedientes e devotados àquilo que essas leis prescrevem. Esses homens, na verdade, deverão ser qualificados não de governantes, mas de servidores das leis, e isso, não por um gosto qualquer pelas inovações linguísticas, mas em virtude da compreensão de uma questão vital, da qual depende a ruína ou salvação da cidade: nas cidades onde a lei é subordinada e sem força, a perdição se mostra como certa; mas naquelas onde a lei é déspota e senhora das autoridades, e as autoridades, escravas da lei, temos aí a salvação e todos os bens que os deuses concedem às cidades ("A los que ahora se dicen gobernantes los llamé servidores de las leyes, no por introducir nombres nuevos, sino porque creo que ello más que ninguna otra cosa determina la salvación o perdición de la ciudad; pues en aquella donde la ley tenga condición de súbdita sin fuerza, veo y ala destrucción venir sobre ella; y en aquella otra, en cambio, donde la ley sea señora de los gobernantes y los gobernantes siervos de la ley, veo realizada su salvación y todos los bienes que otorgan los dioses a las ciudades"). Mas a fórmula explícita moderna aparece pela primeira vez em 1656, na Oceana de Harrington (1992, p. 8): "Government (to define it de jure or according to ancient prudence) is an art whereby a civil society of men is instituted and preserved upon the foundation of common right or interest or (to follow Aristotle and Livy) it is the empire of laws and not of men". O Estado constitucional é, assim, e em primeiro lugar, o Estado com uma Constituição limitadora do poder através do império do direito — o "governo das leis e não dos homens" (BOBBIO, 1995-b, p. 169 *et seq.*), o "Estado submetido ao direito" (CANOTILHO, 2002, p. 98).

vezes em um breve texto de dezessete artigos, aparece como a norma decisiva. Os aspectos mais importantes da vida do cidadão/administrado na comunidade política são estabelecidos pela lei. Só a lei pode definir os limites comuns dos direitos individuais, o que está permitido e o que está proibido, o que é delito e o que é pena. À lei está reservada a tarefa de desenhar o círculo da liberdade em torno dos indivíduos; nenhuma obrigação e nenhuma carga pode fazer-se gravitar sobre eles sem a existência de uma lei prévia que as defina. Ao estabelecer-se assim, com caráter excludente, à lei a função de definir todos esses âmbitos de convivência, desenha-se outra das instituições constitucionais derivadas do império da lei: a *reserva da lei*.

Por que se atribui à lei essas tão altas e exclusivas competências? A resposta vem de modo imediato ao pensamento de Rousseau[435] e está refletida na declaração de 1789: a lei é a expressão da vontade geral[436]. E a vontade geral é soberana. A partir da elaboração moderna da noção de soberania como poder superior de uma república, em 1576, por Jean Bodin[437], se relaciona a esse soberano como primeiro atributo o poder de dar leis a todos em geral e a cada um em particular[438]. Assim, poder superior e lei se encontram no mesmo plano e aparecem como duas dimensões de uma mesma realidade: a dimensão política, que reflete o poder máximo, e a dimensão jurídica, que se expressa na fonte do direito de superior hierarquia. Naturalmente, quando se atribui esse poder soberano à vontade do *demos*, a lei passa a ser a expressão normativa dessa vontade soberana.

Com isso se desenham os perfis que deve possuir a lei para que se postule dela essa superioridade: (a) ser formalmente a "linguagem" através da qual fala o soberano e ser por isso mesmo o único instrumento normativo que pode interferir na liberdade e na propriedade dos cidadãos/administrados; e (b) ter uma posição formalmente superior e possuir a capacidade de estabelecer as condições para o exercício dos direitos básicos. Esses dois perfis permanecerão ao longo do século XIX como as *duas almas*, os *dois espíritos* da lei, e se fará referência a eles como *lei em sentido formal* e *lei em sentido material*. Ao lado desses perfis básicos se predica também das leis toda uma sorte de propriedades estruturais que formam parte de uma larga tradição conceitual ou têm uma conexão direta ou indireta com eles.

As leis, *v.g.*, tendem a ser assim consideradas apenas se são gerais, ou seja, se têm como destinatários todos os cidadãos/administrados, sem distinções ou privilégios. Aqui se unem um pensamento tradicional — o rei ou imperador pode governar todos, pois está acima dos senhores territoriais — e uma ideia nova — todos são iguais perante a lei, sem que se possam estabelecer regimes particulares ou privilégios frente a ela.

---

(435) Nesse sentido, v. Rousseau (1962).
(436) "La Loi est l'expression de la volonté générale" (art. VI).
(437) Nesse sentido, v. Bodin (1966).
(438) Cf. Bodin (1966, p. 168): "poder de dar leyes a todos en general y a cada uno em particular".

Ou também, as leis devem ter certa estabilidade, dada a sua importância e solenidade, porque do contrário essas leis se contagiariam de debilidade e volatilidade do arbítrio caprichoso. Uma vez mais se unem aqui virtuosamente ideias antigas — as leis concernem à razão e à justiça, que são, por natureza, pautas que tendem à imobilidade — e ideias novas — os cidadãos/administrados devem ter garantias (previsibilidade) sobre o futuro da sua liberdade e dos seus direitos.

Como consequência de sua importância para o cidadão/administrado, as leis devem ser discutidas e aprovadas publicamente e devem ser promulgadas por escrito, em uma linguagem razoavelmente clara e precisa. Essa natureza de instrumento normativo público e escrito que se dirige à conformação das relações entre os cidadãos/administrados dá à lei um sabor racional, de projeção para o futuro, reflexivo, artificial e deliberado, diferentemente da regulação tradicional ancorada nos usos e costumes, que olha para o passado e quer imobilizar a memória jurídica para guardar a normatividade "sedimentada", inviolável e quase natural. A lei moderna é, ao contrário, um instrumento, uma alavanca de reforma e inclusive de educação cidadã, uma construção deliberada para possibilitar a emancipação humana, um fruto da racionalidade que interfere no imobilismo da tradição[439].

Nesse sentido, não sem tensões e diferenças segundo os tempos e lugares, ela (a lei) luta para impor-se como fonte superior de direito frente aos veículos tradicionais de normas jurídicas, como o costume, o direito jurisprudencial ou as velhas recopilações pré-modernas que incluíam assistematicamente grande parte das normas de séculos atrás.

A época moderna que vê desenvolver-se a noção de Estado de direito é, pois, a época em que a vigência normativa por excelência aspira ser a vigência da lei. E como consequência do fato dessa vigência normativa das leis, afirma-se que se alcança — ou se realiza, ou se cumpre — certo objetivo, valor ou bem, tanto de natureza individual quanto de natureza pública, que se denomina tradicionalmente "segurança jurídica" ou "certeza do direito". O império da lei como ideal vincula-se, assim, à meta de assegurar a certeza do direito (o predicado da previsibilidade) e, com ela, a segurança jurídica dos cidadãos/administrados.

Nesse contexto, da certeza do direito e da segurança jurídica, em primeiro lugar, temos que recordar o que queremos sinalizar quando afirmamos que uma lei está *vigente* em determinada sociedade. De forma simples, podemos elencar algumas condições que necessariamente devem estar presentes para que se possa afirmar que uma regra existe em um grupo social[440]:

---

(439) A lei, portanto, não se submete à natureza, à realidade; a lei, fruto da vontade soberana do *demos*, impregnada dos valores eleitos por esta vontade, modifica, transforma a realidade. Por isso, a lei é, necessariamente, vertida em linguagem prescritiva — *dever-ser*: é orientada para incidir *sobre a* realidade, orientando, assim, a disciplina da convivência social.

(440) Nesse sentido, v. Hart (1961). O esquema a seguir é dado por Bayón (1991, p. 449 *et seq.*).

a) Existe — de fato — uma regularidade nos comportamentos dos membros dessa sociedade sempre que se dão determinadas circunstâncias ou condições.

b) Quando se produz algum desvio a respeito desse comportamento regular, tende a dar-se, entre os destinatários dessas expectativas, certa reação crítica.

c) Essas reações críticas frente aos desvios consideram-se justificadas.

d) Os membros do grupo social recorrem a normas (regras) formuladas em termos linguísticos e normativos para justificar tanto a regularidade de comportamentos — as expectativas — quanto as críticas aos desvios.

Quando essas quatro condições encontram-se presentes, podemos dizer que uma regra social existe ou está em vigor nesse grupo humano. Sobre a tela de fundo dessas condições, que são verdadeiros fatos sociais complexos, há de iniciar-se a reflexão sobre o que se denomina ou categoriza como "segurança jurídica". Ao fazê-lo, veremos, passo a passo, como vão aparecendo ingredientes, mecanismos e dimensões que vão perfilando cada vez mais delineadamente essa ideia e algumas outras conectadas a ela.

O momento imediato em que se suscita a possibilidade de podermos começar a falar em segurança jurídica produz-se pela mera existência dessas condições: sobretudo a da regularidade constante nas condutas da maioria dos membros do grupo. Como ocorre com qualquer regra social, o conhecimento da regra e a existência de fato de uma regularidade conforme a ela no comportamento dos membros de um grupo social (da conduta) trazem consigo a possibilidade de contar com um dado sobre o seu atuar futuro (expectativa). Poder ter em conta o que provavelmente vai acontecer a partir do conhecimento do que habitualmente acontece — ou seja, poder utilizar esse conhecimento como critério para prever uma conduta "esperada" e suas consequências — é algo que configura o núcleo do que são as condições de possibilidade da própria vida social. A expectativa mais ou menos certa sobre a conduta dos demais membros da coletividade introduz em nossas vidas um primeiro grau de segurança, sem o qual seria virtualmente impossível (con)viver harmoniosamente.

Aqui aparece a dimensão fundamental da ideia de segurança que vamos desenhar: trata-se, basicamente, de uma *certeza*, de uma sorte de conhecimento prévio do que (provavelmente) acontecerá em determinadas situações/condições. Muitas das atividades e circunstâncias que empreendemos na nossa vida social quotidiana têm essa certeza na sua base⁽⁴⁴¹⁾. Simplesmente lidamos facilmente — quase inconscientemente — com essas certezas em virtude do nosso conhecimento a respeito das regras sociais, implícitas ou explícitas, da nossa comunidade. A existência empírica de múltiplas regras na nossa sociedade nos poupa de indagações ou cálculos. Como a conduta dos seres humanos não está submetida a "leis naturais" suscetíveis de conhecimento público e prévio, temos que subordiná-la a normas ou regras generalizadas (generalizáveis) para que possamos prevê-la no nosso dia a dia. A existência da regra como mera regularidade de comportamento nos permite, assim, arriscar todos os dias contando com um prognóstico suficientemente exato a respeito do que vai acontecer no nosso entorno quotidiano⁽⁴⁴²⁾. Essa "segurança" fática é o primeiro grau de certeza que subministra, por si só, a mera existência de regras sociais e jurídicas⁽⁴⁴³⁾.

Para avançar um segundo passo nessa reflexão, vamos além da mera existência de regras sociais ou jurídicas, acrescentando a essa realidade uma série de exigências em forma de cânones e propriedades estruturais, que essas regras devem ter e que nos aproximam mais do território do jurídico *stricto sensu* e da sua relação com essa maior certeza, essa certeza especialmente qualificada que é a segurança jurídica.

O primeiro desses cânones é o de que essas regras devem ser públicas e, assim, devem ser promulgadas. Ou seja, que, em vez de nos vermos obrigados a observar e a estudar empiricamente a repetição fática de condutas no nosso meio social para que possamos saber a quais condutas nos devemos ater, possamos dispor de uma formulação pública das regras. Isso significa que elas — as regras — devem ser dadas a conhecer a todos os seus destinatários, de forma que esses possam saber de sua existência de um modo certo e que lhes seja acessível a formulação linguística do seu conteúdo e do seu alcance. Ter a possibilidade de consultar e conhecer as regras assim codificadas permite ter ciência *ex ante* da probabilidade daquelas reações críticas da comunidade; e isso incrementa de novo a segurança que produzem essas regras ao prover para cada cidadão uma espécie de "guia" dos comportamentos esperados no âmbito de uma comunidade. Nos sistemas jurídicos contemporâneos, exige-se, por isso, que as leis sejam publicadas, ou seja, que não sejam inacessíveis, reservadas, ocultas ou secretas.

Mas para que se alcance esse nível maior de segurança, essas regras não só têm que ser formuladas publicamente e têm que ser promulgadas; também devem

---

(441) De fato, se ela não existisse, seria virtualmente impensável fazer algumas coisas tão quotidianas como caminhar pelas ruas, almoçar em um restaurante, fazer compras, participar de uma reunião social etc. Se a cada vez que estivéssemos diante dos outros tivéssemos que fazer conjecturas primárias sobre os eventuais cursos de conduta de cada um daqueles com os quais nos deparamos, nossa vida social harmônica seria inviável.
(442) Cf. Laporta (2002, p. 109-10). É claro que essa previsibilidade, essa certeza, jamais será absoluta.
(443) Nesse sentido, Díaz (1971, p. 44) afirma que "La legalidad engendra seguridad: el derecho establece y delimita el campo dentro del cual, en una determinada sociedad, los ciudadanos pueden sentirse seguros, sabiendo con certeza a qué atenerse en relación con sus derechos y deberes".

ter certa tendência à generalidade e à abstração. Por "generalidade", normalmente, temos a propriedade segundo a qual as normas estão dirigidas a um amplo universo de destinatários definidos por certas características em comum; quanto mais amplo é esse universo, mais gerais são as normas. Por outro lado, o que se chama de "abstração" normalmente diz respeito ao conteúdo normativo dessas normas, ou seja, ao fato, ação ou conduta a que se aplicam. A abstração das normas é uma propriedade também gradual, que consiste em regular ou normatizar um conteúdo definido mediante características típicas, e não mediante caracteres particulares. Quando as normas sociais têm essas duas características, especialmente a segunda, são habitualmente chamadas de "regras". No direito, uma larga tradição une essas duas características à norma ou regra que juridicamente se chama de "lei"[444].

Examinemos agora a relação que têm essas características com a segurança. Uma norma particular e concreta (oposta à geral e abstrata) é aquela que identifica o seu destinatário por seu próprio nome (ou por uma descrição exaustiva) e a ação que regula com uma descrição espaço-temporal muito precisa. Se pudéssemos conceber que todas as normas sociais e jurídicas fossem normas particulares e concretas, nos encontraríamos em uma situação surpreendente; cada um seria sujeito de normas que lhe prescreveriam ações concretas e, por assim dizer, personalizadas — todo destinatário teria um pacote normativo privativo dele e de suas condutas —, de forma que somente quem conhecesse previamente o conteúdo desse pacote normativo poderia antecipar como iria comportar-se esse destinatário em particular. E assim com todos e cada um[445]. Não é necessário dizer que tal situação é puramente imaginária. Somente se as normas sociais forem suficientemente gerais e abstratas o nosso conhecimento de sua existência nos permitirá antecipar com segurança as constantes fáticas da nossa convivência. Por isso, não apenas a publicidade, mas também a generalidade e a abstração reafirmam esse núcleo da segurança que consiste em poder conjecturar com certeza quais vão — ou quais não vão — ser as reações e condutas da maioria.

Mas não só necessitam as normas sociais e jurídicas serem públicas, gerais e abstratas para transmitir essa dose de informação que demanda nossa segurança. Também devem ter certa estabilidade. A estabilidade é uma propriedade que as normas sociais baseadas em usos e tradições costumam ter quase que por definição, pois tanto quanto se criam e se consolidam lentamente, costumam oferecer certa

---

(444) Nas *Noites áticas*, de Aulo Gelio (Aulus Gellius), encontra-se um primeiro testemunho, datado da época de Augusto (século II), dessa assimilação do conceito de lei (*lex*) com a propriedade de ser geral: "Oigo preguntar qué es *ley*, qué es *plebiscito*, qué *rogación*, qué es *privilegio*. Capitón, muy versado en derecho público y privado, ha definido de esta manera la ley: 'La ley es un decreto general del pueblo o de la plebe a petición de un magistrado'. Si esta definición es exacta, no debe darse el nombre de leyes a los decretos bajo el mando de Pompeyo acerca del regreso de Cicerón, del asesinato de P. Clodio, ni a tantos otros decretos del pueblo o de la plebe, que no fueron generales, sino solamente particulares. Más bien hay que llamarles *privilegios*, de la antigua palabra *priva*, a la que hemos sustituido *singula*" (AULO GELIO, 1959).

(445) Nesse sentido, v. MacCormick (1989, p. 309).

resistência às mudanças. Ao contrário, no direito moderno, as normas podem ser razoavelmente instáveis porque é possível alterá-las deliberadamente. É verdade que a noção de estabilidade, como as anteriores — generalidade e abstração —, é vaga e gradual, mas é possível afirmar que, com ela, refutamos dois estados de coisas que são extremos opostos.

O primeiro, uma normatividade extremamente efêmera. Pense-se em uma situação imaginária na qual a autoridade emite normas gerais e abstratas, mas as altera, modifica ou revoga — derroga ou ab-roga — quotidianamente, habitualmente, de forma tal que o cidadão/administrado a que estejam dirigidas essas normas se vê na situação insustentável de ter que consultar todas as manhãs *quais são* e *qual é o conteúdo* das leis que lhe concernem. O próprio *status* jurídico do cidadão/administrado se alteraria incessantemente até o ponto de este não saber que(m) é de acordo com o direito vigente. Em uma situação assim, não se realiza sequer aquele grau mais elementar de segurança, porque quase poderíamos afirmar que essas normas não estão vigentes senão de forma momentânea e/ou intermitente — faltaria a elas aquela regularidade nos comportamentos a que nos referíamos quando tratamos da vigência, ou da existência, de regras sociais. E também, por isso, é necessário distinguir entre a mera publicação de uma lei (no diário oficial) e a sua vigência (eficácia) como norma em uma sociedade[446].

A segunda situação imaginária seria aquela em que as normas jurídicas estão petrificadas a ponto de não se alterarem nunca, nem em sua formulação pública nem em sua interpretação e/ou aplicação quotidiana. Como a sociedade vai se transformando e os cidadãos/administrados precisam criar *status* novos para colocar em marcha os seus planos de vida, essas normas começam a se tornar inservíveis para fazer frente às novas realidades que vão surgindo, que, por isso, ficarão à margem de toda a normalização.

Entre esses dois extremos anteriores situa-se a exigência de estabilidade normativa: uma estabilidade que permita ao destinatário conhecer as normas vigentes, sabendo que as normas vigentes ontem seguem, em geral, vigentes hoje e que, contudo, possa facultar a interrupção e/ou modificação dessas normas após um processo de deliberação pública para enfrentar novas situações fáticas, políticas, econômicas, sociais e culturais.

Além dessas propriedades formais há outras que subministram também um grau maior de segurança e que adquirem perfis próprios quando se trata dos conteúdos ou da estrutura das normas jurídicas, como a exigência de que essas regras sejam claras. Com essa demanda de claridade não se pretende que as normas jurídicas sejam inteligíveis para todo mundo. Essa pretensão é demasiadamente ingênua, embora se repita de forma recorrente ao longo da história: de acordo

---

(446) Já tratamos, de forma mais específica, no capítulo anterior, de distinguir a validade, a vigência e a eficácia como predicados especificamente concernentes às normas jurídicas.

com ela, as leis deveriam ser poucas (em termos quantitativos) e simples (em termos qualitativos), para que absolutamente todos os seus destinatários conheçam-nas e compreendam-nas. No entanto, com normas escassas e simples só se podem organizar grupos humanos muito pequenos, com relações intersubjetivas muito elementares e pouco dinâmicas. A atual complexidade social dos grupos humanos e a sofisticação de suas interações e demandas exigem muitas normas jurídicas e normas de conteúdos muito especializados e técnicos — ou seja, cada vez mais normas e mais complexas normas.

Com a pretensão de claridade, não podemos, pois, fazer referência à simplicidade, mas a evitarem-se problemas de obscuridade e imprecisão. No que diz respeito à segurança, uma norma obscura equivale mesmo a uma norma inexistente — se não se pode decifrar o significado de um enunciado normativo, a reação diante dele pode ser qualquer uma, dependendo da interpretação que se der aos símbolos do seu conteúdo. Mas a obscuridade não se confunde com a complexidade. A linguagem jurídica atual é uma mescla, em proporções variadas, de termos da linguagem natural e de linguagens técnicas de elaboração doutrinária. É uma linguagem densa e complexa, e nem agora, e provavelmente jamais será totalmente acessível ao leigo. E tampouco seria desejável que renunciasse verdadeiramente às suas ferramentas linguísticas técnicas. Além disso, os ordenamentos jurídicos contemporâneos têm muitas vezes que tratar da regulação de problemas e questões sofisticadas sob os pontos de vista científico e técnico[447]. Não é pouco frequente, por isso, encontrar textos legais que recolhem e incorporam conceitos e termos que provêm das ciências e técnicas modernas. Por tudo isso, a linguagem das normas jurídicas não pode ser simples: há de ser especializada e complexa. Mas isso, insistimos, não correspondente à obscuridade. A linguagem das normas jurídicas pode e deve ser, concomitantemente, complexa e clara.

Em toda a linguagem jurídica, inclusive — e mesmo especialmente — naqueles signos que têm também a linguagem natural, pode aparecer o problema da imprecisão. Na linguagem natural (e também, ainda que em menor medida, na linguagem técnica), o significado dos termos, dos conceitos, dos enunciados etc. costuma ter um grau maior ou menor de indeterminação que seguramente é impossível de eliminar. Mas isso não corresponde a afirmar que esse grau de indeterminação não possa ser limitado ou superado concretamente. A utilização deliberada de conceitos de grande grau de fluidez, de termos ambíguos, de expressões de significado aberto, de cláusulas sem fundo (*open-ended clauses*), de conceitos indeterminados etc. produz imediatamente um efeito que a segurança exige minimizar: a falta de certeza sobre a aplicabilidade de uma norma a um suposto fático-jurídico. Se a aplicabilidade prévia das normas não pode ser determinada razoavelmente, estamos em uma situação clara de insegurança a

---

(447) Basta que pensemos, *v.g.*, em questões como as concernentes ao direito ambiental, à genética e às patentes da indústria bioquímica e farmacêutica.

respeito de quais são as pautas que devemos acatar. Deixar a decisão sobre essa aplicabilidade a uma autoridade que decida caso a caso (um juiz, *v.g.*) supõe-nos privar de conhecer de antemão essas pautas e ver-nos forçados a desenvolver nossos comportamentos sem poder tomá-las em conta[448].

Outra propriedade que se menciona em relação à segurança é — e isso é bastante óbvio, mas é relevante ressaltarmos tal aspecto para as nossas ulteriores considerações a respeito da "reserva do possível"[449] — que as normas imponham ações e condutas que sejam *possíveis*. Se uma regra social ou jurídica exige de seu destinatário uma conduta impossível, podemos afirmar que se está diante de um mecanismo destinado a impor sanções sem que estas possam ser evitadas. Nesse sentido, a premissa parece contrária a qualquer ideia de segurança normativa. Um corolário dessa propriedade, de serem possíveis, é que as normas não sejam contraditórias. E isso porque, quando estamos em presença de duas normas contraditórias que nos são igualmente aplicáveis em tese, é impossível cumprir as duas simultaneamente, já que, ao cumprir uma delas, necessariamente teremos que descumprir a outra. Em lógica, diz-se que, a partir de enunciados contraditórios, pode-se derivar qualquer conclusão. Isso, aplicado às normas sociais ou jurídicas, levaria à conclusão de que, a partir de duas normas contraditórias, qualquer conduta seria possível, o que equivale a dizer que tais normas não servem para orientar condutas[450].

---

(448) Trataremos, mais adiante, do problema dos "conceitos jurídicos indeterminados" (conceitos fluídos).

(449) Trataremos, mais adiante, do problema da "reserva do possível".

(450) Trata-se, portanto, de um caso de *antinomia*. Antinomia, contudo, que no sistema jurídico é aparente, e não real, pois o direito não tolera antinomias (BOBBIO, 1994, p. 81). A regra jurídica contida na lei (fórmula literal legislativa) é a resultante lógica de um complexo de ações e reações que se processam no sistema jurídico onde foi promulgada. A lei age sobre as demais leis do sistema; estas, por sua vez, reagem — a resultante lógica é a verdadeira regra jurídica da lei que provocou o impacto inicial. Essas ações e reações processam-se tanto no plano vertical (interpretação histórica) quanto no plano horizontal (interpretação sistemática). Essa fenomenologia da regra jurídica é observada à luz do cânone hermenêutico da totalidade do sistema jurídico, que consiste, em síntese, em extrair a regra jurídica contida na lei, relacionando esta com as demais leis do sistema jurídico vigente (plano horizontal) e sistemas jurídicos antecedentes (plano vertical). O cânone hermenêutico da totalidade do sistema jurídico tanto serve para revelar a existência da regra jurídica (lei válida) quanto para acusar a inexistência da regra jurídica (lei inválida e, portanto, inexistente). O intérprete constata a inexistência de regra jurídica quando o referido cânone hermenêutico o conduz à antinomia (contradição entre duas ou mais leis) ou à inconstitucionalidade (violação de regra jurídica criada pelo Poder Constituinte). Mas não é a interpretação que invalida a lei; na verdade, como afirma Becker (1972), o que o intérprete faz é a "necropsia" da lei morta — morte da lei antiga pelo impacto da nova ao se embutir no sistema jurídico; ou morte da nova lei pela reação do sistema jurídico; ou morte de ambas em virtude daquela ação e reação. Quando, por outro lado, a (aparente) antinomia envolve normas constitucionais em (aparente) conflito, ressalvada a hipótese de invalidade de normas constitucionais emanadas do Poder Constituinte derivado, como, *v.g.*, quando estas se chocam com normas primárias, definidoras de garantias fundamentais, deve o intérprete apelar para a técnica da *ponderação*: a Constituição possui um núcleo ideológico irredutível, uma "vontade" (HESSE, 1991), que dá consistência, validade e unidade ao sistema jurídico como um todo, ou seja, ela "constitui, vincula e estabelece as condições do agir político e as condições de

Ainda mais importante, talvez, como exigência interna ao conteúdo da norma, mais claramente referenciada à ideia de segurança, é a propriedade da norma de *não ser retroativa*, mas *prospectiva*. Define-se usualmente a norma retroativa como aquela que impõe uma sanção a uma conduta realizada antes de sua promulgação. Claro é que existem normas retroativas que premiam em lugar de sancionar, mas essas naturalmente não ameaçam a segurança jurídica. As normas sancionatórias retroativas são uma fonte de insegurança porque, se as aceitamos, não saberíamos se a ação que estamos desenvolvendo no presente não será sancionada no futuro: chegaríamos, assim, ao absurdo de obrigar alguém *hoje* que faça algo *ontem*[451]. A situação insólita na qual alguém se encontra sob a égide de uma norma retroativa consiste em que, antes que apareça a norma, a conduta não está proibida, nem é obrigatória, nem está sancionada sua realização ou sua omissão e, quando aparece a norma, a conduta em questão é impossível já de ser realizada (se a norma futura e retroativa a tem como obrigatória) ou omitida (se a norma futura e retroativa a tem como proibida). Ninguém ousaria dizer que isso não determinaria uma clara insegurança[452].

Na medida em que falávamos na vigência efetiva das normas, e essas normas eram também públicas, gerais, abstratas, de razoável estabilidade, claras, coerentes e não retroativas, íamos alcançando paulatinamente quotas de maior segurança, entendida como certeza de fato sobre acontecimentos e reações futuras do nosso entorno social. Embora tais características atribuam a essas normas uma aparência de normas jurídicas, pode-se dizer, contudo, que com elas ainda estamos em um estágio de segurança "pré-jurídico", pois o panorama que desenham e a certeza que (re)produzem podem estar conformados tanto por normas jurídicas criadas deliberadamente quanto por normas sociais de outro tipo, de origem não formal (não estatal), que são obedecidas de forma mecânica no seio de um grupo social. Ao final, poder-se-ia mesmo dizer que até as mais simples formas (regras) de

---

compreensão do direito, em sua totalidade" (STRECK, 2009), de forma que o intérprete da Constituição deve buscar, na interpretação das normas constitucionais, a conciliação possível entre os seus diversos preceitos, sem que jamais um anule completamente o outro.
(451) Cf. Fuller (1964, p. 53). No mesmo sentido, Luño (1996, p. 483).
(452) Laporta (2002, p. 130) faz uma breve e oportuna descrição técnica da retroatividade: "(...) las normas jurídicas se emiten en un tiempo determinado **T1**, y establecen, por ejemplo, que si se dan ciertas condiciones de aplicación **Ca**, está prohibido o es obligatorio realizar una acción de un cierto tipo **A**, en el ámbito temporal **Tx-Ty**, bajo la amenaza de una sanción **S**. Pues bien, estamos en presencia de una norma retroactiva sólo cuando la acción **A** que se prohíbe o que se impone bajo sanción ha sido realizada u omitida ya antes del tiempo **T1** en el que se emite la norma, es decir, que el ámbito temporal en el que se prohíbe o se declara obligatoria la conducta es anterior al momento de su emisión. Pero no se debe pensar que una norma es retroactiva simplemente porque cuando se emite existían ya las condiciones de aplicación **Ca** que prevé. La diferencia entre la acción prescrita y la condición de aplicación para prescribirla es crucial para poder identificar cuándo estamos en presencia de una norma retroactiva y cuándo no, y ello porque la retroactividad se refiere sólo a la conducta prescrita, no a las condiciones de aplicación. De lo contrario no podríamos utilizar las normas jurídicas para cambiar las cosas".

urbanidade criam certas expectativas recíprocas e, portanto, essa certeza de saber a que atentar — ou o que esperar — em relação às condutas alheias.

As propriedades de que tratamos são, sem dúvida, condições necessárias para que possamos falar também de segurança jurídica em sentido estrito, mas não são suficientes. A partir delas, começamos a alcançar os primeiros territórios da segurança jurídica *stricto sensu* quando acrescentamos a tais propriedades outro componente institucional de maior complexidade. A esse primeiro nível de segurança normativa há que dar uma dimensão jurídica.

Em primeiro lugar, é necessário prever o que ocorrerá quando surgirem discrepâncias sobre as normas existentes ou conflitos de interesses entre os membros do grupo. E, a esse respeito, a segurança jurídica em sentido estrito começa a desenhar-se quando, no caso de alguém sentir-se prejudicado por uma conduta alheia que considera desviada das normas (antijurídica), possa ele invocar um remédio jurídico diante de uma agência centralizada de aplicação dessas normas. Em segundo lugar, essa agência centralizada, ou seja, esse conjunto de órgãos identificados e conhecidos de aplicação das normas jurídicas, deve tomar as decisões contrárias às condutas desviadas apelando explicitamente a essas mesmas normas. E, em terceiro lugar, essa agência centralizada de aplicação de normas deve ser capaz de recorrer ao uso da força para fazer prevalecer as suas decisões[453].

Quando introduzimos essa maior complexidade institucional, as normas das quais falávamos vertem-se em pautas para a administração da força em situações conflitivas, de disputas e/ou de incertezas. À segurança que obteríamos a partir da observância espontânea das normas se une agora um incremento qualitativo de segurança e certeza, porque sabemos, agora, também que todo o possível desvio de comportamento que pode ameaçar a qualquer pessoa resulta potencialmente — pode resultar — neutralizado mediante o uso legítimo e organizado da força. Aquele conjunto de regras sociais define-se agora como uma organização identificada e centralizada para administrar o uso da força — e isso é o que se considera como a característica mesma do que é o direito, a ordem jurídica. A existência dessa ordem jurídica é o que gera essa certeza institucional que é a segurança jurídica.

---

(453) Desde Hobbes, com o *Leviatã* (publicado em 1651), a identificação do direito moderno com a organização da força é uma constante, embora Hobbes também faça referência aos dois outros elementos que citamos: "Pues sin la decisión de controversias no hay protección de un súbdito frente a las injurias de otro; las leyes concernientes al *Meum* y al *Tuum* son vanas, y en cada hombre permanece, por el apetito natural necesario de su propia conservación, el derecho a protegerse a sí mismo mediante su fuerza privada, lo cual constituye la condición de guerra. Cosa contraria al fin para el que se instituye toda república" (HOBBES, 1979, p. 274). Para Hobbes, isso constitui, inclusive, uma *lei natural*: "Y dado que aunque los hombres estén deseosos de observar estas leyes pueden no obstante surgir cuestiones que conciernan a la acción de un hombre, como, en primer lugar, se obró o no obró, en segundo lugar (si obró) si fue contra la ley o no contra la ley, de lo que lo primero es llamado cuestión *de hecho*, y lo último cuestión *de derecho*, su consecuencia salvo que las partes en cuestión acuerden mutuamente aceptar la sentencia de un tercero, están tan lejos de la paz como al principio. Este tercero a cuya sentencia se someten es llamado *árbitro*. Y por tanto, es ley de naturaleza *que aquellos que están en controversia sometan su derecho al juicio de un tercero*" (HOBBES, 1979, p. 251).

Mas o mesmo que ocorria com a mera existência/vigência das normas sociais em geral ocorre agora com a mera existência de órgãos institucionais de aplicação de normas. Da mesma forma que aquela proporcionava certa certeza *de fato*, também esta pode incrementar nossa segurança jurídica no sentido de que sabemos que, em casos conflitivos, obteremos sempre uma solução — mas, por si só, isso é ainda insuficiente. Quando se fala de segurança jurídica, não se fala da mera existência, *v.g.*, de juízes e tribunais, mas dessa certeza qualificada que se obtém quando, ao lado disso, se satisfazem certas exigências em três grandes predicados: acessibilidade, imparcialidade e racionalidade. Trataremos de ver, sumariamente, em que consistem esses predicados relacionados aos juízes e tribunais.

Em primeiro lugar, naturalmente, essa dimensão da segurança jurídica exige a acessibilidade, ou seja, a possibilidade de acesso e petição por parte dos membros do grupo aos órgãos de aplicação das normas[454]. Mas a acessibilidade não consiste apenas no mero acesso aos órgãos decisórios de natureza judicial: exige um acesso qualificado. Há todo um arcabouço de requisitos e princípios que têm assento nesse princípio da acessibilidade à justiça. Podemos mencionar a respeito, assim, não apenas a remoção dos obstáculos mais propriamente legais, mas também a superação de situações econômicas que obstaculizem esse acesso, e a falta de cultura ou a não disponibilidade de uma representação técnica suficiente para superar as complexidades e os formalismos próprios ao processo judicial. Conectadas com esses obstáculos, estão considerações como a preocupação com a rápida solução dos conflitos, porque a excessiva duração dos procedimentos de resolução tende a dar a impressão de que esta — a solução do conflito — por vezes chega demasiadamente tarde e o dano e/ou a injustiça não são assim evitados, tampouco satisfatoriamente compensados. Além disso, o que poderíamos chamar de princípio de acessibilidade ao juiz impõe a articulação de uma comunicação fluida e clara entre o destinatário das normas e a agência que deve resolver os equívocos, os conflitos e as violações que se suscitem concretamente em torno dessas mesmas normas.

Por outro lado, essa dimensão da segurança jurídica também se ancora no princípio da imparcialidade, ou com esse conjunto de princípios que orbitam em torno da "justiça natural" ou do "juiz natural", os princípios mais básicos da administração de justiça, sem os quais nenhuma segurança jurídica pode-se ter.

O primeiro e mais evidente desses princípios é a necessidade de que sejam evitados os juízos tendenciosos e os preconceitos em favor de uma solução

---

(454) Nesse sentido, Locke, no *Segundo tratado sobre o governo civil* (publicado em 1690), afirmara que: "Pues allí donde haya dos hombres que no tengan una norma establecida y un juez común al que apelar en esta tierra para determinar las controversias legales que puedan surgir entre ellos, esos hombres seguirán permaneciendo en un estado de naturaleza y sujetos a todas las inconveniencias que ello lleva consigo" (LOCKE, 1990, p. 106). A Declaração Universal dos Direitos Humanos articula, no seu art. 8º, como fundamental, o direito de toda pessoa a "receber dos tribunais nacionais competentes remédio efetivo para os atos que violem os direitos fundamentais que lhe sejam reconhecidos pela Constituição ou pela lei".

(pre)determinada. Aqui se trata de reconhecer o princípio *nemo iudex in re sua*, que deve ser interpretado não somente no sentido restrito e claro de que os juízes não devem decidir assuntos em que estão envolvidos os seus próprios interesses ou inclinações pessoais (relação de parentesco com uma das partes, interesse econômico imediato etc.), ou seja, assuntos que constituem sua própria "causa" (*nemo iudex in causa sua*), mas, em sentido mais amplo, de que os juízes não devem introduzir nos conflitos de que conhecem fatores personalíssimos ou convicções e/ou crenças próprias que podem tender a um prejulgamento verdadeiramente ajurídico do caso concreto. Distingue-se, assim, entre uma parcialidade objetivada em um conjunto de causas taxadas que habilitam as partes a colocar em questão a idoneidade do julgador (parentesco, interesses financeiros imediatos etc.), e uma parcialidade mais subjetiva, que tem os efeitos de transmitir publicamente a impressão de que o juiz está condicionado por fatos ou crenças anteriores ao caso, que determinarão sua decisão[455]. Essa parcialidade *aparente* é difícil de se estabelecer, mas é, contudo,

---

[455] Nesse sentido, o Código de Processo Civil brasileiro dispõe que "É defeso ao juiz exercer as suas funções no processo contencioso ou voluntário: I — de que for parte; II — em que interveio como mandatário da parte, oficiou como perito, funcionou como órgão do Ministério Público, ou prestou depoimento como testemunha; III — que conheceu em primeiro grau de jurisdição, tendo-lhe proferido sentença ou decisão; IV — quando nele estiver postulando, como advogado da parte, o seu cônjuge ou qualquer parente seu, consanguíneo ou afim, em linha reta; ou na linha colateral até o segundo grau; V — quando cônjuge, parente, consanguíneo ou afim, de alguma das partes, em linha reta ou, na colateral, até o terceiro grau; VI — quando for órgão de direção ou de administração de pessoa jurídica, parte na causa" (art. 134), e que "Reputa-se fundada a suspeição de parcialidade do juiz, quando: I — amigo íntimo ou inimigo capital de qualquer das partes; II — alguma das partes for credora ou devedora do juiz, de seu cônjuge ou de parentes destes, em linha reta ou na colateral até o terceiro grau; III — herdeiro presuntivo, donatário ou empregador de alguma das partes; IV — receber dádivas antes ou depois de iniciado o processo; aconselhar alguma das partes acerca do objeto da causa, ou subministrar meios para atender às despesas do litígio; V — interessado no julgamento da causa em favor de uma das partes" (art. 135). Sobre a imparcialidade do órgão jurisdicional, é importante citar, em termos de direitos fundamentais, o art. 10 da Declaração Universal dos Direitos Humanos ("Toda pessoa tem direito, em plena igualdade, a uma audiência justa e pública por parte de um tribunal independente e imparcial"), o art. 14.1 do Pacto Internacional de Direitos Civis e Políticos ("Todas as pessoas são iguais perante os tribunais e as cortes de justiça. Toda pessoa terá o direito de ser ouvida publicamente e com as devidas garantias por um tribunal competente, independente e imparcial, estabelecido por lei"), e os Princípios Básicos das Nações Unidas para a Independência do Judiciário, adotados pelo 7º Congresso das Nações Unidas para a Prevenção do Crime e Tratamento dos Réus (1985), em Milão, e aprovados pela Assembleia-Geral das Nações Unidas através da Resolução n. 40/32, de 29 de novembro de 1985, entre os quais a "independência do Judiciário", que se desdobra nos seguintes enunciados: "1. A independência do Judiciário deverá ser garantida pelo Estado e incorporada à Constituição e às leis do país. É dever de todos os governos e de outras instituições respeitar e observar a independência do Judiciário. 2. O Judiciário deverá decidir as questões com imparcialidade, baseado em fatos e de acordo com a lei, sem quaisquer restrições, influências indevidas, induções, pressões, ameaças ou interferências diretas ou indiretas de qualquer direção ou por qualquer razão. 3. O Judiciário terá jurisdição sobre todas as matérias de natureza jurídica e terá exclusiva autoridade para decidir se uma matéria submetida à sua decisão está dentro de sua competência legal. 4. Não haverá nenhuma interferência indevida ou injustificada no processo judicial nem serão as decisões judiciais proferidas pelas cortes objetos de revisão. Esse princípio não prejudica a revisão judicial ou a mitigação ou a comutação de sentenças impostas pelo Judiciário pelas autoridades competentes, de acordo com a lei. 5. Toda pessoa terá direito a ser julgada por

verificada a partir de todo um conjunto de pautas em torno das quais orbitam o tipo de vida e as atividades quotidianas dos juízes, que muitas vezes se veem impedidos de desenvolver condutas que seriam perfeitamente admissíveis em pessoas não investidas de tal poder de julgar e que conformam um espectro de atividades que lhes são vedadas explícita ou implicitamente. Sua razão de ser é impedir que a personalidade do juiz e as circunstâncias da sua vida ofusquem, ceguem ou condicionem a sua decisão[456].

É por isso que os ordenamentos "blindam", em maior ou menor grau, os cargos dos magistrados diante de potenciais ameaças externas, sobretudo daquelas de natureza política. A "blindagem" política mais importante é a inamovibilidade do juiz — a proibição ao Estado de destituir, transferir, suspender e/ou jubilar os juízes senão por motivos específicos e previamente arrolados na lei, com uma série de garantias, garantindo-lhes a independência tanto no seu aspecto individual quanto no aspecto institucional[457].

Mas a imparcialidade não se manifesta apenas nisso. Também se manifesta na atitude de julgar com respeito às partes, ou seja, da atentar para toda uma gama de possibilidades de comunicação, atentando para o caráter concomitantemente dialógico e polifônico do processo[458]: escutar a todas as partes em conflito, *audiatur et altera pars*. As partes de um processo devem dispor de oportunidades suficientes, segundo um procedimento previamente conhecido, generalizado, de argumentar racionalmente, provar os fatos que aduzem e sustentar sua posição em relação às normas que lhes são aplicáveis, e fazê-lo, ainda, em condições de igualdade.

---

cortes ordinárias ou tribunais, mediante o uso de procedimentos estabelecidos. Tribunais que não usem procedimentos devidamente estabelecidos não serão criados para deslocar a jurisdição pertencente às cortes ordinárias e aos tribunais judiciais. 6. O princípio da independência do Judiciário dá o direito e exige que o Judiciário assegure que os processos judiciais serão conduzidos imparcialmente e que os direitos das partes serão respeitados. 7. É dever de cada Estado-Membro prover os recursos adequados para habilitar o Judiciário a desempenhar corretamente suas funções". Entre os Princípios de Conduta Judicial de Bangalore, elaborados pelo Grupo de Integridade Judicial, constituído sob os auspícios das Nações Unidas, figura, nesse sentido, o seguinte valor (n. 2): "A imparcialidade é essencial para o apropriado cumprimento dos deveres do cargo de juiz. Aplica-se não somente à decisão, mas também ao processo de tomada de decisão".

(456) Esta é, talvez, a ideia que norteia Montesquieu ao afirmar que o poder do juiz deveria ser "invisível e nulo" (MONTESQUIEU, 1951, p. 404): essa *invisibilidade*, ou *transparência*, concerne à concepção de que a solução normativa *passe através* do julgador sem que nenhuma circunstância pessoal deste desvie o curso daquela (por isso, o juiz é concomitantemente *nulo*, ou seja, *neutro*); reporta-se, portanto, à ideia de *imparcialidade* do juiz.

(457) Entre os Princípios de Conduta Judicial de Bangalore, elaborados pelo Grupo de Integridade Judicial, constituído sob os auspícios das Nações Unidas, figura, nesse sentido, o seguinte valor (n. 1): "A independência judicial é um pré-requisito do estado de Direito e uma garantia fundamental de um julgamento justo. Um juiz, consequentemente, deverá apoiar e ser o exemplo da independência judicial tanto no seu aspecto individual quanto no aspecto institucional".

(458) Sobre as ideias de *polifonia* (várias vozes falando simultaneamente, sem que uma delas tenha preponderância sobre as outras, no discurso ao destinatário) e de *duplo dialogismo* (várias vozes cruzadas elaborando a tessitura do discurso voltado ao destinatário), v. Bakhtin (1988).

Por último, é preciso abordar o que é chamado de predicado de *racionalidade* no procedimento de decisão. Tal racionalidade projeta-se tanto sobre a consideração dos fatos ponderáveis que são contemplados como sobre a consideração das premissas mesmas sobre as quais deverá basear-se a argumentação do juiz. No que diz respeito aos fatos que devem ser conhecidos pelo juiz, ou seja, os fatos condicionantes da aplicação de uma norma ao caso, devem ser empiricamente verificáveis, e as partes devem ter a oportunidade de provar que tais fatos tiveram ou não lugar mediante procedimentos probatórios ou métodos em que acreditem suficientemente e com razoável confiança. Isso quer dizer que os meios de prova devem ser facultados segundo uma sucessão de argumentos e controles que levam a uma conclusão que possa ser considerada racionalmente, de acordo com os critérios vigentes de conhecimento, "verdadeira" ou "falsa"[459].

Os métodos de prova, portanto, devem ser caminhos aptos para chegar a conclusões que sejam capazes de "descrever" racionalmente os fatos relevantes que tiveram lugar "realmente"[460]. E esse princípio de racionalidade cognitiva convida também a excluir procedimentos probatórios que possam manipular o resultado. Por isso o princípio de racionalidade convida também o juiz a limitar ao máximo os métodos de prova puramente formalistas, que declaram sobre a existência de fatos com base em rituais ou exigências que não necessariamente estabelecem um vínculo de verossimilhança entre o "provado" por eles e o realmente ocorrido.

É evidente o papel que joga a racionalidade da prova dos fatos na segurança das partes, pois qualquer indagação probatória desses fatos que ignore ou deprecie a exigência de aproximar-se ao máximo da ideia de *verossimilhança* na descrição do que ocorreu na realidade é uma ameaça latente às partes do caso ou a qualquer membro da comunidade, de serem sancionados por condutas ou fatos inexistentes, ou de não encontrarem defesa diante de fatos lesivos efetivamente levados a cabo por outrem.

O predicado de racionalidade projeta-se sobre outro componente do processo que leva à decisão: a premissa ou as premissas normativas que se aplica(m) ao caso em questão. A primeira exigência que é ínsita à lógica do processo decisório é a de que as normas ou regras que vão ser aplicadas sejam aquelas mesmas regras ou normas vigentes na comunidade. Seria um contrassenso demandar dos cidadãos/ administrados que se comportassem de acordo com determinadas pautas e permitir, *a posteriori*, que essas mesmas pautas fossem ignoradas por aqueles que devem resolver os conflitos e desacordos concretos que se geram em torno delas. Se a decisão de um conflito se toma sem apelação às regras jurídicas vigentes na

---

(459) Quando afirmamos que isso deve se dar em conformidade com as exigências atuais do conhecimento, queremos enfatizar que os métodos probatórios "mágicos" ou religiosos, baseados na superstição ou na crença subjetiva, não devem jamais integrar o itinerário de averiguação dos fatos — a persuasão do juiz, que se persegue, é uma persuasão racional, que inclusive o obriga a motivar também racionalmente os fundamentos da sua razão de decidir.

(460) Nesse sentido, v. Gascón (1999).

comunidade, não haverá, por parte de seus destinatários, nenhuma razão para aceitá-las.

A segunda exigência da racionalidade diz respeito aos processos de identificação e de interpretação das normas para a configuração e a construção dessa premissa normativa. Trata-se de atividades em geral muito complexas, e particularmente intrincadas no que se refere ao direito, mas são atividades que também devem estar presididas pela racionalidade[461]. Quando a premissa normativa, ou seja, a regra a aplicar, é evidente e indiscutível, a atividade interpretativa pode iniciar-se diretamente, mas há casos em que essa premissa normativa não está previamente posta à disposição do julgador; este deve construí-la ou reconstruí-la. Se não houvesse exigências de racionalidade nessa tarefa, qualquer norma que "inventasse" quem toma a decisão seria idônea, mas isso produziria uma grande incerteza.

Quanto a esse momento interpretativo, trata-se de atribuir significado aos símbolos que compõem os enunciados de normas ou regras, ou seja, uma prática que consiste em aplicar ou seguir umas regras — em concreto, as regras vigentes no universo de falantes dessa linguagem sobre a significação desses símbolos[462]. E, a esse respeito, a racionalidade consistiria em não outorgar a um símbolo ou a um conjunto de símbolos um significado que vá de encontro com as demais regras utilizadas por esse conjunto de falantes, de forma tal que resulte que a interpretação que oferece o juiz seja uma interpretação contrária aos usos mais elementares dos falantes e/ou com aspecto de injusta arbitrariedade. Ainda que nesse tema os problemas que exsurgem sejam complexos, podemos afirmar que a "indeterminação radical" da linguagem jurídica, ou seja, a ideia de que uma formulação linguística de uma norma é suscetível de qualquer atribuição de significado, representa a irracionalidade em tema de interpretação e a impossibilidade de utilizar a linguagem como via de comunicação. Pelo contrário, a suposição de que a premissa normativa construída pelo juiz expressa ao menos uma consequência logicamente possível (previsível) a partir do material normativo contido nas formulações linguísticas preestabelecidas no conjunto das normas vigentes resulta muito mais plausível e, naturalmente, em termos de segurança jurídica, proporciona à partes um grau maior — ainda que, naturalmente, não pleno ou absoluto — de certeza.

Assim, tanto no que concerne à qualificação dos fatos, ou seja, à subsunção do suposto fático na condição de aplicação da norma, quanto no que concerne à interpretação da solução normativa, a atividade de aplicar normas deve estar restringida por exigências de racionalidade interna que são as únicas que podem

---

(461) Nesse sentido, v. Atienza (1991).
(462) É claro que, dada a dupla natureza da linguagem jurídica como linguagem técnica e linguagem natural, o universo dos seus "falantes" também está constituído dualmente, com um segmento de falantes profissionais que atribuem aos termos o seu sentido técnico e com um segmento de falantes leigos que tendem a identificá-los através do seu significado natural, de forma que, com frequência, se produzem equívocos e mal-entendidos.

avalizar que a premissa normativa assim construída esteja justificada e seja válida. A partir daí, o enunciado em que se concretiza a decisão final do caso teria que ser um enunciado que, de alguma forma, estivesse já previsto ou contido na conjunção das premissas fáticas e normativas. Essa previsibilidade possível da solução é um elemento central da segurança jurídica, pois implica dizer que, com o conhecimento das normas em vigor, podemos conjecturar com certa plausibilidade qual será o conteúdo das decisões que tomam os juízes em uma ampla gama de casos.

Mas essa previsibilidade, de estar "contida" de antemão nas premissas fáticas e normativas, configura a atividade de aplicação do direito como uma atividade, se não equivalente, ao menos muito próxima à racionalidade dedutiva. É óbvio que a complexidade atual do sistema jurídico torna muito difícil ter em conta todas as variáveis normativas que podem entrar em consideração em um caso concreto, e também que aqueles que tomam as decisões, como seres humanos que são, mesclarão nesse processo também, em maior ou menor grau, suas convicções pessoais, o que contribuirá muitas vezes para modular ou mesmo distorcer a solução final — no entanto, é importante destacar que, se essa complexidade torna verdadeiramente impossível inferir com certo grau de precisão, de antemão, uma solução ou um conjunto de soluções possíveis em um caso, e/ou se essa interferência pessoal do juiz chega a ser condição determinante do conteúdo da decisão do caso, à margem das premissas normativas, então já estamos no terreno da arbitrariedade, infenso ao império da lei e, consequentemente, da segurança jurídica.

Quando falamos em império da lei, um corolário lógico desse princípio é que não apenas os cidadãos/administrados estão sob o império da lei, mas também, e sobretudo, as autoridades e as agências de poder, que também devem se submeter a normas jurídicas preestabelecidas. O império da lei é, sobretudo, e em seu significado mais relevante, *a submissão do poder ao direito*[463]: a ideia da submissão de todos à lei é, também, e sobretudo, a ideia da submissão das autoridades à lei. O que nos interessa, em particular, na associação entre império da lei e segurança jurídica é esse contraste com a arbitrariedade: o sentido imediato que se pode extrair do império da lei concerne a que todo ato de exercício de poder ou autoridade realize-se segundo a lei.

É importante recordar que o direito não concerne apenas a um conjunto de normas de conduta, mas corresponde à união de normas de conduta com normas de competência ou normas que conferem poderes[464].

O império da lei exige que a autoridade esteja prefigurada e identificada mediante normas jurídicas desse tipo (normas de competência): todo o poder deve ser articulado de acordo com um conjunto preestabelecido de normas jurídicas de

---

(463) Cf. Laporta (2002, p. 121). Segundo Dicey (1982, p. 110), "the rule of law is contrasted with every system of government based on the exercise by persons in authority of wide, arbitrary, or discretionary powers of constraint".
(464) Nesse sentido, v. Hart (1961).

competência. Essa função, de definir os órgãos dotados de autoridade, é desde logo a primeira função que cumprem as normas de competência, mas não é a única; assim, quando falamos em normas de competência — normas sobre a produção jurídica —, não estamos falando de um só tipo de norma, mas de uma variedade de normas ou de um conjunto de normas diferenciadas[465]:

a) normas que conferem competências normativas;

b) normas que disciplinam o exercício dessas competências;

c) normas que circunscrevem o objeto das diversas competências normativas;

d) normas que reservam competências normativas;

e) normas que põem limites substanciais às várias competências normativas.

Essa categorização, assim exposta, parece falar por si mesma. Quando falamos de normas que conferem poderes estamos falando de um mundo com muitos habitantes. E não é, seguramente, possível reduzir todos eles a uma formulação unitária. Mas, se tivéssemos que dar uma definição mais depurada do que é a noção de império da lei em seu sentido mais estrito, talvez pudéssemos fazê-lo a partir da afirmação generalizante de que há império da lei quando os poderes políticos estão submetidos a todo esse aparato de normas preestabelecidas de competência e atuam na conformidade delas.

Em primeiro lugar, naturalmente, falamos de normas que definem ou "constituem" quem pode exercer a competência, seja ele o chefe de Estado, um tribunal, o parlamento etc. Ou seja, normas que definem a pessoa, natural ou jurídica, o órgão, a agência ou a instituição que tem o poder e/ou a competência para ditar normas: que propriedades deverá ter, como se constituirá etc. Uma norma jurídica anterior determina, assim, quem é o titular do poder e como se ascende a ele. E aquelas pessoas, órgãos e agências que não tenham sido constituídas conforme as exigências dessa norma jurídica anterior simplesmente não detêm um título para exercer esse poder. Na reflexão política tradicional, isso se aplica a quem pretende governar sem haver sido nomeado conforme a lei — o próprio conceito de império da lei exclui tal forma de acesso ao poder, pois requer, para legitimar a investidura do poder na origem, a (pre)existência de uma norma jurídica segundo a qual se leve a cabo essa mesma investidura.

Em segundo lugar, e seguindo uma tradição de pensamento que identifica como *tiranos*[466] aos que usurpam o poder pela violência, essa mesma tradição

---

(465) A categorização a seguir é de Guastini (1998).
(466) Nesse sentido, segundo a *Política*, de Aristóteles (1951, p. 1295), denomina-se *tiranus ex defectu tituli*, ou seja, déspota que ascende ao poder sem título jurídico algum, ao que governa sem ter sido

inclui, em sua tipologia, os tiranos *ex parte exercitii*, ou seja, aqueles que exercem o poder extrapolando as suas competências, ainda que tenham ascendido legitimamente a ele. O império da lei exige que o objeto ou a matéria de competência de todo poder esteja circunscrito e delimitado com razoável precisão, de forma que se possa saber, em todo o momento, se a decisão que se toma ou a norma que se cria pode habitar no âmbito previsto ou se o extrapolou ao ocupar-se de matérias estranhas à competência atribuída, ou seja, se o poder em questão, qualquer que seja a sua natureza e o seu titular, atuou dentro dos limites de sua habilitação ou atuou *ultra vires*.

Essa exigência vale para todo e qualquer poder. Um órgão judicial, assim, há de atuar sempre com submissão à lei. Mas essa ideia foi desenvolvida, sobretudo, para limitar o poder do governo e da administração pública[467]. Por isso, especialmente no âmbito do direito administrativo, adverte-se que o propósito primeiro deste mesmo é manter os poderes do Estado dentro dos seus limites legais, de forma a proteger-se o cidadão/administrado[468].

Em terceiro lugar, todas essas agências que exercem o poder, configuradas por normas jurídicas prévias e no âmbito material das competências por elas estabelecido, devem atuar sempre submetidas a regras jurídicas de procedimento previstas para a tomada de decisões ou para a criação das normas jurídicas correspondentes. Esta é uma formulação muito simples e breve de uma exigência muito complexa, que nos remete a toda essa natureza *procedimental* que é imprescindível no direito moderno. Porque é evidente que a percepção meramente estática do direito como conjunto cristalizado de normas é seguramente mais alheia à realidade do que a percepção de sua evidente dimensão dinâmica como aparato incessante de criação, modificação e revogação de normas. E, a partir dessa perspectiva, o sistema jurídico nos aparece como uma ordem estruturalmente procedimental: procedimento legislativo, procedimento administrativo, procedimento judicial[469].

As normas de competência nunca atribuem o poder de criar normas sem a observância de qualquer procedimento, seja qual for a forma em que isso se faça; ao contrário, exsurgem como conjuntos complexos de diretivas que determinam como se deverá proceder, passo a passo, para que se crie cada nova norma. A

---

investido legalmente desse poder. Sobre o pensamento *político* de Aristóteles, v., também, Aristóteles (2011).
(467) Segundo Hierro (1998, p. 63), "La Administración tiene que realizar los fines de interés público o general dentro de los límites establecidos por las leyes. Este sometimiento era, sin embargo, compatible en su formulación inicial con amplios márgenes de discrecionalidad. Pero esta doctrina, llamada de la 'vinculación negativa', está hoy mayoritariamente sustituida, a partir de Kelsen, por la doctrina de la 'vinculación positiva' que supone que la actuación administrativa no sólo tiene como origen y límite la legalidad, sino que se encuentra positivamente condicionada por la legalidad: toda actuación administrativa ha de estar habilitada por una cobertura legal previa".
(468) Cf. Wade (1992, p. 5).
(469) Nesse sentido, v. Hart; Sacks (1994).

submissão estrita a esses procedimentos é também uma dimensão fundamental da ideia de império da lei — todo poder que se produza à margem das normas de procedimento que governam a sua atividade viola, pois, os seus princípios.

Nesse sentido, o império da lei, em sua dimensão mais genuína, consiste em exigir dos poderes políticos e jurídicos que atuem sempre submetidos à lei. Não só que o poder aplique aos cidadãos/administrados as normas jurídicas de que sejam eles destinatários, mas que também aplique a si mesmo as normas de que ele é o destinatário, todas aquelas normas, em síntese, pelas quais se pretende que o direito controle o poder. A teoria do direito elaborou o conceito de *nulidade* para descrever o que sucede quando os órgãos que exercem o poder ignoram qualquer uma dessas normas: simplesmente, o produto que criam não é uma norma jurídica vinculante — é nulo, ou seja, vazio, não chega a incorporar-se ao conjunto de normas em vigor e os afetados por elas devem ter acesso a um procedimento para que assim sejam declaradas[470].

Não parece necessário sublinhar o importante aspecto de segurança jurídica que isso leva consigo. A ameaça à própria segurança não provém só dos demais concidadãos, mas também e em ampla medida de todas aquelas agências legislativas, administrativas e judiciais que podem afetar com seus atos normativos nossos projetos de vida. Saber de antemão quem são, o que podem e o que não podem fazer-nos, como devem atuar e quais são os trâmites e mecanismos que temos a nosso alcance para nos defendermos delas, supõe um alto grau de segurança e previsibilidade. Dispor desses mecanismos imparciais, que são os juízes e os tribunais, para declarar nulas suas atuações e defender, assim, também os nossos interesses frente a esses poderes, é uma conquista civilizatória cujo alcance não pode ser ignorado.

Do dito anteriormente, sobre a necessidade de que todo poder esteja submetido ao direito, podemos inferir naturalmente que o governo e a administração pública podem ver, também, os seus diversos atos impugnados ante os tribunais. E, assim, um dos elementos mais característicos do Estado de direito tem sido a exigência de controle judicial da administração pública, que não é senão uma dimensão mais, e muito qualificada, da ideia de império da lei. Para levá-la à prática com toda a sua plenitude se desenvolveu historicamente uma luta por submeter todos os atos da administração pública a esse controle judicial, tratando de evitar sempre que subsista a possibilidade de atos ou decisões da administração não controláveis, infensos à apreciação do Poder Judiciário[471].

Isso supõe, evidentemente, a articulação de todo um subsistema jurídico, procedimental e jurisdicional para levar a cabo esse controle: possibilidade de impugnação tanto de atos particulares como das disposições de caráter geral, para

---

(470) Nesse sentido, v. Kelsen (1998, p. 192 *et seq.*), "Nulidade e anulabilidade".
(471) Nesse sentido, v. Enterría (1983).

submetê-los ao cânone das normas legais superiores; recursos aos quais tenham acesso os particulares; controles jurisdicionais tanto da competência como dos procedimentos e dos aspectos materiais das decisões e normas emanadas da administração; e, especialmente, ampla motivação das decisões administrativas — em especial no âmbito da chamada *competência discricionária administrativa*.

Se acolhemos a ideia de que os atos administrativos resultantes de competência discricionária são todos aqueles que a administração pública deve praticar, mediante juízos de conveniência e/ou de oportunidade, na busca da melhor alternativa (não a única) adequada ao direito, sem que se revele indiferente à escolha das consequências, no plano concreto[472], é óbvio que o agente público não tem que alcançar a única opção correta, mas tem que apresentar motivação racionalmente aceitável para a sua escolha concreta dentro de um leque de alternativas *a priori* igualmente válidas[473].

Mas tudo isso produz também como resultado uma intensa concentração das tarefas de realização da ideia de império da lei sobre o Judiciário. Império da lei e controle judicial são ideias tão intimamente relacionadas que é verdadeiramente impossível pensarmos na primeira (império da lei) sem a segunda (controle judicial)[474]. O Judiciário apresenta-se, assim, como o máximo garante do império da lei, e suas decisões nos litígios intersubjetivos, entre particulares, e, sobretudo, no exame, frente aos direitos dos cidadãos/administrados, da juridicidade do comportamento governamental — da administração pública, em particular — são a expressão máxima da própria ideia de que o direito deve se impor (sobrepor) ao poder.

Ocorre, contudo, que os órgãos judiciais, juízes e tribunais, são também agências de poder. E imediatamente surge, então, a questão: como se controla o poder dos juízes e dos tribunais? Ou seja, como se consegue que os juízes apliquem as regras preestabelecidas com aquela imparcialidade e racionalidade de que falávamos? A ideia que fundamenta a posição ímpar do chamado "Poder Judiciário" na estrutura do mecanismo institucional da "separação de poderes" — separação de funções ou divisão de responsabilidades — é seguramente a de que o juiz não deve exercer nenhum poder, mas simplesmente deve deixar passar *através de si* a

---

(472) Essa categorização é dada por Freitas (2009, p. 34) e Bacellar Filho (2005, p. 61).
(473) Nesse sentido, v. Freitas (2007, p. 83-111) e França (2007, p. 228). Para Sarlet (2005, p. 365-6), importa, aqui, que "os direitos fundamentais vinculam os órgãos administrativos em todas as suas formas e atividades", de forma que se deve "frisar a necessidade de os órgãos públicos observarem nas suas decisões os parâmetros contidos na ordem de valores da Constituição, especialmente dos direitos fundamentais, o que assume especial relevo na esfera da aplicação e interpretação de conceitos abertos e cláusulas gerais, assim como no exercício da atividade discricionária". Daí que "não merece prosperar o anacronismo das escolhas administrativas não fundamentáveis no sistema" (Freitas, 2009, p. 34).
(474) É importante ressalvar, contudo, que a mera judicialização, por si só, não é, necessariamente, realização do império da lei ou do Estado de direito.

força normativa das regras que aplica[475]. Nisso — e apenas nisso — consiste o seu poder. Essa é a razão pela qual o Poder Judiciário não se articula institucionalmente em um órgão supremo de poder, como pode ser o parlamento para o Poder Legislativo e o governo para o Poder Executivo. Não há um Poder Judiciário orgânico e institucional para a aplicação genérica do direito que se imponha também sobre os juízes e dite normas para regular as suas decisões. O chamado "Poder Judiciário" é, por assim dizer, *unipessoal*: cada magistrado individual, cada tribunal, é o titular de um poder único e irreprimível para decidir, conforme a lei, o problema que lhe é singularmente submetido. Nenhum outro poder pode imiscuir-se nesse exercício. Mas não é um exercício de poder a *judicatura* como entidade coletiva, mas um exercício da função de aplicar a lei ao caso concreto para que o poder normativo da lei se expresse na resolução do litígio. Isso é o que se transmite com a noção de *independência* dos juízes.

A par disso, nossa questão segue sem respostas. Como se controla esse *poder* que exerce o juiz em cada uma de suas decisões? E a resposta só pode ser uma: por outro juiz. É por essa razão que a estrutura da jurisdição tende a ser piramidal e desenhada em graus ("níveis" ou "instâncias") diferentes. Para que o império da lei se concretize plenamente, deve haver mecanismos que permitam a impugnação das resoluções judiciais com o objetivo de que se ofereçam aos cidadãos remédios contra os abusos e/ou erros no exercício da jurisdição. Os juízes não só têm o dever de aplicar a lei material que serve de amparo e proteção às partes; eles também estão constituídos, delimitados e governados por normas de competência que devem respeitar. E para controlar que isso seja assim, o exercício da jurisdição se articula em várias instâncias, ou níveis verticalizados, que têm muitas e muito complexas derivações nos ordenamentos jurídicos desenvolvidos, mas que podem ser formuladas genericamente através do princípio de que as resoluções judiciais podem ser corrigidas por um órgão judicial estruturalmente "superior". Um complexo sistema de recursos oferece aos cidadãos/administrados a possibilidade, portanto, de acudirem a tribunais estruturalmente "superiores", para verem protegidos os seus direitos também frente aos juízes e aos eventuais erros e/ou abusos destes.

Com isso completa-se, de alguma forma, o círculo virtuoso do império da lei como uma luta incessante de controle do poder pelo direito, como intenção institucional de que as leis governem sempre as ações das agências de poder. É claro que essa mesma tensão poderia, em tese, produzir o efeito negativo de trair a ideia mesma que a apoia, pois se toda decisão judicial estivesse sempre aberta, infinitamente, a uma instância superior de controle, os litígios e as diferenças, os abusos e as irregularidades não encontrariam nunca uma solução final, e o cidadão/administrado que acudisse aos tribunais teria a sua questão indefinidamente postergada, pendente — a obsessão pela segurança jurídica acabaria na institucionalização da própria incerteza.

---

(475) Cf. Montesquieu (1951, p. 404).

Para evitar esse efeito perverso, os sistemas jurídicos arbitram *cláusulas de fechamento*, como a *decisão final* e a *coisa julgada*. Produz-se o que chamamos de decisão final quando as leis estabelecem que sobre um tema que foi decidido por um órgão judicial não cabe nenhum recurso ulterior, quer seja porque as partes interessadas no recurso não o interpuseram a tempo, quer seja porque não quiseram interpô-lo, quer seja porque desistiram de interpô-lo, quer seja, ainda, porque o sistema julga que se deve operar nesse momento a cláusula de fechamento que impossibilita a revisão judicial do caso. A decisão torna-se então última e definitiva e o problema resolve-se nos termos dessa decisão. Essas decisões últimas costumam se dar, ao menos nos casos mais relevantes, como consequência de decisões de órgãos jurisdicionais "superiores" — os tribunais superiores. Por outro lado, a coisa julgada, ou coisa julgada material, é a negação da possibilidade de voltar-se a demandar, junto a um tribunal, a respeito de um assunto já decidido com uma decisão última (final) por qualquer órgão judicial, mediante o expediente de reapresentá-lo não como um recurso, mas como um novo conflito (uma nova ação). Dessa forma, impede-se o recomeço do trâmite judicial, ainda que com o objetivo de obter-se outra decisão, mais correta ou mais justa.

Decisão final (ou *coisa julgada formal*) e coisa julgada (ou *coisa julgada material*) concernem a cláusulas de fechamento que estabelecem, assim, um final à possibilidade de acesso aos tribunais para fazer efetivo o império da lei. E, em ambos os casos, pode perfeitamente dar-se que, concretamente, as soluções obtidas nessas sentenças sejam decisões incorretas ou mesmo concretamente injustas — e isso porque as soluções finais são finais, mas não são infalíveis, tampouco são necessariamente justas. Contudo, nelas se detém a marcha do ideal do império da lei. Isso nos coloca uma última questão, neste tópico: o que tem a ver o ideal do império da lei com a justiça?

Se as decisões judiciais obtidas em virtude do funcionamento impecável de todos os mecanismos institucionais que demanda a noção de império da lei podem ser injustas, para que queremos semelhante ideal? A resposta é simples: porque com o império da lei é possível, de fato, uma sociedade injusta; sem o império da lei, contudo, é impossível uma sociedade justa. Ou seja, o império da lei é sempre uma condição necessária, mas não necessariamente suficiente, de uma sociedade justa, porque, ainda que não verse sobre o conteúdo material da justiça, recolhe e institucionaliza o que se tem reconhecido como "as restrições formais do conceito do justo"[(476)].

Por isso, afirmamos que o império da lei é apenas um dos ingredientes do Estado de direito se entendemos este como um conjunto articulado de critérios de legitimidade e/ou justiça. O império da lei não é, pois, necessária e incondicionalmente, o império da lei justa. O império da lei, *v.g.*, por si só, não anula as desigualdades econômicas, sociais e culturais existentes no âmbito de uma

---

(476) Nesse sentido, v. Rawls (1980).

comunidade política. O império da lei exige, como vimos, a presença de certa estrutura formal nas normas jurídicas e a atribuição de um amplo conjunto de direitos de acesso e de defesa nos tribunais; e também traz, em si, certa tendência à ideia de igualdade diante da lei. Mas tudo isso é compatível com grandes doses de injustiça[477].

Quando falamos de "condição necessária", ou de "restrição formal", queremos afirmar que o estado de coisas que podemos reputar como "justo" é impossível de se alcançar se não se dá essa condição ou se não se cumprem essas formalidades. Se, como é usual, definimos os conteúdos da justiça mediante a apelação a exigências de natureza ético-política como as de autonomia pessoal, liberdade, igualdade etc., o que podemos afirmar é que nem a liberdade, nem a igualdade podem ser satisfeitas em grau razoável em uma comunidade política que não esteja governada segundo os princípios e mecanismos do império da lei.

Ou seja, com o império da lei pode ser que não existam certas liberdades e que haja desigualdades; mas, sem ele, as liberdades e a igualdade são ilusórias. A existência prévia de todo esse tecido institucional que põe em relevo o império da lei é o que lhes faz possíveis (as liberdades e a igualdade), através da segurança, o componente de certeza — previsibilidade — que faz com que os cidadãos/administrados possam projetar e pensar suas vidas no tempo, que lhes permite a consciência de que não têm liberdades fugazes e garantidas simplesmente por decisões judiciais pontuais, justas, mas isoladas — mas de que podem operar com a certeza de que essas liberdades lhes serão asseguradas porque se acham blindadas por normas jurídicas anteriores a qualquer tribunal.

E o mesmo se dá com a igualdade entendida como igualdade de recursos[478]. Não basta, para a construção de uma sociedade justa, que decisões pontuais corrijam injustiças, (re)aloquem recursos ou tratem de penúrias em situações concretas; é necessário que os cidadãos/administrados possam saber que todo um tramado complexo de normas jurídicas estáveis, que se projetam para o futuro, está a garantir-lhes esses recursos, hoje e amanhã. O ideal ético do império da lei serve, assim, como *prótese institucional* que subministra certeza e projeta para o futuro os conteúdos de justiça, mas não os substitui jamais.

Um corolário de tudo o que vimos, como já afirmamos, é o princípio da *separação de funções* ou *divisão de responsabilidades*. Como vimos, a limitação do poder político constitui uma exigência nuclear do Estado de direito e integra a

---

(477) Segundo Raz (1979, p. 211), mesmo um sistema não democrático poderia, em tese, adequar-se às exigências mais elementares do império da lei. Para exasperar ainda mais as coisas, poderíamos mesmo conceber a possibilidade lógica de uma situação política ou jurídica na qual o teor das leis fosse tão injusto e lesivo para seus destinatários que a simples certeza de que essas leis lhes serão aplicadas seguindo as pautas do império da lei não lhes traga absolutamente nenhum benefício ou melhora sobre uma situação em que tal império da lei fosse ignorado.
(478) Nesse sentido, v. Miguel (2002).

gênese do constitucionalismo moderno desde a sua formação originária, ao final do século XVIII. Não podemos, obviamente, falar seriamente em *divisão do poder*, em *divisão de poderes*, em *separação de poderes*, pois isso o destruiria — o poder — como unidade de dominação, de vigor e de capacidade de agir ou de impor obediência, mas sim de *controle de poder*, de *organização do poder*, de *fragmentação prudente das diferentes funções decorrentes do poder*[479].

Referimo-nos, portanto, ao poder como capacidade ou faculdade de dominar, de agir nos mais diversos setores da vida. Assim, quando referimos o fenômeno, ou a técnica, da *divisão do poder* estamos, na realidade, frente à *divisão dos encargos e das responsabilidades* daqueles que o exercem (o poder) no âmbito da arquitetura das funções estatais típicas (legislativas, executivas e judiciárias).

De forma mais restrita, quando confrontamos as relações sociais no âmbito das sociedades constituídas, a tônica da divisão do poder é a primeira condição procedimental do seu exercício, pois o que se busca é a sua organização, que passa a ser compartilhada entre os diversos atores, bem como a forma e modo como eles se inter-relacionam para exercê-lo[480].

O núcleo conceitual da divisão do poder (poderes/funções) reside, portanto, na prudência e no controle comum, pois a divisão havida no compartilhamento do poder, a separação de suas funções, as divisões de responsabilidades relacionadas ao exercício do poder, têm assento na prevenção dos abusos e das arbitrariedades; por outro lado, na atualidade, mais do que nunca, a "separação de poderes" (separação de funções ou divisão de responsabilidades) opera também para aperfeiçoar a capacidade de rendimento e inovação das organizações. Não importa, já, se essas organizações são estatais ou não, porque o que se persegue são os instrumentos e os mecanismos mais confiáveis e eficientes para o exercício de funções cada vez mais amplas e complexas, exercidas por competências heterogêneas e segmentadas.

De modo abreviado, a "separação de poderes" (funções, competências ou habilidades) no âmbito do Estado tem por objeto a manutenção de alguma simetria estrutural de controle mútuo entre os processos sociais emancipatórios — o percurso institucional na busca dos bens indispensáveis para suprir as necessidades — e os processos estatais regulatórios — ou, de outra forma, a pavimentação do percurso que possibilite a igualdade de acesso aos bens, assim com a perenidade daquelas conquistas emancipatórias[481]. Manter alguma simetria torna possível a convivência

---

(479) *Separação, divisão* e *distribuição* de poderes são expressões com um núcleo conceitual comum. Nesse sentido, a proposição contida no art. 49 da Constituição mexicana parece ser a que melhor ilustra a situação: "El Supremo Poder de la Federación se divide para su ejercicio en Legislativo, Ejecutivo y Judicial".
(480) Nesse sentido, v. Pariente (2006).
(481) A separação dos poderes, uma das pedras de toque do constitucionalismo, inspiraria a declaração francesa de 1789 (art. 16): "Toute Société dans laquelle la garantie des Droits n'est pas assurée, ni la séparation des Pouvoirs déterminée, n'a point de Constitution".

social e também mais estável o "projeto de poder" que efetivamente sustenta o Estado social, constitucional e democrático de direito como ideal e como instituição, e como conformação possível de objetivos comuns daqueles que compartilham aquele projeto[482].

Historicamente, o direito administrativo assumiu, com o Estado democrático de direito, como seu objetivo fundamental a proteção das liberdades humanas (dos cidadãos/administrados) frente aos privilégios do poder. Por isso, a evolução do direito administrativo corresponde, ela mesma, à história da luta reiterada pela redução das imunidades do poder, contra essa constante resistência que a administração pública tem oposto à exigência de um controle judicial de seus atos através da constituição de redutos isentos e não sindicáveis de sua própria atuação, infensos ao controle externo[483].

Na busca do equilíbrio dinâmico entre prerrogativas e garantias, do equilíbrio entre a autoridade e a obediência[484], o direito administrativo tem a tarefa de constituir um conjunto de garantias que impeça efetivamente a administração pública de desbordar o ordenamento jurídico, acompanhando as prerrogativas daquela de um sistema eficaz de garantias a tutelar os direitos subjetivos e interesses legítimos dos cidadãos/administrados. Nesse contexto, cumprem um papel de primeira ordem as garantias relativas aos modos ou às formas de fiscalização da função administrativa: a problemática primordial do direito administrativo tem sido a de instrumentalizar um sistema eficiente de garantias para que a administração pública efetivamente se submeta ao ordenamento jurídico; o despojo de suas prerrogativas e a justiciabilidade de seus atos têm implicado um intenso trabalho, forjado durante longos anos.

O princípio de "separação de poderes" — ou, melhor, de separação de funções ou de divisão de responsabilidades — tem um papel fundamental na ideia de controle jurisdicional da administração pública, pois foi concebido como uma garantia das liberdades, como uma forma privilegiada de contenção do poder político (através do controle mútuo — recíproco — dos diversos órgãos de Estado). O princípio da separação ou de divisão das funções estatais[485] possui como chave de sua estrutura a contenção do poder, para o que é necessário arbitrar um sistema de pesos,

---

(482) Para Wroe (2001, p. 34), a grande premissa da "separação de poderes" é o potencial lesivo do poder quando este se concentra em uma pessoa, facção ou instituição. Portanto, na "separação de poderes", o principal objetivo é evitar a tirania e promover a salvaguarda da liberdade através de garantia que impeça a qualquer de acumular poderes despóticos.

(483) Cf. Enterría (1983, p. 22).

(484) Dromi (1983, p. 170) afirma que "La autoridad sin límites es muerte de la libertad. La libertad sin límites es muerte de la autoridad y de la propia libertad. Allí surge precisamente la función del derecho para fijar con responsabilidad y prudencia las riberas de ese río eterno llamado poder".

(485) Princípio consagrado na Constituição brasileira de 1998, que, por um lado, dispõe, no seu art. 2º, que "São Poderes da União, independentes e harmônicos entre si, o Legislativo, o Executivo e o Judiciário"; e, por outro, dispõe, no seu art. 60, § 4º, inc. III, que "Não será objeto de deliberação a proposta de emenda tendente a abolir (...) a separação dos Poderes".

contrapesos, freios e limites recíprocos — *cheks and balances* —, de forma a obter-se um equilíbrio de poderes capaz de garantir a liberdade cidadã. Dessa forma, a separação de funções (divisão de responsabilidades) se completa com a garantia dos direitos para levantar barreiras ao poder arbitrário e/ou absoluto[486].

Não se pode negar, pois, o papel central cumprido, desde a ótica das instituições políticas, pela jurisdição ao exercer um controle de legalidade sobre os atos das autoridades públicas, pois assim assegura-se a subordinação jurídica da administração pública ao Poder Legislativo — ou seja, à lei e, sobretudo, à Constituição, expressão suprema da vontade geral, da vontade popular, do titular da soberania.

É princípio consagrado do Estado democrático de direito que a administração pública deve atuar submetida ao ordenamento jurídico. A conformidade substancial — e não apenas formal — da atuação administrativa, não só com a lei, mas também — e sobretudo — com a Constituição e os seus princípios, impõe-se como uma exigência inarredável e como um dos méritos mais relevantes da Constituição e do constitucionalismo[487]: o controle da legalidade da administração pública significa, concomitantemente, portanto, na atualidade, o controle de constitucionalidade da administração pública, ou seja, o controle sobre o cumprimento, pela administração pública, do sistema de valores consagrado pela Constituição[488] — nesse contexto, podemos concluir que a Constituição impõe uma nova dimensão ao Judiciário na sua tarefa de controle sobre a administração pública.

O controle jurisdicional da função administrativa é, em síntese, uma consequência transcendental da aplicação do princípio da legalidade — o império da lei — à administração pública, pois se funda na submissão desta ao bloco de legalidade, ao direito, parâmetros permanentes da atuação administrativa, fora de cujas margens a administração atua irregularmente. O âmbito administrativo é permeado pelo direito, pelo que não existem espaços infensos à sua influência[489].

---

(486) Trata-se de um princípio não apenas de *limitação*, mas, mais apropriadamente, de um princípio de *cooperação* entre os poderes — é um princípio de constituição, racionalização, estabilização e eficiência do poder do Estado e, concomitantemente, um princípio básico da organização constitucional. Traz em si um específico sentido de garantia da liberdade aos cidadãos/administrados, e não de mera distribuição de poderes entre os governantes.

(487) Segundo Barroso (2007, p. 32), a Constituição "figura hoje no centro do sistema jurídico, de onde irradia sua força normativa, dotada de supremacia formal e material. Funciona, assim, não apenas como parâmetro de validade para a ordem infraconstitucional, mas também como vetor de interpretação de todas as normas do sistema". Por isso, a constitucionalização: (a) para o Legislativo, "(i) limita sua discricionariedade ou liberdade de conformação na elaboração das leis em geral e (ii) impõe-lhe determinados deveres de atuação para realização de direitos e programas constitucionais"; (b) para a administração pública, "além de igualmente (i) limitar-lhe a discricionariedade e (ii) impor a ela deveres de atuação, ainda (iii) fornece fundamento de validade para a prática de atos de aplicação direta e imediata da Constituição, independentemente da interposição do legislador ordinário"; e (c) para o Judiciário, "(i) serve de parâmetro para o controle de constitucionalidade por ele desempenhado (incidental e por ação direta), bem como (ii) condiciona a interpretação de todas as normas do sistema" (Barroso, 2007, p. 23).

(488) Nesse sentido, v. Bachof; Wolff; Stober (2006).

(489) Cf. Pastor (1990, p. 53-4).

Sobretudo no Estado de direito, que corresponde à cristalização histórica de uma antiga aspiração humana — a supressão da arbitrariedade e do despotismo —, supõe-se o governo das leis e a consequente autolimitação do Estado através do direito[490]. Uma de suas características — ou, mesmo, dos seus pressupostos mais necessários — é o controle judicial (jurisdição) sobre a função administrativa, ou seja, aquele conceito não se esgota na legalidade da função administrativa (submissão da administração pública ao ordenamento jurídico), mas supõe uma série de instrumentos e mecanismos de fiscalização[491].

É aqui que o Poder Judiciário tem desempenhado uma função fundamental, de dar plena e permanente vigência ao Estado democrático de direito. É no controle da atividade administrativa que o Poder Judiciário mostra com maior força sua virtuosidade para manter e ampliar a própria definição do Estado de direito, como conquista e como tendência — o Estado de direito repousa sobre a pedra angular do controle judicial, o que permite, por sua vez, que aquele seja uma realidade e possa configurar-se como um "Estado jurisdicional de direito"[492].

É claro que, em pleno século XXI, não mais são autorizadas as articulações que promovam uma rígida separação de poderes — funções e competências — cometidos ao Estado, aos órgãos estatais, às suas agências e aos seus agentes: vigoram e imperam princípios de colaboração e de subsidiariedade. Ademais, a "separação de poderes", na atualidade, está submetida a variantes multidimensionais — contexto global, nacional, regional e local —, pois os poderes se comunicam e necessitam cada vez mais de interação e de velocidade no tráfico de informações necessárias para as articulações políticas[493]. Assim, as questões que envolvem as diversas esferas de poder exigem procedimentos de blindagem de valores de determinados segmentos sociais, notadamente dos "menos favorecidos", bem como alguma ousadia para confrontar pretensões de dominação sustentadas por outros interesses, especialmente dos "mais favorecidos". Em qualquer caso, a "separação de poderes" tem como "núcleo duro" a proteção e a promoção da liberdade, bem maior da cidadania e condição indispensável para pensar-se uma sociedade democrática, ordenada por fins que promovam a dignidade e o desenvolvimento humano, individual e social.

O princípio da separação de funções — ou de divisão de responsabilidades —, portanto, não representa um fim em si mesmo, mas se destina a assegurar que a

---

(490) Cf. Bobbio (1995-b, p. 169 *et seq.*).

(491) Cf. Coma (1978, p. 154-5).

(492) A expressão é de Aragón (1987, p. 135). O controle judicial sobre os atos da administração pública não abarca, logicamente, todos os problemas do moderno Estado de direito, que aspira a instrumentalizar-se como um "Estado de justiça"; no entanto, constitui um inarredável elemento constitutivo deste.

(493) Embora não se possa mais encontrar uma eficaz sustentação política na concepção clássica e absoluta da "tripartição dos poderes do Estado", esta, largamente desenvolvida, tem traços ainda significativos no âmbito da ciência política e do direito público. É através dela que são identificadas as funções do Estado, exercidas por diferentes agências e agentes políticos.

divisão do poder observe o — seja efetivamente útil ao — interesse de diferentes pretensões da cidadania⁽⁴⁹⁴⁾. É aí que reside o seu sentido permanente, no qual o princípio da "separação de poderes" é destinado a servir de parâmetro na alteração de forças políticas e instituições em todo o Estado⁽⁴⁹⁵⁾.

No constitucionalismo contemporâneo, o princípio da separação de funções — ou de divisão de responsabilidades — supõe uma garantia para o próprio Estado e para a cidadania (que fica protegida por um marco legal que impede — ou dificulta — o abuso de poder e as possíveis atuações arbitrárias das instituições públicas). A ideia que permanece fragmenta funcionalmente o poder do Estado (as suas funções ou responsabilidades) entre os Poderes Legislativo, Executivo e Judiciário⁽⁴⁹⁶⁾. A este último, como vimos, compete velar, pelo império da lei, a expressão, pela Constituição e pelas normas fundamentais nela inscritas, máxima da vontade geral — em última análise, pelo império do direito como império da vontade soberana do *demos*.

3.3. Ativismo ou poder-dever judicial: o juiz é um ator político?

Uma hermenêutica constitucional realmente comprometida com as questões sociais⁽⁴⁹⁷⁾, a expansão, a diversificação e a sofisticação dos mecanismos jurídicos pelos quais o poder público — em especial, a administração pública — passou a interferir amplamente nas relações econômicas e sociais, com o redimensionamento da função administrativa do Estado⁽⁴⁹⁸⁾, e a irradiação do fenômeno jurídico e do princípio democrático para todos os setores da vida social⁽⁴⁹⁹⁾, acabam por produzir um fenômeno novo: uma original forma de acesso aos direitos fundamentais, com a crescente busca da realização plena desses direitos pela via da prestação

---

(494) Nesse sentido, a afirmação de Madison no *The federalist*: "(...) defense must (...) be made commensurate to the danger of attack. Ambition must be made to counteract ambition" (HERRING, 2005).
(495) Cf. Zippelius (1999, p. 297).
(496) Assim, no texto da Constituição brasileira de 1988, a "separação de poderes" é elencada como garantia perpétua (cláusula pétrea), nos termos do seu art. 60, § 4º, inc. III, segundo o qual "Não será objeto de deliberação a proposta de emenda tendente a abolir: (...) a separação dos Poderes".
(497) Identificada, como já afirmamos, à ideia de "Estado social".
(498) Como já afirmamos, esse redimensionamento da função administrativa é tributário do fenômeno conhecido como "surto de juridificação" (*Verrechtlichungshüb*), que consiste na expansão e na diversificação e sofisticação dos mecanismos jurídicos pelos quais o poder público passou a interferir em relações sociais, histórica e originariamente concebidas como pertencentes ao domínio do mercado ou dos costumes, fenômeno que, embora tenha se intensificado no curso da expansão do *welfare state* europeu, e possa ser visto como seu subproduto necessário, faz-se presente em toda a experiência jurídica contemporânea. Como já afirmamos, Dean (1997, p. 3), analisando o processo através do qual concessões inicialmente discricionárias da administração pública deram lugar a benefícios concretos, correspondentes a direitos exigíveis pelos cidadãos — direitos subjetivos —, refere-se a uma "juridificação do bem-estar".
(499) Associado, como já afirmamos, ao plexo de políticas identificadas com a fórmula do "Estado de bem-estar social" (*welfare state*).

jurisdicional, pontuada por uma atuação estatal socializante que objetiva, materialmente, a redução das desigualdades econômicas, sociais e culturais.

Essa nova conformação dada ao Estado, na sua dimensão de Estado-juiz, parece que, por vezes, hipertrofia e invade as tradicionais atividades dos demais poderes--funções a ele acometidos. Essa questão, de certa forma, põe (ao menos aparentemente) em xeque o discurso mais tradicional da independência e harmonia de poderes (funções) do Estado. O problema parece girar em torno, contudo, da interpretação dada a esses dois predicados (independência e harmonia de poderes — funções — do Estado): o primeiro, concerne à ausência de uma relação de subordinação entre os distintos poderes/funções do Estado; o segundo, concernente a uma combinação bem articulada de elementos diferentes e individualizados para cada poder/função, unidos por uma relação de pertinência[500].

Nessa perspectiva, a independência refere-se à soberania (a soberania popular, ou seja, aquela que atribui legitimidade ao Estado) e a harmonia concerne a um conjunto de regras que formata o sistema. Ora, o poder do Estado é uno, independente e afirmado pela sua soberania. É dessa unidade de poder que emana a autoridade estatal, autoridade que se organiza para o cumprimento de funções e competências delineadas e sistematizadas no texto constitucional.

Em qualquer plano, pensando estruturalmente na separação dos poderes — na verdade, como já afirmamos, separação de funções ou divisão de responsabilidades —, constatamos a existência de uma plêiade de órgãos, agências, setores, instituições e agentes que estão investidos de funções estatais bem definidas, o que conduz a uma perspectiva de divisão horizontal e vertical de "poderes" — ou melhor, de competências. Há separação horizontal na ausência de hierarquia e existência de posições previamente destacadas na Constituição com a finalidade de fixar recíprocos e simétricos condicionamentos da ação de quaisquer órgãos empoderados[501]. De outro modo, podemos descobrir uma separação vertical nas relações que se desenvolvem entre o Estado e os indivíduos ou grupos de indivíduos, confrontadas com os sistemas de regulação.

Na realidade, há uma aparente — mas só aparente — hipertrofia da função jurisdicional, do protagonismo do Estado-juiz. Parece que as suas decisões invadem todos os segmentos da vida social e política. Contudo, na realidade, essa "hipertrofia" nada mais é do que a singeleza da operação do direito, preconizada pela própria Constituição. O Estado-juiz é o mesmo Estado-administrador ou Estado-legislador, também ele incorpora o poder na sua unidade e unicidade total do Estado. Todos os agentes políticos atribuídos por esse Estado, no limite de suas funções e competências, exercem papéis bem delineados, sem que um se sobreponha necessariamente aos demais, na produção dos objetivos nacionais, objetivos que

---

(500) Pertinência que não é contrária à ideia de um sistema de *checks and balances*.
(501) Nesse sentido, o art. 2º da Constituição brasileira de 1988: "São Poderes da União, independentes e harmônicos entre si, o Legislativo, o Executivo e o Judiciário".

não são só meros programas políticos, mas que estão simetricamente harmonizados com os fundamentos do Estado democrático de direito e com o pacto social instituinte.

Portanto, na busca da plena realização desses mandamentos, não pode ser vista nenhuma intrusão de uma função em — sobre a — outra, nenhuma ampliação de poder ou autoridade, mas sim o estrito cumprimento dos deveres constitucionais cometidos ao Estado e o império da lei[502].

O Estado-juiz, o Poder Judiciário, no exercício das suas funções e competências, age por intermédio do seu agente político: o juiz. Cuida-se, nada mais nada menos, da atuação do próprio Estado (mandatário do poder popular soberano) na plena concretização dos objetivos constitucionais e na afirmação dos direitos fundamentais na sua dimensão individual e social, esta última como expressão máxima dos próprios objetivos constitucionais. Nesse sentido, e somente nesse sentido, o juiz, ao expressar e exercer a jurisdição, confunde-se com o próprio poder do Estado, ou, em última instância, com o próprio poder soberano do *demos*.

O juiz, portanto, legitima-se apenas pelo exercício da sua função, por si só, a partir do delineamento dado à função jurisdicional no pacto social instituinte (na Constituição) pelo próprio titular da soberania.

Tal situação conduziu a uma teorização, possível, de um protagonismo do juiz na condução e concreção dos anseios da cidadania (única soberana de fato, pois dela decorre o poder), que foi denominado, entre outras acepções possíveis, de "ativismo judicial"[503]. O magistrado afirma a autonomia do Estado-juiz afirmando a sua própria autonomia e também aquela autonomia à qual está vinculado, autodeterminação que colabora para a democracia e para a realização dos fins do

---

(502) O controle jurisdicional da administração está, assim, intimamente vinculado ao princípio da legalidade, cânone do Estado de direito. O princípio da legalidade aporta uma justificação racional para o — além de ser o elemento nuclear do — controle jurisdicional da administração pública, pois supõe uma hierarquia de órgãos e normas, onde as inferiores devem conformar-se às superiores, e desse modo, o controle de legalidade se traduz em observar essa conformidade ou desconformidade e suas consequências. Nesse sentido, v. Duverger (1976).
(503) Na concepção filosófica, "ativismo" pode ser descrito como qualquer doutrina ou argumentação que privilegie a prática efetiva de transformação da realidade em detrimento da atividade exclusivamente especulativa. Embora não haja um consenso a respeito do alcance da expressão "ativismo judicial", esta parece relacionar-se, de diversas formas, ao fim do constitucionalismo liberal e ao florescimento do constitucionalismo social, ganhando espaço após a Segunda Guerra Mundial, com a ascensão dos direitos fundamentais e dos princípios que regem as constituições sociais, identificando-se com um projeto que objetiva tornar efetivo o projeto de Estado democrático de direito traçado pelas constituições. Guarda estreita relação com a participação ativa dos juízes na proteção dos princípios constitucionais, através do controle da atividade dos demais poderes (notadamente sobre suas omissões e excessos), por meio do viés constitucional. Alguns autores (no nosso ponto de vista equivocadamente) chegam a comparar o ativismo judicial do Poder Judiciário a uma espécie de "poder moderador". Para algumas formulações sobre a noção de "ativismo judicial", v. Barroso (2007) e Ramos (2010).

Estado[504] — autonomia e/ou autodeterminação do Estado-juiz que possibilita uma igualdade sem fronteiras para todos nos tribunais[505].

Enveredando para a seara dos direitos sociais, em especial, surgem com intensidade ações que poderiam ser qualificadas como "ativismo judicial". No entanto, além do termo "ativismo judicial" não nos parecer adequado, sendo manifesto o seu emprego com sentido pejorativo, relacionado à crítica conservadora aos juízes notoriamente mais sensíveis, no exercício das suas funções institucionais, às questões sociais[506], a atuação do Estado-juiz na efetivação dos direitos fundamentais, se é concomitantemente política e jurídica, não se confunde, na sua essência mesmo, com as atividades estritamente políticas dos demais agentes e instituições do Estado, tampouco ultrapassa os limites constitucionais atribuídos às funções e competências estatais[507].

Essa compreensão constitucionalmente adequada do ativismo judicial no Estado democrático de direito procede, logicamente, das seguintes conclusões:

a) os direitos sociais dependem, para a sua efetividade, da articulação entre o direito e a política, uma vez que é por meio de políticas públicas

---

(504) Nesse sentido, entre os Princípios de Conduta Judicial de Bangalore, elaborados pelo Grupo de Integridade Judicial, constituído sob os auspícios das Nações Unidas, encontra-se, como primeiro princípio, a afirmação de que "A independência do Judiciário deverá ser garantida pelo Estado e incorporada à Constituição e às leis do país. É dever de todos os governos e de outras instituições respeitar e observar a independência do Judiciário" (Brasil, 2008).

(505) Nesse sentido, os Princípios ns. 2 e 6 de Bangalore: "O Judiciário deverá decidir as questões com imparcialidade, baseado em fatos e de acordo com a lei, sem quaisquer restrições, influências indevidas, induções, pressões, ameaças ou interferências direta ou indireta de qualquer direção ou por qualquer razão". "O princípio da independência do Judiciário dá o direito e exige que o Judiciário assegure que os processos judiciais serão conduzidos imparcialmente e que os direitos das partes serão respeitados" (Brasil, 2008).

(506) Esse "ativismo", contudo, nem sempre é próprio de juízes "revolucionários", de forma que se pode identificar claramente um "ativismo" judicial conservador ou reacionário. Nos Estados Unidos, *v.g.*, nas primeiras décadas do século vinte, a Suprema Corte declarou inconstitucionais diversas leis federais editadas sob o signo do *New Deal*, que, de uma forma ou outra, garantiam direitos sociais mínimos para os trabalhadores, como a limitação da jornada de trabalho e o estabelecimento de pisos salariais, a partir da ideia de que a *livre-iniciativa* e a *liberdade contratual* eram direitos assegurados constitucionalmente e que, por isso, o legislador não poderia interferir nessas liberdades, ainda que a pretexto de efetivar direitos sociais e/ou incentivar o desenvolvimento econômico, sob pena de violar o *due process of law* em seu sentido material; a Suprema Corte estabelecia, então, em um processo marcadamente ideológico, uma nítida hierarquia entre esses direitos de "primeira geração" (individuais; liberdade) e de "segunda geração" (sociais; igualdade), submetendo rigidamente estes àqueles em decisões que não se resumiam ao jurídico, mas que, solucionando questões controversas de grande repercussão e delineando o marco dos programas de governo (o marco constitucional-político ao qual os programas de governo deveriam se ajustar), eram também essencialmente políticas.

(507) É claro que, ao contrário, não haverá "ativismo", mas desvio e, portanto, verdadeiro arbítrio quando o juiz ultrapassar esses limites ou valer-se da jurisdição, ainda que dentro desses limites, como plataforma política. É nesse sentido que Pérez (1979, p. 92) afirma que "lo grave no es un gobierno de los jueces, sino una justicia de los políticos o un toga que oculte un político para que utilice la sagrada función de administrar justicia como plataforma política".

sociais emancipadoras — tarefa precípua da administração pública democrática — que é possível transformar as premissas e os valores da Constituição e dos tratados de direitos humanos em realidade;

b) a formulação, a aplicação, a avaliação e o controle das políticas públicas sociais devem poder basear-se em procedimentos que garantam a formação discursiva da vontade pública;

c) os atos normativos definidores de políticas públicas sociais e de sua aplicação prática devem observar os parâmetros traçados a partir dos compromissos assumidos pelo Estado nos tratados de direitos humanos ou, no mínimo, pelo seu direito constitucional, razão pela qual são suscetíveis de controle judicial;

d) os direitos sociais fundamentais não são meras normas programáticas, mas direitos subjetivos que reclamam realização (concretização), suscetíveis, portanto, de serem exigidos e de serem judicialmente tutelados; e

e) as constituições democráticas contemporâneas estabelecem uma série de mecanismos para a garantia da efetividade dos direitos sociais no caso de omissão dos poderes públicos, sendo que, diante dessas omissões, compete ao Poder Judiciário garantir os direitos sociais no caso concreto.

É claro que o juiz é, assim, também um agente político, comprometido com o controle dos atos estatais, inclusive — ou mesmo sobretudo — daqueles oriundos do Poder Executivo, relacionados às políticas públicas sociais, meios políticos de promoção concreta dos direitos fundamentais, devendo avaliar a juridicidade dos atos — todos, sem que se admita a existência de espaços absolutamente infensos à sindicabilidade judicial dos atos administrativos — da administração pública, sindicando-os, sem, contudo, desviar-se da sua precípua finalidade constitucional, substituindo *ultra vires* a tarefa de julgar a administração pela de administrar e, assim, usurpar as competências constitucionais da administração pública em detrimento do próprio Estado de direito. Isso é importante porque o juiz só é legitimado pelo exercício da sua própria função nos marcos fixados pela Constituição.

Portanto, esse controle, obviamente, tem limites[508]. Isso não importa dizer, contudo, que há, no ordenamento jurídico, um espaço para atos administrativos insindicáveis. Não só aqueles atos vinculados propriamente ditos, mas também, e sobretudo — porque é nesse espaço que habitualmente se instalam a inação, os

---

(508) No final deste ensaio, trataremos de tentar delinear os limites do Poder Judiciário no controle das políticas públicas sociais.

desvios e as arbitrariedades que frustram os direitos fundamentais do cidadão/administrado —, aqueles atos de discricionariedade vinculada ao sistema (atos de competência administrativa discricionária) devem ser sindicados a partir da sua adequação não apenas formal, mas material à lei — à Constituição — a partir da sua motivação de fato e de direito, à semelhança e por analogia da requerida na prática de atos judiciais, nos termos expressos da Constituição[509], sem que se permita, contudo, a partir daí, a substituição da competência discricionária do administrador por uma espécie de competência discricionária do juiz: julgar a administração pública, ressalvamos, não é, nem deve ser, *administrar*, mas auxiliar a própria administração a atingir os seus fins como organização a serviço da comunidade, protegendo os direitos fundamentais dos cidadãos/administrados[510].

Em síntese, o controle judicial da administração pública não só é um elemento ínsito ao Estado de direito, mas é, também, um elemento de primeira ordem no Estado social, esse Estado moderno que assume tarefas econômico-sociais irrenunciáveis, porque é ínsito a esse modelo de Estado que um órgão independente possa tutelar os interesses e os direitos sociais fundamentais dos prejudicados pela atuação irregular — arbitrária, pelo excesso de ação, ou insuficiente, pela ação aquém do necessário — da administração pública, garantindo aos cidadãos/administrados uma série de prestações estatais devidas no marco da justiça social[511].

---

(509) Cf. Freitas (2005, p. 36) e Mello, C. A. B. (2009a, p. 395-7). Na Constituição brasileira de 1988, os arts. 5º, incisos XXXIII e XXXIV, "b", e 93, incisos IX e X: "todos têm direito a receber dos órgãos públicos informações de seu interesse particular, ou de interesse coletivo ou geral, que serão prestadas no prazo da lei, sob pena de responsabilidade, ressalvadas aquelas cujo sigilo seja imprescindível à segurança da sociedade e do Estado"; "são a todos assegurados, independentemente do pagamento de taxas: (...) a obtenção de certidões em repartições públicas, para defesa de direitos e esclarecimento de situações de interesse pessoal"; "todos os julgamentos dos órgãos do Poder Judiciário serão públicos, e fundamentadas todas as decisões, sob pena de nulidade, podendo a lei limitar a presença, em determinados atos, às próprias partes e a seus advogados, ou somente a estes, em casos nos quais a preservação do direito à intimidade do interessado no sigilo não prejudique o interesse público à informação" (redação dada pela Emenda Constitucional n. 45/2004); "as decisões administrativas dos tribunais serão motivadas e em sessão pública, sendo as disciplinares tomadas pelo voto da maioria absoluta de seus membros" (redação dada pela Emenda Constitucional n. 45/2004).
(510) No prefácio da carta de Princípios de Conduta Judicial de Bangalore, C. G. Weeramantry, Presidente do Judicial Integrity Group, afirma que "Um Judiciário de incontestável integridade é a instituição base, essencial, para assegurar a conformidade entre a democracia e a lei. Mesmo quando todas as restantes proteções falham, ele fornece uma barreira protetora ao público contra quaisquer violações de seus direitos e liberdades garantidos pela lei" (Brasil, 2008).
(511) Cf. Mello, C. A. B. (1986, p. 367-68). Segundo Alfonso (1983, p. 264), a jurisdição "es, en efecto, la base necesaria no sólo para la garantía real de los derechos fundamentales o libertades públicas, sino también para la efectividad de los deberes de acción positiva en que se traduce el Estado social (...) y de los derechos que de esta acción resulten". É nesse sentido que, no prefácio brasileiro à carta de Princípios de Conduta Judicial de Bangalore (princípios elaborados pelo Grupo de Integridade Judicial, constituído sob os auspícios das Nações Unidas), Gilson Dipp afirma que "(...) o Judiciário, um dos três pilares da democracia, é o último refúgio do cidadão contra leis injustas e decisões arbitrárias. Se aos jurisdicionados lhes falta a confiança em sua Justiça, restará ferido o próprio Estado democrático de Direito, cujo fundamento é a aplicação, a todos os atos e atores sociais, de leis e regras preestabelecidas" (Brasil, 2008).

Efetivamente, o controle judicial é mesmo mais imperioso no Estado social, pois a este é inerente uma corrente recíproca de *socialização* do Estado e de *estatização* da sociedade — uma expansão da zona de influências da juridificação da vida — que demanda a efetividade das limitações e do controle sobre o exercício do poder[512]. O controle judicial da administração pública, inequivocamente, constitui, assim, um meio para manter o Estado social de direito, pois garante ao cidadão/administrado uma série de direitos e prestações, protegendo-o da inação estatal, e, concomitantemente, combate as arbitrariedades e abusos da administração pública em sua função intervencionista.

Por isso, pode-se afirmar, a respeito do controle judicial sobre os atos da administração pública em sede de políticas públicas sociais — sua formulação, aplicação, avaliação e controle —, que sindicar os atos da administração pública contribui decisivamente para uma melhor administração pública[513] — e, consequentemente, para uma mais densa e melhor qualificada expressão do próprio postulado democrático.

O fortalecimento de um controle jurisdicional da administração pública não supõe, obviamente, a instauração de um "governo dos juízes"; ao contrário, o exercício da função jurisdicional, além de não interferir na atuação administrativa quando esta se realiza em conformidade à lei, contribui para a sua realização, assegurando, sobretudo, o império da lei, como produto do Poder Legislativo e expressão da vontade geral. Apesar das muitas críticas à judicialização da função administrativa, não se pode negar o alto grau de relevância, especialização e aperfeiçoamento técnico desses mecanismos pelos quais se dá o controle judicial sobre a administração pública — ao ponto de poder afirmar-se que, historicamente, a melhor fiscalização da atividade administrativa, a que reúne maiores garantias jurídicas para os cidadãos/administrados, ainda é a realizada pelos tribunais[514].

Isso se revela, inclusive, na tendência atual, manifestamente expansiva — com uma potencialização do controle judicial sobre a atividade materialmente administrativa — do controle judicial sobre outros poderes além do Executivo, tendência que tende a reduzir substancialmente, cada vez mais, os espaços infensos ao controle judicial[515]. Em síntese, a proteção jurisdicional do cidadão/administrado constitui um dos pilares básicos do direito administrativo, pois a jurisdição se instaura para proteger o indivíduo — a pessoa, o cidadão, o administrado — contra a administração pública, e não o contrário, compensando as amplas prerrogativas concedidas à administração. Daí que se deve evitar, até o máximo possível, a instauração — ou reinstauração — de espaços infensos a essa proteção e controle, para que não se desfaça esse delicado equilíbrio dinâmico entre garantias e privilégios: Em sistemas nos quais corresponde ao Judiciário o controle da função e

---

(512) Cf. Aragón (1987, p. 35).
(513) Nesse sentido, v. Férnadez (1992).
(514) Cf. Rebollo (1978, p. 529).
(515) É o caso, *v.g.*, do controle judicial sobre a atuação administrativa do Poder Legislativo e do próprio Poder Judiciário.

atividade administrativas, o juiz constitui um "contrapeso" fundamental da administração pública[516].

De fato, a coexistência, no seio do Estado, de diversos órgãos independentes entre si e com uma função específica provém de uma concepção filosófico-jurídica, historicamente construída, cujo substrato ideológico é o debilitamento recíproco e conjunto dos governantes — a fragmentação do poder — com o objetivo de evitarem-se os abusos no exercício do poder: uma das consequências desse princípio é a separação e a independência do Poder Judiciário frente à administração pública[517].

Em essência, os tribunais exercem uma função transcendental que incide sobre o exercício do poder político: controlam os governantes para que estes atuem nos limites do direito, ou seja, conforme a legalidade, segundo regras preestabelecidas. Em síntese, a separação de funções (divisão de responsabilidades), característica ao Estado de direito, supõe a existência de um Poder Judiciário independente, que controla a atuação da administração pública e dos poderes públicos em geral para que ela se conforme à lei (à Constituição) e que, em consequência, garante aos cidadãos/administrados o exercício dos respectivos direitos.

Os tribunais, em consequência, podem e devem controlar a razoabilidade das respostas dos poderes públicos às demandas sociais, respeitando o princípio da "divisão dos poderes" — na verdade, separação de funções ou divisão de responsabilidades — e atentando para as consequências de suas decisões, mas sempre sem afastarem-se do seu dever de dar efetividade aos direitos civis, políticos e sociais reconhecidos pela Constituição. Nesse contexto, as diversas práticas de "ativismo judicial" são fruto, mesmo, de uma necessidade institucional quando os demais órgãos do Estado — especialmente a administração pública — não atuam de forma a atingir os seus fins como organização a serviço da comunidade e/ou violam, por ação ou omissão, os direitos fundamentais dos cidadãos/administrados.

3.4. SOBRE O ARGUMENTO DO DÉFICIT DEMOCRÁTICO DOS JUÍZES

Quando falamos em justiciabilidade de direitos fundamentais, sobretudo dos direitos sociais, habitualmente nos deparamos com o argumento da falta de

---

(516) Cf. Gordillo (1977, p. 18). Pérez (1979, p. 399) afirma, nesse sentido, que "No existe ni ha existido otra institución que pueda parangonarse al juez (...) en la salvaguarda de los derechos fundamentales" (no âmbito do direito administrativo). "Porque en él, a diferencia de otros procesos, se intenta la composición de un litigio producido entre partes situadas en planos de manifiesta desigualdad. No es ya la desigualdad económica o social que puede darse — y de hecho se da — en otros procesos. Es la desigualdad sustancial entre un sujeto desprovisto de toda prerrogativa pública y otro investido de todos los poderes".

(517) Assim, *v.g.*, a Constituição brasileira de 1988 dota o Poder Judiciário de "autonomia administrativa e financeira" (art. 99), e os seus membros de uma série de prerrogativas, como vitaliciedade, inamovibilidade e irredutibilidade de vencimentos (art. 95), vedando a eles, contudo, entre outras coisas, "dedicar-se à atividade político-partidária" (art. 95, parágrafo único, inc. III).

legitimidade democrática dos órgãos jurisdicionais[518]. Segundo esse argumento, admitir a exigibilidade judicial dos direitos sociais fundamentais, com a respectiva sindicabilidade judicial das políticas públicas sociais setoriais, introduziria, nos sistemas participativos de representação popular, um inadmissível elemento antidemocrático, pois os representantes eleitos, nesse contexto, veriam as suas ações potencialmente suplantadas, no âmbito das políticas públicas, por funcionários — os juízes — que não têm responsabilidade política[519] (*accountability*), ou seja, que não prestam contas ao eleitorado, e que, em última análise, dão a palavra final sobre essas questões.

Além disso, esse controle desvirtuaria a função que as constituições desempenham nas complexas sociedades pluralistas contemporâneas: ao intervir em certas políticas públicas sociais, os órgãos jurisdicionais estariam, na realidade, "constitucionalizando", de maneira indireta, certo modelo econômico e social de desenvolvimento concreto, de modo que a Constituição deixaria, assim, de conter um mandado aberto e pluralista[520], no qual cabem doutrinas políticas diversas, para converter-se, de fato, na expressão daquelas doutrinas que contariam com a simpatia dos magistrados.

A partir de uma perspectiva que pretende valorizar todas as vias possíveis de garantia dos direitos sociais fundamentais, não podemos deixar de refutar tais críticas.

A falta de legitimidade democrática dos juízes, no mais das vezes, não se revela um argumento verdadeiro; os tribunais, quando atuam na tutela dos direitos sociais fundamentais, controlando as ações ou omissões dos demais poderes públicos ou mesmo de atores privados, vulneradoras de direitos, não apenas atuam de acordo com o princípio democrático, mas tendem mesmo a reforçá-lo, assegurando o cumprimento das leis e, sobretudo, das próprias previsões constitucionais, protegendo-as de atuações desviadas ou arbitrárias. Assim, a atuação dos tribunais demonstra-se legítima em múltiplas situações[521].

---

(518) Sobre a carência democrática do Poder Judiciário, a propósito da Suprema Corte dos Estados Unidos, v. Bickel (1986).
(519) Essa ausência de responsabilidade política dos juízes diz respeito ao fato de que os juízes não são eleitos diretamente pelo povo (com pequenas exceções em alguns países) e, portanto, não têm o dever político de prestar contas ao eleitorado, diferentemente do que ocorre com o chefe do Poder Executivo e com os membros do Poder Legislativo.
(520) Sobre a ideia de "Constituição aberta", v. Revorio (1997, p. 3).
(521) Por exemplo, no caso *Himachal Pradesh State v. Sharma* (1986), o Tribunal Supremo da Índia ordenou ao governo a construção de uma estrada a respeito da qual já existia uma decisão administrativa, corroborando a tese de que o governo (Poder Executivo) assume compromissos prestacionais pelo fato de não poder atuar contra os seus próprios atos (*venire contra factum proprium non valet*). Na ocasião, o tribunal decidiu: "No se discute si el gobierno estatal pretendía construir la carretera, ya que se aprobó la partida para hacerlo. El deber legal y constitucional del estado de proporcionar carreteras a los habitantes de la zona no está en discusión. Por lo tanto, esta demanda no necesita examinar hasta dónde llega la obligación de construir carreteras". Em 1997, o Tribunal Supremo da Finlândia confirmou a decisão de outro tribunal, que condenou certo governo municipal

É, insistimos, da própria Constituição, ou seja, dessa manifestação ímpar, virtuosa e substancialmente democrática do poder soberano do *demos*, que emana o mandado que pauta a atuação do Judiciário, não como um órgão limitador, mas atualizador e garantidor de uma limitação previamente estabelecida por ela própria (a Constituição) para garantir a sua supremacia (da Constituição) e, portanto, a prevalência de um pacto social concertado em termos políticos, econômicos, sociais e culturais através dela expressado — e, em síntese, a supremacia da vontade soberana do *demos* consubstanciada no pacto social instituinte[522].

O Poder Judiciário não atua em uma posição (vertical) de supremacia em relação à administração pública, tampouco limita, ele mesmo, por si só, o poder da administração pública; apenas cuida de assegurar que os limites previamente estabelecidos ao exercício do poder sejam observados e resguardados: é para controlar que o próprio Estado mantenha-se nos marcos do pacto social instituinte, subordinando-se aos ditames do Poder Constituinte (supremo poder soberano), que este mesmo Poder Constituinte engendra uma agência estatal especializada no controle — o Poder Judiciário —, que zela pela regularidade das atividades da administração pública, com o objetivo de que essas se mantenham nos limites previamente delineados pela Constituição[523].

Ademais, a extensão do controle jurisdicional, realidade irrefutável, longe de pautar-se pela falta de legitimação democrática, vem, ao contrário, efetivar o

---

a indenizar uma pessoa desempregada por muito tempo, por não haver lhe conseguido um emprego por seis meses, como havia se comprometido. Na Argentina, no caso *Viceconte* (1998), a Câmara Nacional de Apelações determinou ao Estado que concretizasse, fixando sanções para a sua inexecução, uma decisão política previamente adotada, pela qual o Estado fabricaria uma vacina contra uma doença endêmica e epidêmica. No Brasil, duas sentenças demonstram claramente a interferência do Poder Judiciário na formulação e/ou aplicação de políticas públicas: nessas ocasiões, o Tribunal Regional Federal da 4ª Região, por um lado, determinou ao Poder Executivo que realizasse a duplicação de uma rodovia federal no estado de Santa Catarina (BR-101), no Sul do país, diante da responsabilidade do Estado por mortes e mutilações, consequências de frequentes acidentes de trânsito nesta rodovia; por outro lado, determinou que o Executivo passasse a exigir, nos rótulos de todas as bebidas alcoólicas vendidas no país, a expressão "o álcool pode causar dependência e seu excesso é prejudicial à saúde", baseando-se no Código de Defesa do Consumidor. Sobre essas decisões, v. Pisarello (2007, p. 91) e Broliani (2005, p. 130).

(522) É da essência mesmo do iluminismo político, e da concepção moderna de democracia que é tributária deste, a ênfase dada ao papel dos magistrados de resguardo do poder soberano do povo: "That all power is vested in, and consequently derived from, the people; that magistrates are their trustees and servants, and at all times amenable to them" (Declaração de Direitos de Virgínia).

(523) É portanto, a própria Constituição que reserva, ao Poder Judiciário, a tarefa de "guarda da Constituição", para assegurar o império da lei (dessa mesma Constituição) no Estado democrático de direito, confiando ao Judiciário a proteção dos direitos fundamentais do cidadão/administrado. Na Constituição brasileira de 1988, *v.g.*, isso está claro em pelo menos três momentos: (a) o art. 102 estabelece expressamente que "Compete ao Supremo Tribunal Federal, precipuamente, a guarda da Constituição"; (b) o art. 5º, inc. XXXV, estabelece que "a lei não excluirá da apreciação do Poder Judiciário lesão ou ameaça a direito"; e (c) o art. 85, incs. II e III, estabelece que são *crimes de responsabilidade* os atos do Presidente da República que atentem contra a Constituição Federal e, especialmente, contra o livre exercício do Poder Judiciário e "o exercício dos direitos políticos, individuais e sociais".

paradigma democrático, superando a chamada dificuldade contramajoritária[524]. Assim, ao menos conjunturalmente, na verdadeira democracia representativa, a tutela dos direitos fundamentais e dos princípios relacionados ao próprio Estado social e democrático de direito não pode estar adstrita, apenas, a órgãos executivos e legislativos, naturalmente sensíveis às pressões majoritárias (da maioria conjuntural) e escassamente sensíveis a demandas que não veiculam possíveis benefícios eleitorais imediatos, ou ainda àquelas demandas que escapam à pauta das prioridades políticas estabelecidas por certa "lógica de partido"[525].

Nesse contexto, é exatamente o suposto elemento "antidemocrático" — a falta de responsabilidade política e a relativa independência que daí advém — que torna o Poder Judiciário instrumento "idôneo" (se bem que não o único, tampouco necessariamente o principal, pois este não pode supor o arredamento antidemocrático de meios de controle social) a certo controle sobre os demais poderes, politicamente sensíveis, em matéria de direitos fundamentais, especialmente no que diz respeito aos interesses politicamente pouco visíveis e audíveis das "minorias" — às vezes, verdadeiras maiorias — marginalizadas à luz dos canais representativos tradicionais[526]. É o caso, v.g., dos imigrantes, dos indígenas e dos presos, que não poucas vezes encontram no âmbito dos tribunais a proteção que os demais órgãos políticos lhes denegam[527].

---

(524) Sobre a chamada "dificuldade contramajoritária" (*countermajoritarian difficulty*), v. Bickel (1986).
(525) A noção de democracia não se resume ao princípio majoritário, do governo da maioria; é, até, essencialmente oposta a ele: o Estado democrático de direito instaura-se para proteger também — ou sobretudo — os direitos civis, políticos e sociais das chamadas "minorias". Existem princípios axiologicamente fundamentais que devem ser preservados independentemente da noção política do que é ou não é majoritário ou da opinião pública de turno, que pode envolver interesses transitórios, de ocasião, ou comprometidos com ideais francamente autoritários e excludentes, e, portanto, antidemocráticos.
(526) Os processos de definição de políticas sociais para uma sociedade são resultado de complexos jogos de interesses em conflito, de arranjos feitos nas esferas de poder, que passam por instituições estatais e não estatais. No entanto, se os fins do próprio Estado podem ser descritos como a materialização da dignidade humana e a promoção dos direitos humanos fundamentais, inclusive os direitos sociais, programa que não se submete ao alvedrio dos poderes de turno, está claro que o Poder Judiciário não apenas pode, mas deve intervir sobre essas políticas inclusive, se for o caso, contra a opção do Poder Executivo ou do Poder Legislativo, pois há, consagrados no próprio texto constitucional, bens jurídicos mínimos que devem ser disponibilizados — garantidos — com prioridade, de forma que, enquanto esses bens não forem disponibilizados — garantidos —, outras políticas não prioritárias deveriam aguardar a concretização primeira dos direitos fundamentais. Além disso, para a administração pública, devem ser eliminadas as opções comprovadamente ineficientes para o atingimento dos fins constitucionais. Nesse sentido, v. Barcellos (2005).
(527) "Refiriéndose a estos supuestos en Estados Unidos, el juez Brennan, miembro del Tribunal supremo, constataba que 'las cortes han emergido como una fuerza crítica detrás de los esfuerzos para mejorar las condiciones inhumanas'. E intentando explicar las razones de ese papel, argumentaba: 'Aisladas, como están, de las presiones políticas, e investidas con el deber de aplicar la Constitución, las cortes están en la mejor posición para insistir en que las cuestiones inconstitucionales sean remediadas, incluso si el costo financiero es significativo'" (UPRIMNY, 2001, p. 164-165).

Por outro lado, em um contexto de descrédito social com os mecanismos tradicionais de desenvolvimento da democracia, principalmente com os partidos políticos, evidenciado por altos — e crescentes — índices de abstenção eleitoral[528], pelo prestígio popular personalíssimo (carismático) de determinadas lideranças políticas, à margem dos partidos[529], e pelo repúdio à própria política (de inconformidade popular com a configuração atual da política), para a qual parecem convergir o conflito sobre os próprios limites do espaço do *político*[530], os conflitos sociais que exsurgem a partir do respeito institucional às distintas expressões das distintas diversidades sociais e culturais e, com isso, concomitantemente, da ampliação dos espaços sociais de mobilização da autonomia e da liberdade pessoal[531], e a própria consciência de que os arranjos institucionais da atualidade, não sendo mais o Estado um grande provedor de utopias, embora proclamem formalmente a redução das desigualdades, seguem (re)produzindo clivagens e desigualdades econômicas, sociais e culturais[532], o Judiciário tem exercido um importante papel para revitalizar a participação popular e a *res publica*[533].

---

(528) Sendo, embora, obrigatório o voto, o índice de abstenção no segundo turno da última eleição brasileira (2010) — 21,5% — foi o maior desde a redemocratização do país. Para uma ideia do aumento de abstenções eleitorais, em 2006 esse número foi de 18,9%.

(529) O "populismo" do Estado-Executivo marcou indelevelmente a América Latina: centrando-se o poder político nas mãos de um líder carismático, à margem dos partidos, normalmente com vocação autoritária e paternalista, o líder populista, favorecendo, embora, mais as elites do que os setores mais vulneráveis da sociedade, passava ao povo a falsa ideia de que a sua vontade (a vontade do povo), que coincidia sempre com a vontade personalíssima daquele líder carismático, era soberana, sobrepondo-se às instituições democráticas. Assim, podemos destacar, *v.g.*, os governos de Vargas no Brasil, Péron na Argentina e Cárdenas no México. O fenômeno, na atualidade, continua presente no continente, travestido de um neopopulismo que tende a centrar as ações do Estado em um quase messiânico Estado-Executivo personalizado: *v.g.*, os governos de Luiz Inácio Lula da Silva e Dilma Rousseff no Brasil, de Néstor e Cristina Kirchner na Argentina, de Evo Morales na Bolívia e de Hugo Chávez na Venezuela. Exemplo dessa liderança carismática, personalíssima, evidencia-se a partir do cruzamento de dados paradoxais: enquanto o índice de confiança da população em Dilma Rousseff, em junho de 2012, segundo dados do IBOPE (CNI, 2012), era de 72%, o índice de confiança no Executivo era ínfimo: dos três poderes, o que detinha maior índice de confiança era o Poder Judiciário. Além disso, embora 72% da população afirme confiar em Dilma, 54% da população desaprova as políticas públicas de educação do governo Dilma e 66% da população desaprova as políticas públicas de saúde do governo Dilma, verificando-se uma espécie de "blindagem" à pessoa de Dilma no imaginário popular, que não é "responsabilizada" pelas insuficiências da sua própria gestão em matéria de direitos sociais fundamentais como a educação e a saúde.

(530) Nesse sentido, v. Lechner (1986).
(531) Nesse sentido, v. Held (1993).
(532) Cf. Bresser-Pereira; Grau (1999, p. 23).
(533) Paradoxalmente, embora o discurso conservador venha a apontar o Judiciário como um poder politicamente irresponsável — sem *accountability* — e, por isso, antidemocrático, ou, ao menos, com um déficit democrático em relação ao Executivo e ao Legislativo, pesquisas revelam que, entre os três poderes, é o Judiciário o que tem merecido a confiança do povo brasileiro, bem à frente do Executivo e do Legislativo. Com índices de confiança popular inferior, embora, instituições como as forças armadas, a igreja católica e a imprensa, os números do Judiciário (56% da confiança do povo) são gigantescos se comparados aos do Poder Legislativo e dos partidos políticos: só 22% dos brasileiros confiam em algum partido político e apenas 26% nas Câmaras de Vereadores,

Assim, *v.g.*, o Judiciário tem atuado:

a) forçando as diversas agências e os agentes de Estado a atuarem de forma mais transparente, dando a saber aos cidadãos/administrados *o porquê* da prática ou da falta de prática de determinados atos, facilitando, ademais, o acesso dos cidadãos/administrados às informações sobre a gestão pública em suas diferentes dimensões[534];

b) fomentando a participação social nas suas próprias decisões através de audiências públicas[535];

c) ampliando o espaço para o reclamo dos direitos fundamentais e do controle social pela via de ações judiciais, através de expedientes como a ação popular e a ação civil pública por danos a interesses difusos ou coletivos, e, sobretudo, pela *coletivização* dessas ações, reconhecendo às associações civis legitimidade para a proposição de ações coletivas[536];

d) suprindo, ele próprio, excepcionalmente, a mora dos demais poderes, através de expedientes extremamente qualificados em termos constitucionais, como o mandado de injunção[537].

---

o órgão legislativo mais bem colocado nesse *ranking*. A pesquisa, encomendada pela Associação dos Magistrados Brasileiros (AMB), foi realizada pelo Instituto de Pesquisas Sociais, Políticas e Econômicas (2008).

(534) Do controle que o Poder Judiciário exerce sobre os seus atos resulta, para a administração pública, um dever de *explicar*, ou seja, um dever primário de *informar* e de *motivar a priori* todos os seus próprios atos, que, por sua vez, expande virtuosamente não só as possibilidades do controle judicial, mas as possibilidades de controle social sobre tais atos — e, portanto, da verificação, pelos próprios destinatários das políticas públicas sociais, da sua maior ou menor legitimidade.

(535) O Supremo Tribunal Federal brasileiro, *v.g.*, tem promovido audiências públicas prévias ao julgamento de algumas questões de amplo impacto social — a constitucionalidade de políticas de ação afirmativa de acesso ao ensino superior (Ação de Descumprimento de Preceito Fundamental n. 186 e Recurso Extraordinário n. 597.285/RS), a saúde (Agravos Regimentais nas Suspensões de Liminares ns. 47 e 64, nas Suspensões de Tutela Antecipada ns. 36, 185, 211 e 278, e nas Suspensões de Segurança ns. 2361, 2944, 3345 e 3355), a proibição do uso industrial de amianto ou asbesto (Ação Direta de Inconstitucionalidade n. 3.937), a proibição da venda de bebidas alcoólicas à beira das rodovias federais ou em terrenos contíguos à faixa de domínio com acesso direto às rodovias federais (Ação Direta de Inconstitucionalidade n. 4103) e a interrupção da gravidez no caso de feto anencefálico (Ação de Descumprimento de Preceito Fundamental n. 54). Seguindo essa tendência, no ano de 2011 o Tribunal Superior do Trabalho brasileiro realizou a sua primeira audiência pública, sobre a *terceirização* de mão de obra, um dos temas mais polêmicos na Justiça do Trabalho.

(536) Nesse sentido, v. a nossa nota n. 213 (p. 85).

(537) No Brasil, o Mandado de Injunção, previsto no art. 5º, inc. LXXI, da Constituição de 1988, é um dos remédios/garantias constitucionais, constituindo-se em uma ação constitucional de rito sumário usada em um caso concreto, individual ou coletivo, com a finalidade de que o Poder Judiciário, através do Supremo Tribunal Federal (STF), notifique ao Poder Legislativo a sua omissão de regulamentação de direitos e garantias constitucionais, omissão que torne inviável o exercício daqueles direitos e garantias e/ou as prerrogativas inerentes à nacionalidade, à soberania e à

Por outro lado, em alguns casos, como o brasileiro, embora os magistrados não sejam eleitos diretamente pelo povo, estabelecem-se, além de regras rígidas para a investidura nos respectivos cargos, extremamente profissionalizados, mecanismos de certo controle social na composição interna dos tribunais: no Brasil, além do concurso público de provas e títulos, com a participação fiscalizadora da Ordem dos Advogados do Brasil em todas as suas fases (art. 93, I, da Constituição brasileira de 1988), são reservados lugares específicos (um quinto) na composição dos Tribunais Federais, dos Estados e do Distrito Federal para membros oriundos do Ministério Público e advogados de notório saber jurídico e de reputação ilibada, indicados em lista sêxtupla pelos órgãos de representação das respectivas classes (art. 94)[538].

---

cidadania. A premissa para a ação, portanto, é não haver regulamentação sobre um direito constitucionalmente garantido, cabendo exclusivamente contra o poder público, pois diz respeito à omissão do Poder Legislativo, de legislar sobre esse direito. Até 2007, o STF normalmente se limitava a declarar a omissão legislativa. Contudo, atualmente o STF dá sinais de que não se satisfaz mais em ser um mero expectador e que está disposto a aplicar o direito adotando uma posição concreta. Um marco na evolução jurisprudencial do STF é dado pelo Ministro Marco Aurélio de Mello, no MI n. 721: "É tempo de se refletir sobre a timidez inicial do Supremo quanto ao alcance do mandado de injunção, ao excesso de zelo, tendo em vista a separação e harmonia entre os Poderes. É tempo de se perceber a frustração gerada pela postura inicial, transformando o mandado de injunção em ação simplesmente declaratória do ato omissivo, resultando em algo que não interessa, em si, no tocante à prestação jurisdicional, tal como consta no inciso LXXI do art. 5º da Constituição Federal, ao cidadão. Impetra-se este mandado de injunção não para lograr-se simples certidão da omissão do Poder incumbido de regulamentar o direito a liberdades constitucionais, a prerrogativas inerentes a nacionalidade, à soberania e à cidadania. Busca-se o Judiciário na crença de lograr a supremacia da Lei Fundamental, a prestação jurisdicional que afaste as nefastas consequências da inércia do legislador. Conclamo, por isso, o Supremo, na composição atual, a rever a óptica inicialmente formalizada, entendendo que, mesmo assim, ficará aquém da atuação dos tribunais do trabalho, no que, nos dissídios coletivos, a eles a Carta reserva, até mesmo, a atuação legiferante, desde que, consoante prevê o § 2º do art. 114 da Constituição Federal, sejam respeitadas as disposições mínimas legais de proteção ao trabalho. Está-se diante de situação concreta em que o Diploma Maior recepciona, mesmo assim de forma mitigada, em se tratando apenas do caso vertente, a separação dos Poderes que nos vem de Montesquieu. Tenha-se presente a frustração gerada pelo alcance emprestado pelo Supremo ao mandado de injunção. Embora sejam tantos os preceitos da Constituição de 1988, apesar de passados dezesseis anos, ainda na dependência de regulamentação, mesmo assim não se chegou à casa do milhar na impetração dos mandados de injunção". No dia 25 de outubro de 2007, a mudança de posição do Supremo Tribunal Federal se concretizou. Naquele dia, o STF decidiu três mandados de injunção de uma só vez (MI ns. 670, 708 e 712). O tema central de todos eles era um só: o direito à greve dos servidores públicos, cujo exercício encontrava-se impossibilitado diante da falta de regulamentação, por parte do Poder Legislativo, do disposto no art. 37, inc. VII, da Constituição de 1988, que condicionava o exercício do direito de greve dos servidores públicos à edição de lei específica. O tribunal reconheceu a mora do Congresso Nacional; mas, além disso, determinou que, até que o Poder Legislativo viesse a editar a regulamentação, fosse aplicada, no que coubesse, aos servidores públicos a Lei n. 7.783/89, aplicável aos empregados de empresas privadas. Ao formular de forma suplementar — e provisoriamente — a regulamentação, o Poder Judiciário exerceu uma função normativa e não legislativa; por isso, segundo o STF, a alegação de lesão à "separação de poderes" não poderia ser substancialmente considerada.

(538) O "quinto" constitucional consubstancia um saudável mecanismo democrático de "renovação" dos tribunais, evitando, pois, o isolamento endógeno dos magistrados. Naturalmente, esse mecanismo será mais democrático e revitalizante onde mais democrático e aberto for o processo

Além disso, sendo, embora, nomeados pelo Presidente da República (Chefe do Poder Executivo da União) os membros do Supremo Tribunal Federal (art. 101 da Constituição brasileira de 1988), estes devem ser aprovados previamente, por voto secreto, após arguição pública, pelo Senado Federal (art. 52, III, "a"), preceito também aplicável aos membros de outros tribunais superiores, indicados, em parte pelo próprio tribunal, em parte pelos órgãos de representação das classes dos membros do Ministério Público e dos advogados (arts. 104, parágrafo único, e 111-A, *v.g.*, na redação dada à Constituição brasileira de 1988 pela Emenda Constitucional n. 45, de 2004)[539].

O controle jurisdicional sobre as políticas econômicas e sociais não se revela, portanto, uma expressão restritiva à democracia; ao contrário, revela-se uma verdadeira condição para a sua manutenção no tempo e para a adequação da ação dos poderes políticos aos princípios do próprio Estado social. O controle de constitucionalidade, sobretudo, apresenta-se, assim, como um paradoxal instrumento de desbloqueio das instâncias representativas de tomadas de decisões, garantindo o correto funcionamento dos procedimentos democráticos e evitando a submissão das obrigações políticas em termos de direitos fundamentais (civis, políticos e sociais) à tecnocracia ou ao partidarismo[540].

---

de elaboração das listas de indicação pelos órgãos de representação das classes dos membros do Ministério Público e dos advogados.

(539) Parte-se, na Constituição brasileira, portanto, da ideia de *checks and balances* na própria formação do tribunal supremo, destinado à guarda da Constituição: a cúpula do Judiciário é formada a partir de um ato complexo, para o qual concorrem o Executivo e o Legislativo (Senado Federal); um ato complexo, e não composto, porque o Senado não tem um papel meramente acessório à nomeação pelo Presidente da República, conjugando-se, no ato, as vontades independentes do Executivo e do Legislativo. Apesar de algumas críticas ao modelo brasileiro, que levaria, segundo alguns, a uma "politização do Judiciário", ou, mais especificamente, a uma "politização do Supremo Tribunal Federal", não inferimos que tal critério de escolha seja necessariamente viciado politicamente falando. Trata-se de um mecanismo robustamente democrático que objetiva impedir que o Judiciário torne-se autorreferente e elitista, fechando-se em si mesmo, em uma espécie de nova "casta" aristocrático-burocrática, e, assim, infenso ao político: também o Judiciário, como agência de poder, não é infenso à política, já afirmamos. O problema, insistimos, não reside nos mecanismos constitucionalmente articulados para provimento dos cargos da cúpula do Judiciário, mas no eventual uso da jurisdição, pelos membros do Supremo Tribunal Federal, como plataforma política. Em certas discussões, o Supremo torna-se palco para atuações políticas que absolutamente se sobrepõem ao jurídico e que nos leva a questionar qual seria o verdadeiro interesse contido nos argumentos de um Ministro do Supremo Tribunal Federal, a não ser os de manter o ordenamento jurídico intacto, preservando a segurança jurídica do Estado democrático de direito no Brasil. É nesse sentido que Pérez (1979, p. 92) afirma que "lo grave no es un gobierno de los jueces, sino una justicia de los políticos o un toga que oculte un político para que utilice la sagrada función de administrar justicia como plataforma política".

(540) Ressaltamos, todavia, que uma justificação desse tipo para a intervenção jurisdicional sobre as políticas econômicas e sociais não pode ser vista como uma justificação *tout court* para as intervenções jurisdicionais. Tratamos, aqui, apenas de oferecer cobertura àquelas intervenções dirigidas à efetivação normativa dos direitos que estão na base dos procedimentos democráticos, inclusive os direitos sociais básicos, refutando outras, que tendem, com frequência, a restringir o alcance desses direitos.

Cai por terra, assim, o mito da imunidade dos poderes discricionários no campo das políticas públicas sociais, que outorga prestígio "democrático" ao político em detrimento do jurídico e fomenta a resistência ao controle judicial sobre as políticas públicas sociais: tanto a partir da releitura contemporânea da "separação de poderes" — muito mais separação constitucional de funções ou divisão constitucional de responsabilidades —, quanto pela emergência do conceito material — e não meramente procedimental — de democracia, não se justifica uma independência que dê ao Poder Executivo — à administração pública — uma imunidade absoluta, nem se pode falar que apenas o controle democrático formal, pela via das urnas, legitima as suas decisões. A plenitude da normatividade constitucional democrática exige, como vimos, uma multiplicação de controles, externos e internos, sobre as atividades dos poderes do Estado, não como uma substituição do político e do administrador pelo juiz, mas a partir do reconhecimento de que ao Poder Judiciário compete velar pelo direito[541].

Por outro lado, a introdução de controles jurisdicionais sobre as maiorias legislativas conjunturais, com vistas à tutela dos direitos sociais, em favor das minorias em situações de vulnerabilidade ou de verdadeiras maiorias marginalizadas, não fragilizaria o caráter "aberto" da Constituição, nem o pluralismo político, tampouco o próprio princípio democrático. Ao contrário, esses controles apenas assentariam sua maior possibilidade real de concretização, de forma adequada ao princípio do Estado social[542].

3.5. Sobre o argumento da falta de competência técnica dos juízes

Outro argumento habitualmente oposto à justiciabilidade dos direitos sociais diz respeito à incompetência técnica dos juízes para lidar com questões econômicas[543]. Segundo esse argumento, seria verdadeiramente perigoso deixar que os juízes viessem a intervir em questões complexas, dada a falta de conhecimento sobre questões específicas em matéria econômico-social.

---

(541) Nesse sentido, v. Enterría (1983).
(542) Segundo Canotilho (1995, p. 9 *et seq.*), a "abertura" constitucional não equivale à neutralidade e, se queremos prolongá-la no tempo, temos que ser capazes de preservar as bases materiais que sustentam os processos de democratização: uma Constituição que reconhece direitos sociais ou que, em nome do princípio do Estado social, impõe deveres, positivos e negativos, aos poderes públicos e ao mercado não pode ser "neutra" em termos econômicos, do mesmo modo que uma Constituição que proíbe a tortura e garante o devido processo não é "neutra" em matéria de política criminal. Assim, segundo Uprimny (2001, p. 190 *et seq.*), as maiorias legislativas não podem, *v.g.*, invocar o princípio democrático para justificar uma estratégia de atuação contra o crime baseada na tortura sistemática e no desconhecimento massivo dos direitos dos cidadãos/administrados, do mesmo modo que não podem fazê-lo para justificar a eliminação do direito de greve ou a regressão deliberada em matéria de direitos sociais.
(543) Cf. Fabre (2000, p. 128 *et seq.*) e Abramovich; Courtis (2002, p. 122 *et seq.*).

Além disso, tais intervenções tenderiam a desconhecer restrições fáticas de ordem orçamentária e a ser irresponsáveis do ponto de vista do impacto financeiro dessas decisões, levando a uma espécie de "populismo" judicial, contexto em que a própria participação popular resultaria debilitada, pois levaria virtualmente os cidadãos/administrados a abandonarem ou, ao menos, menosprezarem as disputas eleitorais e as diversas formas de mobilização social, privilegiando a interposição de ações judiciais[544].

Por fim, os tribunais ainda careceriam de ferramentas e mecanismos processuais adequados para que pudessem efetivar uma tutela como a que os direitos sociais fundamentais normalmente exigem.

Essas críticas não são absolutamente infundadas. Contudo, a partir de uma perspectiva que pretende valorizar todas as vias possíveis de garantia dos direitos sociais fundamentais, não podemos considerá-las conclusivas.

Os tribunais se veem, habitualmente, chamados a resolver lides que envolvem expressivas questões econômicas — assim, as soluções jurisdicionais em matéria de direito do trabalho, direito tributário, direito das obrigações, direito das sucessões e direito empresarial-falimentar, *v.g.*, contêm muitas questões que envolvem a gestão de bens, a estipulação de danos e prejuízos, cálculos de interesses e de lucros cessantes e outras questões de irrefutável complexidade, que, na sua maioria, demandam certo conhecimento técnico e que, nem por isso, são imunes à intervenção jurisdicional.

Por outro lado, demandas que usualmente são submetidas aos tribunais, envolvendo, *v.g.*, o direito à vida na sua expressão mais elementar, tratam, também, de questões extremamente complexas sob o ponto de vista científico (assim, *v.g.*, as questões concernentes à viabilidade fetal e ao aborto, à distanásia e à ortonásia), e não admitem o *non liquet*. Na resolução de questões complexas, que envolvam dados técnicos que possam ser esclarecidos por especialistas, o juiz pode valer-se de peritos, ainda que não esteja adstrito às conclusões destes[545].

Ademais, os tribunais vêm adotando, atualmente, na resolução de questões complexas de altíssima repercussão social, audiências públicas, nas quais vários segmentos representativos da sociedade e, especialmente, do meio técnico-científico podem oferecer publicamente ao juiz subsídios à decisão a ser tomada[546].

---

(544) Sobre esta possível "fetichização" do uso dos direitos, v. Brown e Williams (2003).
(545) Nesse sentido, os arts. 420-39 do Código de Processo Civil brasileiro.
(546) A realização de audiências públicas está prevista, *v.g.*, no Regimento Interno do Supremo Tribunal Federal brasileiro (art. 21, inc. XVII), para propiciar o debate com a sociedade sobre temas de grande complexidade, repercussão e interesse público. Seguindo essa tendência, no ano de 2011, também o Tribunal Superior do Trabalho brasileiro realizou uma audiência pública, sobre a terceirização de mão de obra, um dos temas mais polêmicos na Justiça do Trabalho.

Assim, o Supremo Tribunal Federal brasileiro tem promovido audiências públicas prévias ao julgamento de algumas questões de amplo impacto social: a constitucionalidade de políticas de ação afirmativa de acesso ao ensino superior[547], a saúde[548], a proibição do uso industrial de amianto ou asbesto[549], a proibição da venda de bebidas alcoólicas à beira das rodovias federais ou em terrenos contíguos à faixa de domínio com acesso direto às rodovias federais[550] e a interrupção da gravidez no caso de feto anencefálico[551].

No caso da proibição do uso industrial de amianto ou asbesto, *v.g.*, foram ouvidos, em audiência pública, trinta e cinco expositores, cientistas, representantes da indústria, do governo e de entidades de apoio aos trabalhadores e vítimas expostas ao amianto[552].

Não se pode exigir do juiz, certamente, o domínio prévio de todo o conhecimento técnico-científico implicado nas diferentes lides. Isso, no entanto, não impede o juiz, como visto, de decidir com base em critérios técnicos fornecidos pela ciência. Mas a competência que se exige de um juiz, nesse quadro, é aquela concernente ao conhecimento adequado do direito a interpretar e ao domínio necessário da técnica para o aplicar. O juiz pode valer-se dos meios necessários para esclarecê-lo (o fato), e usualmente o faz, quando a prova do fato depender de conhecimento técnico-científico, mas a subsunção do fato provado à norma, a interpretação da regra, ou seja, a tomada da decisão (decisão compreendida como ato de aplicação do direito, incidência, momento da produção da norma individual e correspondente) é ato que compete ao juiz — e, nesse ato, de tomar a decisão jurídica, o juiz deve prescindir da intervenção de terceiros, o que tornará mais segura e mais independente a sua decisão[553].

---

(547) Ação de Descumprimento de Preceito Fundamental n. 186 e Recurso Extraordinário n. 597.285/RS.
(548) Agravos Regimentais nas Suspensões de Liminares ns. 47 e 64, nas Suspensões de Tutela Antecipada ns. 36, 185, 211 e 278, e nas Suspensões de Segurança ns. 2.361, 2.944, 3.345 e 3.355.
(549) Ação Direta de Inconstitucionalidade n. 3.937.
(550) Ação Direta de Inconstitucionalidade n. 4.103.
(551) Ação de Descumprimento de Preceito Fundamental n. 54.
(552) A programação da audiência envolvia a participação de 35 expositores, entre eles: o Diretor do Departamento de Vigilância em Saúde Ambiental e Saúde do Trabalhador da Secretaria de Vigilância da Saúde, a Diretora de Qualidade Ambiental da Secretaria de Mudanças Climáticas e Qualidade Ambiental, o Secretário de Geologia, Mineração e Transformação Mineral do Ministério de Minas e Energia, o Coordenador-Geral de Monitoramento do Benefício por Incapacidade do Ministério da Previdência Social, a Gerente da Divisão de Toxicologia, Genotoxicidade e Microbiologia Ambiental da CETESB, pela Secretaria do Meio Ambiente do Estado de São Paulo, a Diretora Técnica da Divisão de Vigilância Sanitária do Trabalho da Secretaria da Saúde do Estado de São Paulo, o Presidente da Fundacentro, médicos especialistas em pneumologia, saúde pública, toxicologia e medicina do trabalho, professores universitários, pesquisadores, engenheiros químicos, higienistas, químicos, auditores fiscais do trabalho, representantes dos fabricantes e vítimas do amianto.
(553) Por isso mesmo, também não se pode opor ao controle judicial o tema da *discricionariedade técnica*. No caso da discricionariedade técnica, não há discricionariedade propriamente dita: não

Isso porque cada magistrado individual, cada tribunal, é o titular de um poder único e irreprimível para decidir, conforme a lei, o problema que lhe é singularmente submetido: o exercício da função de aplicar a lei ao caso concreto para que o poder normativo da lei se expresse na resolução do litígio, independentemente da complexidade técnico-científica dos fatos. Isso é o que se transmite com a noção de *independência* e de *competência* dos juízes.

Como já expomos, a ideia que fundamenta a posição ímpar do chamado "Poder Judiciário" na estrutura do mecanismo institucional da "separação de poderes" — separação de funções ou divisão de responsabilidades — é seguramente a de que o juiz não deve exercer nenhum poder, mas simplesmente deve deixar passar *através de si* a força normativa das regras que aplica[554]. Nisso — e apenas nisso — consiste o seu poder. O Judiciário aparece assim como o máximo garante do império da lei, e suas decisões nos litígios intersubjetivos, entre particulares, e, sobretudo, no exame, frente aos direitos dos cidadãos/administrados, da juridicidade do comportamento governamental — da administração pública, em particular — são a expressão máxima da própria ideia de que o direito deve se impor (sobrepor) ao poder.

Isso não torna o juiz, naturalmente, insensível às questões econômicas. Mas o juiz não se deve levar pela opinião pública de turno, ou por meras dificuldades fáticas de recursos, no mais das vezes meramente alegadas e não comprovadas, sendo mesmo "corajoso" (ou seja, verdadeiramente independente) nas suas decisões: é justamente o elemento que é apontado pela crítica conservadora como o elemento antidemocrático do Judiciário (a inexistência de *accountability*) que se destina a garantir ao cidadão/administrado uma tutela judicial independente e comprometida com o império da lei, ou seja, da Constituição — da expressão originária máxima da "vontade geral" consubstanciada no pacto social instituinte, e, portanto, do império do direito nas questões contramajoritárias ou diante de conflitos alocativos[555].

Ademais, esse *poder* que exerce o juiz em cada uma de suas decisões é controlado. É por essa razão que a estrutura da jurisdição tende a ser piramidal e desenhada em graus ("níveis" ou "instâncias") diferentes. Para que existam mecanismos que permitam a impugnação das resoluções judiciais com o objetivo de que se ofereçam aos cidadãos remédios contra os abusos e/ou erros no exercício da

---

há um efetivo leque de soluções igualmente válidas a serem levadas em conta segundo critérios de oportunidade e conveniência, mas uma solução única a ser adotada com base em critérios técnicos fornecidos pela ciência. Daí que "não existe muita dúvida quanto à possibilidade de ser exercido controle judicial sobre os aspectos técnicos do ato administrativo" (DI PIETRO, 2007, p. 15).
(554) Cf. Montesquieu (1951, p. 404).
(555) No âmbito das decisões do Poder Judiciário, não há — não deveria haver — espaços para um "populismo", ou seja, para a *demagogia*, pois o juiz não deve decidir de acordo com a vontade pontualmente manifestada de determinado segmento do povo, ainda que seja simpático a ela e ainda que ela se demonstre conjunturalmente majoritária — deve decidir comprometido com a "vontade geral" do *demos* (*democracia*), manifestada no âmbito do pacto social instituinte consubstanciado na Constituição.

jurisdição. Os juízes não só têm o dever de aplicar a lei material que serve de amparo e proteção às partes; eles também estão constituídos, delimitados e governados por normas de competência que devem respeitar. E para controlar que isso seja assim, o exercício da jurisdição se articula em várias instâncias, ou níveis verticalizados, que têm muitas e muito complexas derivações nos ordenamentos jurídicos desenvolvidos, mas que podem ser formuladas genericamente através do princípio de que as resoluções judiciais podem ser corrigidas por um órgão judicial "superior". Um complexo sistema de recursos oferece aos cidadãos/administrados a possibilidade, portanto, de acudirem a tribunais superiores, para verem protegidos os seus direitos também frente aos juízes e aos seus eventuais erros e/ou abusos.

Por fim, é meramente ideológica a afirmação de que os direitos sociais são direitos de tutela debilitada, que não contam com mecanismos de proteção e com garantias similares àqueles concernentes aos direitos civis e políticos. Não são, de fato, as garantias concretas de um determinado direito que permitem categorizá-lo como fundamental ou não. Ao contrário, é precisamente a inclusão de um direito, no ordenamento positivo, como *fundamental* que obriga os operadores jurídicos a maximizarem os mecanismos necessários à sua garantia e proteção. Portanto, se, de alguma forma, a maior parte dos esforços da atividade legislativa, jurisdicional e doutrinária está voltada para a tutela dos direitos civis e políticos, para os mecanismos que permitem concretizá-los, em detrimento dos direitos sociais, isso não corresponde a uma questão estrutural dos direitos sociais, mas a uma opção deliberada e claramente ideológica em um universo marcadamente patrimonialista, no qual se opta por aperfeiçoar em primeiro lugar, e com maior eficiência, os mecanismos de garantia de direitos individuais patrimoniais.

Nesse sentido, a experiência tem demonstrado que a relação estabelecida entre o acesso à justiça pelos cidadãos/administrados e as políticas públicas sociais pode ter um efeito benéfico na responsabilização do Estado em desenvolver procedimentos adequados às demandas sociais[556]. Em muitos casos, a atuação do Judiciário, longe de levar a cidadania a desprezar as diversas formas de mobilização social no reclamo de direitos fundamentais, tem, ao contrário, propiciado o estabelecimento de mecanismos de comunicação, debate e diálogo sociais através dos quais a cidadania recorda aos poderes públicos, sobretudo à administração pública, os compromissos assumidos, forçando-os a incorporarem às prioridades de governo a tomada de medidas razoáveis e possíveis, concretamente destinadas ao cumprimento das suas obrigações em matéria de direitos sociais. É especialmente relevante, nesse contexto, que seja o Poder Judiciário que "comunique", de forma qualificada, a pedido da cidadania, aos poderes políticos o descumprimento das suas obrigações.

Por outro lado, é possível ainda verificar que o caminho judicial empreendido por organizações da sociedade civil — sindicatos, associações civis, como as de consumidores etc. — tem compensado a inoperância das instâncias de fiscalização

---

(556) Cf. Baptista; Machado; Lima (2009, p. 829).

do próprio Estado e, assim, contribuído até mesmo para ativar politicamente importantes debates sociais que até então não conseguiam ascender à pauta política — por exemplo, a pauta contramajoritária das políticas de "minorias". Em outras ações, cuida o Judiciário de garantir o acesso à informação sobre os atos de governo, que permitem à cidadania monitorar políticas públicas sociais em diversos aspectos, pondo a descoberto a ilegitimidade de certas políticas ou a falta delas[557]. Muitas modalidades de intervenção judicial, portanto, longe de debilitarem a dinâmica política, contribuem efetivamente para a sua revitalização, ativando processos de tomada de decisões sobre políticas públicas sociais, abrindo ou ampliando canais de diálogo e garantindo novas vias de participação comunitária e um mais qualificado controle social sobre a administração pública[558].

3.6. A QUESTÃO DOS "CONCEITOS JURÍDICOS INDETERMINADOS"

A existência dos chamados conceitos jurídicos "indeterminados", ou fluidos, não constitui um impedimento a que o Poder Judiciário lhes reconheça, *in concreto*, o âmbito significativo[559]: não se pode, ademais, confundir a discricionariedade administrativa com os casos em que as normas de competência administrativa contêm conceitos jurídicos "indeterminados", ou fluidos (*v.g.*, urgência, relevância, interesse público etc.), pois tais circunstâncias produzem a necessidade de um juízo de interpretação — e não de escolha, como ocorre na discricionariedade.

Certo grau de indeterminação, inclusive em termos semânticos, como já destacamos, é inerente não só à linguagem jurídica, mas à própria linguagem natural. No caso de direitos tidos por fundamentais, consagrados em tratados internacionais ou no plano constitucional, essa indeterminação pode decorrer, mesmo, de uma exigência derivada do pluralismo jurídico, pois uma regulação excessiva do conteúdo e das obrigações decorrentes de um direito poderia mesmo cercear o espaço democrático do diálogo social a respeito do seu alcance[560]. Assim, nem a abertura relativa na formulação dos direitos sociais fundamentais tem o efeito de torná-los ininteligíveis nem a indeterminação supõe um limite insuperável[561].

Termos caros aos direitos civis clássicos, como honra, propriedade e liberdade de expressão, não são menos obscuros ou mais precisos do que aqueles usualmente encontrados no âmbito dos direitos sociais. Todos os direitos vêm eivados de um "núcleo de certeza"[562], delineado por convenções linguísticas e práticas herme-

---

(557) Nesse sentido, v. Abramovich; Courtis (2000).
(558) Essas questões serão mais bem tratadas adiante.
(559) Cf. Mello, C. A. B. (2009-a, p. 57).
(560) Nesse sentido, v. o informe preparado por M. Daly para o Comitê Europeu para a coesão social (DALY, 2003).
(561) Cf. Pisarello (2007, p. 67).
(562) Nesse sentido, v. Hart (1961).

nêuticas que absolutamente não são estáticas, mas dinâmicas, e que, por isso mesmo, inclusive contemplam, a qualquer tempo, a possibilidade de desenvolvimento interpretativo, e de "zonas cinzentas". Nesses contextos, se a maior parte dos esforços elucidativos da atividade legislativa, jurisdicional e doutrinária está voltada para os direitos civis e políticos, isso não corresponde a uma maior obscuridade estrutural dos direitos sociais, mas a uma opção deliberada e claramente ideológica[563].

A linguagem jurídica atual é uma mescla em proporções variadas de termos da linguagem natural e de linguagens técnicas de elaboração doutrinária. É, pois, uma linguagem densa e complexa, e nem agora, e provavelmente jamais será totalmente acessível ao leigo. E tampouco seria desejável que renunciasse verdadeiramente às suas ferramentas linguísticas técnicas. Além disso, os ordenamentos jurídicos contemporâneos têm muitas vezes que tratar da regulação de problemas e questões extremamente sofisticadas sob os pontos de vista científico e técnico[564]. Não é pouco frequente, por isso, encontrar textos legais que recolhem e incorporam conceitos e termos que provêm das ciências e técnicas modernas. Por tudo isso, a linguagem das normas jurídicas não pode ser simples — há de ser especializada e complexa. Mas isso, como já afirmamos, não correspondente à obscuridade. A linguagem das normas jurídicas pode e deve ser, concomitantemente, complexa e clara.

Em toda a linguagem jurídica, inclusive — e mesmo especialmente — naqueles signos que têm também de linguagem natural, pode aparecer o problema da imprecisão. Na linguagem natural (e também, ainda que em menor medida, na linguagem técnica), o significado dos termos, dos conceitos, dos enunciados etc. costuma ter um grau maior ou menor de indeterminação que seguramente é impossível de eliminar. Mas isso não corresponde a afirmar que esse grau de indeterminação não possa ser limitado ou superado concretamente.

Nada impede, portanto, o desenvolvimento de critérios ou indicadores que delimitem o significado mais adequado a determinado direito social[565]. Antes, o estabelecimento desses parâmetros ou indicadores é, mais do que desejável, imprescindível para o controle sobre o cumprimento das obrigações do Estado em matéria de direitos sociais fundamentais, inclusive para distinguir, *v.g.*, se o descumprimento de uma obrigação decorre de falta de capacidade ou de verdadeira falta de vontade política[566]. Ou mesmo para que se possa verificar se, em um dado

---

(563) Cf. Alexy (1994, p. 490). No mesmo sentido, Mello, C. A. B. (2009-a, p. 28) afirma que "É puramente ideológica — e não científica — a tese que faz depender de lei a fruição dos poderes ou direitos configurados em termos algo fluidos".
(564) Basta que pensemos, *v.g.*, em questões como as concernentes ao direito ambiental, à genética e às patentes da indústria bioquímica e farmacêutica.
(565) Segundo Mello, C. A. B. (2009-a, p. 28), "a imprecisão ou a fluidez das palavras constitucionais não lhes retiram a imediata aplicabilidade dentro do campo induvidoso de sua significação".
(566) Ademais, dados inexatos, incorretos ou mesmo falseados tendem a ser elementos determinantes em muitas violações de direitos sociais. A existência, ou não, de *recursos suficientes* para o financiamento

ordenamento jurídico concreto, foi produzida, num certo período de tempo, uma situação de regressão, estancamento ou progressão em matéria de direitos sociais.

Muitos desses critérios são o que denominamos *soft law*, ou seja, constituem pautas meramente interpretativas, que, apesar de possuírem estrutura jurídica, não têm caráter obrigatório. No entanto, sua invocação pelos destinatários do direito e a sua tomada em consideração pelos poderes públicos poderia contribuir, de forma eficiente, para a definição de um conteúdo dos direitos sociais e das obrigações que deles decorrem, quer para os poderes públicos, quer para os particulares.

Nesse sentido, *v.g.*, diversos tribunais têm desenvolvido a tese da existência de marcos mínimos ou essenciais em matéria de direitos sociais, obrigatórios tanto para os poderes públicos quanto para os atores privados, a partir do direito internacional ou dos marcos consagrados nos próprios ordenamentos constitucionais. O Tribunal Constitucional alemão, assim, entendeu que, apesar de não estarem consagrados direitos sociais, de forma explícita, na Lei Fundamental de Bonn, é possível derivar dela o direito a um mínimo vital existencial, quer vinculado ao princípio da dignidade da pessoa[567], quer vinculado a um princípio de igualdade material[568], quer vinculado ao princípio do Estado social[569]. Da mesma forma, a Corte Constitucional colombiana deduziu, do texto constitucional, o direito a um "mínimo vital", integrado por aqueles bens e serviços necessários a uma vida digna, sobretudo em situações de urgência[570], estendendo o alcance deste "mínimo" à definição de direitos como à saúde, à moradia e à seguridade social. Assim, nem a determinação do conteúdo dos direitos sociais nem a estipulação das ações que a sua satisfação exige, tampouco a identificação dos sujeitos obrigados, são questões que se colocam fora do alcance dos órgãos jurisdicionais[571].

---

de uma política pública, e a sustentação de critérios de elaboração, aplicação e avaliação de políticas, pautados por argumentos como *razoabilidade* e *adequação*, são questões sujeitas a comprovação, inclusive através de dados estatísticos, e a cujos argumentos sempre é possível opor outros.

(567) "1. Die Würde des Menschen ist unantastbar. Sie zu achten und zu schützen ist Verflichtung aller staatlichen Gewalt" — *A dignidade da pessoa humana é intangível. Todos os poderes públicos estão obrigados a respeitá-la e a protegê-la* (trad. do aútor).

(568) 2.2: "Jeder hat das Recht auf Leben und körperliche Unversehrtheit. Die Freiheit der Person ist unverletzlich. In diese Rechte darf nur auf Grund eines Gesetzes eingegriffen werden" — *Cada um tem o direito à vida e à integridade física. A liberdade da pessoa é inviolável. A limitação a tal direito não pode ser feita senão através da lei* (trad. do autor).

(569) 20.1: "Die Bundesrepublik Deutschland ist ein demokratischer und sozialer Bundesstaat" — *A República Federal da Alemanha é um Estado federal democrático e social* (trad. do autor). Nesse sentido, v. Alexy (1994, p. 414-94 *passim*).

(570) Segundo Ávila (2002, p. 163), "Esta vinculación entre el concepto de mínimo vital y las situaciones de urgencia constitucional fue analizada por la Corte, por ejemplo, en su Sentencia T-1150, de 2000, sobre desplazamiento forzoso".

(571) Nesse sentido, Mello, C. A. B. (2009-a, p. 57) afirma que "A existência dos chamados conceitos vagos, fluidos ou imprecisos nas regras concernentes à Justiça Social não é impediente a que o Judiciário

3.7. A questão da "reserva do possível"

Da mesma forma, ressaltamos que eventuais impactos das decisões jurisdicionais em matéria de direitos sociais, em questões financeiras e orçamentárias, não podem ser usados como obstáculo absoluto à justiciabilidade dos direitos sociais. Por um lado, como já tratamos de expor, muitas das atuações jurisdicionais relacionadas à tutela de direitos sociais não têm, por si só, maiores repercussões financeiras ou orçamentárias: podem consistir, assim, em medidas cautelares contra despejos ou em mandamentos direcionados ao legislador ou à administração pública, no sentido de que completem o marco regulatório de algum direito social[572]. Por outro lado, se é inevitável que muitas das decisões jurisdicionais pertinentes a direitos sociais tenham repercussões financeiras e orçamentárias, a verdade é que isso também acontece em relação à tutela de outros direitos, civis e políticos, inclusive na tutela dos tradicionais direitos patrimoniais, tutela que por vezes inclui compensações monetárias e desembolsos não previstos no orçamento[573].

Na realidade, é inevitável o impacto financeiro e orçamentário das atuações do poder Judiciário na tutela dos direitos civis, políticos e sociais se aceitamos as condições que, ao menos no plano formal, caracterizam uma democracia constitucional. A existência de certos interesses básicos, indisponíveis para os poderes de turno, implica a existência de um limite intransponível para a livre configuração dos gastos públicos. Ademais, a limitação da livre configuração dos gastos públicos é um corolário do respeito ao conteúdo mínimo ou essencial dos direitos[574].

Parece-nos claro, todavia, que o fato de que a livre configuração dos gastos públicos não seja absoluta não queira dizer que as intervenções jurisdicionais nunca devam levar em conta as consequências não apenas orçamentárias e financeiras, mas também políticas e sociais de suas ações. Mas certa sensibilidade em face das consequências de sua própria atuação não pode ser confundida com o ideário pragmático segundo o qual toda a intervenção do Poder Judiciário com repercussões econômicas põe em perigo, naturalmente, o equilíbrio orçamentário, ou constitui uma intervenção ilegítima em um campo reservado à política[575]. Na prática, ademais,

---

lhes reconheça, *in concreto*, o âmbito significativo. Esta missão é realizada habitualmente pelo juiz nas distintas áreas do Direito e sobretudo no direito privado. Além disso, por mais fluido que seja um conceito, terá sempre um núcleo significativo indisputável".

(572) Sobre o mandado de injunção, v. a nossa nota n. 537 (p. 197).

(573) Segundo Langford (2005, p. 91), "En Estados Unidos, por ejemplo, la protección de ciertos derechos patrimoniales ligados al *common law* es considerada una pieza esencial de un más o menos difuso marco normativo de fondo. Lo que con frecuencia permanece oculto cuando se invoca ese marco es que la garantía del derecho de propiedad y de las libertades contractuales exige numerosas intervenciones estatales y que dichas intervenciones constituyen, en realidad, la estructura sobre la que reposa la moderna sociedad capitalista".

(574) Cf. Arango (2002, p. 118 *et seq.*).

(575) Um dos cânones do chamado "Consenso de Pequim", expressão formulada pelo economista Joshua Cooper Ramo para qualificar uma espécie de receituário aos países em desenvolvimento

os tribunais têm pautado a sua ação, nesse contexto, pela busca da mediação possível entre a garantia dos direitos civis, políticos e sociais básicos e o princípio da divisão dos poderes e o equilíbrio orçamentário[576].

De fato, a ideia da reserva do possível vem acompanhada habitualmente de três falácias, empregadas para justificar a denegação de direitos sociais fundamentais ao cidadão/ administrado[577].

A primeira dessas falácias, já amplamente refutada, apoia-se no argumento de que os direitos sociais seriam direitos de segunda ordem — de segunda geração e/ou de segunda dimensão, ou mesmo de "segunda mão". A este argumento contrapõe-se, além de uma revisão que demonstra que a tese que vê o reconhecimento dos direitos sociais a partir de um processo linear, harmônico, institucionalmente unívoco e posterior, no tempo, aos direitos civis e políticos é realmente pouco fecunda, o fato de que os direitos sociais não se justificam simplesmente para compensar desigualdades sociais, mas correspondem a núcleos integradores e legitimadores do bem comum, pois será através deles — dos direitos sociais — que se poderá garantir a segurança, a liberdade, a sustentação democrática e a continuidade da sociedade humana[578].

A segunda falácia está relacionada com o argumento de que a exigibilidade dos direitos sociais está condicionada ao vigor econômico estatal. No entanto, o certo é que a existência de recursos públicos disponíveis para possibilitar esses direitos está associada a escolhas que definirão a destinação dos recursos por meio de políticas públicas sociais. Dessa forma, o argumento da necessidade de uma economia forte, por si só, não é verdadeiro, pois bastaria alguma vontade política para destinar os recursos necessários proporcionalmente, de acordo com o tamanho da economia, e racionalmente, de acordo com as prioridades reais da sociedade.

A terceira falácia está mais diretamente relacionada ao argumento da reserva do possível[579]. Não se pode, contudo, vincular a realização — ou não — dos direitos sociais à existência de recursos ignorando que os custos são inerentes à realização de todos os direitos, inclusive dos direitos civis e políticos, de forma que o estabelecimento de uma relação de continuidade entre a escassez de recursos e a

---

pautada pelo modelo chinês, em contraponto ao Consenso de Washington (receituário de medidas neoliberais formulado na década de 1990 para países em desenvolvimento), num quadro de superconcentração das políticas públicas no Poder Executivo como expressão de um Estado--Executivo forte e regulamentador, é o de que as decisões judiciais devem ser cumpridas "desde que haja disponibilidade de numerário" — a pergunta que fica é se esse receituário é compatível com o pacto social instituinte, ou seja, se realmente interessa ao *demos*, ao cidadão/administrado na expressão singular deste, um Judiciário inerte, fragilizado e controlado em sua função judicial (SCHMIDT; SALOMÃO, 2012, p. 40-1).
(576) Cf. Langford (2005, p. 106).
(577) Nesse sentido, v. Barreto (2003, p. 118 *et seq.*).
(578) Cf. Barreto (2003, p. 119).
(579) Sobre a reserva do possível como limite à eficácia dos direitos sociais, v. Bigolin (2006).

afirmação dos direitos acabe resultando em uma ameaça virtual à existência de todos os direitos. Além disso, a reserva do possível não é uma espécie normativa, pois não determina um estado de coisas a ser alcançado, nem é um mandado de otimização. Na verdade, nem sequer pode ser identificada como um princípio: o que se pondera, na realidade, não é a "reserva do possível", mas a escassez de recursos que esta suporia[580].

No entanto, existe uma diferença substancial entre inexistência de recursos e eleição de prioridades na distribuição dos recursos existentes. Se é no cumprimento da função orçamentária do Estado que as teorias dos custos dos direitos e seu corolário da reserva do possível se apresentam de forma mais evidente, o que ocorre é que o argumento da reserva do possível pode ser refutado a partir da perspectiva de que não há recursos inexistentes, mas que a realização de certos direitos sociais não se dá em virtude de questões econômicas como o pagamento de juros e ajudas ao capital especulativo, subsídios e renúncias fiscais destinadas a beneficiar a atividade de certas empresas e/ou outras escolhas realizadas a partir dos interesses das elites[581]. Existe, pois, a necessidade de diferenciar o que não é possível fazer porque não existem meios suficientes, inclusive com a observância das normas constitucionais que determinam a alocação de recursos a áreas sensíveis, como a educação e a saúde, e o que não é possível fazer porque os meios disponíveis foram alocados em outras prioridades[582].

Na medida, portanto, que todos os direitos dependem, em maior ou menor grau, de recursos financeiros para a sua concretização, a questão da alocação desses recursos, ou seja, de determinar quais são os bens jurídicos que serão prioritariamente promovidos, demonstra-se relevante e possível de ser judicializada. Assim, impõe-se distinguir um argumento relacionado à inexistência de recursos necessários para a realização de um dever constitucional da alocação de recursos efetuada contrariamente aos mandamentos e às disposições constitucionais.

O argumento da falta de recursos e da reserva do possível não pode ser considerado um argumento absoluto e definitivo a afastar o controle jurisdicional. Ao contrário, em muitas oportunidades os tribunais têm demonstrado que a atuação pública requerida não era tão complexa ou onerosa como sustentavam os órgãos políticos, têm se utilizado de números e dados alternativos, que demonstram a

---

(580) Segundo Gouvêa (2003, p. 20), é nos países mais pobres que a questão da alocação de recursos se traduz, efetivamente, em uma eleição dramática, quando deliberar sobre a realização de determinadas despesas, concernentes a determinados projetos, importa, realmente, reduzir — ou suprimir — os recursos necessários para outras atividades.
(581) Cf. Krell (2002, p. 99).
(582) Assim, não há falta de recursos, mas há decisões a respeito de onde aplicar os recursos disponíveis quando milhões de dólares são doados, sob a forma de pacotes de ajuda, a bancos e outras empresas em consequência de crises das economias mundiais. No Brasil, através do PROER (Programa de Estímulo à Reestruturação e ao Fortalecimento do Sistema Financeiro Nacional), no período de 1995 a 2000, foram destinados mais de R$ 30 bilhões a bancos brasileiros, aproximadamente 2,5% do PIB (Produto Interno Bruto) brasileiro.

falácia de certas impossibilidades, ou têm incluído nesses números e dados, *v.g.*, custos deliberadamente excluídos, como os custos que a postergação de determinada política pode gerar para o futuro[583].

Por outro lado, muitas vezes as decisões em questão não são unilaterais, dos tribunais, mas têm sido entabuladas a partir de um diálogo não necessariamente condescendente com os demais poderes públicos, instando-os à reparação de ações e omissões inconstitucionais, relacionadas aos direitos sociais[584]. Assim, os tribunais têm emitido, em alguns países, como no Brasil e em Portugal, declarações pelas quais afirmam que uma política tem elementos inconstitucionais, mas, para evitar consequências econômicas ou sociais indesejadas, deixam de anulá-la de imediato, determinando ao legislador ou à administração pública, em um tempo razoável, a sua adequação ao ditado constitucional[585].

Por vezes, a tradicional atuação dos tribunais frente a graves vulnerações de direitos tem dado lugar a sentenças não meramente declaratórias da inconstitucionalidade, mas a verdadeiras *structural injunctions*[586], decisões que determinam as medidas concretas a serem adotadas pelos poderes públicos, fixam um cronograma de implantação e determinam outras medidas que assegurem a efetividade das próprias decisões[587]. Nesses casos, a gravidade e a complexidade da situação

---

(583) Nesse sentido, Langford (2005, p. 94) cita o caso *Auton*, de 2000. Nesse caso, o governo da Columbia britânica, no Canadá, utilizou-se do argumento da *reserva do possível* para não financiar um programa de tratamento de crianças autistas. O tribunal supremo provincial rechaçou o argumento, considerando a vulneração do direito básico de não ser discriminado das pessoas afetadas pelo autismo. Para justificar sua decisão, o tribunal valeu-se de dois critérios que levavam em conta o orçamento público. Por um lado, sustentou que os gastos demandados pelo programa, para a assistência de menores em idade de desenvolvimento educacional e social, seriam consideravelmente menores do que aqueles necessários ao seu tratamento em longo prazo, se o referido programa não fosse implantado. Por outro, opôs à argumentação do governo provincial o fato de que outras regiões do território canadense haviam implantado programas semelhantes, enfraquecendo o argumento de que o valor científico do programa não justificava um gasto semelhante.

(584) Sobre a experiência europeia, v. Aja (1998).

(585) No Brasil e em Portugal, essas declarações ou reenvios permitiram o surgimento do controle sobre situações de inconstitucionalidade oriundas de omissões legislativas. Nesse sentido, v. Rodríguez (1998) e Menéndez (1997).

(586) No Brasil, como já afirmamos, o Supremo Tribunal Federal, julgando os Mandados de Injunção ns. 670, 708 e 712, nos quais se discutia a legitimidade do exercício do direito de greve pelos servidores, assumiu um protagonismo legislativo para realizar o direito previsto constitucionalmente. A Constituição brasileira de 1988 reconheceu o direito à greve para os servidores públicos; contudo, estabeleceu que esse direito seria exercido nos limites definidos por uma lei específica, que o legislador ordinário nunca tratou de engendrar. Nesse contexto, o tribunal, além de declarar a omissão legislativa em relação ao dever constitucional de editar a lei que regulamentasse o exercício do direito de greve no setor público, comunicando ao Poder Legislativo a sua mora, tomou a iniciativa de tornar provisoriamente aplicável ao setor público, no que lhe fosse compatível, a lei de greve vigente para o setor privado.

(587) Segundo Fiss (2003), as *structural injunctions* têm uma larga tradição nos Estados Unidos, onde foram utilizadas, *v.g.*, para introduzir reformas penitenciárias e políticas de erradicação de discriminação racial nas escolas.

justifica, inclusive, um amplo diálogo entre os tribunais, os poderes públicos e os próprios sujeitos afetados, que se prolonga também à fase de execução da sentença[588].

É claro que a "reserva do possível", contudo, não concerne apenas a um problema de ordem econômico-financeira, embora esta seja a sua mais visível evidência. A dimensão prestacional dos direitos sociais fundamentais, que não pode ser negada[589], leva à imposição, por vezes, de outras dificuldades técnico-fáticas, ou mesmo jurídico-administrativas[590], que independem, diretamente, de questões econômico-financeiras, mas impõem limites à imediata concretização de um direito, ainda que ordenada judicialmente. É claro que, para além das previsões orçamentárias e a disponibilidade financeira para cobrir as despesas com decisões judiciais, que merecem tratamento diferenciado, a reserva do possível poderá, nesses casos, demandar também um amplo diálogo entre os tribunais, os poderes públicos e os próprios sujeitos afetados, que se prolonga à fase de execução da sentença, para que se viabilize o cumprimento da decisão judicial, sem que, contudo, a alegação dessas reservas fáticas ou jurídicas autorize a postergação indefinida, ou seja, o descumprimento da decisão judicial.

Assim, *v.g.*, se, quando, no Brasil, o Tribunal Regional Federal da 4ª Região determinou ao Executivo que passasse a exigir nos rótulos das bebidas alcoólicas vendidas no país a expressão "o álcool pode causar dependência e seu excesso é prejudicial à saúde", não foram opostas a esta decisão maiores dificuldades fáticas, bastando ao Ministério da Saúde delinear um marco regulatório específico para os produtores ou importadores de bebidas alcoólicas à venda no país[591], ao contrário,

---

(588) A corte constitucional colombiana, *v.g.*, desenvolveu o conceito de *estado de cosas inconstitucional* para descrever "aquellas situaciones de vulneración de los derechos fundamentales que tengan un carácter general — en tanto que afectan a multitud de personas — y cuyas causas sean de naturaleza estructural — es decir, que, por lo regular, no se originan de manera exclusiva en la autoridad demandada y, por lo tanto, su solución exige la acción mancomunada de distintas entidades" (Sentencia T-153, 1988).

(589) Ponderada, embora, a ideia de que todos os direitos, inclusive os direitos civis e os direitos políticos, têm uma dimensão prestacional. Apenas para exemplificar, imagine-se uma situação em que determinada decisão judicial, com o objetivo de garantir o exercício do direito de voto dos presos provisórios e dos adolescentes infratores entre os 16 e 18 anos de idade, cidadãos que não têm seus direitos políticos suspensos, determinasse a instalação de urnas eleitorais em todas as casas prisionais e estabelecimentos de internação juvenis do país. Além dos recursos financeiros estritamente necessários ao cumprimento da decisão judicial, uma série de outros recursos, humanos, tecnológicos, logísticos, de tempo etc. seriam necessários à sua efetivação.

(590) Logicamente, o fato de uma aquisição de medicamentos ser concretizada para atender uma determinação judicial, *v.g.*, não exime a administração pública de cumprir rigorosamente as normas gerais sobre licitações e contratos administrativos.

(591) Iniciativa do Ministério Público Federal que evoluiu consideravelmente, após a decisão judicial, no âmbito do próprio Ministério da Saúde e das políticas públicas de consumo e de saúde: hoje, além de exigir-se a impressão, nos rótulos das bebidas alcoólicas vendidas no país, da expressão "Evite o consumo excessivo de álcool", exige-se que a mensagem publicitária concernente ao consumo de bebidas alcoólicas seja acompanhada da mensagem "Beba com moderação". Além disso, a Agência Nacional de Vigilância Sanitária (Anvisa) passou a regulamentar a mensagem

quando este Tribunal determinou ao Executivo que realizasse a duplicação de uma rodovia federal no estado de Santa Catarina, no Sul do país, várias foram as objeções opostas à execução da decisão judicial, de impedimentos de ordem econômico-financeira a questões de ordem técnica e de ordem jurídica — estudos topográficos e de engenharia civil e de trânsito, licitações, alvarás, licenciamentos ambientais, implicações com comunidades indígenas e quilombolas, reassentamentos populacionais etc.[592].

Tais questões, contudo, não são absolutamente invencíveis. Vejamos, por exemplo, o caso de decisões liminares que estabelecem um prazo para que determinado medicamento seja fornecido ao cidadão/administrado.

 a) É importante que, tratando-se de prazo absolutamente inexequível, a administração pública solicite, fundamentadamente, dilação do mesmo ao Judiciário. Isso pode ocorrer, *v. g.*, quando se trata de medicamentos não padronizados, que não integrem nenhum programa previamente existente e, portanto, não estejam disponíveis nos estoques das unidades de saúde, nem possam ser adquiridos com facilidade.

 b) As formas mais utilizadas para adquirir o medicamento, cumprindo o prazo estabelecido, no caso de liminares, concernem à dispensa de licitação por emergência, ou seja, àqueles casos em que a administração pública poderia, em tese, licitar, mas que isso não se demonstra conveniente ao interesse público, caracterizada a urgência de atendimento de situação que possa ocasionar prejuízo ou comprometer a segurança do cidadão/administrado, para a primeira aquisição do medicamento (impondo-se, quando viável, a licitação para as aquisições subsequentes, se for o caso), ou, demonstrando-se concretamente inviável a competição, à inexigibilidade de licitação por exclusividade[593].

 c) Tanto para os casos de determinações decorrentes de ações civis públicas quanto de ações individuais, é recomendável que as aquisições sejam feitas pelo Sistema de Registro de Preços. Isso porque, nesse sistema, a administração estima um quantitativo anual e, ao final da

---

publicitária desse setor, de forma que o apelo de *marketing* ao consumo do álcool, sobretudo sobre as crianças e os adolescentes, mais vulneráveis aos apelos da mídia, não neutralizasse totalmente os avisos de "Beba com moderação" (ainda que a regulamentação demonstre-se ainda tímida e bastante distante dos alcances da proposta inicial da Anvisa, que pretendia banir das propagandas todas as cenas, ilustrações, áudios ou vídeos que apresentassem ou simulassem a ingestão do produto, ou que associassem o efeito decorrente do seu consumo a estereótipos de sucesso ou integração social, associando as bebidas alcoólicas a ideias de êxito ou sexualidade).
(592) Sobre essas decisões, v. Pisarello (2007, p. 91) e Broliani (2005, p. 130).
(593) Cf. os arts. 24, inc. IV, e 25, inc. I, da Lei n. 8.666/93.

licitação, é assinada uma Ata de Registro de Preços e não um contrato de aquisição. Na medida em que há necessidade de adquirir o medicamento, utiliza-se a Ata de Registro de Preços para efetuar as contratações. Esse procedimento dá agilidade ao andamento do processo e permite que se atenda o Judiciário, diminuindo-se, embora, o número de aquisições emergenciais. Além de possibilitar economia de escala, não há necessidade de manutenção de estoques elevados, evitando-se os custos decorrentes do armazenamento e o risco de perdas ou desperdício.

Em síntese, os poderes públicos não podem, de fato, ser levados a fazer o impossível. No entanto, o que é possível — ou impossível — na esfera econômica, social e cultural deve ser provado, e não apenas presumido. Assim, como já ressaltamos, os órgãos políticos devem sempre demonstrar que estão empregando o máximo de seus esforços, até o máximo de seus recursos, para satisfazer os direitos em questão; que estão divulgando informações suficientes e claras, e ouvindo os destinatários dos direitos em questão; que estão esforçando-se para controlar e monitorar o efetivo cumprimento das políticas e programas já existentes, além de planejar para o futuro; e que, no cerne das políticas e programas que estão sendo planejados ou executados, está a solução, a curto, médio ou longo prazo, para os problemas que afetam, sobretudo, os grupos em situação de maior vulnerabilidade, mais necessitados.

3.8. O REDIMENSIONAMENTO DO DEVER ADMINISTRATIVO DE MOTIVAR: UM DESDOBRAMENTO VIRTUOSO DA SINDICABILIDADE JUDICIAL DAS POLÍTICAS PÚBLICAS SOCIAIS

Do dito anteriormente, sobre a necessidade de que todo poder esteja submetido ao direito, pode-se inferir que o governo e a administração pública podem ver os seus distintos atos — sejam eles categorizados como *atos administrativos* ou *atos de governo* — impugnados ante os tribunais, com exceção daqueles atos estritamente políticos e constitucionalmente delineados, que não requerem motivação[594] (pois onde houver necessidade de motivação, não haverá distinção,

---

(594) Nesses, o controle limita-se à *forma* do ato, ou seja, a verificar se o ato observou a formalidade delineada na Constituição como suposto de sua validade, sendo, contudo, o seu *conteúdo político* — ou seja, a sua motivação — absolutamente infenso ao controle judicial. É o caso, *v.g.*, do ato — complexo — de nomeação dos Ministros do Supremo Tribunal Federal brasileiro, que, sendo, embora, nomeados pelo Presidente da República (art. 101 da Constituição brasileira de 1988), devem ser aprovados previamente, por voto secreto, após arguição pública, pelo Senado Federal (art. 52, III, "a"). A indicação de um nome pelo Presidente da República e a aceitação ou recusa deste pelo Senado Federal consubstanciam verdadeira competência política exclusiva insindicável, tanto que a própria Constituição estabelece o escrutínio secreto. Também é o caso, *v.g.*, da aprovação, por maioria absoluta e por voto secreto, pelo Senado, de exoneração, de ofício, do Procurador-Geral da República antes do término de seu mandato (art. 52, XI).

sob o ponto de vista do controle, entre os atos administrativos e os atos de governo), tratando-se de evitar sempre que subsista a possibilidade de atos ou decisões da administração não controláveis, infensos à apreciação do Poder Judiciário: essa cláusula geral de revisão judicial da totalidade da função administrativa impede que se distingam, em seu seio, *atos administrativos* e *atos de governo*, ambos igualmente sindicáveis[595].

Na realidade, não há uma separação precisa entre as funções política e administrativa no âmbito de atuação do governo — entre os *atos administrativos* e os *atos de governo* —, ao menos no plano da sua sindicabilidade, pois, se existe uma vinculação e uma reponsabilidade constitucional na tomada de decisões políticas, estas, devendo respeitar as prioridades constitucionalmente delineadas, poderão ser sindicadas pelo Judiciário. Os chamados *atos de governo*, portanto, devem receber tratamento similar àquele atribuído aos atos administrativos produzidos no exercício da competência discricionária, respeitada, portanto, apenas aquela margem remanescente de liberdade, no que diz respeito à sua sindicabilidade judicial[596].

Toda a atuação material ou técnica orientada à preparação ou à execução de um ato administrativo e/ou à prestação de um serviço público deve ser judicialmente sindicável. E, para que se garanta a supremacia da Constituição, esse controle judicial estende-se à inação da administração, quando esta esteja obrigada a agir[597]. Isso supõe, evidentemente, a articulação de todo um subsistema jurídico, procedimental e jurisdicional para levar a cabo esse controle; mas, sobretudo, exige a ampla motivação das decisões administrativas e de governo — em especial no âmbito da chamada *competência discricionária administrativa*.

Se acolhemos a ideia de que os atos administrativos resultantes de competência discricionária são todos aqueles que a administração pública deve praticar, mediante juízos de conveniência e/ou de oportunidade, na busca da melhor alternativa (não a única) adequada ao direito, sem que se revele indiferente à escolha das consequências, no plano concreto[598], é certo, como já afirmamos, que o agente público não tem que alcançar a única opção correta, mas tem que apresentar motivação racionalmente aceitável para a sua escolha concreta dentro de um leque de alternativas *a priori* igualmente válidas[599].

---

(595) Nesse sentido, v. Enterría (1983; 1991).
(596) Nesse sentido, v. Di Pietro (2003, p. 56). Ressaltamos que a própria Constituição brasileira de 1988 parece não querer distinguir tais atos quanto à sua sindicabilidade, pois, além de prever a ação popular e a ação civil pública, ampliando, em relação a esta última, o rol dos legitimados à interposição e dos interesses por meio dela passíveis de defesa, permite que todo esse especial aparato seja utilizado pela cidadania tanto contra atos administrativos concretos quanto contra *atos de governo*, e inclusive para a tutela de interesses transindividuais, afastando, com isso, *v.g.*, a ideia de que os atos de governo somente seriam sindicáveis quando viessem a ferir interesses (direitos e garantias) individuais (nesse sentido, v., também, Ferreira Filho, 2003, p. 207-13).
(597) Cf. Vita (1978, p. 295).
(598) Essa categorização é dada por Freitas (2009, p. 34) e Bacellar Filho (2005, p. 61).
(599) Nesse sentido, v. Freitas (2007, p. 83-111) e França (2007, p. 228).

E, logicamente, embora não possa o Judiciário sindicar diretamente o merecimento de atos derivados dessa competência discricionária reconhecida à administração pública, poderá, obviamente, verificar se há injusta omissão administrativa, ordenando a providência, ou se há legitimidade e razoabilidade no agir administrativo: o exame de adequação da obrigatória motivação dos atos praticados no exercício da competência discricionária da administração pública é tarefa indeclinável do Judiciário[600] — a discricionariedade não vinculada a princípios e a avaliações e ponderações sobre bens e valores é, na realidade, arbitrariedade[601].

A discricionariedade, portanto, não se encontra desvinculada dos próprios princípios constitutivos do sistema jurídico delineado pela Constituição, verdadeiros cânones que balizam a atuação dos agentes públicos, e, portanto, dos direitos fundamentais. Nesse contexto, pode-se estabelecer, mesmo, um paralelo entre a atividade do administrador e a do julgador, que leva à conclusão de que, a exemplo das decisões judiciais, também as decisões administrativas devem ser sempre motivadas[602]: mesmo os atos mais vinculados guardam um mínimo de discrição[603], inclusive os atos judiciais[604], de forma que, diante da inafastável margem de subjetividade remanescente mesmo no mais vinculado dos atos, ainda quando se admitam os juízos de equidade ou de oportunidade e/ou conveniência, estarão ambos, o administrador e o juiz, vinculados a um dever fundamental de indicar explicitamente os fundamentos de fato e de direito que embasam — e, portanto, legitimam — as suas decisões[605].

É, pois, precisamente na esfera da competência discricionária da administração pública, onde esta parece ter maior liberdade, que se deve cobrar, com máximo rigor, a devida fundamentação da sua conduta[606].

---

(600) Cf. Freitas (2005, p. 29).
(601) Para Sarlet (2005, p. 365-6), importa, aqui, que "os direitos fundamentais vinculam os órgãos administrativos em todas as suas formas e atividades", de forma que se deve "frisar a necessidade de os órgãos públicos observarem nas suas decisões os parâmetros contidos na ordem de valores da Constituição, especialmente dos direitos fundamentais, o que assume especial relevo na esfera da aplicação e interpretação de conceitos abertos e cláusulas gerais, assim como no exercício da atividade discricionária". Enterría e Fernández (1990, p. 409-12 *passim*) afirmam que "Os princípios gerais do Direito (...) oferecem uma última possibilidade de controle da discricionariedade. (...) Não tem sentido por isso pretender amparar-se em uma potestade discricional para justificar uma agressão administrativa à ordem jurídica, aos princípios gerais, que não só formam parte desta, senão muito mais, a fundamentam e a estruturam". A discricionariedade, ressalta Figueiredo (1994, p. 124), "deve provir da valoração do intérprete dentro de critérios de razoabilidade e da principiologia do ordenamento". Portanto, como afirma Freitas (2009, p. 34) "não merece prosperar o anacronismo das escolhas administrativas não fundamentáveis no sistema".
(602) Cf. o art. 93, inc. X, da Constituição brasileira de 1988.
(603) Cf. Rivero (1973, p. 82).
(604) Cf. Zavascki (1997, p. 108).
(605) Nesse sentido, Mello, C. A. B. (2011, p. 527-28), já afirmava que tanto os atos administrativos *discricionários* como os vinculados deveriam ser motivados, vinculando-se o administrador aos fundamentos assim externados.
(606) Como afirma Freitas (2005, p. 26-7), "Afirmar-se a *discricionariedade vinculada* não significa dizer que nunca haverá juízo de conveniência, visto retrospectivamente (...). Simplesmente quer-se

Assim, como já afirmamos, do controle que o Poder Judiciário exerce sobre os atos da administração pública resulta, para ela, um dever constante de *explicar*, ou seja, um dever primário de *informar* e de *motivar a priori* todos os seus atos, o que, por sua vez, expande virtuosamente não só as possibilidades do próprio controle judicial, mas as possibilidades de controle social sobre tais atos — e, portanto, da verificação, pelos próprios destinatários das políticas públicas sociais, da sua maior ou menor legitimidade.

Isso, por fim, impõe à administração pública um dever de manter plena transparência em seus comportamentos. Mais do que *explicar*, indicando explicitamente os fundamentos de fato e de direito que embasam — e, portanto, legitimam — as suas decisões, a administração pública deve *informar* verdadeiramente, ou seja, velar pela *disponibilização* de informações aos cidadãos/administrados, primando pela qualidade, acessibilidade e inteligibilidade dessas informações.

A informação plena sobre os atos do governo constitui um bem indispensável para o controle e a crítica sobre a atividade estatal, para a existência de um debate público sobre as políticas, para o controle da corrupção e para a responsabilização política dos poderes de turno.

3.9. A JUDICIALIZAÇÃO COMO POSSIBILIDADE DE ACESSO DA CIDADANIA À ESFERA POLÍTICA

É possível, de fato, associarmos, em certo grau, o acesso ao Judiciário com a qualidade da democracia se admitimos que a via judicial constitui uma possibilidade de ação de certos grupos sociais na própria esfera política: o direito à jurisdição poderia, portanto, ser integrado ao catálogo das liberdades políticas necessárias à democracia. Alguns direitos e garantias têm, assim, uma inequívoca dimensão política, como o direito à informação, o direito à associação e a liberdade de expressão; dessa forma, a possibilidade de que se possa invocar a tutela de tais direitos, diante da sua virtual violação, vincula o acesso à jurisdição à capacidade de ação na esfera política. Esse vínculo se estabelece a partir, portanto, de uma articulação instrumental da jurisdição como garantia indispensável para o exercício efetivo de direitos civis e políticos fundamentais — direitos de informação, participação, petição, associação, expressão etc.[607].

Por outro lado, a concretização dos direitos sociais fundamentais, garantida pelo Poder Judiciário, é, também e concomitantemente, verdadeira condição

---

afirmar que há uma porção de vinculação que precisa acompanhar a discricionariedade, a qual não se desfaz por esta presença, senão que se *legitima*, por não se autorreferenciar nem correr o risco de fixar residência no espaço fluido das vontades meramente particulares, incompatíveis, nessa condição, com a índole do Direito democrático, mormente em sua raiz publicista".
(607) Nesse sentido, v. O'Donell (2000, p. 519-568).

necessária para viabilizar essas liberdades políticas, pois sem direitos sociais básicos os direitos civis e políticos têm o seu conteúdo real esvaziado[608] — a efetividade de quaisquer direitos humanos fundamentais, vinculados à dignidade humana e relacionados à liberdade e à autonomia da pessoa, não é possível sem a garantia, para ela, do mínimo existencial, condicionado econômica, social e culturalmente. Assim, como já demonstramos, *v.g.*, o direito à liberdade, inclusive à liberdade ideológica e de expressão, não prescinde, para a sua concretização, do direito à educação crítica e de qualidade: a violação aos direitos sociais gera uma violação reflexa aos direitos civis e políticos[609].

Mas também é necessário que reconheçamos outro vínculo possível entre a esfera judicial e a esfera política, no qual a judicialização apresenta-se como possibilidade de acesso da cidadania à esfera política, vínculo que exsurge do reconhecimento legal de novos mecanismos processuais de representação de interesses sociais e do protagonismo de certos grupos ou segmentos que ascendem ao Judiciário para fazer visíveis conflitos sociais até então invisibilizados, ou em relação aos quais os tradicionais agentes mantiveram-se politicamente insensíveis, pautando-os também na agenda política, econômica, social e cultural do Estado, ou questionando os processos vigentes de formulação, aplicação, avaliação e controle de políticas públicas sociais setoriais, ou o próprio conteúdo dessas políticas e seus impactos sociais, ou questionando, ainda, a própria ausência de políticas, ativando, ante a inação do Estado, processos de tomada de decisões em matéria de direitos sociais difusos, coletivos ou individuais homogêneos. Aqui, é precisamente através da jurisdição que certos atores sociais demandam o Estado-Executivo, fiscalizam e/ou impugnam os seus atos e dialogam com suas diferentes instâncias ou mesmo com os demais protagonistas de disputas sociais. O franco acesso à jurisdição, dessa forma, atua como um qualificado e sofisticado mecanismo de acesso à esfera política, que abre novos canais de participação social ou amplia os canais preexistentes, desbloqueando, complementando ou revitalizando os tradicionais canais institucionais próprios à democracia[610].

---

(608) Nesse sentido, v. Pisarello (2007, p. 40-41), Thome (2012, p. 107-8) e Bucci (1997; 2001; 2002).
(609) Como já afirmamos, o maior ou menor grau de exercício da cidadania, na sua acepção integral, sempre está, de fato, vinculado à solidez de uma estrutura tripartite, formada a partir do reconhecimento amplo dos direitos civis e políticos, das garantias dos direitos sociais — e, portanto, de uma distribuição mais equitativa dos recursos econômicos, sociais e culturais — e das regras procedimentais que envolvem a participação popular: cada um desses elementos tem um papel fundamental, de suporte aos demais, e, ao mesmo tempo, estabelece um equilíbrio, ou ponderação, razoável ao conjunto. Os direitos civis e políticos demandam, assim, direitos sociais e também regras de procedimento para a participação popular; mas, ao mesmo tempo, também em sua inter--relação esses direitos, interesses e regras estabelecem limites entre si, de modo que nenhum deles se imponha aos demais. Quanto mais harmoniosa, equilibrada e sinérgica essa relação, maior será a densidade de acesso e exercício da cidadania plena; quanto menos harmoniosa, equilibrada e sinérgica essa relação, menor será a densidade de acesso e exercício da real cidadania, e, consequentemente, maior será a desigualdade e a exclusão das pessoas.
(610) Segundo Abramovich (2006), "Cuando los canales institucionales tradicionales se obturan o se estrechan, las demandas sociales y la práctica de incidencia política de los actores sociales, buscan

Ademais, em muitos casos, as demandas de direitos sociais, ainda que individuais, têm contribuído decisivamente como "um sinal de alerta" à administração pública, quanto a uma situação generalizada de descumprimento de uma obrigação em matéria de direitos sociais fundamentais. Nesses casos, embora um enfoque conservador tenha privilegiado, de forma geral, mais fortemente os efeitos supostamente negativos dessas demandas na governabilidade e na gestão das políticas públicas sociais setoriais, na medida em que necessidades individuais ou de grupos muito determinados seriam atendidas em potencial prejuízo das necessidades de outros grupos e indivíduos[611], podemos afirmar que a relação estabelecida entre o acesso à jurisdição e as políticas públicas sociais pode ter um efeito benéfico na responsabilização do Estado em desenvolver procedimentos adequados às demandas sociais[612], reorientando para o marco dos direitos fundamentais as políticas públicas setoriais, auxiliando a administração pública a atingir os seus fins como organização posta a serviço da comunidade.

Assim, por exemplo, no âmbito das políticas públicas de saúde, no Brasil, o processo de judicialização parece ter o seu início nos anos 1990, com as reivindicações de portadores do vírus HIV, contra o Estado, por medicamentos e assistência médica, fundadas no direito constitucional à saúde, que inclui o dever estatal de prestar assistência à saúde individual, de forma integral, universal e gratuita, através do Sistema Único de Saúde (SUS), sob a responsabilidade conjunta da União Federal, estados, Distrito Federal e municípios. A ampla mobilização de organizações não governamentais, combinada ao acesso à jurisdição, levou, então, ao surgimento de uma jurisprudência amplamente favorável à responsabilização dos entes federativos no cumprimento imediato daquela prestação estatal[613], o que redundou em notáveis avanços nas políticas públicas de saúde às pessoas com HIV/Aids, em especial o acesso universal e gratuito, via SUS, aos medicamentos antirretrovirais[614], estabelecendo-se, nesse segmento, uma relação amplamente positiva entre o acesso à jurisdição e a efetividade dos direitos sociais não só pelo produto final da ação judicial, mas pela reorientação do marco das políticas públicas sociais setoriais, com

---

nuevos cauces institucionales, que al mismo tiempo pueden afectar y modificar las formas tradicionales de la acción social y política. Dicho de otro modo, la debilidad de los actores políticos y de ciertos espacios de mediación social transforma los escenarios y los protagonistas de la práctica política. (...) el camino judicial emprendido por organizaciones de la sociedad civil apunta a compensar la inoperancia de las instancias de fiscalización del propio Estado, y en ocasiones a activar debates sociales que no han sabido nutrir los tradicionales actores políticos. Si bien la intervención judicial puede en ocasiones debilitar o acotar aún más la dinámica política, no se trata de una consecuencia fatal. En ocasiones, es posible encontrar diversas formas de articulación entre ambas instancias, e incluso modalidades de intervención judicial, que lejos de opacar la actividad política, pueden activar procesos de toma de decisión sobre políticas de estado, abriendo canales de diálogo entre los poderes, garantizando nuevas vías de participación comunitaria y vigorizando una lánguida esfera pública".
(611) Nesse sentido, v. Barata; Chieffi (2009), Marques; Dallari (2007) e Vieira; Zucchi (2007).
(612) Cf. Baptista, Machado e Lima (2009, p. 829).
(613) Nesse sentido, v. Rios (2003), Ventura (2003) e Scheffer; Salazar; Grou (2005).
(614) Nesse sentido, v. Loyola (2008).

a alteração dos procedimentos da administração pública que, por omissão, afrontavam tais direitos sociais fundamentais. De fato, posta em ordem a política pública social setorial, a intensidade da demanda judicial das pessoas com HIV/Aids sofreu acentuada redução no Brasil, se comparada à de outras doenças[615].

Por outro lado, essas demandas levaram a reivindicação judicial a ser largamente utilizada como mecanismo de garantia de direitos fundamentais e de ampliação de políticas públicas sociais, ampliando, inclusive, a atuação do Ministério Público neste âmbito[616]. A judicialização no setor da saúde tem levado a administração pública a tratar mais seriamente as questões concernentes não só à alocação de recursos para a aquisição de medicamentos, mas também à alocação de recursos públicos para a pesquisa e a assistência, ao uso racional das novidades tecnológicas e científicas na prática médica e nos sistemas de saúde e à propriedade intelectual, destacando-se um esforço, neste âmbito, para o estabelecimento de padrões claros de assistência e/ou de critérios bem delineados de incorporação e acesso aos procedimentos e insumos na assistência pública à saúde que conduzam à equidade e à integralidade no acesso dos cidadãos/administrados a esse bem[617], tornando o direito à saúde mais efetivo, suprindo severas deficiências que decorrem da própria administração pública[618].

Logicamente, a intervenção judicial nas políticas públicas sociais deve estar fundada em regras claras, intervindo o Judiciário através da verificação da validade — ou seja, da legalidade/constitucionalidade — das políticas públicas sociais também segundo critérios de razoabilidade, adequação e equidade, ou através do reconhecimento de conteúdos mínimos para os direitos fundamentais. Por isso, não compete ao Judiciário, em termos jurisdicionais, a tarefa de formular políticas públicas sociais, mas a de confrontar o delineamento das políticas formuladas com os marcos jurídicos aplicáveis e, no caso de haver divergências entre estes, reenviar a questão aos poderes pertinentes para que eles ajustem os marcos dessas políticas ao previamente delineado legal e constitucionalmente, ou mesmo, diante de

---

(615) Nesse sentido, v. Messeder; Osorio-de-Castro e Luiza (2005).
(616) Nesse sentido, v. Vianna; Burgos (2005).
(617) As demandas judiciais não podem ser consideradas como o principal instrumento deliberativo na gestão da assistência farmacêutica no SUS, mas devem ser admitidas como um elemento importante na tomada de decisão dos gestores da saúde e, muitas vezes, na franca melhoria do acesso aos medicamentos no âmbito do SUS.
(618) No entanto, mesmo no setor da saúde, provavelmente o mais influenciado pela judicialização, ainda há severas dificuldades de acesso da população aos medicamentos necessários à assistência integral à saúde. Em 2000, estimou-se que, no Brasil, 70 milhões de pessoas não tinham acesso a medicamentos, o que correspondia a aproximadamente 41% da população brasileira (VIEIRA; ZUCCHI, 2007). A "Pesquisa Mundial da Saúde" (PMS) no Brasil de 2003 (SZWARCWALD et al., 2004) e a "Avaliação da Assistência Farmacêutica no Brasil", realizada em 2004 (Brasil, 2005) apontam para um acesso — público e privado — de, respectivamente, 87,0% e 89,6% dos medicamentos prescritos na última consulta; no entanto, em ambos os estudos, a falta de recurso financeiro constou como a principal alegação entre os que não conseguiram obter seus medicamentos (55,0% e 62,8%, respectivamente).

omissões, para que a política pública social pertinente seja formulada. Essa dimensão da atuação do Judiciário pode ser vista como a participação qualificada em um "diálogo" entre os distintos poderes do Estado — na verdade, entre as suas distintas funções — para a necessária concretização do programa jurídico-político previamente estabelecido pela Constituição[619]: portanto, apenas em circunstâncias excepcionais, quando a magnitude da violação ou a falta completa de ação e de colaboração dos poderes políticos o justifica, têm os juízes avançado na determinação concreta de medidas a adotar segundo critérios judicialmente traçados[620].

Nesse contexto, podemos identificar basicamente quatro classes de intervenções do Poder Judiciário nas políticas públicas sociais.

a) Intervenções por meio das quais o Judiciário, sem valorar o merecimento da política pública preexistente, transforma-se em garante de sua execução, transformando o seu caráter, de decisão discricionária, em obrigação legal, que vincula a administração pública à execução da referida política. Os tribunais, nesses casos, não fixam comportamentos ou políticas, senão a obrigação da administração pública de executar o que está estabelecido nas leis ou nos atos emanados da própria administração, dos quais exsurgem obrigações jurídicas para esta[621].

b) Intervenções por meio das quais o Judiciário examina a compatibilidade da política pública preexistente com o marco jurídico aplicável ao seu objeto, a partir de *standards* como a sua razoabilidade, a sua adequação, a sua progressividade e/ou não regressividade, a sua transparência, a observância ao princípio da não discriminação etc., e, assim, a sua validade e a sua idoneidade para satisfazer efetivamente o direito em questão.

---

(619) Nesse sentido, v. Habermas (1994, p. 311 *et seq.*) e Fiss (1999, p. 137-159).
(620) Abramovich (2006) afirma que "Así ha ocurrido en los mencionados litigios de reforma estructural. Resulta útil remarcar en respuesta a las objeciones apuntadas sobre la incapacidad de la administración de justicia para resolver cuestiones técnicas, o las limitaciones del proceso judicial para tratar cuestiones complejas o con múltiples actores, que muchos analistas han valorizado el rol judicial de avanzar en el diseño de políticas y el cambio de prácticas institucionales ante la poca predisposición de la administración o de las legislaturas a reconocer y modificar sus políticas y acciones ilegales, lo que determinara la estricta necesidad de que la cuestión fuera abordada y resuelta por un tribunal imparcial e independiente". Nesse sentido, v., também, Wayne (1992, p. 61).
(621) Em muitos desses casos, a pretensão veiculada na ação judicial coincide exatamente com a política pública social formulada pelo Estado, estando os demandantes apenas a reclamar a execução de tal política pública. São exemplos dessas situações os já citados casos Viceconte, na Argentina, e Himachal *Pradesh State v. Sharma*, na Índia. No primeiro caso, a Câmara Nacional de Apelações argentina determinou ao Estado que concretizasse, fixando sanções para a sua inexecução, uma decisão política previamente adotada, concernente à fabricação de uma vacina contra uma doença endêmica e epidêmica; no segundo caso, a Corte Suprema da Índia ordenou ao governo a construção de uma estrada a respeito da qual já existia uma decisão administrativa, corroborando a tese de que o governo assume compromissos prestacionais pelo fato de não poder atuar contra os seus próprios atos (*venire contra factum proprium non valet*).

Os tribunais, nesses casos, quando consideram que essa política, no todo ou em parte, é incompatível com esse marco jurídico, reenviam a questão aos poderes competentes, para reformulá-la[622].

c) Intervenções por meio das quais o Judiciário valora ele mesmo o tipo de medida a ser adotado, diante da inexistência da política pública ou da manifesta insuficiência da política pública preexistente. Os tribunais, nesses casos, diante da inação dos demais poderes frente à vulneração de um direito social fundamental, verificando a existência de uma única medida de política pública social adequada, ou seja, a inexistência de alternativas para a plena satisfação do direito em questão, ordenam a sua realização[623]. Trata-se, talvez, da mais radical forma de intervenção, pois, nesta, o juiz, de certa forma, *substitui* o administrador omisso na decisão, quando verifica a existência de uma única medida adequada para a satisfação de uma legítima pretensão dos cidadãos/administrados[624].

d) Intervenções por meio das quais o Judiciário limita-se a declarar que a omissão do Estado é ilegítima. Os tribunais, nesses casos, não estabelecem

---

[622] Nesses casos, normalmente, os tribunais não substituem os demais poderes no delineamento das políticas públicas adequadas a esses marcos jurídicos. Se a atuação dos poderes políticos ajusta-se ao *standard*, o Poder Judiciário não analisa se seria mais viável a adoção de outra política alternativa; se a atuação não se ajusta ao *standard*, no todo ou em parte, a atuação do Poder Judiciário não implica imposição compulsória de uma condenação *stricto sensu*, ou seja de uma ordem específica, detalhada e autossuficiente, mas de uma instrução fixada em termos gerais, cujo conteúdo concreto vai se construindo no curso do processo através de um "diálogo" entre o juiz e a autoridade administrativa — a sentença opera como um ponto de inflexão que determina ao Estado modificar o sentido da sua atuação, mas será a administração que redesenhará as suas políticas para adequá-las às instruções gerais do juiz, limitando-se o Judiciário a controlar a adequação das medidas concretas adotadas a partir da sentença. São exemplos dessas situações os já citados casos *Government of the Republic of South Africa and Others vs. Grootboom and Others, Mahlaule vs. Minister of Social Development* e *Khosa vs. Minister of Social Development*, na África do Sul. No primeiro caso, a Corte Constitucional decidiu que o Estado não havia tomado as medidas razoáveis necessárias, dentro dos recursos disponíveis, para concretizar progressivamente o direito à moradia, pois os programas habitacionais oferecidos não previam nenhuma espécie de auxílio emergencial àqueles que não possuíam acesso a um abrigo básico; nos demais casos, declarou a inconstitucionalidade da exclusão dos migrantes dos planos de benefícios da seguridade social.

[623] Diferentemente dos casos anteriores, neste caso o Judiciário assume a eleição da medida a adotar e, portanto, da conduta devida pela administração. São exemplos desses casos a judicialização da assistência farmacêutica a portadores do vírus HIV no Brasil, a que já nos referimos. À semelhança dos casos brasileiros de judicialização da assistência farmacêutica, na Argentina, *v.g.*, no caso Beviacqua (2000), o Judiciário determinou a entrega de medicamentos específicos aos pais de uma criança portadora de uma patologia na medula extremamente grave, cuja aquisição estes não tinham condições de custear. Em outro caso, no Brasil, o Tribunal Regional Federal da 4ª Região reconheceu a união entre pessoas do mesmo sexo como sendo uma unidade familiar para determinar à Previdência Social a inclusão de companheiros homossexuais como dependentes previdenciários preferenciais dos segurados do Regime Geral de Previdência Social.

[624] Cf. Ortiz (1993, p. 168-70).

quaisquer medidas concretas de reparação, declarando, apenas, que o Estado não está cumprindo as obrigações assumidas em matéria de direitos sociais[625].

Essas distintas classes de intervenção do Poder Judiciário nas políticas públicas sociais permitem diferentes estratégias e possibilidades de estabelecimento de articulações sociais. O que queremos enfatizar, contudo, é que não há uma verdadeira oposição das estratégias legais a outras estratégias de incidência política, ou seja, entre atuar nos tribunais e atuar em outros espaços da esfera política. Todo o reclamo de direitos fundamentais, e as suas estratégias, têm um sentido político, especialmente naquelas demandas que reclamam direitos fundamentais difusos, coletivos ou individuais homogêneos. Compete à cidadania articular virtuosamente os diferentes campos de reclamo de direitos sociais fundamentais, de forma que a resolução judicial de um caso contribua para arredar as múltiplas deficiências institucionais e/ou transformar as políticas públicas sociais, as situações sociais e as expectativas que estão em conflito.

Em um sistema institucional com fortes fissuras e com amplas desigualdades, como o brasileiro, nem as conquistas judiciais nem as conquistas políticas são definitivas em matéria de direitos sociais. Como já afirmamos, não existem direitos sem deveres, nem podem existir sujeitos obrigados sem sujeitos capazes de obrigar. Assim, ainda que o papel das garantias institucionais (políticas e jurisdicionais) demonstre-se essencial para dotar de eficácia os direitos civis, políticos e sociais, todo e qualquer programa constitucional de garantias, por mais exaustivo que seja, demonstra-se incompleto e, assim, incapaz de dotar de efetividade e eficácia, por si só, os meios destinados à realização da cidadania integral, sem a existência concorrente de múltiplos espaços de pressão popular capazes de assegurá-los não apenas através dos poderes estatais, mas além do Estado, ou mesmo, em último caso, diante de graves vulnerações de direitos civis, políticos e/ou sociais, contra ele[626].

É nesse aspecto que se destaca uma última possibilidade de intervenção judicial de especial relevância. A intervenção judicial, em alguns momentos, pode ser provocada apenas para complementar, garantindo-as, as outras frentes abertas para canalizar demandas sociais sobre as instâncias administrativas, a partir de um enfoque essencialmente *procedimental* — não se demanda certa prestação material, tampouco impugna-se uma política pública social, ou parte dela, por afetar direitos fundamentais, mas se busca uma garantia para as condições que tornam possível a adoção de processos deliberativos realmente democráticos, abertos, complementando-se, assim, as ações de incidência política.

---

(625) Essas decisões, contudo, podem ser importantes como veículos de canalização de reclamos populares e de abertura da agenda pública através de uma semântica dos direitos, e não apenas através de *lobbies* ou demandas de natureza político-partidária.
(626) Cf. Häberle (1997, p. 9-10).

Nessas ações, busca-se, no Judiciário, a abertura de espaços institucionais de diálogo, o estabelecimento dos seus marcos legais e dos seus procedimentos ou a garantia de efetiva participação nesses espaços e procedimentos, sob condições igualitárias, dos atores sociais virtualmente afetados; ou, ainda, o acesso à informação pública, indispensável para avaliar e controlar as políticas adotadas e, assim, a sua legitimidade.

Especialmente o direito à informação, como já afirmamos, constitui uma ferramenta imprescindível ao controle social sobre as políticas públicas sociais, contribuindo, de forma concomitante e virtuosa, para que o próprio Estado possa efetivamente acompanhar o grau de efetividade dessas políticas. Para isso, o Estado deve empenhar-se em disponibilizar para os cidadãos/administrados os meios adequados a garantir-lhes o acesso, em condições de igualdade, à informação pública[627].

3.10. Rumo às conclusões: os limites do Poder Judiciário no controle das políticas públicas sociais

O Estado democrático de direito, na atualidade, deve ser concebido como resultado e concomitantemente condicionado a uma ordem superior vinculada à soberania popular e à democracia como valor (e não apenas como processo), ou seja, como um Estado constitucional, Estado que, na tomada das decisões administrativas, precisa zelar pelo isento dever de oferecer legítimas e boas razões de fato e de direito, atentando para o direito dos cidadãos/administrados à participação efetiva na formação democrática da vontade política e para as garantias e os direitos *fundamentais*, garantias e direitos dotados de *força vinculante* para todo o ordenamento jurídico, que institucionaliza e, em consequência, limita e legitima o exercício do poder estatal e, em última análise, a própria existência do Estado.

Onde houver lesão ou ameaça de lesão a um direito fundamental, seja pela ação ou pela omissão do Estado, e independentemente de reservas fáticas, haverá espaço para a judicialização das correspondentes políticas públicas: o Poder Judiciário tem, no controle da atividade administrativa, uma função fundamental, de dar plena e permanente vigência ao Estado democrático de direito, o que permite, por sua vez, que este se concretize como realidade e possa configurar-se como um

---

(627) Segundo Abramovich e Courtis (2000), sobretudo em matéria de direitos sociais, "el Estado debe producir y poner a disposición de los ciudadanos, como mínimo, información sobre: a) el estado de la situación de las diferentes áreas concernidas, en especial cuando su descripción requiera de mediciones expresadas mediante indicadores, y b) el contenido de las políticas públicas desarrolladas o proyectadas, con expresa mención de sus fundamentos, objetivos, plazos de realización y recursos involucrados. Las acciones de acceso a la información suelen actuar como vías legales que sostienen el trabajo de monitoreo de políticas sociales y la documentación de violaciones a los derechos económicos, sociales y culturales".

"Estado jurisdicional de direito", constituindo-se o controle judicial da administração pública não só é um elemento ínsito ao Estado democrático de direito, mas, na realidade, um elemento de primeira ordem no Estado social de direito, porque é ínsito a este que um órgão independente possa tutelar os interesses e os direitos sociais fundamentais dos prejudicados pela atuação irregular ou insuficiente da administração pública, garantindo aos cidadãos/administrados uma série de prestações estatais devidas no marco da justiça social.

Estado de direito, pois, é aquele que se pauta pelo respeito aos direitos fundamentais e promove a expansão das liberdades e garantias públicas em todas as áreas, cumprindo com os deveres que lhe são atribuídos e adotando o império da lei na sua mais elevada fórmula, a supremacia da Constituição, além de concretizar e sindicar a sua mais harmoniosa aplicação.

O controle judicial sobre a administração pública consubstancia, na atualidade, como já afirmamos, uma das principais características do Estado democrático (constitucional e social) de direito — e, talvez, o seu traço mais fundamental —, pois o controle efetivo sobre os atos da administração pública possibilita a vigência pragmática de outros predicados inerentes ao Estado de direito, como o império da lei (o império do direito) — o princípio da legalidade, ou seja, a efetiva submissão da administração pública ao ordenamento jurídico, sobretudo à Constituição como norma fundamental e, portanto, ao próprio direito —, a separação de funções (ou divisão de responsabilidades) etc., proporcionando um maior respeito às liberdades e aos direitos fundamentais dos cidadãos/administrados.

A existência de uma cláusula geral de revisão judicial da totalidade da função administrativa, de hierarquia constitucional, que institui uma proteção jurisdicional sem fissuras ou lacunas, constitui um notável e substancial avanço em favor da liberdade na luta permanente contra as imunidades — e arbitrariedades — do poder da administração pública. O Estado nasce da Constituição, com as características, atribuições e objetivos que esta fixa; o Estado está *dentro* da Constituição, de forma que esta não é produto daquele, mas, ao contrário, aquele é produto desta. Daí que a submissão de toda a organização estatal a um regime jurídico preestabelecido é, no sentido jurídico-formal, um dos principais elementos que tipificam o Estado de direito, impedindo que a *criatura* (Estado) volte-se contra o *criador* (Constituição).

Por isso, a eventual limitação da atuação administrativa pelo Poder Judiciário não resulta de um choque de vontades, mas de uma norma abstrata, e o órgão de controle — o Judiciário — não é, na verdade, um órgão limitador, mas atualizador e garantidor de uma limitação previamente estabelecida pela Constituição, e, dessa forma, esse órgão de controle não se relaciona com o órgão limitado — a administração pública — verticalmente, hierarquicamente, a partir de uma posição de supremacia.

O Poder Judiciário não atua, portanto, em uma posição de supremacia em relação à administração pública, tampouco limita, ele mesmo, por si só, o poder da administração pública; apenas cuida de assegurar que os limites previamente estabelecidos ao exercício do poder da administração sejam observados e resguardados. O Judiciário não limita, e sequer controla, nesse sentido, a administração pública — quem o faz é a própria lei; a Constituição, em última análise —, de forma que o Judiciário apenas zela pela regularidade das atividades da administração pública, com o objetivo de que essas se mantenham nos limites previamente delineados pela Constituição.

O controle judicial da atividade administrativa não elimina, logicamente, as margens de ação estrutural/epistêmica do administrador público, que pode e deve decidir quais são os meios mais convenientes para a satisfação dos direitos sociais entre todos aqueles meios legítimos, juridicamente válidos e eficientes, de forma que o fortalecimento de um controle jurisdicional da administração pública não supõe, obviamente, a instauração de um "governo dos juízes", nem a eliminação das competências discricionárias do administrador público, mas o reconhecimento dessas margens de ação jamais poderá dar causa à insindicabilidade absoluta dessas suas decisões, a espaços infensos a essa proteção e controle judicial, pois a configuração jurídica e política dos meios de proteção dos direitos sociais deve sempre atentar para o conteúdo mínimo ou essencial desses direitos fundamentais segundo os ditames da justiça social constitucional, preceitos que vinculam o merecimento das decisões administrativas em matéria de políticas públicas sociais.

Esse controle judicial sobre os atos da administração pública, obviamente, tem limites. O juiz não pode, por exemplo, sindicar diretamente o merecimento de atos derivados da competência discricionária reconhecida à administração pública. E há atos estritamente políticos, assim delineados pela Constituição, que não estão sequer sujeitos à apreciação da sua motivação pelo juiz. No entanto, além de tais atos estarem sempre passíveis de controle nos seus aspectos formais pelo Judiciário, este poderá, obviamente, verificar se há injusta omissão administrativa, ordenando a providência, ou se há legitimidade e razoabilidade no agir administrativo, se há correta aplicação e interpretação de conceitos abertos e cláusulas gerais, e se a discricionariedade é realmente válida, e se mantém vinculada àqueles direitos fundamentais que, segundo os parâmetros contidos na ordem de valores estabelecidos na Constituição, vinculam o administrador público em todas as suas decisões: o exame de adequação da obrigatória motivação dos atos praticados no exercício da competência discricionária da administração pública é tarefa indeclinável do Judiciário[628].

---

[628] Nesse sentido, Ruy Barbosa (*apud* FERREIRA FILHO, 2003, p. 193) já afirmava que "Se o governo se serviu, conveniente ou inconvenientemente de faculdades que se supõem suas, cabe ao Congresso julgar. É a questão política. Se cabem, ou não, ao governo as atribuições de que se serviu, ou se, servindo-se delas, transpôs, ou não, os limites legais, pertence à justiça decidir. É a questão jurídica".

Isso importa afirmar, portanto, que não há, no ordenamento jurídico, um espaço para atos administrativos insindicáveis. Não só aqueles atos vinculados propriamente ditos, mas também, e sobretudo — porque é nesse espaço que habitualmente se instalam a inação, os desvios e as arbitrariedades que frustram os direitos fundamentais do cidadão/administrado —, aqueles atos de discricionariedade vinculada ao sistema (atos de competência administrativa discricionária) devem ser sindicados a partir da sua adequação não apenas formal, mas material à lei — à Constituição — a partir da sua motivação de fato e de direito, à semelhança e por analogia da requerida na prática de atos judiciais, nos termos expressos da Constituição.

Isso não permite, contudo, a substituição da competência discricionária do administrador por uma espécie de competência discricionária do juiz: julgar a administração pública não é, nem deve ser, *administrar*, mas auxiliar a própria administração a atingir os seus fins como organização a serviço da comunidade, protegendo os direitos fundamentais dos cidadãos/administrados. Não pode, portanto, a pretexto de fazê-lo, o Judiciário atuar *ultra vires*, fora dos limites de sua habilitação institucional.

Enfim, a pergunta a respeito da legitimidade da atuação judicial sobre as políticas públicas, e consequentemente dos seus limites, não pode ser respondida absolutamente, em abstrato, considerando-se apenas variáveis normativas — *v.g.*, a implicação do Poder Judiciário em uma teoria da democracia ou o poder-dever dos juízes. A pergunta pela legitimidade da intervenção judicial nas políticas públicas sociais requer informações empíricas sobre o funcionamento do sistema político e sobre a atuação concreta dos juízes. Nesse sentido, a análise da legitimidade da atuação do Judiciário supõe a necessária comparação com a análise da legitimidade de atuação dos demais poderes — a experiência demonstra que uma "magistratura democrática" funciona de modo melhor e mais coerente precisamente no marco sempre aberto e crítico de uma legislatura democrática e de uma administração democrática.

É nesse contexto que se destacam alguns exemplos concretos da atuação recente dos tribunais na experiência brasileira, mencionados no curso deste ensaio, que vêm demonstrar como pode o Poder Judiciário contribuir, de forma concreta, para a tutela dos interesses e dos direitos sociais fundamentais dos prejudicados pela atuação irregular ou insuficiente dos demais poderes, sobretudo da administração pública (mas também do Poder Legislativo), garantindo aos cidadãos/administrados os direitos sociais devidos no marco constitucional da justiça social.

> a) O Supremo Tribunal Federal, julgando improcedente, por unani-midade de votos, a Arguição de Descumprimento de Preceito Fundamental (ADPF) n. 186, considerou constitucional a política de quotas étnico-raciais para a seleção de estudantes ao ingresso no ensino superior na Universidade de Brasília (UnB). Na ocasião, o ministro Celso de Mello afirmou: "O

desafio não é apenas a mera proclamação formal de reconhecer o compromisso em matéria dos direitos básicos da pessoa humana, mas a efetivação concreta no plano das realizações materiais dos encargos assumidos" (DJe 4.5.2012).

b) O Supremo Tribunal Federal, julgando procedente, por maioria de votos, a Arguição de Descumprimento de Preceito Fundamental (ADPF) n. 54, declarou a inconstitucionalidade da interpretação segundo a qual a interrupção da gravidez de feto anencéfalo é conduta tipificada nos arts. 124, 126, 128, incisos I e II, todos do Código Penal. No julgamento, o que estava em questão era não somente o direito à vida, mas à saúde da mãe e à própria maternidade (DJe 24.4.2012).

c) O Supremo Tribunal Federal, julgando procedente, por maioria de votos, o Mandado de Injunção (MI) n. 670, reconheceu a mora legislativa na regulamentação do disposto no art. 37, inc. VII, da Constituição de 1988, que condiciona o exercício do direito de greve dos servidores públicos à edição de lei específica, propondo a solução para a omissão legislativa com a aplicação, para os servidores públicos, até que o Poder Legislativo venha a editar tal regulamentação, no que couber, da Lei n. 7.783/89, destinada à regulamentação do exercício do direito de greve dos empregados de empresas privadas. Trata-se de importante precedente porque, até então, o STF normalmente limitava-se a declarar a omissão legislativa, demonstrando, contudo, a partir desta decisão, que não se satisfaz mais em ser um mero expectador e que está disposto a aplicar o direito adotando uma posição concreta diante da mora legislativa (DJe 6.11.2007).

d) O Supremo Tribunal Federal, julgando procedente, por unanimidade de votos, a Ação Direta de Inconstitucionalidade (ADI) n. 1.946/DF, deu, ao art. 14 da Emenda Constitucional n. 20, interpretação conforme à Constituição, vedando um retrocesso histórico (limitação do valor do benefício previdenciário), para deixar expresso que o teto do salário de benefício não se aplica à licença maternidade, respondendo a previdência social pela integralidade do pagamento da referida licença (DJ 3.6.2003).

e) O Supremo Tribunal Federal, julgando improcedente o RE/AgR 410715/SP (2005), decidiu que "A educação infantil, por qualificar-se como direito fundamental de toda criança, não se expõe, em seu processo de concretização, a avaliações meramente discricionárias da Administração Pública, nem se subordina a razões de puro pragmatismo governamental. Os Municípios — que atuarão, prioritariamente, no ensino fundamental e na educação infantil (CF, art. 211, § 2º) — não poderão demitir-se do mandato constitucional, juridicamente vinculante, que lhes foi outorgado pelo art. 208, IV, da Lei Fundamental da República, e que representa fator de limitação da discricionariedade político-administrativa dos entes municipais, cujas opções, tratando-se do atendimento das crianças em creche (CF, art. 208, IV), não podem ser exercidas de modo a comprometer, com apoio em juízo de simples conveniência ou de mera oportunidade, a eficácia desse direito básico de índole social. (...) revela-se possível (...) ao Judiciário, determinar, ainda que em bases excepcionais, especialmente nas hipóteses de políticas públicas definidas pela própria Constituição, sem estas implementadas pelos órgãos estatais inadimplentes, cuja omissão — por importar em descumprimento dos encargos político-jurídicos que sobre eles incidem em caráter mandatório — mostra-se apta a comprometer a eficácia e a integridade de direitos sociais e culturais impregnados de estatura constitucional" (DJ 3.2.2006).

f) O Tribunal Regional Federal da 4ª Região, no julgamento da Ação Civil Pública n. 2000.71.00.009347-0/RS, reconheceu a união entre pessoas do mesmo sexo como sendo uma unidade familiar e considerou os companheiros homossexuais dependentes previdenciários preferenciais dos segurados do Regime Geral de Previdência Social (DJ 10.8.2005).

g) O Tribunal Regional Federal da 4ª Região, no julgamento da Ação Civil Pública n. 94.00.11681-0/PR, condenou a União a exigir, na rotulagem de todas as bebidas alcoólicas produzidas ou comercializadas no território brasileiro, a informação do respectivo teor alcoólico e do alerta, em expressão gráfica adequada, de que "O ÁLCOOL PODE CAUSAR DEPENDÊNCIA E EM EXCESSO É PREJUDICIAL À SAÚDE" (DJ 4.6.2003).

E também assim se destacam, ainda, alguns exemplos concretos da atuação recente dos tribunais estrangeiros, mencionados no curso deste ensaio.

a) Na África do Sul, a Corte Constitucional decidiu, no caso *Government of the Republic of South Africa and Others vs. Grootboom and Others*, que o Estado não havia tomado as medidas razoáveis necessárias, dentro dos recursos disponíveis, para concretizar progressivamente o direito à moradia, pois os programas habitacionais oferecidos não previam nenhuma espécie de auxílio emergencial àqueles que não possuíam acesso a um abrigo básico; ordenou ao Estado, no caso *Minister of Health and*

Others vs. Treatment Action Campaign and Others, a implantação de um programa oficial para a prevenção da transmissão, de mãe para filho, do vírus HIV; declarou a inconstitucionalidade da exclusão dos imigrantes dos planos de benefícios da seguridade social (*Mahlaule vs. Minister of Social Development, Khosa vs. Minister of Social Development*); e emitiu sucessivas ordens para impedir deslocamentos urbanos e assegurar o pleno acesso de pessoas a programas de reassentamento (*Port Elizabeth vs. Various Occupiers; Jaftha vs. Schoeman and Others; President of RSA and Another vs. Modderklip Boerdery (Pty) Ltd and Others; Van Rooyen vs. Stoltz and Others; Occupiers of 51 Olivia Road, Berea Township And Or. vs. City of Johannesburg and Others*).

b) Na Alemanha, o Tribunal Constitucional entendeu que, apesar de não estarem consagrados direitos sociais, de forma explícita, na Lei Fundamental de Bonn, é possível derivar dela o direito a um mínimo vital existencial, quer vinculado ao princípio da dignidade da pessoa, quer vinculado a um princípio de igualdade material, quer vinculado ao princípio do Estado social.

c) Na Argentina, no caso *Viceconte* (1998), a Câmara Nacional de Apelações determinou ao Estado que concretizasse, fixando sanções para a sua inexecução, uma decisão política previamente adotada, pela qual o Estado fabricaria uma vacina contra uma doença endêmica e epidêmica.

d) Na Bélgica, a Corte de Arbitragem vem interpretando o art. 23 da Constituição belga, concernente a direitos econômicos, sociais e culturais, como se este impusesse um efeito "congelante" (*standstill effect*), vedando o retrocesso significativo na proteção desses direitos conferidos pelas leis no momento da adoção da Constituição. Em um caso alusivo à redução de benefícios assistenciais, a Corte belga decidiu que, no que tange ao direito à assistência social, esse efeito "congelante" veda o retrocesso significativo na proteção conferida pela legislação no momento da entrada em vigor do art. 23 da Constituição.

e) No Canadá, no caso *Auton*, o Tribunal Supremo da Columbia refutou o argumento da administração provincial, que decidiu não financiar um programa de tratamento de crianças autistas com base na "reserva do possível", considerando a vulneração do direito básico de não ser discriminado das pessoas afetadas pelo autismo. Para justificar sua decisão, o tribunal valeu-se de dois critérios que levavam em conta o orçamento público: por um lado, sustentou que os gastos demandados pelo programa, para a assistência de menores em idade de desenvolvimento educacional e social, seriam consideravelmente menores do que aqueles necessários ao seu tratamento em longo prazo, se o referido programa não fosse implantado; por outro, opôs à argumentação do governo local o fato de que outras regiões do território canadense haviam implantado programas semelhantes, enfraquecendo o argumento de que o valor científico do programa não justificava um gasto semelhante.

f) Na Colômbia, a Corte Constitucional deduziu, do texto constitucional, o direito a um "mínimo vital", integrado por aqueles bens e serviços necessários a uma vida digna, sobretudo em situações de urgência, estendendo o alcance deste "mínimo" à definição de direitos como à saúde, à educação, à moradia e à seguridade social. A Corte Constitucional colombiana já declarou inconstitucionais, assim, leis que foram consideradas regressivas em áreas como pensões, acesso aos serviços de saúde, educação e moradia.

g) Na Índia, a Corte Suprema, no caso *Ratlam vs. Vardhichand and Others*, determinou a um município que fornecesse água e saneamento básico a todos os munícipes; no caso *Himachal Pradesh State v. Sharma*, ordenou ao governo a construção de uma estrada a respeito da qual já existia uma decisão administrativa, corroborando a tese de que o governo assume compromissos prestacionais pelo fato de não poder atuar contra os seus próprios atos (*venire contra factum proprium non valet*).

h) Na Finlândia, o Tribunal Supremo confirmou a decisão de outro tribunal, que condenou um governo municipal a indenizar uma pessoa desempregada por muito tempo, por não haver lhe conseguido um emprego por seis meses, como havia se comprometido.

i) Na França, o Conselho Constitucional francês tem feito uso, ainda que de forma irregular, do chamado *cliquet anti-retour*.

j) Na Inglaterra, as políticas do governo Thatcher, de fechamento de escolas do sistema público de ensino secundário e de proibição administrativa à formação de sindicatos no serviço público, sofreram intervenção judicial.

k) Na Itália, um maior protagonismo judicial a partir do final da década de 1960 demonstrou-se decisivo à defesa de interesses difusos e à repressão ao terrorismo e à corrupção.

l) Em Portugal, o Tribunal Constitucional, a pretexto de vedar o retrocesso, declarou inconstitucional uma lei que abolia o serviço nacional de saúde preexistente, decidindo que "Se a Constituição impõe ao Estado a realização de uma determinada tarefa — a criação de uma dada instituição, uma determinada alteração na ordem jurídica —, então, quando ela é levada a cabo, o resultado passa a ter a proteção direta da Constituição"; em outro caso, declarou inconstitucional uma nova lei sobre a garantia do benefício de renda mínima, que, alterando a lei anterior, mudou o limite mínimo de idade para a percepção do benefício de 18 para 25 anos, excluindo, assim, virtualmente, do benefício as pessoas menores de 25 anos que já haviam sido previamente beneficiadas por ele.

CONCLUSÕES

Nesta obra, tratamos, em síntese, de colocar em evidência os fundamentos democráticos e constitucionais da intervenção do Poder Judiciário em áreas tradicionalmente afetas a outros poderes, sobretudo à administração pública (ao Poder Executivo), na busca da ampla concretização dos direitos sociais, direitos que, como *direitos humanos fundamentais*, concomitantes meio e condição para a promoção do desenvolvimento humano, da real liberdade e da autonomia da pessoa e de outros objetivos fundamentais do Estado democrático de direito, atuam como verdadeiras premissas materiais para o próprio exercício real de outros direitos, como os direitos civis e políticos. Tratamos, portanto, de colocar em evidência os fundamentos democráticos e constitucionais da *judicialização* das políticas públicas sociais.

O problema central, neste ensaio, consistiu em definir em que medida esse controle judicial — judicialização — no seio das políticas públicas sociais é realmente compatível com a democracia e com o ordenamento constitucional, ou seja, com o projeto político-jurídico consubstanciado pela soberania popular no Estado democrático de direito, e quais são os verdadeiros limites dessa legítima judicialização das políticas públicas sociais, tratando-se de, com o auxílio dos institutos do moderno direito público, sobretudo do direito administrativo, compreender esse (novo) fenômeno político-constitucional que emerge dos/para os tribunais, na atualidade, de forma intensa: as relações entre a democracia, a Constituição, a administração pública e a atividade jurisdicional no que diz respeito aos direitos sociais fundamentais e às respectivas políticas públicas sociais.

A problemática primordial do direito administrativo tem sido a de instrumentalizar um sistema de garantias eficiente para que a administração pública efetivamente se submeta ao ordenamento jurídico; nesse contexto, em que a proteção do cidadão/administrado constitui um dos pilares do direito administrativo, enquadra-se a ideia, garantista e democrática, que perpassa o presente ensaio, de que a imprescindível necessidade de realização dos direitos sociais fundamentais do cidadão/administrado passa por uma transformação:

a) da percepção que temos a respeito dos direitos sociais e das suas garantias, o que supõe revitalizar as ideias da fundamentalidade dos direitos sociais e da interdependência e da indivisibilidade dos direitos fundamentais — civis, políticos e sociais;

b) da percepção que temos do papel e da funcionalidade da administração pública, o que supõe revitalizar os seus serviços, as suas agências e os seus agentes, adequando-os a um novo conceito de interesse público, ancorado na tutela e na promoção permanente dos direitos sociais fundamentais; e

c) da percepção que temos da própria atuação do Poder Judiciário e da judiciabilidade, portanto, dos direitos sociais fundamentais, o que supõe revitalizar os meios de controle sobre a administração pública para garantir aos cidadãos/administrados a efetividade desses direitos.

Por isso, inicialmente, tratamos, neste ensaio, de enfatizar a relevância dos direitos sociais — ou seja, a sua *fundamentalidade* — e das suas garantias no âmbito dos ordenamentos modernos.

Historicamente, no Brasil, os sucessivos modelos de crescimento econômico adotados têm gerado condições extremas de desigualdades econômicas, sociais e culturais, que, por sua vez, (re)produzem viciosamente diversas clivagens econômicas, sociais e culturais. A extrema assimetria, no Brasil, entre os números do crescimento econômico e os do desenvolvimento social põe em revelo a extrema desigualdade que marca a sociedade brasileira, incompatível com o projeto consubstanciado pela sociedade brasileira na Constituição de 1988.

Por ocasião do fechamento desta obra, estava sendo publicado, no Brasil, o atual relatório do Programa das Nações Unidas para os Assentamentos Humanos. Localizado na região que, segundo a Organização das Nações Unidas, é a mais desigual do mundo, o Brasil, apesar de ocupar o posto de sexta maior economia mundial, é o quarto país mais desigual da América Latina e do Caribe — o país aparece em condições melhores apenas em relação a Guatemala, Honduras e Colômbia. E com problemas estruturais sérios em setores elementares como o de saneamento básico: 15% da população dos grandes centros urbanos brasileiros ainda convive com o esgoto sem qualquer tratamento.

Essa ampla desigualdade, que se reflete especialmente sobre a qualidade de vida da população, sobretudo das chamadas "minorias" — ou seja, daquelas pessoas em situação de maior vulnerabilidade no âmbito social brasileiro, politicamente marginalizadas, verdadeiras maiorias (pois, segundo dados do Censo-2010, 60,7% dos brasileiros vivem em domicílios onde a renda familiar *per capita* não ultrapassa o valor de um salário mínimo e 16,2 milhões de brasileiros vive com renda familiar *per capita* de até R$ 70,00, em condições de extrema miséria), — está reciprocamente relacionada à falta de efetividade dos direitos sociais, direitos que, sendo, embora, eloquentemente proclamados na Constituição brasileira de 1988 e em convenções e tratados internacionais ratificados pelo Brasil como *fundamentais*, continuam a ostentar reduzidos índices de efetividade: o Estado brasileiro não tem cumprido de forma eficaz os seus objetivos básicos, constitucionalmente proclamados, entre os quais se incluem a erradicação da pobreza e da marginalização e a redução das desigualdades sociais e regionais. O Estado-Executivo, ao definir as políticas públicas sociais setoriais em suas diversas esferas geopolíticas de aplicação — nacional, regional, estadual, distrital e municipal —, tem falhado em aspectos básicos, como a educação, a saúde, a moradia etc., o que compromete o ideal constitucional da promoção de uma sociedade livre, justa e solidária, comprometida com o bem de todos e liberada do temor, da desigualdade, do preconceito e da miséria.

O progressivo reconhecimento das expectativas relacionadas aos direitos sociais no plano constitucional e em tratados internacionais, com suas variações econômicas, sociais e culturais, não se vem demonstrando, assim, apto a convertê-los em expectativas plenamente exigíveis, tampouco em instrumentos realmente aptos à satisfação das necessidades dos seus destinatários. E essa falta de efetividade dos direitos sociais, que são justamente aqueles que guardam mais estreita relação com esse amplo quadro de desigualdade, vem sendo justificada a partir de diferentes argumentos conservadores que tendem a endossar uma percepção ideológica — política e jurídica — depreciativa dos direitos sociais e, por extensão, das políticas públicas sociais e do papel redistributivo do Estado democrático de direito, argumentos que precisam ser fundamentadamente refutados.

Assim, a par da extraordinária expansão das atuações institucionais devotadas ao desenvolvimento humano, com o estabelecimento de sistemas de compensação e inclusão ao largo do último terço do século dezenove e, sobretudo, dos dois primeiros terços do século vinte sob a égide do chamado "Estado social" e/ou das políticas (*policies*) do "Estado de bem-estar social" (*welfare state*), permanece bastante consolidado um ponto de vista conservador, acentuado pelas contrarreformas neoliberais iniciadas nos anos 1990, segundo o qual as políticas públicas sociais — e, portanto, a utilização do poder do Estado com o propósito de equilibrar situações de desigualdade material ou de excluir determinados bens do livre jogo do mercado — seriam inevitável fonte de indesejável burocratização, e os direitos a elas relacionados, os sociais, além de onerosos e, portanto, *caros*, verdadeiras *armadilhas* que tenderiam a cercear a eficácia econômica, as liberdades pessoais e as liberdades de mercado, quando não direitos realmente incompatíveis com os de liberdade, ou meramente programáticos, impondo, a par da vigência formal e, inclusive, da extensão dos direitos sociais em muitas constituições e tratados internacionais, uma (nova) *lex mercatoria*, cada vez mais global, que debilita a eficácia vinculante dos direitos sociais e, com isso, o alcance real do princípio democrático e da atuação social/socializante do Estado democrático de direito.

Dessa maneira, o Estado democrático de direito tradicional, longe de converter-se em autêntico Estado social de direito, tem operado, normalmente, de forma meramente residual, como simples Estado legislativo/administrativo, com prestações limitadas à complementação e à correção das ações alocativas dos mercados e atuação orientada a disciplinar a pobreza e a assegurar, sobretudo a serviço desses mercados, a ordem e a segurança pública.

Com poucas exceções, o "núcleo duro" das políticas públicas sociais que vêm sendo adotadas após a crise, nos anos setenta, dos tradicionais Estados sociais e das políticas de bem-estar do *welfare state* não está relacionado à garantia de direitos sociais generalizáveis, ou seja, de expectativas estáveis subtraídas à conjuntura política e, portanto, indisponíveis aos poderes de turno: as políticas públicas sociais têm sido pautadas por intervenções seletivas, relacionadas à capacidade de reivindicação de certos segmentos, que, mais do que igualar os desiguais, tendem a operar como efetivas concessões discricionárias e, portanto, revogáveis, quando não como autênticas medidas de controle dos pobres, que tendem a institucionalizar a exclusão social.

O que procuramos demonstrar, portanto, neste ensaio, inicialmente, é que, apesar de sua apelação ao discurso técnico, essa percepção desvalorizada dos direitos sociais assenta-se, sobretudo, em mitos forjados por pressupostos ideológicos e/ou em argumentos que são falsos ou verdadeiros apenas em parte (e que não são conclusivos), que não podem, portanto, ser aceitos para a justificação teórico-metodológica de uma tutela debilitada dos direitos sociais.

Tratamos, assim, de rebater os principais mitos e argumentos veiculados no *mainstream* político e jurídico que moldam atualmente uma percepção ainda conservadora/depreciativa dos direitos sociais e, por extensão, das políticas públicas sociais e do papel do Estado — notadamente da administração pública e do Poder Judiciário — na formulação, na aplicação, na avaliação e no controle das políticas públicas sociais.

Certamente, a persistente vulneração dos direitos sociais está relacionada, de forma intrínseca, às assimétricas relações materiais de poder existentes nas sociedades atuais e às soluções dadas aos persistentes problemas alocativos no âmbito social. No entanto, o papel que, para tal vulneração remanescente, desempenha a percepção simbólica e ideológica dessas relações de desigualdade não é menor. Assim, se nas sociedades atuais as decisões dependem, em grande parte, da percepção que se tem da realidade, um pressuposto indispensável para a remoção dos obstáculos à efetivação dos direitos sociais é a contestação da leitura política e jurídica conservadora que normalmente se faz sobre os mesmos.

Por isso, na primeira parte deste ensaio, tratamos de (re)pensar os direitos sociais fundamentais e as suas garantias a partir de uma perspectiva garantista e democrática, segundo a qual melhores garantias e mais democracia são os elementos centrais à tarefa de (re)construção do estatuto jurídico e político dos direitos sociais.

Dessa forma, demonstramos que todos os direitos humanos fundamentais têm como fundamento a dignidade humana e são indivisíveis, inter-relacionados e interdependentes. A satisfação de direitos sociais é indispensável para a existência de direitos civis e políticos, que requerem a superação das necessidades humanas básicas para serem exercidos plenamente. Por outro lado, os direitos civis e políticos são concomitantemente indispensáveis como mecanismos de reclamo e controle do cumprimento das obrigações que emanam dos direitos sociais. O desenvolvimento de um direito facilita o desenvolvimento de outros direitos; por outro lado, a carência de um direito também debilita os demais. Dessa forma, a violação aos direitos sociais gera uma violação reflexa aos direitos civis e políticos, na medida em que a vulnerabilidade econômica, social e cultural conduz à vulnerabilidade dos direitos civis e políticos, relacionados à liberdade e à autonomia da pessoa e aos mecanismos de participação social e de controle social, e vice-versa.

Os direitos fundamentais constituem a razão de ser do Estado democrático de direito, a sua finalidade mais radical, o objetivo e o critério que dá sentido aos mecanismos jurídicos e políticos que compõem o Estado contemporâneo. A democracia não se limita à participação em decisões, alcançando, também, a necessária participação em resultados, ou seja, em direitos, liberdades, atingimento de expectativas e suprimento de necessidades vitais. O Estado de direito, nessa sua empírica e também racional vinculação e inter-relação com a democracia, converte em sistema de legalidade tal critério de legitimidade; em concreto, institucionaliza, de uma forma ou de outra, essa participação em resultados, ou seja, garante, protege e realiza os direitos fundamentais.

Por isso, na segunda parte deste ensaio, procuramos demonstrar que a proteção e a realização dos direitos fundamentais está — deve estar — relacionada à própria ideia de Constituição e, com ela, de *império da lei* (*império do direito*). Mais do que um simples documento cartular no qual estão delineadas as formas de conquista e de exercício do poder e descritos os direitos e as garantias fundamentais do indivíduo em face do poder do Estado, a Constituição, cumprindo as tarefas fundamentais de formação e de conservação da unidade política do Estado, consubstancia em si não apenas a ordem jurídica fundamental do Estado — ou seja, o estatuto fundamental dos órgãos supremos do Estado —, mas também a ordem jurídica da vida não estatal dentro do território estatal — ou seja, a ordem jurídica fundamental de uma comunidade e a compensação possível entre os diferentes interesses e aspirações individuais e/ou coletivos em conflito no âmbito dessa comunidade —, tarefa arquetípica e concomitante condição de existência do Estado contemporâneo.

Portanto, qualquer que seja o conceito — e a própria justificação — do Estado contemporâneo, este só se pode conceber legitimamente como Estado constitucional. Esse "Estado constitucional democrático de direito" é tributário, ademais, da ideia de democracia econômica, social e cultural, consequência política e lógico-

-material do próprio princípio democrático. Assim, com maior ou menor ênfase, quase todos os Estados democráticos ocidentais integraram ao "núcleo duro" das suas constituições o princípio da solidariedade — ou *socialidade* —, que se concretiza nos direitos sociais, mas não se esgota neles, espraiando-se sobre todo o ordenamento jurídico.

Dessa forma, atualmente, é impossível desvincular a ideia de Estado, como o próprio tema da democracia e do poder político, do exercício da gestão dos interesses públicos e da sua própria demarcação, pois o Estado democrático de direito, ancorado na soberania popular, deve pautar-se pela busca de superação de déficits de inclusão social e de participação política, proporcionando novos espaços de interlocução, deliberação e execução, assegurando aos cidadãos/administrados as prestações necessárias e os serviços públicos adequados ao desenvolvimento de suas vidas, contemplados não só a partir das liberdades civis tradicionais, mas também — e de forma concomitante — a partir dos direitos econômicos, sociais e culturais garantidos pela ordem constitucional.

A Constituição impõe ao Estado um dever de realizar os direitos fundamentais, sobretudo porque a dignidade humana constitui um valor constitucional supremo, o epicentro de todo o ordenamento jurídico, em torno do qual gravitam todas as demais normas. Os direitos sociais, direitos que sustentam o conceito de mínimo existencial, não podem deixar de ser concretizados sem que se viole profundamente esse valor supremo que é a dignidade humana.

O que demonstramos, em síntese, nesta segunda parte do trabalho, é que Estado, poder político e sociedade relacionam-se reciprocamente, sendo absolutamente imprescindível, na atualidade, conceber o Estado democrático de direito como resultado e condicionado a uma ordem constitucional vinculada à soberania popular e à democracia como valor (e não apenas como processo) — um Estado constitucional que, na tomada das decisões administrativas, precisa zelar pelo isento dever de oferecer legítimas e boas razões de fato e de direito —, fundada em princípios como:

    a) o do direito subjetivo à participação na formação democrática da vontade política, com igualdade de condições e chances, através de instrumentos e procedimentos eficazes e transparentes;

    b) o da garantia de uma tutela jurisdicional independente; e

    c) o do controle — inclusive controle judicial — sobre a administração pública, que objetiva impedir que o poder social se reduza a um poder meramente administrativo, ordem que impõe tarefas ao Estado, de conformação, transformação e modernização das suas estruturas econômicas, sociais e culturais, de forma a promover a igualdade real entre os cidadãos/administrados sob a ótica de uma "justiça constitucional" travestida de "justiça social", inspirada na solidariedade (*socialidade*), no dever de progressividade em matéria de direitos econômicos, sociais e culturais e na proibição de retrocesso social.

Nesse contexto, o controle judicial sobre a administração pública consubstancia, na atualidade, uma das principais características do Estado democrático (constitucional e social) de direito — e, talvez, o seu traço fundamental —, pois o controle efetivo sobre os atos da administração pública possibilita a vigência pragmática de outros predicados inerentes ao Estado de direito, como o império da lei — o princípio da legalidade, ou seja, a efetiva submissão da administração pública ao ordenamento jurídico, sobretudo à Constituição como norma fundamental e, portanto, ao próprio direito (o império do direito) —, a separação de funções (ou divisão de responsabilidades) etc., proporcionando um maior respeito às liberdades e aos direitos fundamentais dos cidadãos/administrados.

A existência de uma cláusula geral de revisão judicial da totalidade da função administrativa, de hierarquia constitucional, que institui uma proteção jurisdicional sem fissuras ou lacunas, constitui um notável e substancial avanço em favor da liberdade na luta permanente contra as imunidades — e arbitrariedades — do poder da administração pública. O Estado nasce da Constituição, com as características, atribuições e objetivos que esta fixa; o Estado está dentro da Constituição, de forma que esta não é produto daquele, mas, ao contrário, aquele é produto desta. Daí que a submissão de toda a organização estatal a um regime jurídico preestabelecido é, no sentido jurídico-formal, um dos principais elementos que tipificam o Estado de direito.

Por isso, na terceira parte deste ensaio, demonstramos que cumprem um papel de primeira ordem, no Estado democrático de direito, as garantias relativas aos modos ou formas de fiscalização da função administrativa: a problemática primordial do direito administrativo tem sido a de engendrar/instrumentalizar um sistema de garantias para que a administração pública efetivamente se submeta ao ordenamento jurídico, e o fortalecimento de um controle jurisdicional da administração pública não supõe, obviamente, a instauração de um "governo dos juízes"; ao contrário, o exercício da função jurisdicional, além de não interferir na atuação administrativa quando esta se realiza em conformidade à lei, contribui para a sua realização, assegurando, sobretudo, o império da lei — em última análise, o império da Constituição —, como produto do Legislativo e expressão da vontade geral.

A proteção jurisdicional do cidadão/administrado constitui um dos pilares básicos do direito administrativo, pois a jurisdição se instaura para proteger o indivíduo — a pessoa, o cidadão, o administrado — contra a administração pública, e não o contrário, compensando as amplas prerrogativas concedidas à administração. Daí que se deve evitar, até o máximo possível, a instauração — ou reinstauração — de espaços infensos a essa proteção e controle, para que não se desfaça esse delicado equilíbrio dinâmico entre garantias (do cidadão/administrado) e prerrogativas (da administração): nos sistemas constitucionais nos quais compete ao Poder Judiciário o controle da função e da atividade administrativas, o juiz constitui um "contrapeso" fundamental da administração pública.

O Poder Judiciário, portanto, tem uma função fundamental, de dar plena e permanente vigência ao Estado democrático de direito, assegurando a primazia da vontade geral consubstanciada na Constituição, ou seja, que a *criatura* (Estado, governo) não se volte contra o *criador* (Constituição, vontade geral). É sobretudo no controle da atividade administrativa que o Poder Judiciário mostra com maior força sua virtuosidade para manter e ampliar a própria definição do Estado democrático de direito, como conquista e como tendência — o Estado democrático de direito repousa sobre a pedra angular do controle judicial, o que permite, por sua vez, que aquele seja uma realidade e possa configurar-se como um "Estado jurisdicional de direito".

Por fim, o controle judicial da administração pública não só é um elemento ínsito ao Estado democrático de direito, mas é, também, um elemento de primeira ordem no Estado social de direito, esse Estado moderno que assume tarefas econômico-sociais irrenunciáveis, porque é ínsito a esse modelo de Estado que um órgão independente possa tutelar os interesses e os direitos sociais fundamentais dos prejudicados pela atuação irregular ou insuficiente da administração pública, garantindo aos cidadãos/administrados uma série de prestações estatais devidas no marco da justiça social.

Por isso, pode-se afirmar, a respeito do controle judicial sobre os atos da administração pública em sede de políticas públicas sociais, que sindicar os atos da administração pública contribui decisivamente para uma melhor administração pública: julgar a administração pública — os atos da administração — não é nem deve ser administrar, ou seja, substituir de fato a administração pública no exercício das suas funções constitucionalmente delineadas, mas auxiliar essa mesma administração a atingir os seus fins como organização verdadeiramente posta a serviço da comunidade, protegendo os direitos fundamentais dos cidadãos/administrados.

Nossas conclusões, portanto, neste ensaio, podem ser sintetizadas e enunciadas segundo quatro eixos temáticos principais.

PRIMEIRO. Os direitos sociais, direitos pautados na dignidade humana, ponderada a absoluta interdependência dos direitos, têm caráter *fundamental*, e essa *fundamentalidade* tem consequências sobre as suas garantias, a qualidade democrática de um sistema e sobre o agir legítimo dos órgãos da administração pública e do Judiciário enquanto agências funcionais do Estado democrático de direito.

1.1 — Todos os direitos fundamentais — civis, políticos e sociais — são, na perspectiva histórica, simultaneamente reivindicados, estabelecendo-se entre eles uma verdadeira relação de convergência e complementaridade.

É equivocada, assim, a tradicional visão linear-geracional dos direitos, que segmenta os direitos humanos fundamentais em distintas *gerações de direitos* segundo uma marca supostamente predominante dos eventos históricos e das inspirações axiológicas que deram identidade a cada uma dessas fases, pois, ainda que a história "moderna" dos direitos sociais tenha início com as grandes revoluções sociais do século dezenove, e que, de um ponto de vista mais formal, os direitos sociais só tenham adquirido *status* constitucional *tout court* no século vinte, é possível resgatar uma história mais complexa, que põe em evidência situações em que a expansão de direitos sociais foi reivindicada simultaneamente à expansão de direitos civis e políticos e à restrição aos direitos patrimoniais e às liberdades contratuais.

Além disso, essa visão linear-geracional tradicional demonstra-se insensível à história evidente das exclusões de direitos, invisibilizando a multiplicidade de vias, escalas e sujeitos relacionados à reivindicação e à conquista de direitos, parecendo dar a entender que o reconhecimento de direitos produz-se historicamente de forma uniformemente progressiva e homogênea (para todos), sem exclusões de determinados segmentos sociais.

1.2 — Todos os direitos fundamentais — civis, políticos e sociais — são, na perspectiva filosófico-normativa, indivisíveis e interdependentes, suscetíveis que são de fundamentação comum: a igual dignidade, a igual liberdade e a igual diversidade de todas as pessoas.

É equivocada, assim, a tradicional visão linear-geracional dos direitos, que remete os direitos sociais a uma posição subalterna, em termos axiológicos, aos direitos civis e políticos, ou que estabelece uma absoluta dicotomia entre (supostos) direitos de liberdade (direitos civis e políticos) e (supostos) direitos de igualdade (direitos sociais), pois a concretização dos direitos sociais é indispensável para a concretização dos direitos civis e políticos e vice-versa.

Os direitos civis e políticos requerem a superação de necessidades humanas básicas para serem exercidos plenamente; por outro lado, são concomitantemente indispensáveis ao reclamo e ao controle do cumprimento das obrigações que emanam dos direitos sociais. Dessa forma, a violação de direitos sociais gera uma violação reflexa de direitos civis e políticos e vice-versa.

1.3 — Todos os direitos fundamentais — civis, políticos e sociais — são, na perspectiva teórico-dogmática, determináveis no seu conteúdo e passíveis de tutela judicial.

É equivocada, assim, a tradicional visão que concebe os direitos sociais como estruturalmente diferenciados dos direitos civis e políticos, diferença estrutural que acarretaria uma tutelabilidade debilitada dos direitos sociais, pois, tendo, todos os direitos fundamentais, uma compleição complexa, parte positiva, parte negativa, e, portanto, em certo grau, um custo, e possuindo, todos os direitos fundamentais, um núcleo mínimo sempre determinável, são, todos eles, direitos igualmente determináveis no seu conteúdo e judicializáveis.

Portanto, não apenas os direitos sociais implicam custos para o Estado; os direitos fundamentais (todos), mesmo quando exigem uma abstenção do Estado e/ou dos particulares, ou seja, a não intervenção na esfera de autonomia e liberdade dos indivíduos, dependem de uma gravosa estrutura estatal para a sua afirmação.

O que está em jogo, normalmente, não é como garantir direitos "caros", mas, de fato, decidir *como* e *com que prioridade* serão alocados os recursos que todos os direitos — civis, políticos e sociais — exigem para a sua satisfação, reconhecendo um *continuum* entre todos os direitos, sem que as obrigações que eles contêm, nem o caráter mais ou menos indeterminado (fluído) da sua formulação, possam converter-se em verdadeiros elementos de diferenciação categórica.

1.4 — Sendo verdadeiros direitos *fundamentais*, pautados no "mínimo existencial", que corresponde ao conjunto mínimo de bens materiais imprescindíveis para a existência humana em condições decentes, ou seja, ao próprio núcleo material da dignidade humana, os direitos sociais estão albergados por um princípio de *irreversibilidade*, que, concomitantemente, veda o retrocesso social e exige, em relação aos direitos sociais, progressividade, desautorizando a postergação indefinida da satisfação dos direitos sociais pelo Estado.

Não sendo, embora, absoluta a vedação do retrocesso, pois a ideia de não regressividade não retira, do Estado, a possibilidade de promover certas reformas *prima facie* regressivas, para (re)alocar os recursos necessários à inclusão social de determinados grupos, em situação de maior vulnerabilidade, este — o retrocesso — deve ser plenamente justificado e deve estar sempre sujeito a um alto grau de sindicabilidade.

1.5 — O Estado deve respeitar, ao menos, o conteúdo mínimo ou essencial dos direitos sociais reconhecidos em constituições ou convenções e tratados internacionais, mesmo diante da "reserva do possível". Esse mínimo será, sempre, uma barreira intransponível, que obriga a uma permanente delimitação que demanda certa integração entre justiça e política, entre juízes e administradores públicos.

O reconhecimento constitucional dos direitos sociais, por si só, determina, em qualquer circunstância, mesmo em tempos de crises econômicas, um núcleo indisponível para os poderes de turno, inclusive — se não sobretudo — para a administração pública e para os órgãos jurisdicionais, razão pela qual nenhum desses poderes pode deixar de reconhecê-los e, assim, de assegurá-los a todas as pessoas, sobretudo para aquelas que se encontram em posição mais vulnerável.

1.6 — É necessário avançar não só no aperfeiçoamento das garantias institucionais dos direitos sociais fundamentais, mas também na direção da efetiva ampliação da densidade das garantias sociais (extrainstitucionais) dos direitos sociais, ou seja, nos distintos mecanismos devotados à participação e ao controle social.

O Estado democrático de direito requer que os distintos grupos sociais, sobretudo aqueles mais aleijados das discussões, não sejam "postos em seu devido lugar" em uma pretendida segregação, que tenham a possibilidade e a capacidade intencional de participar e de conviver nos mesmos lugares de diálogo que os demais grupos, o que significa, sobretudo, uma *diferença no reconhecimento da diferença*: não se pretende estabelecer para os outros, arbitrariamente, aquilo que se julga bom para eles.

Isso importa a superação desse modelo conservador mediante uma visão democrática realmente participativa e aberta à pluralidade, com a possibilidade recíproca de que todos participem e se reconheçam, em certa medida, como coautores do direito e das políticas públicas sociais.

1.7 — A informação sobre os atos do governo constitui um bem indispensável para o controle e a crítica sobre a atividade estatal, para a existência de um debate público sobre as políticas, para o controle da corrupção e para a responsabilização política dos poderes de turno; a administração pública, portanto, tem o dever de justificar seus atos, apontando-lhes os fundamentos de direito e de fato, assim como a correlação lógica entre os eventos e situações que deu por existentes e a providência tomada, para que se possa aferir a consonância da conduta administrativa com a norma e com o suposto fático que lhe serviu de esteio.

Ademais, esse princípio básico da democracia, que diz respeito à publicidade dos atos do governo, deve contemplar, inclusive, a prática de facilitar — em todos os aspectos — o acesso às informações sobre a gestão pública aos cidadãos/administrados, possibilitando às pessoas não apenas que se informem, mas também que avaliem as políticas públicas a partir de indicadores relativos ao conteúdo dessas políticas e aos seus resultados, potenciais, pretendidos e alcançados.

O controle social — e concomitantemente judicial — propiciado pela informação é, no Estado democrático de direito, verdadeiramente imprescindível para assegurar que as práticas da administração pública sejam pautadas pela legalidade e pela moralidade, bem como para garantir o bom uso dos recursos públicos.

SEGUNDO. O Estado democrático de direito, na atualidade, deve ser concebido como resultado e concomitantemente condicionado a uma ordem superior vinculada à soberania popular e à democracia como valor (e não apenas como processo), ou seja, como um Estado constitucional, Estado que, na tomada das decisões administrativas, precisa zelar pelo isento dever de oferecer legítimas e boas razões de fato e de direito, atentando para o direito dos cidadãos/administrados à participação efetiva na formação democrática da vontade política, para a garantia de uma tutela jurisdicional independente e para a existência de pleno controle judicial sobre a administração pública, de forma a promover a possível igualdade real entre os cidadãos/administrados sob a ótica de uma "justiça constitucional" travestida de "justiça social", inspirada na solidariedade (*socialidade*), no dever de progressividade em matéria de direitos sociais e na proibição do retrocesso social.

2.1 — A Constituição, criadora e ordenadora de uma comunidade jurídica e política, contém, como regra geral, as normas jurídicas que delimitam os órgãos supremos do Estado, estabelecendo a forma de criá-los, as suas relações recíprocas e as suas áreas de influência, além da posição do indivíduo em relação ao poder estatal; mas também assume certos cânones, paradigmas para a configuração do presente e do futuro de uma sociedade, dotando-os, sobretudo no âmbito das garantias e dos direitos chamados *fundamentais*, de força verdadeiramente vinculante para todo o ordenamento jurídico, que institucionaliza e, em consequência, limita e legitima o exercício do poder estatal.

Esses, os direitos fundamentais, constituem a razão de ser do Estado de direito, sua finalidade mais radical, o objetivo e critério que dá sentido aos mecanismos jurídicos e políticos que compõem o Estado. A democracia não se limita à participação em decisões, alcançando, também, a participação em resultados, ou seja, em direitos, liberdades, atingimento de expectativas e suprimento de necessidades vitais.

O Estado de direito, nessa sua empírica e também racional vinculação e inter--relação com a democracia, converte em sistema de legalidade tal critério de legitimidade; em concreto, institucionaliza de uma forma ou de outra essa participação em resultados, ou seja, garante, protege e realiza os direitos fundamentais.

2.2 — É impossível desvincular a ideia de Estado, como o próprio tema da democracia e do poder político, do exercício da gestão dos interesses públicos e da sua própria demarcação.

O Estado democrático de direito, ancorado na soberania popular, deve pautar--se pela busca de superação de déficits de inclusão social e participação política, proporcionando novos espaços de interlocução, deliberação e execução, assegurando aos cidadãos/administrados as prestações necessárias e os serviços públicos adequados ao desenvolvimento de suas vidas, contemplados não apenas a partir das liberdades civis tradicionais, mas a partir dos direitos econômicos, sociais e culturais garantidos pela ordem constitucional social.

2.3 — Estado, poder político e sociedade relacionam-se reciprocamente, revelando-se imprescindível, na atualidade, conceber o Estado democrático de direito como resultado e condicionado a uma ordem constitucional vinculada à soberania popular e à democracia como valor (e não apenas como processo) — um Estado constitucional que, na tomada das decisões administrativas, precisa zelar pelo isento dever de oferecer legítimas e boas razões de fato e de direito —, fundada em princípios como:

a) o do direito subjetivo à participação na formação democrática da vontade política, com igualdade de condições e chances, através de instrumentos e procedimentos eficazes e transparentes;

b) o da garantia de uma tutela jurisdicional independente; e

c) o do controle sobre a administração pública, que objetiva impedir que o poder social se reduza a um poder meramente administrativo. Tal ordem impõe tarefas ao Estado, de conformação, transformação e modernização das suas estruturas econômicas, sociais e culturais, de forma a promover a igualdade real entre os cidadãos/administrados sob a ótica de uma "justiça constitucional" travestida de "justiça social", inspirada na solidariedade (*socialidade*), no dever de progressividade em matéria de direitos econômicos, sociais e culturais e na proibição de retrocesso social.

2.4 — São predicados do Estado democrático de direito:

a) *Império da lei* — lei que impera sobre governantes e cidadãos/administrados —, ressalvando-se, todavia, que, como já sinalizava o art. 4º da declaração francesa de 1789, a lei nada mais é do que "a expressão da vontade geral": a lei é criada com livre participação e representação dos integrantes do grupo social, ou seja, através da "vontade de todos". É claro que o império da lei é também — e sobretudo —, por isso mesmo, o império absoluto da lei fundamental, da Constituição, lei maior à qual se subordinam todas as demais leis, que têm como fundamento de sua validade a conformidade formal e material à Constituição, à expressão originária máxima da "vontade geral", e, portanto, verdadeiro *império do direito*. Tal império da lei, produzida esta — a lei — como livre expressão da soberania popular, em conformidade com a Constituição, é condição imprescindível para uma eficaz proteção das liberdades e dos direitos fundamentais.

b) *Separação de poderes* (separação de funções ou divisão de responsabilidades) — Legislativo, Executivo, Judiciário —, ou melhor, *diferenciação de funções estatais* mais do que verdadeira *separação de poderes estatais*, com lógico predomínio, em última e mais radical instância, do Legislativo. Este, em seu mais amplo e qualificado sentido, como representante legítimo do grupo social — da "vontade geral" —, o Poder Constituinte originário e derivado, e também constituído como poder parlamentar ordinário, produtor das correspondentes normas jurídicas (mas subordinado, ele mesmo, à Constituição, inclusive nos próprios procedimentos de reforma da Constituição). É sobretudo a instituição que representa a soberania popular (o Legislativo), através do Poder Constituinte, que sub-ministra legalidade e legitimidade à instituição que exerce a ação governamental.

c) *Fiscalização da atuação da administração pública* (do Poder Executivo), para que essa atuação se dê em conformidade à lei em todos os níveis dela, com consequente e eficaz controle pelos órgãos competentes segundo a própria lei: controle jurídico e interdição das arbitrariedades. Junto a ele — mas diferenciado —, o controle político dos governos pelo parlamento. Frente ao Estado absolutista — inclusive no "despotismo esclarecido" — no qual o rei é a lei, no qual o rei é *absoluto* (*rex legibus solutus*), é dizer, no qual o poder real é a lei, e se libera dela, o Estado de direito implica sempre submeter o rei (o Poder Executivo) à lei, criada no âmbito do órgão de representação popular (o Poder Legislativo) e aplicada por magistrados (árbitros) profissionais, independentes e bem preparados (o Poder Judiciário), comprometidos apenas com a lei. O Estado de direito é, assim, o estabelecimento de limites e controles legais claros — e legítimos — a todos os poderes (a todas as funções) do Estado, especialmente, embora, ao Poder Executivo, ou seja, ao governo, à administração pública.

d) *Proteção de direitos e liberdades fundamentais*, direitos e liberdades cuja garantia constitui precisamente a razão de ser do Estado democrático de direito. As garantias jurídicas, assim como a efetiva realização material das exigências éticas e políticas, públicas e privadas, especificadas e ampliadas no tempo como direitos econômicos, sociais e culturais, constituem a base para uma progressiva igualdade — com igual dignidade — entre todos os seres humanos. O Estado de direito não se restringe hoje, nem deve restringir-se jamais, a uma concepção de Estado que unicamente se defina e reconheça pela mera proteção das liberdades que tradicionalmente derivam da segurança jurídica. Entre outras razões, porque essa redução leva, de fato, à própria negação da supostamente pretendida universalidade de tais seguranças.

TERCEIRO. O Judiciário tem, no controle da atividade administrativa, uma função fundamental, de dar plena e permanente vigência ao Estado democrático de direito, o que permite, por sua vez, que este se concretize como realidade e possa configurar-se como um "Estado jurisdicional de direito", constituindo-se o controle judicial da administração pública não só um elemento ínsito ao Estado democrático de direito, mas, na realidade, um elemento de primeira ordem no Estado social de direito, porque é ínsito a esse modelo de Estado que um órgão independente possa tutelar os interesses e os direitos sociais fundamentais dos prejudicados pela atuação irregular ou insuficiente da administração pública, garantindo aos cidadãos/administrados uma série de prestações estatais devidas no marco da justiça social.

3.1 — É da natureza mesma da organização do Estado que sejam formuladas regras que concernem à sua própria estrutura (a estrutura do Estado), e também regras que concernem à regulação das relações entre o Estado e os cidadãos/

administrados. Daí que não basta, ao Estado, a edição de normas, pelo Poder Legislativo, mas também gerir, administrar e formular, implantar e avaliar políticas públicas sociais que atendam efetivamente os desejos e as necessidades da cidadania, segundo essas normas previamente editadas. Além disso, pela função judicial, defende-se o corpo normativo em questão.

Estado de direito, pois, é aquele que se pauta pelo respeito aos direitos fundamentais, sejam eles civis, políticos ou sociais, e promove a expansão das liberdades e garantias públicas em todas as áreas, cumprindo com os deveres que lhe são atribuídos e adotando o império da lei na sua mais elevada fórmula, a supremacia da Constituição, além de concretizar e sindicar a sua mais harmoniosa aplicação.

3.2 — O controle judicial sobre a administração pública consubstancia, na atualidade, uma das principais características do Estado democrático (constitucional e social) de direito — e, talvez, o seu traço mais fundamental —, pois o controle efetivo sobre os atos da administração pública possibilita a vigência pragmática de outros predicados inerentes ao Estado de direito, como o império da lei — o princípio da legalidade, ou seja, a efetiva submissão da administração pública ao ordenamento jurídico, sobretudo à Constituição —, a separação de funções — ou divisão de responsabilidades — etc., proporcionando um maior respeito às liberdades e aos direitos fundamentais dos cidadãos/administrados.

A existência de uma cláusula geral de revisão judicial da totalidade da função administrativa, de hierarquia constitucional, que institui uma proteção jurisdicional sem fissuras ou lacunas, constitui um notável e substancial avanço em favor da liberdade na luta permanente contra as imunidades — e arbitrariedades — do poder da administração pública. O Estado nasce da Constituição, com as características, atribuições e objetivos que esta fixa; o Estado está *dentro* da Constituição, de forma que esta não é produto daquele, mas, ao contrário, aquele é produto desta. Daí que a submissão de toda a organização estatal a um regime jurídico preestabelecido é, no sentido jurídico-formal, um dos principais elementos que tipificam o Estado de direito.

3.3 — Diferentemente do caráter geral e difuso dos controles extrainstitucionais (sociais), e ao contrário do controle político, subjetivo e voluntário, o controle judicial é objetivo e necessário; daí que a eventual limitação da atuação administrativa pelo Poder Judiciário não resulta de um choque de vontades, mas de uma norma abstrata, e o órgão de controle — o Judiciário — não é, na verdade, um órgão limitador, mas atualizador e garantidor de uma limitação previamente estabelecida pela Constituição, e, dessa forma, esse órgão de controle não se relaciona com o órgão limitado — a administração pública — verticalmente, hierarquicamente, a partir de uma posição de supremacia.

O Poder Judiciário não atua, em síntese, em uma posição de supremacia em relação à administração pública, tampouco limita, ele mesmo, por si só, o poder da administração pública; apenas cuida de assegurar que os limites previamente estabelecidos ao exercício do poder da administração sejam observados e resguardados. O Judiciário não limita e sequer controla, nesse sentido, a administração pública — quem o faz é a própria lei, a Constituição, em última análise —, de forma que o Judiciário apenas zela pela regularidade das atividades da administração pública, com o objetivo de que essas se mantenham nos limites previamente delineados pela Constituição.

3.4 — O Poder Judiciário tem uma função fundamental de dar plena e permanente vigência ao Estado democrático de direito. É no controle da atividade administrativa que o Judiciário mostra com maior força sua virtuosidade para manter e ampliar a própria definição do Estado democrático de direito, como conquista e como tendência — o Estado democrático de direito repousa sobre a pedra angular do controle judicial, o que permite, por sua vez, que aquele seja uma realidade e possa configurar-se como um "Estado jurisdicional de direito".

Dessa forma, o controle judicial da administração pública não só é um elemento ínsito ao Estado democrático de direito, mas é, também, um elemento de primeira ordem no Estado social, esse Estado moderno que assume tarefas econômico-sociais irrenunciáveis, porque é ínsito a esse modelo de Estado que um órgão independente possa tutelar os interesses e os direitos sociais fundamentais dos prejudicados pela atuação irregular da administração pública, garantindo aos cidadãos/administrados uma série de prestações estatais devidas no marco da justiça social.

3.5 — Uma compreensão constitucionalmente adequada do chamado "ativismo judicial" no Estado democrático de direito procede, logicamente, das seguintes conclusões:

> a) os direitos sociais dependem, para a sua efetividade, da articulação entre o direito e a política, uma vez que é por meio de políticas públicas sociais emancipadoras — tarefa precípua da administração pública democrática — que é possível transformar as premissas e os valores da Constituição e dos tratados de direitos humanos em realidade;
>
> b) a formulação, a aplicação, a avaliação e o controle das políticas públicas sociais devem poder basear-se em procedimentos que garantam a formação discursiva da vontade pública;
>
> c) os atos normativos definidores de políticas públicas sociais e de sua aplicação prática devem observar os parâmetros traçados a partir dos compromissos assumidos pelo Estado nos tratados de direitos humanos ou, no mínimo, pelo seu direito constitucional, razão pela qual são suscetíveis de controle judicial;
>
> d) os direitos sociais fundamentais não são meras normas programáticas, mas direitos subjetivos que reclamam realização (concretização),

suscetíveis, portanto, de serem exigidos e de serem judicialmente tutelados; e

e) as constituições democráticas contemporâneas estabelecem uma série de mecanismos para a garantia da efetividade dos direitos sociais no caso de omissão dos poderes públicos, sendo que, diante dessas omissões, compete ao Poder Judiciário garantir os direitos sociais no caso concreto.

QUARTO. O controle judicial da atividade administrativa não elimina, logicamente, as margens de ação estrutural/epistêmica do administrador público, que pode e deve decidir quais são os meios mais convenientes para a satisfação dos direitos sociais entre todos aqueles meios legítimos, juridicamente válidos e eficientes, de forma que o fortalecimento de um controle jurisdicional da administração pública não supõe, obviamente, a instauração de um "governo dos juízes", nem a eliminação das competências discricionárias do administrador público, mas o reconhecimento dessas margens de ação jamais poderá dar causa à insindicabilidade absoluta dessas suas decisões, a espaços infensos a essa proteção e controle judicial, pois a configuração jurídica e política dos meios de proteção dos direitos sociais deve sempre atentar para o conteúdo mínimo ou essencial desses direitos fundamentais segundo os ditames da justiça social constitucional, preceitos que vinculam o merecimento das decisões administrativas em matéria de políticas públicas sociais.

4.1 — Todo poder deve estar submetido ao direito, de forma que o governo e a administração pública podem ver, também, os seus diversos atos impugnados ante os tribunais. Um dos elementos mais característicos do Estado de direito tem sido a exigência de controle judicial da administração pública. Para levá-la à prática com toda a sua plenitude se desenvolveu historicamente uma luta por submeter todos os atos da administração pública a esse controle judicial, tratando de evitar sempre que subsista a possibilidade de atos ou decisões da administração não controláveis, infensos à apreciação do Poder Judiciário.

Isso supõe, evidentemente, a articulação de todo um subsistema jurídico, procedimental e jurisdicional para levar a cabo esse controle: possibilidade de impugnação tanto de atos particulares como das disposições de caráter geral, para submetê-los ao cânone das normas legais superiores; recursos aos quais tenham acesso os particulares; controles jurisdicionais tanto da competência como dos procedimentos e dos aspectos materiais das decisões e normas emanadas da administração; e, especialmente, ampla motivação das decisões administrativas — em especial no âmbito da chamada *competência discricionária administrativa*.

Se acolhemos a ideia de que os atos administrativos resultantes de competência discricionária são todos aqueles que a administração pública deve praticar, mediante juízos de conveniência e/ou de oportunidade, na busca da melhor alternativa (não a única) adequada ao direito, sem que se revele indiferente à escolha das consequências, no plano concreto, é óbvio que o agente público não tem que alcançar a única opção correta, mas tem que apresentar motivação racionalmente aceitável para a sua escolha concreta dentro de um leque de alternativas *a priori* igualmente válidas.

4.2 — O fortalecimento de um controle jurisdicional da administração pública não supõe, obviamente, a instauração de um "governo dos juízes"; ao contrário, o exercício da função jurisdicional, além de não interferir na atuação administrativa quando esta se realiza em conformidade à lei, contribui para a sua realização, assegurando, sobretudo, o império da lei, como produto do Legislativo e expressão da vontade geral.

Apesar das muitas críticas à judicialização da função administrativa, não se pode negar o alto grau de relevância, especialização e aperfeiçoamento técnico dos mecanismos pelos quais se dá o controle judicial sobre a administração pública — ao ponto de poder afirmar-se, mesmo, que, historicamente, a melhor fiscalização da atividade administrativa, a que reúne maiores garantias jurídicas para os cidadãos/administrados, ainda é a realizada pelos tribunais.

4.3 — Esse controle judicial sobre os atos da administração pública, obviamente, tem limites. Isso não importa dizer, contudo, que há, no ordenamento jurídico, um espaço para atos administrativos insindicáveis. Não só aqueles atos vinculados propriamente ditos, mas também, e sobretudo — porque é nesse espaço que habitualmente se instalam a inação, os desvios e as arbitrariedades que frustram os direitos fundamentais do cidadão/administrado —, aqueles atos de discricionariedade vinculada ao sistema (atos de competência administrativa discricionária) devem ser sindicados a partir da sua adequação não apenas formal, mas material à lei — à Constituição — a partir da sua motivação de fato e de direito, à semelhança e por analogia da requerida na prática de atos judiciais, nos termos expressos da Constituição.

Isso não permite, contudo, a substituição da competência discricionária do administrador por uma espécie de competência discricionária do juiz: julgar a administração pública, ressalvamos, não é nem deve ser *administrar*, mas auxiliar a própria administração a atingir os seus fins como organização a serviço da comunidade, protegendo os direitos fundamentais dos cidadãos/administrados. Não pode, portanto, a pretexto de fazê-lo, o Judiciário atuar *ultra vires*, fora dos limites de sua habilitação institucional, pois aí estará atuando de forma ilegítima.

4.4 — Não há uma verdadeira oposição entre as estratégias legais e as estratégias de incidência política no reclamo de direitos fundamentais. Compete à cidadania articular virtuosamente os diferentes campos de reclamo de direitos sociais fundamentais, de forma que a resolução judicial de um caso contribua para arredar as múltiplas deficiências institucionais e/ou transformar as políticas públicas sociais, as situações sociais e as expectativas que estão em conflito.

Por isso, ainda que o papel das garantias institucionais (políticas e jurisdicionais) demonstre-se verdadeiramente essencial para dotar de eficácia os direitos fundamentais dos cidadãos/administrados, todo e qualquer programa constitucional de garantias, por mais exaustivo que seja, demonstra-se incompleto e, assim, incapaz de dotar de efetividade e eficácia, por si só, os meios destinados à realização da cidadania integral, sem a existência concorrente de múltiplos espaços de pressão popular capazes de assegurá-los não apenas através dos poderes estatais, mas além do Estado, ou mesmo, em último caso, diante de graves vulnerações de direitos civis, políticos e/ou sociais, contra ele.

É nesse aspecto que se destaca uma possibilidade qualificada de intervenção judicial, que pode ser provocada também apenas para complementar, garantindo-as, as outras frentes abertas para canalizar demandas sociais sobre as instâncias administrativas. O Judiciário, assim, pode e deve contribuir efetivamente para a abertura de espaços institucionais de diálogo, para garantir a efetiva participação nesses espaços e procedimentos, sob condições igualitárias, dos atores sociais virtualmente afetados pelas políticas públicas sociais, e para garantir o acesso igualitário à informação pública, indispensável para que os próprios cidadãos/administrados possam avaliar e controlar as políticas públicas sociais.

Enfim, a pergunta a respeito da legitimidade da atuação judicial sobre as políticas públicas, e consequentemente dos seus limites, não pode ser respondida absolutamente, em abstrato, considerando-se apenas variáveis normativas — *v.g.*, a implicação do Poder Judiciário em uma teoria da democracia ou o poder-dever dos juízes. A pergunta pela legitimidade da intervenção judicial nas políticas públicas sociais requer informações empíricas sobre o funcionamento do sistema político e sobre a atuação concreta dos juízes. Nesse sentido, a análise da legitimidade da atuação do Judiciário supõe a necessária comparação com a análise da legitimidade de atuação dos demais poderes — a experiência demonstra que uma "magistratura democrática" funciona de modo melhor e mais coerente precisamente no marco sempre aberto e crítico de uma legislatura democrática e de uma administração democrática.

O que é vedado, portanto, ao Judiciário, nesse controle, é a usurpação da competência administrativa. Não compete ao juiz administrar concretamente, substituindo, portanto, a discricionariedade da administração pela discricionariedade judicial na eleição, mediante juízos de conveniência e/ou de oportunidade, da melhor alternativa para a concretização de um direito social fundamental, quando se admite a existência de um leque de alternativas *a priori* igualmente válidas para tanto. Contudo, além de competir ao Judiciário sindicar a adequação da conduta da administração às razões de fato e de direito invocadas na tomada das decisões administrativas, e a legitimidade dessas razões de fato e de direito segundo a força vinculante dos direitos fundamentais — a adstrição dessas razões e da conduta administrativa ao projeto consubstanciado pela cidadania no pacto social instituinte

—, compete ao Judiciário aferir concretamente se há, realmente, uma pluralidade de alternativas a priori igualmente válidas ao administrador público na tarefa de concretização de um direito social fundamental, protegendo, assim, os interesses fundamentais dos cidadãos/administrados das arbitrariedades do poder e assegurando a primazia da vontade geral consubstanciada na Constituição, ou seja, que a *criatura* (Estado, governo) não se volte contra o *criador* (Constituição, vontade geral).

Em síntese, os tribunais podem e devem controlar a razoabilidade das respostas dos poderes públicos às demandas sociais, respeitando, no entanto, o princípio da "divisão dos poderes" — na verdade, separação de funções ou divisão de responsabilidades — e atentando para as consequências fáticas de suas decisões, inclusive atentando para o princípio da proporcionalidade, mas sempre sem afastarem-se do dever de dar efetividade aos direitos fundamentais, civis, políticos e sociais, reconhecidos aos cidadãos/administrados pela Constituição.

REFERÊNCIAS BIBLIOGRÁFICAS

ABRAMOVICH, V. Acceso a la justicia y nuevas formas de participación en la esfera política. In: BIRGIN, H.; KOHEN, B. (orgs.). *Acceso a la justicia como garantía de igualdad*: instituciones, actores y experiencias comparadas. Buenos Aires: Biblos, 2006.

ABRAMOVICH, V.; COURTIS, C. El acceso a la información como derecho. In: DUHALDE, E. L. (org.). *Anuario de derecho a la información*. Buenos Aires: Eudeba, 2000.

_____ . *Los derechos sociales como derechos exigibles*. Madrid: Trotta, 2002.

_____ . *Los derechos sociales en el debate democrático*. Madrid: Bomarzo, 2006.

AJA, E. (org.). *Las tensiones entre el tribunal constitucional y el legislador en la Europa actual*. Barcelona: Ariel, 1998.

ALEXY, R. Derechos fundamentales y estado constitucional democrático. In: CARBONELL, M. (org.). *Neoconstitucionalismo(s)*. Madrid, Trotta, 2003.

_____ . *Teoría de los derechos fundamentales*. Madrid: Centro de Estudios Constitucionales, 1994.

_____ . *Theorie der grundrechte*. Frankfurt am Main: Suhrkamp, 1986.

ALFONSO, L. P. *Estado social y administración publica:* los postulados constitucionales de la reforma administrativa. Madrid: Civitas, 1983.

ALTHUSSER, L. *Aparelhos ideológicos de estado*. 7. ed. Rio de Janeiro: Graal, 1998.

_____ . *Posiciones*. Barcelona: Anagrama, 1977.

ALVAREZ, L. G. D. *Anatomia del intelectual reaccionario:* Joseph de Maistre, Vilfredo Pareto y Carl Schmitt. Madrid: Biblioteca Nueva, 2007.

ÁLVAREZ, S. Derechos humanos de las mujeres y relativismo cultural. In: CANTÓ, P; POSTIGO, E. (org.). *Autoras y protagonistas*. Madrid: IUEM-Universidad Autónoma de Madrid, 2000.

AMARAL, G. *Direito, escassez e escolha*. Rio de Janeiro: Renovar, 2001.

ANDERSSON, J. *Investment or cost?* The role of the metaphor of productive social policies in welfare state formation in Europe and the US: 1850-2000. World Congress in Historical Sciences. Sydney: [s.n.], 2005.

ANNAN, A. Administrative law in a global era: progress, deregulatory change, and the rise of the administrative presidency. *Cornell Law Review*, n. 73, Ithaca (NY), 1988.

AÑÓN, M. J. Ciudadanía social: la lucha por los derechos sociales. *Cuadernos Electrónicos de Filosofia del Derecho*, n. 6, Valencia, 2002. Disponível em: <http://dialnet.unirioja.es/servlet/articulo?codigo=306394> Acesso em: 30.11.2009.

AÑÓN, M. J.; AÑÓN, J. G. (org.). *Lecciones de derechos sociales*. Valencia: Tirant Lo Blanch, 2003.

ANSUATEGUI, F. J. *Poder, ordenamiento jurídico y derechos*. Madrid: Dykinson, 1997.

APEL, K.-O. *Hacia una macroética de la humanidad*. México: UNAM, 1992.

_____ . The problem of philosophical foundations in light of a transcendental pragmatics of language. In: BAYNES, K.; BOHMAN, J.; MCCARTHY, T. (org.). *After philosophy*: end or transformation? Cambridge: MIT, 1987.

APEL, K.-O.; KETTNER, M. (org.). *Die eine vernunft und die vielen rationalitäten*. Frankfurt am Main: Suhrkamp, 1996.

ARAGÓN, M. El control como elemento inseparable del concepto de constitución. *Revista Española de Derecho Constituciona*, Madrid *I*, n. 19, 1987.

ARAGUREN, J. L. *Ética*. Madrid: Trotta, 1994.

ARANGO, R. Promoción de los derechos sociales constitucionales por vía de protección judicial. *El Otro Derecho*, n. 28, Bogotá, 2002.

ARAÚJO, F. R.; VARGAS, L. A. MALLMANN, M. H.; FRAGA, R. C. Direito como signo — vinte anos. In: MONTESSO, C. J.; FREITAS, M. A.; STERN, M. F. C. (org.). *Direitos sociais na constituição de 1988*: uma análise crítica vinte anos depois. São Paulo: LTr, 2008.

ARENDT, H. *On revolution*. New York: Hortsseiner, 1989.

ARISTÓTELES. *Obras completas*. São Paulo: Martins Fontes, 2011.

_____ . *Política*. Madrid: Instituto de Estudios Políticos, 1951.

ASSIER-ANDRIEU, L. *O direito nas sociedades humanas*. São Paulo: Martins Fontes, 2000.

ATIENZA, M. *Las razones del derecho*: teorías de la argumentación jurídica. Madrid: Centro de Estudios Constitucionales, 1991.

AULO GELIO, Francisco Navarro y Calvo. *Las noches áticas*. Buenos Aires: Jurídicas Europea-América, 1959.

AUSTIN ASIS. *Quem é quem no mercado de saúde no Brasil*. Pesquisa, 2010.

ÁVILA, J. T. *El mínimo vital en la jurisprudencia de la corte constitucional*. Bogotá: Cinep-Diakonia, 2002.

BACELLAR FILHO, R. F. *Direito administrativo*. 3. ed. São Paulo: Saraiva, 2005.

BACHOF, O.; WOLFF, H.; STOBER, R. *Direito administrativo*. Lisboa: Fundação Calouste Gulbenkian, 2006.

BAKHTIN, M. *Marxismo e filosofia da linguagem*. 3. ed. São Paulo: Hucitec, 1988.

BALDASARRE, A. *La déclaration des droits sociaux*. Paris: J. Vrin, 1946.

_____ . *Los derechos sociales*. Bogotá: Universidad Externado de Colombia, 2001.

BALIBAR, É. *Les frontières de la démocratie*. Paris: La Découverte, 1992.

BAPTISTA, T. W. F.; MACHADO, C. V.; LIMA, L. D. Responsabilidade do estado e direito à saúde no Brasil: um balanço da atuação dos poderes. *Ciência & Saúde Coletiva*, Rio de Janeiro, v. 14, n. 3, 2009.

BARATA, R.; CHIEFFI, A. L. Judicialização da política pública de assistência farmacêutica e equidade. *Cadernos de Saúde Pública*, Rio de Janeiro, n. 25, 2009.

BARCELLOS, A. P. *A eficácia jurídica dos princípios constitucionais:* o princípio da dignidade da pessoa humana. Rio de Janeiro: Renovar, 2002.

_____ . Neoconstitucionalismo, direitos fundamentais e controle das políticas públicas. *Revista de Direito Administrativo*, Rio de Janeiro, n. 240, 2005.

BARRETO, V. P. Reflexões sobre os direitos sociais. In: SARLET, I. W. (org.). *Direitos fundamentais sociais*: estudos de direito constitucional, internacional e comparado. Rio de Janeiro: Renovar, 2003.

BARROSO, L. R. *Curso de direito constitucional contemporâneo*. 3. ed. São Paulo: Saraiva, 2011.

_____ . *Interpretação e aplicação da constituição*. 7. ed. São Paulo: Saraiva, 2009.

_____ . Neoconstitucionalismo e constitucionalização do direito. O triunfo tardio do direito constitucional no Brasil. *Revista da Escola da Magistratura do Tribunal Regional do Trabalho da 2ª Região*, São Paulo, n. 2, 2007.

_____ . Vinte anos da constituição de 1988: a reconstrução democrática do Brasil. In: MONTESSO, C. J.; FREITAS, M. A.; STERN, M. F. C. (org.). *Direitos sociais na constituição de 1988*: uma análise crítica vinte anos depois. São Paulo: LTr, 2008.

BARROSO, L. R.; BARCELLOS, A. P. O começo da história. A nova interpretação constitucional e o papel dos princípios no direito brasileiro. In: BARROSO, L. R. (org.). *A nova interpretação constitucional:* ponderação, direitos fundamentais e relações privadas. 2. ed. Rio de Janeiro: Renovar, 2006.

BARUKI, L. V. R.; BERTOLIN, P. T. M. Violência contra a mulher: a face mais perversa do patriarcado. In: ANCREUCCI, A. C. P.; BERTOLIN, P. T. M. (org.). *Mulher, sociedade e direitos humanos*. São Paulo: Rideel, 2010.

BAUMAN, Z. *Modernidade e holocausto*. Rio de Janeiro: Zahar, 1998.

_____ . *Vidas desperdiçadas*. Rio de Janeiro: Zahar, 2005.

BAYNES, K. Democracy and the rechtsstaat: Haberma's faktizität und geltung. In: WHITE, S. K. (org.). *The Cambridge companion to Habermas*. Cambridge: Cambridge University, 1995.

BAYÓN, J. C. Democracia y derechos: problemas de fundamentación del constitucionalismo. In: BAYÓN, J. C. *et al. Constitución y derechos fundamentales*. Madrid: Centro de Estudios Políticos y Constitucionales, 2005.

_____ . *La normatividad del derecho:* deber jurídico y raziones para la acción. Madrid: Centro de Estudios Constitucionales, 1991.

BEARD, C. A. *An economic interpretation of the constitution of the United States*. Mineola: Dover, 2004.

BECKER, A. A. *Teoria geral do direito tributário*. São Paulo: Saraiva, 1972.

BERLIN, I. Dos conceptos de libertad. In: BERLIN, I. *Cuatro ensayos sobre la libertad*. Madrid: Alianza, 1998.

BERTOMEU, M. J. *et al. Republicanismo y democracia*. Buenos Aires: Miño y Dávila, 2005.

BICKEL, A. *The least dangerous branch:* the supreme court at the bar of politics. New York: Yale University, 1986.

BIELEFELDT, H. Menschenrechte — universaler Normkonses oder eurozentrischer Kulturimperialismus? In: BROCKER, M.; NAU, H. (org.). *Ethnozentrismus*. Darmstadt: Wissenschaftliche Buchgesellschaft, 1997.

BIGOLIN, G. A reserva do possível como limite à eficácia dos direitos sociais. *Revista de Doutrina da Quarta Região*, s. n., Porto Alegre, 2006. Disponível em: <http://www.revistadoutrina.trf4.gov.br/artigos/Constitucional/giovani-bigolin.htm> Acesso em: 22.4.2006.

BOBBIO, N. *Derecha e izquierda*: razones y significados de una distinción política. Madrid: Taurus, 1995-a.

_____ . *Il futuro della democrazia*. Torino: Einaudi, 1995-b.

_____ . *O positivismo jurídico:* lições de filosofia do direito. São Paulo: Ícone, 1995-c.

_____ . *Teoria do ordenamento jurídico*. 5. ed. Brasília: UnB, 1994.

BÖCKENFÖRDE, E.-W. *Staat, gesellschaft, freiheit*. Studien zur staatstheorie und zum verfassungsrecht. Frankfurt am Main: Suhrkamp, 1976.

_____ . Demokratie als verfassungsprinzip. In: ISENSEE, J.; KIRCHHOF, P. (org.). *Handbuch des staatsrechts*. Heidelberg: C. F. Müller, 1987. v. I.

_____ . *Recht, freiheit, staat:* studien zur rechtsphilosophie, staatstheorie und verfassungsgeschichte. Frankfurt am Main: Suhrkamp, 1991.

BODIN, J. *Los seis libros de la república*. Caracas: Instituto de Estudios Políticos, 1966.

BONAVIDES, P. A globalização e a soberania: aspectos constitucionais. In: FIOCCA, D.; GRAU, E. R. (org.). *Debate sobre a Constituição de 1988*. São Paulo: Paz e Terra, 2001.

_____ . *Constituinte e constituição*: a democracia, o federalismo, a crise contemporânea. 3. ed. São Paulo: Malheiros, 2010.

_____. *Do estado liberal ao estado social.* 7. ed. São Paulo: Malheiros, 2004.

BOROWSKI, M. *La estructura de los derechos fundamentales.* Bogotá: Universidad Externado de Colombia, 2003.

BOURDIEU, P. *Cuestiones de sociología.* Madrid: Istmo, 2000.

_____. *Langage et puvoir symbolique.* Paris: Seuil, 2001.

BRASIL. Conselho da Justiça Federal. *Comentários aos princípios de Bangalore de conduta judicial.* Brasília: Conselho da Justiça Federal, 2008.

_____. Instituto Brasileiro de Geografia e Estatística. *Sinopse do censo demográfico 2010.* Rio de Janeiro: Instituto Brasileiro de Geografia e Estatística, 2011.

_____. Ministério da Saúde. OPAS/OMS. *Avaliação da assistência farmacêutica no Brasil:* estrutura, processo e resultados. Brasília: Ministério da Saúde, 2005.

_____. Secretaria Especial dos Direitos Humanos da Presidência da República. *I relatório brasileiro sobre o cumprimento do pacto internacional de direitos econômicos, sociais e culturais.* Brasília: Secretaria Especial dos Direitos Humanos da Presidência da República, 2001.

_____. Secretaria Especial dos Direitos Humanos da Presidência da República. *II relatório brasileiro sobre o cumprimento do pacto internacional de direitos econômicos, sociais e culturais.* Brasília: Secretaria Especial dos Direitos Humanos da Presidência da República, 2006.

_____. Secretaria Especial dos Direitos Humanos da Presidência da República. *Consideração dos relatórios submetidos por países membros conforme artigos 16 e 17 do pacto. Observações finais do Comitê de Direitos Econômicos, Sociais e Culturais.* Brasília: Secretaria Especial dos Direitos Humanos da Presidência da República, 2009.

BRAVO, M. I. S.; CORREIA, M. V. C. Desafios do controle social na atualidade. *Serv. Social & Sociedade,* São Paulo, n. 109, 2012.

BRESSER-PEREIRA, L. C; GRAU, N. C. Entre o estado e o mercado: o público não estatal. In: BRESSER-PEREIRA, L. C; GRAU, N. C. (org). *O público não estatal na reforma do estado.* Rio de Janeiro: FGV, 1999.

BRITO, C. A. Poder constituinte *versus* poder reformador. In: MAUÉS, A. *Constituição e democracia.* São Paulo: Max Limonad, 2001.

BROLIANI, J. N. O controle judicial nas omissões no planejamento financeiro. *Revista de Direito Administrativo e Constitucional,* Belo Horizonte *I,* n. 21, 2005.

BROWN, W.; WILLIAMS, P. *La crítica de los derechos.* Bogotá: Universidad de Los Andes, 2003.

BUCCI, M. P. D. Buscando um conceito de políticas públicas para a concretização dos direitos humanos. In: BUCCI, M. P. D. *et al. Direitos humanos e políticas públicas.* São Paulo: Pólis, 2001.

_____. *Direito administrativo e políticas públicas.* São Paulo: Saraiva, 2002.

_____ . Políticas públicas e direito administrativo. *Revista de Informação Legislativa*, Brasília, n. 133, jan./mar. 1997.

CALAMANDREI, P. *La illegittimitá costituzionale delle leggi nel processo civile*. Padova: Cedam, 1950.

CALLINICOS, A. *Igualdad*. Madrid: Siglo XXI, 2003.

CAMPERO, G. Trabajo y ciudadanía. In: CALDERÓN, F. (org.). *Ciudadanía y desarrollo humano*. Buenos Aires: Siglo XXI, 2007.

CANOTILHO, J. J. G. *Direito constitucional e teoria da constituição*. 5. ed. Coimbra: Almedina, 2002.

_____ . Metodología "Fuzzy" y "camaleones normativos" en la problemática actual de los derechos económicos, sociales y culturales. *Derechos y Libertades*, Madrid, n. 6, 1998.

_____ . ¿Revisar/la o romper con la constitución dirigente? *Revista Española de Derecho Constitucional*, Madrid, n. 43, 1995.

CAPLAN, L. Direitos sociais da constituição cidadã e as armadilhas ideológicas que levam à sua inefetividade: uma leitura a partir da teoria crítica. In: MONTESSO, C. J.; FREITAS, M. A.; STERN, M. F. C. (org.). *Direitos sociais na Constituição de 1988:* uma análise crítica vinte anos depois. São Paulo: LTr, 2008.

CARA, J. C. G. *Derechos fundamentales y desarrollo legislativo:* la garantía del contenido esencial de los derechos fundamentales en la ley fundamental de Bonn. Madrid: Centro de Estudios Constitucionales, 1994.

CARBONELL, M.; PARCERO; J. A. C.; VÁZQUEZ, R. (org.). *Derechos sociales y derechos de las minorías*. 2. ed. México: Porruá-UNAM, 2001.

CARÍAS, A. B. *Política, estado y administración pública*. Caracas: Ateneo, 1979.

CARNOY, M. *Estado e teoria política*. 11. ed. Campinas: Papirus, 2005.

CARTER, I. *La libertà eguale*. Milano: Feltrinelli, 2005.

CARVALHO, P. B. *Direito tributário, linguagem e método*. 2. ed. São Paulo: Noeses, 2008.

CASTEL, R. *Les métamorphoses de la question sociale:* une chronique du salariat. Paris: Fayard, 1995.

CASTRO, J. L. C. *La tutela constitucional de los derechos sociales*. Madrid: Centro de Estudios Constitucionales, 1988.

CASTRO, M. F. O Supremo Tribunal Federal e a judicialização da política. *Revista Brasileira de Ciências Sociais*, São Paulo, n. 34, 1996.

CAVALCANTE, P. M. R. A compreensão político-jurídica atual da função jurisdicional: a omissão legislativa e os direitos sociais em aberto — do juiz burocrata ao juiz concretizador. A mediação judicativa-decisória dos princípios jurídicos. In: MONTESSO, C. J.; FREITAS, M. A.; STERN, M. F. C. (org.). *Direitos sociais na Constituição de 1988:* uma análise crítica vinte anos depois. São Paulo: LTr, 2008.

CERQUEIRA, M. Várias são as formas de luta. A defesa da Constituição é uma delas. In: FIOCCA, D.; GRAU, E. R. (org.). *Debate sobre a Constituição de 1988*. São Paulo: Paz e Terra, 2001.

CHEVALLIER, J. *Institutions publiques*. Paris: LGDJ, 1996.

CHURCHILL, W. *Churchill:* his complete speeches, 1897-1963. London: Chelsea, 1974.

COHEN, G. The currency of egalitarian justice. *Ethics*, Chicago, n. 99, 1989.

COMA, M. Los principios del estado de derecho y su aplicación a la administración en la constitución. *Revista de Administración Pública*, Madrid, n. 87, 1978.

COMPARATO, F. K. Réquiem para uma Constituição. In: FIOCCA, D.; GRAU, E. R. (org.). *Debate sobre a Constituição de 1988*. São Paulo: Paz e Terra, 2001.

CONFEDERAÇÃO NACIONAL DA INDÚSTRIA. *Pesquisa CNI-IBOPE*: avaliação do governo. Brasília: CNI, 2012.

CORREIA, M. V. C. *Desafios para o controle social:* subsídios para capacitação de conselheiros de saúde. Rio de Janeiro: Fiocruz, 2005.

COSTA, F. D. C. A função realizadora do poder judiciário e as políticas públicas no Brasil. In: MONTESSO, C. J.; FREITAS, M. A.; STERN, M. F. C. (org.). *Direitos sociais na Constituição de 1988:* uma análise crítica vinte anos depois. São Paulo: LTr, 2008.

COURTIS, C. Critérios de justiciabilidade dos direitos econômicos, sociais e culturais: uma breve exploração. In: SOUZA NETO, C. P.; SARMENTO, D. (org.). *Direitos sociais:* fundamentos, judicialização e direitos sociais em espécie. Rio de Janeiro: Lumen Juris, 2008.

COURTIS, C. (org.). *Ni un paso atrás:* la prohibición de regresividad en materia de derechos sociales. Buenos Aires: CELS, 2006.

CRAVEN, M. *The international covenant on economic, social and cultural rights:* a perspective on its development. Oxford: Clarendon, 1995.

CRUZ, A. R. S. Um olhar crítico-deliberativo sobre os direitos sociais no estado democrático de direito. In: SOUZA NETO, C. P.; SARMENTO, D. (org.). *Direitos sociais:* fundamentos, judicialização e direitos sociais em espécie. Rio de Janeiro: Lumen Juris, 2008.

DALLARI, D. A. Os direitos fundamentais na Constituição brasileira. In: FIOCCA, D.; GRAU, E. R. (org.). *Debate sobre a Constituição de 1988*. São Paulo: Paz e Terra, 2001.

DALY, M. *Acesso aos direitos sociais na Europa:* relatório do conselho da Europa. Lisboa: Ministério da Segurança Social e do Trabalho, 2003.

DEAN, H. The juridification of welfare: strategies of discipline and resistance. In: KJØNSTAD, A.; WILSON, J. V. (org.). *Law, power and poverty*. Bergen: CROP, 1997.

DELFINO, D. M. A Rússia antes da revolução. *História Viva — Grandes Temas*, São Paulo, n. 18, 2007.

DI PIETRO, M. S. Z. *Direito administrativo*. 15. ed. São Paulo: Atlas, 2003.

_____. Discricionariedade técnica e discricionariedade administrativa. *Revista Eletrônica de Direito Administrativo Econômico*, Salvador, n. 9, 2007.

_____. Participação popular na administração pública. *Revista Trimestral de Direito Público*, São Paulo, n. 1, 1993.

DIAS, E. F. Hegemonia: racionalidade que se faz história. In: DIAS, E. F. *et al.* (org.). *O outro Gramsci*. São Paulo: Xamã, 1996.

DÍAZ, A. O. Castillar la disidencia: el movimiento de ocupación en el ordenamiento jurídico. *Jueces para la democracia*, Madrid, n. 54, 2005.

DÍAZ, E. *Constitución y derechos fundamentales*. Madrid: Centro de Estudios Constitucionales, 2004.

_____. *De la maldad estatal y la soberanía popular*. Madrid: Debate, 1984.

_____. Estado de derecho y legitimidad democrática. In: DÍAZ, E.; COLOMER, J. L. (org.). *Estado, justicia, derechos*. Madrid: Alianza, 2002.

_____. *Estado de derecho y sociedad democrática*. Madrid: Cuadernos para el Diálogo, 1975.

_____. *Sociología y filosofía del derecho*. Madrid: Taurus, 1971.

DICEY, A. V. *Introduction to the study of the law of the constitution*. 8. ed. Indianapolis: Liberty Fund, 1982.

DIMENSTEIN, G. *Democracia em pedaços:* direitos humanos no Brasil. São Paulo: Schwarcz, 2006.

DRAIBE, S. Qualidade de vida e reformas de programas sociais: o Brasil no cenário latino-americano. *Lua Nova*, São Paulo, n. 31, 1993.

DRIVER, S. S. *A declaração de independência dos Estados Unidos.* Rio de Janeiro: Zahar, 2006.

DROMI, J. R. *Constitución, gobierno y control*. Mendoza: Ciudad Argentina, 1983.

_____. *Introducción al derecho administrativo*. Madrid: Grouz, 1986.

DUGUIT, L. *Le droit social, le droit individuel et la transformation de l'État*. Paris: F. Alcan, 1922.

DUVERGER, M. *Institutions politiques et droit constitutionnel*. Paris: Universitaire France, 1976.

DWORKIN, R. *A virtude soberana:* a teoria e a prática da igualdade. São Paulo: Martins Fontes, 2005.

_____. *Is democracy possible here?* (principles for a new political debate). Princeton: Princeton University, 2006.

EDELSTEIN, W.; NUNNER-WINKLER, G. (org.). *Moral in kontext*. Frankfurt am Main: Suhrkamp, 1998.

EIDE, A. *et al.* (org.). *Economic, social and cultural rights*. Dordrecht: Martinus Nijhoff, 1995.

ENTERRÍA, E. G. *La constitución como norma y el tribunal constitucional*. 3. ed. Madrid: Civitas, 1991.

_____ . *La lengua de los derechos:* la formación del derecho público europeo tras la revolución francesa. Madrid: Centro de Estudios Constitucionales, 1994.

_____ . *La lucha contra las inmunidades del poder en el derecho administrativo*. 3. ed. Madrid: Civitas, 1983.

ENTERRÍA, E. G.; FERNÁNDEZ, T. R. *Curso de direito administrativo*. São Paulo: RT, 1990.

ESPING-ANDERSEN, G. *The three worlds of welfare capitalism*. Princeton: Princeton University, 1998.

FABRE, C. *Social rights under the constitution*. Oxford: Clarendon, 2000.

FAGUNDES, M. S. *O controle dos atos administrativos pelo poder judiciário*. 7. ed. Rio de Janeiro: Forense, 2005.

FAVELA, J. O. (org.). *Las acciones para la tutela de los intereses colectivos y de grupos*. México: UNAM, 2004.

FERNÁNDEZ, E. G.; SOTOMAYOR, C. A. *Democracia y presupuestos participativos*. Barcelona: Icaria, 2003.

FERNÁNDEZ, T. R. Juzgar a la administración contribuye también a administrar mejor. *Revista Española de Derecho Administrativo*, Madrid, n. 76, 1992.

FERRAJOLI, L. *Derecho y razón. Teoría del garantismo penal*. Madrid: Trotta, 1995.

_____ . Derechos fundamentales. In: FERRAJOLI, L. *Derechos y garantías:* la ley del más débil. Madrid: Trotta, 1999.

_____ . *Diritto e ragione*. Roma: Laterza, 1990.

_____ . *Garantismo:* una discusión sobre democracia y derecho. Madrid: Trotta, 2006-a.

_____ . *Sobre los derechos fundamentales y sus garantías*. México: Comisión Nacional de los Derechos Humanos, 2006-b.

FERRAJOLI, L. et al. *Los fundamentos de los derechos fundamentales*. Madrid: Trotta, 2001.

FERRAZ JUNIOR, T. S. *Direito constitucional*. São Paulo: Manole, 2007.

FERREIRA FILHO, M. G. *Aspectos do direito constitucional contemporâneo*. São Paulo: Saraiva, 2003.

FIGUEIREDO, L. V. *Curso de direito administrativo*. São Paulo: Malheiros, 1994.

FIOCCA, D.; GRAU, E. R. (org.). *Debate sobre a Constituição de 1988*. São Paulo: Paz e Terra, 2001.

FISS, O. Grupos y cláusula de igual protección. In: GARGARELLA, R. (org.). *Derecho y grupos desaventajados*. Barcelona: Gedisa, 1999.

_____. *The law and it could be*. New York: New York University, 2003.

FLORES, J. H. Hacia una visión compleja de los derechos humanos. In: FLORES, J. H. *El vuelo de Anteo:* derechos humanos y crítica de la razón liberal. Bilbao: Desclée de Brouwer, 2000.

FONTANA, J. *Historia:* análisis del pasado y proyecto social. Barcelona: Crítica, 1982.

FONTES, P. G. *O controle da administração pelo ministério público*. Belo Horizonte: Del Rey, 2006.

FORMOSA, P. All politics must bend its knee before right: Kant on the relation of morals to politics. *Social Theory and Practice*, s.n., Charlottesville, 2008. Disponível em: <http://findarticles.com/p/articles/mi_hb6395/is_2_34/ai_n31505767/?tag=content; col1> Acesso em: 23.9.2011.

FRAGA, R. C.; VARGAS, L. A. Greve de servidores públicos: o direito de greve dos servidores públicos após a decisão do Supremo Tribunal Federal. In: THOME, C. F.; SCHWARZ, R. G. (org.). *Direito coletivo do trabalho:* curso de revisão e atualização. Rio de Janeiro: Elsevier, 2010.

FRAGALE FILHO, R. Nem a lei liberta: a constituição de 1988 e os direitos sociais vinte anos depois. In: MONTESSO, C. J.; FREITAS, M. A.; STERN, M. F. C. (org.). *Direitos sociais na Constituição de 1988:* uma análise crítica vinte anos depois. São Paulo: LTr, 2008.

FRANÇA, P. G. *Fundamentos constitucionais do controle da regulamentação econômica*. Dissertação de Mestrado (Direito). Porto Alegre. Pontifícia Universidade Católica do Rio Grande do Sul, 2007.

FRANCO, A. *Pobreza & desenvolvimento local*. Brasília: AED, 2002.

FRASER, N. *Justice interruptus. Critical reflections on the "postsocialist" condiction*. New York: Routledge, 1997.

FREIRE, A. M. P. *La garantía en el estado constitucional*. Madrid: Trotta, 1997.

FREITAS JÚNIOR, A. R.; ZAPPAROLLI, C. R. *Mediação de conflitos e promoção da cultura da paz*. São Paulo: [s.n.], 2007.

FREITAS, J. A melhor interpretação constitucional *versus* a única resposta correta. In: BASTOS JUNIOR, L. M.; LEITE, R. B.; LOIS, C. C. (org.). *A constituição como espelho da realidade*. São Paulo: LTr, 2007.

_____. Controle dos atos vinculados e discricionários à luz dos princípios fundamentais. In: GERMANO, L. P. R.; GIORGIS, J. C. T. (org.). *Lições de direito administrativo:* estudos em homenagem a Octavio Germano. Porto Alegre: Livraria do Advogado, 2005.

_____. *Discricionariedade administrativa e o direito fundamental à boa administração pública*. 2. ed. São Paulo: Malheiros, 2009.

FRISCHEISEN, L. C. F. *Políticas públicas:* a responsabilidade do administrador e o ministério público. São Paulo: Max Limonad, 2000.

FULLER, L. *The morality of law*. London-New Haven: Yale University, 1964.

GALLARDO, H. *Política y transformación social:* discusión sobre derechos humanos. Quito: SERPAJ/Tierra Nueva, 2000.

GANDINI, J. A. D.; BARIONE, S. F.; SOUZA, A. E. A judicialização do direito à saúde: a obtenção de atendimento médico, medicamentos e insumos terapêuticos por via judicial — critérios e experiências. In: SCHWARZ, R. G. (org.). *Direito administrativo contemporâneo. Administração pública, justiça e cidadania:* garantias fundamentais e direitos sociais. Rio de Janeiro: Elsevier, 2010.

GARGARELLA, R. *El derecho a la protesta:* el primer derecho. Buenos Aires: Ad-hoc, 2005.

GASCÓN, M. *Los hechos en el derecho.* Madrid: Marcial Pons, 1999.

GAZOLA, P. M. *Concretização do direito à moradia digna:* teoria e prática. Belo Horizonte: Fórum, 2008.

GENRO, T. Constituição social e direitos efetivos. In: MONTESSO, C. J.; FREITAS, M. A.; STERN, M. F. C. (org.). *Direitos sociais na Constituição de 1988:* uma análise crítica vinte anos depois. São Paulo: LTr, 2008.

GENRO, T.; SOUZA, U. *El presupuesto participativo:* la experiencia de Porto Alegre. Buenos Aires: EUDEBA-IEFCTA, 1998.

GERMANO, L. P. R.; GIORGIS, J. C. T. (org.). *Lições de direito administrativo:* estudos em homenagem a Octavio Germano. Porto Alegre: Livraria do Advogado, 2005.

GIDDENS, A. *Sociology.* Oxford: Polity, 1990.

GODOI, M. S. Tributo e solidariedade social. In: GRECO, M. A.; GODOI, M. S. (org.). *Solidariedade social e tributação.* São Paulo: Dialética, 2005.

GOMES, J. B. O debate constitucional sobre as ações afirmativas. In: SANTOS, R. E.; LOBATO, F. (org.). *Ações afirmativas.* Políticas públicas contra as desigualdades raciais. Rio de Janeiro: DP&A, 2003.

GORDILLO, A. *Tratado de derecho administrativo.* Buenos Aires: Macchi, 1977.

GORTER, H. *Het imperialisme, de wereldoorlog en de sociaal-democratie.* Amsterdam: Brochurehandel Sociaal-Democratische Partij, 1914.

GOUVÊA, M. M. *O controle judicial das admissões administrativas:* novas perspectivas de implementação de direitos prestacionais. Rio de Janeiro: Forense, 2003.

GRAHAM, M. A.; VEGA, J. C. (org.). *Jerarquía constitucional de los tratados internacionales.* Buenos Aires: Astrea, 1996.

GRAJEW, O. Responsabilidade social empresarial. In: PINSKY, J. (org.). *Práticas de cidadania.* São Paulo: Contexto, 2004.

GRAMSCI, A. Antonio. *Cadernos do cárcere.* Rio de Janeiro: Civilização Brasileira, 2000. v. III.

GRASSELLI, O. Efetividade judicial de direitos sociais. In: MONTESSO, C. J.; FREITAS, M. A.; STERN, M. F. C. (org.). *Direitos sociais na Constituição de 1988:* uma análise crítica vinte anos depois. São Paulo: LTr, 2008.

GRAU, A. B. *Derecho del trabajo*: un modelo para armar. Madrid: Trotta, 1991.

_____ . *Sindicalismo y derecho sindical*. Madrid: Bomarzo, 2004.

GRAU, E. R. As relações entre os poderes no décimo aniversário da Constituição de 1988. In: FIOCCA, D.; GRAU, E. R. (org.). *Debate sobre a Constituição de 1988*. São Paulo: Paz e Terra, 2001.

GRAU, E. R.; BELLUZZO, L. G. M. Direito e mídia, no Brasil. In: FIOCCA, D.; GRAU, E. R. (Org.). *Debate sobre a Constituição de 1988*. São Paulo: Paz e Terra, 2001.

GRECO, M. A. Solidariedade social e tributação. In: GRECO, M. A.; GODOI, M. S. (org.). *Solidariedade social e tributação*. São Paulo: Dialética, 2005.

GROETHUYSEN, B. *Philosophie de la révolution française*. Paris: Gallimard, 1956.

GROTTI, D. A. M. A arbitragem e a administração pública. In: GUILHERME, L. F. V. (org.). *Novos rumos da arbitragem no Brasil*. São Paulo: Fiuza, 2004.

GUARESCHI, N. *et al*. Problematizando as práticas psicológicas no modo de entender a violência. In: STREY, M. N.; AZAMBUJA, M. P.; JAEGER, F. P. *Violência, gênero e políticas públicas*. Porto Alegre, Edipucrs, 2004.

GUARNIERI, C. Magistratura e política: il caso italiano. *Rivista Italiana di Scienza Politica*, Siena, n. 1, 1991.

GUASTINI, R. Teoria e dogmatica delle fonti. In: GUASTINI, R. *Trattato de diritto civile e comerciale*. Milano: Giuffrè, 1998.

GURVITCH, G. *L'idée du droit social*. Paris: Sirey, 1932.

GUSTIN, M. B.; DIAS, M. T. *(Re)pensando a pesquisa jurídica:* teoria e prática. 2. ed. Belo Horizonte: Del Rey, 2006.

GUTIÉRREZ, I. *Dignidad de la persona y derechos fundamentales*. Madrid: Marcial Pons, 2005.

HÄBERLE, P. *Hermenêutica constitucional* — a sociedade aberta dos intérpretes da Constituição: contribuição para a interpretação pluralista e procedimental da Constituição. Porto Alegre: Fabris, 1997.

_____ . *La garantía del contenido esencial de los derechos fundamentales*. Madrid: Dykinson, 2003.

HABERMAS, J. *Consciência moral e agir comunicativo*. Rio de Janeiro: Tempo Brasileiro, 2003-b.

_____ . *Direito e democracia entre facticidade e validade*. Rio de Janeiro: Tempo Brasileiro, 2003-a. v. I.

_____ . *Erkenntnis und Interesse*. Frankfurt am Main: Verlag, 1973.

_____ . *Facticidad y validez*: sobre el derecho y el estado democrático de derecho en términos de teoría del discurso. 4. ed. Madrid: Trotta, 2005.

_____ . *Faticidade e validade*. Rio de Janeiro: Civilização Brasileira, 1992.

_____. *La desobediencia civil, piedra de toque del estado democrático de derecho.* Barcelona: Península, 1994.

_____. Moralitat und sittlichkeit. Treffen Hegels einwande gegen Kant auch auf die diskursethik zu? In: KUHLMANN, W. (org.). *Moralitat und sittlichkeit:* das problem Hegels und die diskursethik. Frankfurt am Main: Suhrkamp, 1986-a.

_____. *Problemas de legitimación del capitalismo tardío.* Buenos Aires: Amorrortu, 1986-b.

_____. *Verdade e justificação:* ensaios filosóficos. São Paulo: Loyola, 2004.

HALLOWELL, J. H. *The decline of liberalism as an ideology. With particular reference to german politico-legal thought.* London: Kegan Paul, Trench, Trubner, 1946.

HARRINGTON, J. *The commonwealth of Oceana and a system of politics.* Cambridge: J. G. A. Pocock, 1992.

HART, H. M.; SACKS, A. M. *The legal process:* basic problems in the making and application of law. New York: Foundation, 1994.

HART, H. *The concept of law.* Ofxord: Clarendon, 1961.

HELD, D. *Modelos de democracia.* Madrid: Alianza, 1993.

HELLER, H. *Teoría del estado.* Madrid: Fondo de Cultura Económica, 2010.

HERRING, R. *The federalist papers by Alexander Hamilton, John Jay and James Medison.* New York: s.n., 2005. Disponível em: <http://books.google.com.br/books?id= fteKxvysV FoC&printsec=frontcover#v=onepage&q&f=false> Acesso em: 22.9.2011.

HESSE, K. *A força normativa da constituição.* Porto Alegre: Fabris, 1991.

_____. *Grundzüge des verfassungsrechts bundesrepublik deutschland.* 20. ed. Heidelberg: C. F. Müller Juristischer Verlag, 1995.

_____. *Temas fundamentais do direito constitucional.* São Paulo: Saraiva, 2009.

HIERRO, L. *Estado de derecho.* Problemas actuales. México: Fontamara, 1998.

_____. ¿Qué derechos tenemos? *Doxa: Cuadernos de Filosofía del Derecho*, Madrid, n. 23, 2000.

HOBBES, T. *Leviatán.* Madrid: Nacional, 1979.

HÖFLING, E. M. Estado e políticas (públicas) sociais. *Cadernos Cedes*, Campinas, n. 55, 2001.

HOFMANN, H. *Recht-politik-verfassung.* Frankfurt am Main: A. M. Verlag, 1986.

HOFMANN, R. et al. (org.). *Armut und verfassung. Sozialstaatlichkeit im europäischen vergleich.* Wien: Verlag Österreich, 1998.

HOLMES, S.; SUNSTEIN, C. *The cost of rights:* why liberty depends on taxes. New York: Norton, 1999.

IBÁÑEZ, P. A. *Corrupción y estado de derecho.* Madrid: Trotta, 1996.

JELLINEK, G. *Algemeine stastslehre*. Berlin: Springer, 1921.

_____ . *Sistema dei diritti pubblici subiettivi*. Milano: Giuffrè, 1912.

JONES, D. *Code of pace:* ethics and security in the world of the warlord states. Chicago: University of Chicago, 1989.

KANT, I. Fundamentação da metafísica dos costumes. In: KANT, I. *Crítica da razão pura e outros textos*. São Paulo: Abril, 1974.

KELSEN, H. *Esencia y valor de la democracia*. Madrid: Punto Omega, 1977.

_____ . *Jurisdição constitucional*. São Paulo: Martins Fontes, 2003.

_____ . *Teoria pura do direito*. 6. ed. São Paulo: Martins Fontes, 1998.

KEYNES, J. M. *The end of laissez-faire*. Amherst: Prometheus, 2004.

_____ . *The general theory of employment, interest and money*. London/New York: Macmillan-St. Martin's, 1936.

KING, J. The pervasiveness of polycentricity. *Public Law,* London, s.n., 2008.

KLIKSBERG, B. *O desafio da exclusão:* para uma gestão social eficiente. São Paulo: FUNDAP, 1997.

KLUXEN, W. Abstrakte Vernunft und konkrete geschichte. In: BROCKER, M.; NAU, H. (org.). *Ethnozentrismus*. Darmstadt: Wissenschaftliche Buchgesellschaft, 1997.

KRAUSE, C. The right to property. In: EDIE, A. *et al.* (org.). *Economic, social and cultural rights*. Den Haag: Kluwer Law International, 2003.

KRELL, A. *Direitos sociais e controle judicial no Brasil e na Alemanha:* os (des)caminhos de um direito constitucional comparado. Porto Alegre: Fabris, 2002.

KROESCHELL, K. *Deutsche Rechtsgeschichte*. Hamburg: Westdeutscher Verlag, 2008.

LANGFORD, M. Judging resource availability. In: SQUIRES, J.; LANGFORD, M. *The road to a remedy:* current issues in the litigation of economic, social and cultural rights. Sydney: UNSW, 2005.

_____ . Judicialização dos direitos econômicos, sociais e culturais no âmbito nacional: uma análise sociojurídica. *Sur. Revista Internacional de Direitos Humanos*, São Paulo, v. 6, n. 11, 2009.

LAPORTA, F. Imperio de la ley y seguridad jurídica. In: DÍAZ, E.; COLOMER, J. L. (org.). *Estado, justicia, derechos*. Madrid: Alianza, 2002.

LARENZ, K. *Metodologia da ciência do direito*. Lisboa: Calouste Gulbenkian, 1983.

LASALLE, F. *Théorie systematique des droits acquis*. Paris: Giard & Brière, 1904.

LASKI, H. *Studies in law and politics*. New Haven: Yale University, 1932.

LEAL, R. G. *Estado, administração pública e sociedade:* novos paradigmas. Porto Alegre: Livraria do Advogado, 2006.

LECHNER, N. *La democratización en el contexto de una cultura postmoderna*. Santiago: FLACSO, 1986.

LEDFORD, K. F. *Formalizing the rule of law in Prussia:* the supreme administrative law court, 1876—1914. Cambridge: Cambridge University, 2004.

LOCKE, J. *Segundo tratado sobre el gobierno civil.* Madrid: Alianza, 1990.

LOYOLA, M. A. Medicamentos e saúde pública em tempos de Aids: metamorfoses de uma política dependente. *Ciência & Saúde Coletiva,* Rio de Janeiro, v. 13, 2008.

LÓPEZ, M. C. P. *Derecho del trabajo e ideología:* medio siglo de formación ideológica del derecho de trabajo en España (1873-1923). 6. ed. Madrid: Tecnos, 2002.

LÓPEZ GUERRA, L. La garantía de la constitución. In: PECES-BARBA, G.; RAMIRO, M. A. (org.). *La Constitución a examen:* un estudio académico 25 años después. Madrid: Marcial Pons, 2004.

LUÑO, A. P. *Derechos humanos, estado de derecho y constitución.* 6. ed. Madrid: Tecnos, 1999.

_____ . Seguridad jurídica. In: VALDÉS, E. G.; LAPORTA, F. (org.). *El derecho y la justicia. Enciclopedia iberoamericana de filosofía.* Madrid: Trotta, 1996. v. XI.

MACCORMICK, N. Orden espontáneo e imperio de la ley: algunos problemas. *Doxa: Cuadernos de Filosofía del Derecho,* Madrid, n. 6, 1989.

MACHIAVELLI, N. *Il príncipe.* Milano: Fabbri, 1997.

MAFFINI, R. C. Administração pública dialógica (proteção procedimental da confiança): em torno da súmula vinculante n. 3 do Supremo Tribunal Federal. In: SCHWARZ, R. G. (org.). *Direito administrativo contemporâneo. Administração pública, justiça e cidadania:* garantias fundamentais e direitos sociais. Rio de Janeiro: Elsevier, 2010.

MALBERG, C. *Contribution à la théorie générale de l'État.* Paris: Sirey, 1922.

MANDROU, R. *De la culture populaire aux XVIIe et XVIIIo siècles.* Paris: Stock, 1964.

MANNORI, L.; SORDI, B. Science of administration and administrative law. In: BECCHI, P. et al. (org.). *A history of philosophy of law in the civil law world, 1600-1900.* London-New York: Springer, 2009.

MARGALIT, A. *Politik der würde:* über achtung und verachtung. Berlin: Fischer, 1997.

MARÍN, A. O. *Estado social y crisis económica.* Madrid: Complutense, 1996.

MARQUES, S. B.; DALLARI, S. G. Garantia do direito social à assistência farmacêutica no Estado de São Paulo. *Revista de Saúde Pública,* São Paulo, v. 41, n. 1, 2007.

MARSHALL, T. H. *Americans no more:* the death of citizenship. Boston: Harvard University, 2002.

_____ . *Citizenship and social class, and other essays.* Cambridge: Cambridge University, 1992.

MARSHALL, T. H.; BOTTOMORE, T. *Ciudadanía y clase social.* Madrid: Alianza, 1998.

MARTÍN, C. C. *La reforma constitucional en la perspectiva de las fuentes del derecho.* Madrid: Trotta, 2003.

_____. *Sobre el concepto de ley*. Madrid: Trotta, 2002.

_____. *Teoría constitucional de la solidaridad*. Madrid: Marcial Pons, 2006.

MARTÍN, C.; RODRÍGUEZ, D.; GUEVARA, J. *Derecho internacional de los derechos humanos*. México: Fontamara, 2004.

MARTÍN-BARBERO, J. *De los medios a las mediaciones*. Barcelona: Gustavo Gili, 1987.

MARTÍNEZ, G. P.-B. *Curso de derechos fundamentales:* teoría general. Madrid: Universidad Carlos III, 1995.

_____. *Escritos sobre derechos fundamentales*. Madrid: Eudema, 1988.

MARTÍNEZ-PUJALTE, A. L. *La garantía del contenido esencial de los derechos fundamentales*. Madrid: Centro de Estudios Constitucionales, 1997.

MARX, K. *La guerre civile en France*. Paris: Sociales, 1972.

MATTEUCCI, N. *Organizzazione del potere e libertà*. Torino: Utet, 1976.

MATURANA, H.; VARELA, F. *A árvore do conhecimento*: as bases biológicas da compreensão humana. São Paulo: Palas Athena, 2001.

MAXWELL, M. *Morality among nations:* an evolutionary view. Albany: University of New York, 1990.

MEINECKE, F. *Machiavelism:* the doctrine of raison d'etat and its place in modern history. London: Routledge and Kegan Paul, 1957.

MELLO, C. A. B. *Conteúdo jurídico do princípio da igualdade*. 3. ed. São Paulo: Malheiros, 2010-a.

_____. Control jurisdiccional de los actos administrativos. *Revista de Administración Pública*, Madrid, n. 110, 1986.

_____. *Curso de direito administrativo*. 28. ed. São Paulo: Malheiros, 2011.

_____. *Discricionariedade e controle jurisdicional*. 2. ed. São Paulo: Malheiros, 2010-b.

_____. *Eficácia das normas constitucionais e direitos sociais*. São Paulo: Malheiros, 2009-a.

_____. Funerais da Constituição de 1988. In: FIOCCA, D.; GRAU, E. R. (org.). *Debate sobre a Constituição de 1988*. São Paulo: Paz e Terra, 2001.

_____. *Grandes temas de direito administrativo*. São Paulo: Malheiros, 2009-b.

MELLO, O. A. B. *Princípios gerais de direito administrativo*. 3. ed. São Paulo: Malheiros, 2011. v. I.

MENDONÇA, E. Da faculdade de gastar ao dever de agir: o esvaziamento contra-majoritário das políticas públicas. In: SOUZA NETO, C. P.; SARMENTO, D. (org.). *Direitos sociais:* fundamentos, judicialização e direitos sociais em espécie. Rio de Janeiro: Lumen Juris, 2008.

MENÉNDEZ, I. V. *La inconstitucionalidad por omisión*. Madrid: McGraw-Hill, 1997.

MENGER, A. *Das bürgerlische recht und die besitzlosen volksklassen.* Tübingen: Laupp, 1890.

_____ . *Das recht auf den vollen arbeitsertrag in geschichtlicher darstellung.* Stuttgart: Cotta, 1886.

MESSEDER, A. M.; OSORIO-DE-CASTRO, C. G. S.; LUIZA, V. L. Mandados judiciais como ferramenta para garantia do acesso a medicamentos no setor público: a experiência do estado do Rio de Janeiro. *Cadernos de Saúde Pública*, Rio de Janeiro, v. 21, n. 2, 2005.

MÉSZÁROS, I. *A educação para além do capital.* São Paulo: Boitempo, 2005.

MIGNOLO, W. *Histórias locais, projetos globais:* colonialidade, saberes subalternos e pensamento liminar. Belo Horizonte: UFMG, 2003.

MIGUEL, A. R. Concepciones de la igualdad y justicia distributiva. In: DÍAZ, E.; COLOMER, J. L. (org.). *Estado, justicia, derechos.* Madrid: Alianza, 2002.

MILLER, J. C. *Origins of the american revolution.* Boston: Little, Brown and Company, 1943.

MIRAVET, P. El ingreso ciudadano. In: ABRAMOVICH, V.; AÑON, M. J.; COURTIS, C. (org.). *Derechos sociales:* instrucciones de uso. México: Fontamara, 2003.

MISRHA, R. *The welfare state in crisis:* social thought and social change. Brighton: Hervaster, 1984.

MOHL, R. *Die polizei-wissenschaft nach den grundsätzen des rechtsstaates.* Tübingen: Adamant, 2005.

MONTESQUIEU, C. *Oeuvres complètes.* Paris: Gallimard, 1951.

MONTESSO, C. J.; FREITAS, M. A.; STERN, M. F. C. (org.). *Direitos sociais na constituição de 1988:* uma análise crítica vinte anos depois. São Paulo: LTr, 2008.

MORAES, M. C. B. O conceito de dignidade humana: substrato axiológico e conteúdo normativo. In: SARLET, I. W. (org.). *Constituição, direitos fundamentais e direito privado.* Porto Alegre: Livraria do Advogado, 2003.

_____ . O princípio da solidariedade. In: MATOS, A. C. H. *A construção dos novos direitos.* Porto Alegre: Núria Fabris, 2008.

MORALES, J. R. La globalización como proceso de universalización de un modelo económico. *Cuaderno de Materiales*, s.n., Madrid, 2001. Disponível em: <http://www.geocities.com/CapitolHill/3103/Globalizacion.htm> Acesso em: 30.11.2008.

MORESO, J. J. Sobre el alcance del precompromiso. *Discusiones*, Bahía Blanca, n. 1, 2000.

NACIONES UNIDAS. OFICINA DEL ALTO COMISIONADO DE LAS NACIONES UNIDAS PARA LOS DERECHOS HUMANOS. *Observación general n. 4 del Comité de Derechos Económicos, Sociales y Culturales sobre el derecho a una vivienda adecuada.* 2001. Disponível em: <http://www.ohchr.org/spanish/about/publications/docs/fs25_sp.htm> Acesso em 10.10.2007.

NAVARRO, E. La reflexión sociológica sobre la legitimidad. In: DÍAZ, E.; COLOMER, J. L. (org.). *Estado, justicia, derechos*. Madrid: Alianza, 2002.

NEVES, A. C. *Questão-de-fato-questão-de-direito ou o problema metodológico da juridicidade*. Coimbra: Almedina, 1967.

NINO, C. S. *Ética y derechos humanos*. Barcelona: Ariel, 1984.

O'CONNOR, J. *A crise do estado capitalista*. Rio de Janeiro: Paz e Terra, 1977.

O'DONELL, G. Teoría democrática y política comparada. *Desarrollo Económico, Revista de Ciencias Sociales*, Buenos Aires, n. 39, 2000.

OLIVEIRA, M. V. *Previdência social*. Rio de Janeiro: Freitas Bastos, 1989.

ORTEGA, M. S. *Sentido y límites de la discrecionalidad judicial*. Madrid: Centro de Estudios Ramón Areces, 2006.

ORTIZ, E. O. *La vía de hecho y la jurisdicción contencioso-administrativa*. San José: LIL, 1993.

PANNEKOEK, A. *Critica del bolchevismo*. Barcelona: Anagrama, 1976.

_____ . *Workers' councils*. Oakland: AK, 2003.

PAPACCHINI, A. *Filosofía y derechos humanos*. Cali: Universidad del Valle, 2005.

PARETO, V. *Trattato di sociologia generale*. Torino: UTET, 1988.

PARIENTE, A. *La separation des pouvoirs*: theorie contestee et pratique renouvelee. Paris: Dalloz, 2006.

PASTOR, J. A. S. *Principios de derecho administrativo*. Madrid: Centro de Estudios Ramón Areces, 1990.

PECES-BARBA, G. La cultura jurídico-política de la constitución de 1978. In: PECES--BARBA, G.; RAMIRO, M. A. (org.). *La Constitución a examen:* un estudio académico 25 años después. Madrid: Marcial Pons, 2004.

_____ . *Lecciones de derechos fundamentales*. Madrid: Dykinson, 2005.

PEREIRA, F. H. U.; DIAS, M. T. F. *Cidadania e inclusão social*. Belo Horizonte: Fórum, 2008.

PÉREZ, J. G. *Administración pública y libertad*. México: UNAM, 1971.

_____ . Nuevos sistemas de control de la administración pública. *Revista Española de Derecho Administrativo*, Madrid, n. 22, 1979.

PICÓ, J. *Teorías sobre el estado del bienestar*. 2. ed. Madrid: Siglo XXI, 1990.

PIOVESAN, F. Direitos humanos e a jurisdição constitucional internacional. In: GOMES, E. B.; REIS, T. H. (org.). *O direito constitucional internacional após a Emenda n. 45/04 e os direitos fundamentais*. São Paulo: Lex, 2007.

_____ . *Direitos humanos e o direito constitucional internacional*. 11. ed. São Paulo: Saraiva, 2010.

_____. *Temas de direitos humanos*. São Paulo: Max Limonad, 1998.

PIRES, L. M. F. *Controle judicial da discricionariedade administrativa*: dos conceitos jurídicos indeterminados às políticas públicas. Rio de Janeiro: Elsevier, 2009.

PIRES, V.; TIBALI, L. R.; SOUZA, M. C. *Transparência orçamentária municipal via web (TOM Web) após a Lei Complementar n. 131/09:* os casos da região administrativa central do estado de São Paulo. Anais do Encontro de Administração Pública e Governança da ANPAD. Vitória: ANPAD, 2010.

PISARELLO, G. El estado social como estado constitucional: mejores garantías, más democracia. In: ABRAMOVICH, V.; AÑÓN, M. J.; COURTIS, C. (org.). *Derechos sociales:* instrucciones de uso. México: Fontamara, 2003.

_____. Las afinidades constitucionales de Habermas. *Jueces para la Democracia*, Madrid, n. 39, 2000.

_____. *Los derechos sociales y sus garantías*. Madrid: Trotta, 2007.

PLATÃO. *Platón*: obras completas. Madrid: Medina y Navarro, 1872.

POLANYI, C. *La gran transformación:* crítica del liberalismo económico. Madrid: La Piqueta, 1998.

PORTILLA, K. P. *Principio de igualdad:* alcance y perspectivas. México: UNAM-Conapred, 2005.

POSNER, R. A. *A economia da justiça*. São Paulo: Martins Fontes, 2010.

PRIETO, H. V. *La estrategia del diálogo social:* de la concentración al reparto del poder decisorio en las relaciones laborales. San José: Oficina Internacional del Trabajo, 2002.

PRIETO, L. *Justicia constitucional y derechos fundamentales*. Madrid: Trotta, 2003.

_____. La limitación de los derechos fundamentales y la norma de clausura del sistema de libertades. *Derechos y Libertades*, Madrid, n. 8, 2000.

PRZEWORSKI, A. *Capitalismo e social-democracia*. São Paulo: Companhia das Letras, 1989.

PULIDO, C. B. *El principio de proporcionalidad y los derechos fundamentales*. Madrid: Centro de Estudios Constitucionales, 2003.

_____. Fundamento, concepto y estructura de los derechos sociales. Una crítica a "¿Existen derechos sociales?" de Fernando Atria. *Discusiones*, Bahía Blanca, n. 4, 2004.

RAMOS, E. S. *Ativismo judicial:* parâmetros dogmáticos. São Paulo: Saraiva, 2010.

RAMOS, J. *La teoría dualista de los derechos fundamentales*. Tepic: Lorem Ipsum, 2006.

RANGEL, J. A. T. *El derecho como arma de liberación en América Latina*. San Luis Potosí: Facultad de Derecho de San Luis Potosí, 2006.

RAWLS, J. *A theory of justice*. Oxford: Oxford University, 1980.

_____. *Political liberalism*. New York: Columbia University, 1993.

RAZ, J. *The authority of law:* essays on law and morality. New York: Clarendon, 1979.

REBOLLO, L. M. La justicia administrativa ante el texto constitucional. *Revista Española de Derecho Administrativo*, Madrid, n. 19, 1978.

REIS, J. R. A vinculação dos particulares aos direitos fundamentais nas relações interprivadas: breves considerações. In: LEAL, R. G; REIS, J. R. (org.). *Direitos sociais e políticas públicas:* desafios contemporâneos. Santa Cruz do Sul: Edunisc, 2005.

RESTA, E. *Il diritto fraterno*. 3. ed. Roma: Laterza, 2005.

REVORIO, F. J. D. *La constitución como orden abierto*. Madrid: McGraw-Hill, 1997.

RIOS, R. R. Respostas jurídicas frente à epidemia de HIV/Aids no Brasil. *CEBES*, Rio de Janeiro, n. 27, 2003.

RITTER, G. A. *Storia dello stato sociale*. 2. ed. Roma: Laterza, 1999.

RIVERO, J. *Les libertés publiques*. Paris: PUF, 1973.

ROCHA, C. L. A. Constituição e ordem econômica. In: FIOCCA, D.; GRAU, E. R. (org.). *Debate sobre a Constituição de 1988*. São Paulo: Paz e Terra, 2001.

ROCHA, S. L. F. Breves considerações sobre a intervenção do Estado no domínio econômico e a distinção entre atividade econômica e serviço público. In: SPARAPANI, P.; ADRI, R. P. (org.). *Intervenção do estado no domínio econômico e no domínio social:* homenagem ao professor Celso Antonio Bandeira de Mello. Belo Horizonte: Fórum, 2010.

_____ . *Terceiro setor*. 2. ed. São Paulo: Malheiros, 2006.

RODRÍGUEZ, J. F. *La inconstitucionalidad por omisión*. Madrid: Civitas, 1998.

ROIG, M. J. A. Elementos para una teoría de los derechos sociales en construcción. In: SCHWARZ, R. G. (org.). *Direito administrativo contemporâneo. Administração pública, justiça e cidadania:* garantias fundamentais e direitos sociais. Rio de Janeiro: Elsevier, 2010.

ROMAN, D. *Le droit public face à la pauvreté*. Paris: LGDJ, 2002.

ROQUE, S. J. *História do direito*. São Paulo: Ícone, 2007.

ROSS, A. *Direito e justiça*. Bauru: EDIPRO, 2000.

ROUSSEAU, J.-J. *Le contrat social*. Paris: Armand Colin, 1962.

RÜHLE, O. *Die seele des proletarischen Kindes*. Dresden: Verlag am andern Ufer, 1925.

SABBAG, C. *Orçamento e desenvolvimento* — recurso público e dignidade humana: o desafio das políticas públicas desenvolvimentistas. São Paulo: Millennium, 2006.

SADEK. M. T. (org.). *Reforma do poder judiciário*. São Paulo: Konrad Adenauer, 2001.

SAID, E. *Cultura e imperialismo*. São Paulo: Companhia das Letras, 1993.

SANTOS, B. S. *La caída del Angelus Novus:* ensayos para una nueva teoría social y una nueva práctica política. Bogotá: Universidad Nacional de Colombia, 2003.

_____. Os processos da globalização. In: SANTOS, B. S. (org.). *A globalização e as ciências sociais*. 3. ed. São Paulo: Cortez, 2005-a.

_____. *Pela mão de Alice:* o social e o político na pós-modernidade. 10. ed. São Paulo: Cortez, 2005-b.

SANTOS, B. S.; MARQUES, M. M. L.; PEDROSO, J. Os tribunais nas sociedades contemporâneas. *Revista Brasileira de Ciências Sociais*, São Paulo, n. 30, 1996.

SANTOS, R. L. Ação coletiva. In: SCHWARZ, R. G. (org.). *Dicionário de direito do trabalho, de direito processual do trabalho e de direito previdenciário aplicado ao direito do trabalho*. São Paulo: LTr, 2012-a.

_____. *Sindicatos e ações coletivas*. 3. ed. São Paulo: LTr, 2012-b.

SARAT, A.; SCHEINGOLD, S. *Cause lawyering:* political commitments and professional responsabilities. New York: Oxford University, 1998.

SARLET, I. W. *A eficácia dos direitos fundamentais*. 5. ed. Porto Alegre: Livraria do Advogado, 2005.

_____. Algumas considerações em torno do conteúdo, eficácia e efetividade do direito à saúde na Constituição de 1988. *Interesse Público*, São Paulo, n. 12, 2001.

_____. *Dignidade da pessoa humana e direitos fundamentais na Constituição federal de 1988*. Porto Alegre: Livraria do Advogado, 2002.

_____. Dignidade da pessoa humana e "novos" direitos na constituição federal de 1988: algumas aproximações. In: MATOS, A. C. H. (org.). *A construção dos novos direitos*. Porto Alegre: Núria Fabris, 2008.

_____. O direito fundamental à moradia na constituição. In: SAMPAIO, J. A. L. (org.). *Crise e desafios da constituição*. Belo Horizonte: Del Rey, 2004.

SCHEFFER, M.; SALAZAR, A. L.; GROU, K. B. *O remédio via justiça:* um estudo sobre o acesso a novos medicamentos e exames em HIV/AIDS no Brasil por meio de ações judiciais. Brasília: Ministério da Saúde, 2005.

SCHEININ, M. Direct applicability of economic, social and cultural rights: a critique of the doctrine of self-executing treaties. In: SCHEININ, M. *Social rights as human rights:* a european challenge. Äbo: Äbo Akademi University, 1994.

SCHMIDT, J. P. *Gestão de políticas públicas:* aspectos conceituais e aportes para um modelo pós-burocrático e pós-gerencialista. Santa Cruz do Sul: [s.n.], 2007.

SCHMIDT, P. L.; SALOMÃO, M. F. El papel del poder judicial en el consenso de Pekín. *Revista de la Asociación Latinoamericana de Jueces del Trabajo*, São Paulo, n. 8, 2012.

SCHMIDT-ASSMAN, E. *Der verfassungsbegriff in der deutschen staatslehre der aufklärung un der historismus*. Berlin: Duncker & Humblot, 1967.

SCHIMITT, C. *Der hüter der verfassung*. Berlin: Duncker & Humblot, 1996.

SCHWARTZ, B. *A history of the supreme court*. New York: Oxford University, 1995.

SCHWARZ, R. G. O sistema de seguridade social e o princípio da solidariedade. In: BARROSO, L. R.; CLÈVE, C. M. (org.). *Direito constitucional:* constituição financeira, econômica e social. São Paulo: RT, 2011.

SEJERSTEDT, F. Democracy and the rule of law: some historical experiences of contradictions in the striving for good government. In: ELSTER, J.; GLADSTADT, R. (org.). *Constitutionalism and democracy:* studies in rationality and social change. Cambridge: Cambridge University, 1993.

SEN, A. *Desarrollo y libertad.* México: Planeta, 2000.

_____ . *El valor de la democracia.* Barcelona: Cultural, 2006.

_____ . *Poverty and famines:* an essay on entitlements and deprivation. Oxford: Clarendon, 1982.

SERGE, V. *O ano I da revolução russa.* São Paulo: Ensaio, 1993.

SHUE, H. *Basic rights:* subsistence, affluence and US foreign policy. New Jersey: Princeton University, 1980.

SILVA, J. A. A Constituição e a estrutura de poderes. In: FIOCCA, D.; GRAU, E. R. (org.). *Debate sobre a Constituição de 1988.* São Paulo: Paz e Terra, 2001.

_____ . *Curso de direito constitucional positivo.* 34. ed. São Paulo: Malheiros, 2011.

SILVA, L. P. P. A irreversibilidade dos direitos sociais. In: MONTESSO, C. J.; FREITAS, M. A.; STERN, M. F. C. (org.). *Direitos sociais na Constituição de 1988:* uma análise crítica vinte anos depois. São Paulo: LTr, 2008.

SILVA, R. M. (org.). *Derecho internacional de los derechos humanos.* México: UNAM, 2002.

SKINNER, Q. *The foundations of modern political thought:* the renaissance. Cambridge: Cambridge University, 1978.

SMENDE, R. *Verfassung und verfassungsrecht, staatrechtliche abhandlungen und andere.* 2. ed. Berlin: Aufsatze, 1968.

SMITH, A. *Lectures on justice, police, revenue and arms.* Whitefish: Kessinger, 2004.

SMITH, R. M. *Liberalism and american constitutional law.* Cambridge-London: Harvard University, 1980.

SOUZA NETO, C. P. *Teoria constitucional e democracia deliberativa:* um estudo sobre o papel do direito na garantia das condições para a cooperação na deliberação democrática. Rio de Janeiro: Renovar, 2005.

STERETT, S. Judicial review in britain. *Comparative Political Studies*, Thousand Oaks, n. 26, 1994.

STONE, A. Judging socialist reform. *Comparative Political Studies*, Washington, n. 26, 1994.

STRECK, L. L. *Hermenêutica jurídica e(m) crise:* uma exploração hermenêutica da construção do direito. 8. ed. Porto Alegre: Livraria do Advogado, 2009.

SUNSTEIN, C. *Designing democracy.* Oxford: Oxford University, 2001.

SÜSSEKIND, A. Os direitos constitucionais trabalhistas. In: MONTESSO, C. J.; FREITAS, M. A.; STERN, M. F. C. (org.). *Direitos sociais na Constituição de 1988:* uma análise crítica vinte anos depois. São Paulo: LTr, 2008.

SZWARCWALD, C. L. *et al.* Pesquisa Mundial de Saúde 2003: o Brasil em números. *Revista Radis*, Rio de Janeiro, v. 23, 2004.

TAKOI, S. M. Breves comentários ao princípio constitucional da solidariedade. In: BARROSO, L. R.; CLÈVE, C. M. *Direito constitucional:* constituição financeira, econômica e social. São Paulo: Revista dos Tribunais, 2011.

THIERRY, H. *et al. Droit international public.* Paris: Montchrestien, 1986.

THOME, C. F. *O princípio da igualdade em gênero e a participação das mulheres nas organizações sindicais de trabalhadores.* Tese de Doutorado (Direito). São Paulo. Universidade de São Paulo, 2012.

THOMPSON, E. *The making of the english working class.* 3. ed. Harmondsworth: Penguin, 1980.

THUROW, L. *El futuro del capitalismo.* Barcelona: Ariel, 1996.

TOCQUEVILLE, A. *A emancipação dos escravos.* Campinas: Papirus, 1994-a.

_____ . *Recuerdos de la revolución de 1848.* Madrid: Trotta, 1994-b.

TORRAZZA, J. Z. Inmigración y prácticas sociales discriminatorias. In: BERGALLI, R. (org.). *Flujos migratorios y su (des)control.* Barcelona: Anthropos, 2006.

TORRE, H. M. G. *Derechos humanos:* dignidad y conflicto. México: Universidad Interamericana, 1996.

TORRES, R. L. *Os direitos humanos e a tributação.* Rio de Janeiro: Renovar, 1995.

UGARTEMENDIA, J. I. *La desobediencia civil en el estado constitucional democrático.* Madrid: Marcial Pons, 1999.

ULRICH, P. *Integrative wirtschaftsethink.* Berna: Haupt, 1998.

UNITED NATIONS. UNICEF. *Adjustment with a human face:* protecting the vulnerable and promoting growth. Oxford: Clarendon, 1989.

_____ . OFFICE OF THE HIGH COMISSIONER FOR HUMAN RIGHTS. *General comment 3*: the nature of states parties obligations. Oxford: Oxford University, 1990.

UPRIMNY, R. Legitimidad y conveniencia del control constitucional a la economía. *Revista de Derecho Público de la Universidad de los Andes*, Bogotá, n. 12, 2001.

VAN GEUNS, H. A. The concept of organized violence. In: VAN GEUNS, H. A. *Health hazards of organized violence.* Haya: Ministry of Welfare, Health an Culture Affairs,1987.

VARGAS, A. *Governabilidade e governação:* novas formas de legitimação. VII Congreso Internacional del CLAD sobre la Reforma del Estado y de la Administración Pública. Lisboa: CLAD, 2002.

VEHERVARY, J.; STANGL, W. *Menschenrecht und staatsgewalt*. Wien: WUV Universitätsverlag, 2000.

VENTURA, M. As estratégias de promoção e garantia dos direitos das pessoas que vivem com HIV/Aids. *Divulgação em Saúde para Debate*, Rio de Janeiro, n. 27, 2003.

VIANNA, L. W.; BURGOS, M. B. Entre princípios e regras (cinco estudos de caso de ação civil pública). *Cadernos CEDES-IUPERJ*, Rio de Janeiro, s.n., 2005.

VIEIRA, F. S.; ZUCCHI, P. Distorções causadas pelas ações judiciais à política de medicamentos no Brasil. *Revista de Saúde Pública*, São Paulo, v. 41, n. 2, 2007.

VILLASANTE, T.; GARRIDO, F. J. (org.). *Metodologías y presupuestos participativos*: construyendo ciudadanía. Madrid: Cimas-IEPALA, 2002.

VILLORO, L. Aproximaciones a una ética de la cultura. In: OLIVÉ, L. (coord.). *Ética y diversidad cultural*. México: UNAM-FCE, 1993.

VIROLI, M. The revolution in the concept of politics. *Political Theory*, Thousand Oaks, v. XX, n. 3, 1992.

VITA, E. C. Revisión jurisdiccional de la inactividad material de la administración. *Revista Española de Derecho Administrativo*, Madrid, n. 17, 1978.

VUOLO, R. et al. *La pobreza... de la política contra la pobreza*. Buenos Aires: CIEPP, 2004.

WADE, H. R. *Administrative law*. 6. ed. Oxford: Clarendon, 1992.

WALDRON, J. (org.). *Nonsense upon stilts:* Bentham, Burke and Marx on the rights of man. London: Methuen, 1987.

WALDRON, J. *The right to private property*. Oxford: Clarendon, 1990.

WARAT, L. *Fobia al estado de derecho*. Anais do curso de pós-graduação em Direito da Universidade Integrada do Alto Uruguai e Missões. Santiago: URI, 1994.

WAYNE, W. Two faces of judicial activism. *George Washington Law Review*, Washington, n. 1, 1992.

WEBER, M. *Economía y sociedad*. México: Fondo de Cultura Económica, 1964.

WIEÄCKER, F. *História do direito privado moderno*. Lisboa: Calouste Gulbenkian, 1980.

WIESE, B. *La cultura de la ilustracción*. Madrid: Centro de Estudios Constitucionales, 1979.

WROE, A. Separation of powers. In: CLARKE, P. B.; FOWERAKER, J. (org.). *Encyclopedia of democratic thought*. London: Routledge, 2001.

YAMASHITA, D. Princípio da solidariedade em direito tributário. In: GRECO, M. A.; GODOI, M. S. (org.). *Solidariedade social e tributação*. São Paulo: Dialética, 2005.

ZAGREBLESKY, G. *Derecho dúctil*. Madrid: Trotta, 2005.

ZAMBRANO, M. *Filosofía y poesía*. México: FCE, 1996.

_____ . *Pensamiento y poesía en la vida española*. México: FCE, 2008.

ZAVASCKI, T. A. *Antecipação da tutela*. São Paulo: Saraiva, 1997.

ZEPEDA, J. R. *Estado de derecho y democracia*. México: Instituto Federal Electoral, 1996.

ZIPPELIUS, R. *Allgemeine staatslehre*. München: C. H. Beck, 1999.

_____ . *Teoria geral do estado*. 3. ed. Lisboa: Calouste Gulbenkian, 1997.

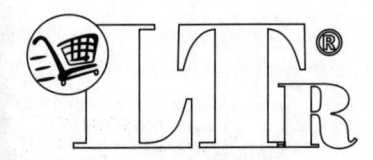

LOJA VIRTUAL	BIBLIOTECA DIGITAL	E-BOOKS
www.ltr.com.br	www.ltrdigital.com.br	www.ltr.com.br